西安电子科技大学教材建设基金资助项目
体育俱乐部系列丛书

本书入选“全国技工教育规划教材”

游　　泳

主　编　侯　鹏
副主编　于少勇　白光斌

西安电子科技大学出版社

内 容 简 介

本书以《国家职业教育改革实施方案》《关于全面加强和改进新时代学校体育工作的意见》为指导，以“五育并举”为方向，以职业院校、普通高等院校学生应具备的游泳相关技术能力为主导编写。全书共四章，主要内容包括游泳运动导论、游泳技术及教学、游泳训练以及游泳相关知识等内容。

通过本书的学习，读者能够较为系统地掌握游泳运动技术原理和游泳技能，提升游泳水平，增强体质，促进身心健康。本书可作为职业院校、普通高等院校学生游泳课程的教材，也可作为业余游泳爱好者的参考用书。

图书在版编目(CIP)数据

游泳 / 侯鹏主编. —西安：西安电子科技大学出版社，2023.6
(2025.9 重印)
ISBN 978-7-5606-6809-3

Ⅰ. ①游… Ⅱ. ①侯… Ⅲ. ①游泳—高等学校—教材 Ⅳ. ①G861.1

中国国家版本馆 CIP 数据核字(2023)第 028634 号

策　　划　李鹏飞
责任编辑　李鹏飞
出版发行　西安电子科技大学出版社(西安市太白南路 2 号)
电　　话　(029)88202421　88201467　　邮　　编　710071
网　　址　www.xduph.com　　电子邮箱　xdupfxb001@163.com
经　　销　新华书店
印刷单位　河北虎彩印刷有限公司
版　　次　2023 年 6 月第 1 版　2025 年 9 月第 2 次印刷
开　　本　787 毫米×1092 毫米　1/16　印张　19.5
字　　数　462 千字
定　　价　56.00 元
ISBN 978-7-5606-6809-3

XDUP 7111001-2

＊＊＊**如有印装问题可调换**＊＊＊

本书编委会名单

主　编　侯　鹏（西安电子科技大学）

副主编　于少勇（西安电子科技大学）

　　　　　白光斌（西安电子科技大学）

主　审　张志胜（西安电子科技大学）

编　委　（按姓氏笔画排序）

　　　　　朱伟龙（西安体育学院）

　　　　　严石峰（西安电子科技大学）

　　　　　时郁文（西安体育学院）

　　　　　宋耀伟（西安体育学院）

　　　　　张　超（西安电子科技大学）

　　　　　高鹏飞（西安电子科技大学）

前　言

游泳是人在水的浮力作用下，通过肢体有规律地运动，使身体在水中有规律运动的技能。游泳具有很多好处，可以促进身心健康，是人们休闲娱乐、放松身心的主要运动方式之一。具体来说，游泳可以改善人的心肺功能，促进肺活量增加，改善心脏功能；游泳可以促进胆固醇代谢，降低体内血脂水平，促进脂肪燃烧，有利于保持比较健康的体型；游泳可以改善肌肉力量和围度，让肌肉更加发达，关节更加灵活，提高基础代谢率；游泳可以有效降低抑郁症的发生，改善睡眠，让人保持良好的情绪；作为一项技能，游泳有时还能够保障人们的生命安全。随着人民群众生活水平的持续提高，参与游泳运动的人越来越多，大学生学习游泳知识和掌握正确游泳动作的需求持续上升；此外，近年来游泳已被多省市列入中考体育项目之一，更体现出了该项运动的重要性。

本书的立项正值西安电子科技大学成立90周年之际。本书的编写由西安电子科技大学体育部教师联合省内外高校负责游泳课程的相关教师通力合作完成，全书集先进性、实用性和综合性于一体，既有运动训练学、运动生理学、运动医学方面原理在游泳技术教学中的应用，又全面收录了实用性游泳训练技巧和训练指南。

本书具有足够的深度和广度，可供职业院校和普通高等院校学生使用，也可作为广大游泳爱好者的参考用书。考虑到各类高等院校学生现有知识水平，本书在阐述原理时并未进行深度探究，而是加入更多具有实践意义的内容，以介绍方法为主，内容难易程度适中，便于读者阅读与理解。

本书分为四章，第一章为游泳运动导论，主要讲述游泳运动发展概况以及游泳运动的相关理论，为之后的游泳学习做好铺垫。本章共包括七节内容，分别为游泳运动的起源与发展，游泳运动的意义，游泳运动中的安全与卫生，人体在游泳中的基本概念，游泳运动的分类，游泳场地相关标准，游泳相关术语。第二章为游泳技术及教学，通过大量示范图片及简单易懂的语言，逐一介绍游泳技术及教学方法，并通过多样性技术分解，提高读者的学习兴趣。本章共包括九节内容，分别为游泳教学理论与方法，熟悉水性，蛙泳技术及教学、练习，爬泳技术及教学、练习，仰泳技术及教学、练习，蝶泳技术及教学、练习，出发技术及教学、练习，转身技术及教学、练习，踩水、侧泳、潜泳技术及教学、练习。第三章为游泳训练，主要介绍用于提升游泳技能的先进、科学的训练方法。本章共包括五节内容，分别为竞技游泳技术及训练发展趋势，四种泳姿及出发转身技术训练方法，游泳运动员体能训练方法，游泳训练相关器材及用法，游泳训练计划制订与案例分析。第四章为游泳相关知识，涵盖水中救生、防溺水知识、游泳裁判、水中健身、水中康复、游泳科研理论与方法以及冬泳、公开水域游泳等内容。附录编有游泳课程教学进度、50米标准游泳池场地设施图、游泳竞赛裁判工作岗位示意图、游泳比赛项目表、全国游泳锻炼等级标准(2011)、游泳运动员技术等级标准(2021)、世界游泳纪录(截至2022年6月)、中国游泳纪录(截至2022年6月)、游泳专业英语词汇100例等。

本书由西安电子科技大学体育部教师、游泳队主教练、西安交通大学博士(在读)侯鹏担任主编，西安电子科技大学体育部于少勇教授、西安电子科技大学体育部白光斌教授担任副主编，全书由侯鹏统稿，张志胜教授担任本书主审，参加本书编写的编委均为高校体育教师或高校游泳队教练员。具体章节编写分工如下：第一章由侯鹏、于少勇、白光斌编写；第二章由侯鹏编写；第三章由侯鹏、宋耀伟、时郁文编写；第四章由朱伟龙、张超、高鹏飞编写；附录由严石峰整理和编写。书中的图片和视频由西安电子科技大学研究生张萌、吴雨航负责拍摄，示范人员为西安电子科技大学游泳队陈泳尧、史佳凡、刘明锐、田骏琪、朱元福等，书中手绘图由吴雨航绘制，张萌、刘子麟、孟欣雨为本书做了大量的校正工作。

本书的出版得到了西安电子科技大学各级领导的支持，在此表示衷心的感谢；编写时参考并引用了参考文献中的部分研究成果与资料，在此对相关作者表示衷心的感谢。虽然编者们努力将教材内容完善充实，但知识无时无刻不在更新，且编者水平有限、时间有限，书中可能还有不妥之处，敬请读者指正，以便再版时修正。

侯　鹏

2022年11月

目　　录

第一章　游泳运动导论

本章主要介绍游泳运动的起源与发展、游泳运动的意义、游泳运动中的安全与卫生、人体在游泳中的基本概念、游泳运动的分类、游泳场地相关标准及游泳相关术语。通过对本章内容的学习，读者可以了解游泳运动的常识，以便进行后续游泳内容的学习。

第一节　游泳运动的起源与发展

本节主要对游泳运动的起源与发展进行简单介绍。游泳是一种靠身体动作的配合，利用水的相关特性使身体在水中游进的技能。人类的游泳活动是一项基于主观意识的活动，游泳并非人类本能，而是后天形成的一项技能。通过对本节内容的学习，读者可以了解游泳运动的历史。

一、游泳的起源与演变

游泳这一运动方式从地球上出现人类便开始存在，史前人们便靠游泳渡过江河，为了生存在水中洗浴或在水中捕捉动物作为食物。人们在自然生活中通过观察和模仿水中动物游动的动作，逐渐学会了漂浮、游动、潜水等活动技能并演变成游泳。古希腊神话中关于游泳最著名的故事，莫过于利安德每天晚上游过达达尼尔海峡与其心爱的姑娘海洛幽会。中国古代兵书《六韬·奇兵》中论述："奇伎者，所以越深水、渡江河也。"把越深水、渡江河作为"奇兵"的一项特殊军事技能，并把泅渡江河列为军事训练的主要项目。隋唐时期，在宫廷中建立了可供在水中进行跳水、抛水球、游泳等项目的"水殿"。以上可见，古人从江河沐浴到自然实践，逐渐形成了早期形式的游泳。作为一项正式运动，游泳在19世纪(初)逐渐得到发展，19世纪30年代在英国伦敦成立了第一个游泳俱乐部，举办了英国最早的游泳比赛。蛙泳、爬泳、仰泳和蝶泳是常见的四种竞技游泳姿势。

(1) 蛙泳。蛙泳是起初模仿青蛙游泳动作而形成的游泳姿势，是第一个比赛时采用的泳姿，也是最古老的泳姿之一，自由泳及蝶泳是从蛙泳中演变出来的游泳姿势。相传在古埃及和罗马帝国时期，蛙泳是猎人潜入水中捕捉鱼类的方法之一。18世纪末，在欧洲军事学校中已设有专门教授蛙泳的课程。1875年8月，英国船长韦布作为第一个被公认的英吉利海峡的征服者，便是以蛙泳完成了这一壮举。蛙泳相对来说比较省力，实用意义大，常用于渔猎、泅渡、救护、水上搬运等，也是游泳初学者热衷学习的项目。在20世纪40至50年代，很多专业游泳运动员利用规则漏洞在长距离比赛中潜泳，故游泳规则于1956年便有所更改，只允许运动员在起跳后及转池后，在水面下做一次划手及蹬腿动作。为了减少水的阻力及增加推进力，蛙泳的划手及蹬腿动作在这之后曾有过多次改革，不过基本泳姿技术一直未有大幅改动。

(2) 爬泳。爬泳俗称自由泳。游进时，运动员在水中呈俯卧姿势，两腿上下交替打水，两臂轮流划水，动作很像爬行，所以叫作爬泳。爬泳是四种竞技游泳姿势中速度最快的一种，在游泳比赛的自由泳项目中(不规定泳姿的比赛)，运动员都采用这种姿势。1896 年第一届奥运会，自由泳被列为正式的比赛项目。20 世纪 50 年代以前，游泳运动员都非常重视打腿的作用，一般都是两臂轮流划水一次就打腿六次。后来科研材料证明打腿的能量消耗比划臂大得多，而推动身体前进的动力主要来自臂部的划水动作，因此以臂部动力为主的现代自由泳技术重视臂的划水动作和两臂的配合。澳大利亚人韦利士于 1850 年使用了一种双手在水面前移的泳姿，这可算是蝶泳的雏形。之后英国运动员约翰·特拉真于 1873 年采用了一种用蛙泳腿配合双手交替前爬的泳式，后来澳大利亚人理查·卡尔又根据约翰·特拉真的泳式，创造了一种“浅打水”的踢腿方法。从此之后，自由泳的动作技术便基本定型。

(3) 仰泳。仰泳是指人体仰卧在水中进行游泳的姿势，其技术的产生和发展有较长的历史。1794 年就有了关于仰泳技术的记载，直到 19 世纪初仰泳仍采用两臂同时向后划水，两腿做蛙泳腿的蹬水动作，即现在的“反蛙泳”。仰泳包括反蛙泳和爬式仰泳。反蛙泳是最早出现的一种仰泳，动作近似蛙泳，而身体姿势相反，即人体仰卧水面，两臂从头后经体侧向后划水。仰泳技术因为仰卧在水面上，头露出水面，因此具有呼吸方便、减少体能消耗的优势。1900 年，奥运会将仰泳开始列为正式比赛项目。最初几届奥运会上的仰泳比赛都是采用反蛙泳姿势。1912 年奥运会上，美国运动员 H. 赫伯纳采用两臂轮流划水、两腿上下打水的仰泳技术显示了爬式仰泳技术的优越性，而反蛙泳则逐渐失去了其在竞赛中的意义，至此，仰泳的动作技术基本定型。

(4) 蝶泳。蝶泳是在蛙泳技术动作基础上演变而来的。当蛙泳技术发展到一定阶段时，在游泳比赛中，有些运动员采用两臂划水到大腿后提出水面，再从空中迁移的技术，从外形看，好像蝴蝶展翅飞舞，“蝶泳”随即诞生。蝶泳是四种竞技游泳姿势中最后发展起来的泳姿。由于它的腿部动作酷似海豚，所以又称为“海豚泳”。1952 年的奥林匹克运动会之后，当时的国际游泳联合会(FINA，简称“国际泳联”)决定将此泳式与蛙泳分开，因而增加了蝶泳。为了使蝶泳技术得到迅速改进和提高，国际泳联也在蝶泳规则中增加了可以在垂直面进行上下打腿的规定，这样就为蝶泳参加正式比赛提供了依据。蝶泳与蛙泳分开后，蝶泳技术得到了迅速发展，在其数十年的发展过程中，蝶泳技术基本都是两臂同时划一次，打水两次，游进时身体俯卧在水中。蝶泳依靠两臂强有力的划水和腿的波浪形打水动作推动身体前进，没有固定的身体姿势。

二、游泳教学

为了适应人类社会的需要，传授游泳技能的方式随着社会的进步不断发展。古人依水作战，如秦汉以后修建水上训练基地，建设和教习水军；三国时期有著名的赤壁水上之战；唐宋设立并训练水军，水军力量得到进一步发展；宋朝有赵善湘知镇江，教浮水军五百人。常以黄金沉江，探得者辄予之，于是水性极精练，能潜行水底数里的故事；元朝训练及教习水军的方法又有了新的改进。可见古代水军就是通过训练或教习获得了游泳的技能。除此之外，在生产劳动和健身娱乐活动中也存在教学的成分。

当下游泳教学已广泛应用了先进的计算机及人工智能技术，教学中采取如虚拟仿真教学、翻转课堂等多样式教学手段，使游泳教学训练方法、游泳教学技术、游泳教学研究不断更新。

三、竞技游泳运动的发展

（一）国外竞技游泳的发展

竞技游泳源于英国及澳大利亚，后来传入其他国家，19 世纪中期至 20 世纪初，世界各国的游泳比赛开始普遍起来，相关的组织亦相继成立。英国业余游泳总会（前身为都会游泳总会）于 1869 年成立，是第一个成立的国家游泳总会。

在 1850 年至 1860 年间，英国与澳大利亚已有游泳比赛。当第一届“重建国际奥林匹克运动会国际会议”于 1894 年 6 月 16 日在巴黎召开时，游泳即被列为 1896 年的奥运项目之一。在这之后，国际游泳联合会（FINA）于 1908 年由比利时、丹麦、芬兰、法国、德国、英国、匈牙利和瑞典游泳协会倡议成立，会徽如图 1－1 所示。2022 年 12 月 12 日，国际泳联宣布更名为世界游泳联合会，简称世界泳联。

图 1－1

游泳运动至今已发展百余年，从第 1 届奥运会时的 3 个比赛项目增加到了第 32 届东京奥运会的 37 个项目（含马拉松游泳比赛）。游泳规则更新后，从 2000 年到 2010 年间，以“鲨鱼皮”泳衣为代表的高科技泳衣的使用及游泳技术的发展，使游泳世界纪录不断被刷新。

1896 年，首届希腊雅典奥运会只有男子 100 m、500 m、1200 m 自由泳 3 个比赛项目。匈牙利人阿尔弗雷德·哈约什（Alfréd Hajós）以 1 分 22 秒 20 的成绩获得 100 m 自由泳冠军，获得本次比赛的首枚金牌。

在巴黎举行的第二届奥运会上，进行了自由泳和仰泳等项目比赛，当时在塞纳河举行的障碍游泳最吸引人。值得一提的是，当时进行的 4000 m 自由泳比赛，冠军贾维斯耗时 1 小时完赛。

1908 年，英国伦敦奥运会，新成立的国际游泳联合会审议了游泳世界纪录，并制定了游泳竞赛规则及相关项目（自由泳设 100 m、400 m、1500 m 和 4×200 m 接力，仰泳设 100 m，同时增设蛙泳项目 200 m）。

1912 年，瑞典斯德哥尔摩奥运会上把女子游泳列入比赛项目，设立女子 100 m 自由泳和 4×100 m 自由泳接力。

1956 年，增设蝶泳项目。国际泳联禁止运动员在蛙泳比赛中采用潜水蛙泳技术，在之后的第 26 届、第 27 届和第 28 届奥运会中，游泳比赛项目逐渐增加到 32 项。

2008 年，第 29 届北京奥运会新增公开水域两个项目，分别为男、女 10 km 马拉松游泳，至此游泳比赛金牌数达到 34 枚。

2021 年，第 32 届东京奥运会中，游泳项目增设男子 800 m 自由泳、女子 1500 m 自由泳，以及男女 4×100 m 混合泳接力赛，使奥运会游泳比赛、马拉松游泳比赛金牌总数增至

37 枚。

（二）我国竞技游泳的发展

我国竞技游泳自 1924 年第 3 届全国运动会起设项。1952 年于广州举行了首届全国游泳比赛大会。1953 年，我国运动员吴传玉在国际青年友谊运动会上获得 100 m 仰泳冠军，这也是我国游泳首次在国际赛场获得金牌。1982 年国家体育运动委员会在河北保定召开了全国游泳训练工作会议，确定了游泳训练基地及建设“游泳之乡”“游泳之城”的议题。在这之后，国家体育总局制定并颁布了《游泳运动员技术等级标准》，以满足我国游泳水平不断提高的理论及现实需要。

1978 年以后，我国游泳在亚运会、亚锦赛、泛太平洋游泳锦标赛、世界大学生运动会、奥运会等重大世界比赛中不断取得优异成绩，并先后承办了亚洲游泳锦标赛、亚运会游泳比赛、世界游泳锦标赛、世界杯短池游泳赛、东亚运动会等国际高水平游泳比赛。

截至 2021 年 8 月，历届奥运会中国代表团游泳金牌获得者见表 1－1。

表 1－1

<table>
<tr><th>时间、地点</th><th>姓　名</th><th>性别</th><th>项　目</th></tr>
<tr><td rowspan="4">1992 年巴塞罗那奥运会</td><td>钱红</td><td rowspan="10">女子</td><td>100 m 蝶泳</td></tr>
<tr><td>杨文意</td><td>50 m 自由泳</td></tr>
<tr><td>庄泳</td><td>100 m 自由泳</td></tr>
<tr><td>林莉</td><td>200 m 个人混合泳</td></tr>
<tr><td>1996 年亚特兰大奥运会</td><td>乐靖宜</td><td>100 m 自由泳</td></tr>
<tr><td>2004 年雅典奥运会</td><td>罗雪娟</td><td>100 m 蛙泳</td></tr>
<tr><td>2008 年北京奥运会</td><td>刘子歌</td><td>200 m 蝶泳</td></tr>
<tr><td rowspan="5">2012 年伦敦奥运会</td><td rowspan="2">叶诗文</td><td>200 m 个人混合泳</td></tr>
<tr><td>400 m 个人混合泳</td></tr>
<tr><td>焦刘洋</td><td>女子 200 m 蝶泳</td></tr>
<tr><td rowspan="3">孙杨</td><td rowspan="3">男子</td><td>400 m 自由泳</td></tr>
<tr><td>1500 m 自由泳</td></tr>
<tr><td>2016 年里约热内卢奥运会</td><td>200 m 自由泳</td></tr>
<tr><td rowspan="3">2021 年东京奥运会</td><td>张雨霏</td><td>女子</td><td>200 m 蝶泳</td></tr>
<tr><td>汪顺</td><td>男子</td><td>200 m 混合泳</td></tr>
<tr><td>杨浚瑄、汤慕涵、张雨霏、李冰洁</td><td>女子</td><td>女子 4×200 m 自由泳</td></tr>
</table>

课后习题

简述游泳运动的起源与发展情况。

第二节　游泳运动的意义

千百年来人类在生存过程中不可避免地要与水相互依存，于是游泳成为了人类一项生存技能。而且随着人类社会的发展，游泳还将成为一种重要的竞技和娱乐项目。游泳与其他运动项目不同，由于在特殊环境——水中进行，游泳不仅对人类提出了挑战，而且解决了许多生产、生活中的问题，它既能够强身健体，又对生产建设、生活、国防等活动具有重要的价值。本节将着重介绍游泳运动的意义。

一、保障生命安全

2016 年 11 月 28 日，澳大利亚媒体发布了一则消息，由于澳大利亚四面临海的地理特质，该国强制规定所有的孩子都必须学会游泳，否则不允许小学毕业。其目的就是让澳大利亚人从小学会游泳。这一国策无形中也为澳大利亚培育出了一大批擅长游泳的孩子。随着社会的飞速发展，人们生活的空间越来越大，出行、旅游、休闲、健身都不可避免地会与江河湖海相遇，学会游泳后，遇到突发事故时就具备了一定的逃生能力。

无数事例充分说明一个道理：游泳不仅是一项健身运动，还是现代人应具备的防灾、避险、应对突发事件的基本技能。

二、促进身心健康

游泳号称“运动之王”，是运动的首选，对身体有众多好处。游泳可以提高身体平衡能力，增强机体免疫能力，强筋壮骨，减肥，调整情绪，增加呼吸深度并加强呼吸器官机能，有助于全身的血液循环等。

（一）改善心血管系统的机能

游泳时心脏负担加大，可增强心血管系统的功能，防止动脉硬化和心脏病的发生。长期游泳会使心脏收缩有力，血管壁厚度增加，弹性加大，脉搏输出血量增加。游泳还可以使心肌发达，心脏的血搏出量增加。对于从事大运动量的活动者，包括重体力劳动者，游泳锻炼均可提高其能量储备能力。

（二）改善呼吸系统的机能

水的密度比空气密度大 700 余倍，人在水中受到的压力要远远大于在空气中，由于胸腔和腹腔在水中受到的压力增大，所以呼吸肌须用更大的力量进行呼吸。经常游泳可以增大呼吸肌的力量，提高呼吸系统的机能。提高最为明显的就是肺活量，游泳运动员的肺活量一般在 4000～6000 mL，有的可以达到 7000 mL 以上。

（三）改善肌肉系统的机能

游泳几乎涉及每一个主要的肌肉群，要求用上胳膊、腿、躯干和腹部。游泳时手臂与腿并用，四肢有节奏地做划水和打腿的动作，肌肉周期性地收缩与放松，肩部、胸部、背部、腰部、腿部大小肌肉群都参与到各种泳姿中，相当一部分动作是左右交替或左右对称的。经常进行游泳锻炼，能使各关节和全身肌肉得到有效的锻炼，有利于矫正身体姿势，使人体肌肉协调发展。

（四）塑造健美的体形

追求美是人类的天性，因此许多人致力于塑造好看的形体。游泳不仅需要四肢的肌肉力量，同时对身体躯干部位的肌肉也有较强的要求。因而在游泳的过程中，全身肌肉都能够得到充分有效的锻炼。这样不仅能全面均衡地消耗人体多余的脂肪，也可提升身体组织的协调性，使身体各部位的配合更加自然流畅，从而达到人们塑造形体的目的，同时也有助于身体健康发育。据相关的研究表明，游泳运动是所有运动中身体自然调节燃烧脂肪最均衡也最全面的体育运动。

（五）改善体温调节的机制

由于水的温度一般低于气温，其导热能力又比空气强很多，人在水中失散的热量远比陆地上要快，所以经常游泳能改善体温调节能力，进而能够承受外界一定量的温度变化。特别在冬季进行游泳运动，人体体温调节功能能得到很大的改善，以至于能更好地适应外界的温差。在机体自觉进入体温调节的同时，皮肤形成一道屏障，这样就不会轻易因为温差的变化而患病。

（六）降低运动损伤，预防疾病，促进康复

相比于其他项目，游泳运动能够有效降低运动损伤风险。游泳运动是在水环境中利用水的密度形成阻力，运动强度也会随之受限，这便能够有效避免因超出身体极限的剧烈运动导致的身体与心理压力。另外，在水中运动可避免由于人与人之间的对抗导致的摔伤和碰伤等。游泳运动格外强调节奏性，要求呼吸与动作保持相应的节奏，同时通过较温和的肢体等用力方式转换才能够在水中自如地活动，在此情况下，大脑皮层的呼吸中枢处于完全激活状态，快速转换及抑制了大脑无关部位的活动，从而使身体各部位得到充分休息和放松，有效降低了运动中发生中风和休克的概率。

除此之外，游泳可以加速血液中胆固醇的分解，减少胆固醇在血管壁中的沉积，对中老年人的粥样硬化及其所造成的高血压、心绞痛、心肌梗死、脑动脉硬化等病也可以起到良好的辅助治疗作用。游泳时需全身肌肉、骨骼、关节参加运动，故能增强心、肺、肌肉、骨骼的功能，尤其能增强腰背肌肉群的力量，对预防及治疗腰肌劳损、腰背疼痛等效果极佳。

（七）磨炼意志，培养品质，促进心理健康和智能发展

游泳运动与陆上的运动相比，无论在运动条件还是在运动形式上都有极大的差别。初学者由于身体失去固定支撑呈漂浮状态，会发生呛水或溺水等情况，往往会产生恐惧心理，但通过学习，可以熟悉水性，消除恐惧心理。

游泳一方面可以激发人们为保持健康而积极参加体育运动的良好愿望，另一方面可以锻炼意志品质，培养自信、果断、坚毅、临危不惧等优良的心理品质，还可以培养吃苦耐劳、不畏艰险的坚强毅力和勇于斗争的精神。

三、促进生产和国防建设

游泳在生产建设上有很高的实用价值，许多水上作业，如水利建设、防洪抢险、渔业、

水产养殖业等，都要掌握游泳技能，才能更好地完成任务。在国防建设上，游泳是军事训练的重要项目之一，练就一套过硬的游泳本领，可以提高水中作战能力，在作战中顺利地克服天然险阻，更好地保存自己和出其不意地打击敌人，保卫祖国。

四、开展休闲和娱乐活动

大众游泳活动可以不拘形式与内容，不受年龄、性别限制，是一项“休闲体育”。在盛夏，与亲朋好友到游泳池、水上游乐场或海滩游泳、游戏、纳凉消暑，不但能让肌肉得到放松，还能使紧张的神经得以放松，心情舒畅，促进身心健康。

五、开展竞赛活动

游泳是国际体育比赛中不可缺少的项目。在综合运动会奖牌榜中，素有“得田径游泳者得天下”之说。把游泳作为奥运会战略重点项目大力开展，加速提高运动技术水平，在比赛中取得优异成绩，为国争光，对促进我国走向体育强国具有重要意义。在世界大学生运动会、中国大学生运动会、中学生运动会中，游泳项目也都占据较多的金牌数量，目前越来越多的高等院校建立起高水平游泳队，中小学传统体育项目中开展游泳的也比较多，开展游泳训练，对培养人才、参加竞赛有积极的意义。游泳比赛既有个人项目，又有接力项目，多数比赛设团体总分，这对培养运动员的团队精神有良好的作用。

游泳也是进行国际文化交流、促进与各国人民的相互了解和友谊的有效手段。游泳运动被誉为 21 世纪最受欢迎的体育项目之一，且各种形式的竞赛活动络绎不绝。

课后习题

简述游泳运动的意义。

第三节 游泳运动中的安全与卫生

本节主要介绍游泳运动的注意事项、游泳运动中的伤害事故和急救手段、游泳运动中的卫生注意事项。通过本节内容的学习，读者可以简单了解游泳的安全与卫生知识，掌握基本的急救知识与技能。

一、游泳运动中的注意事项

游泳运动由于其特殊性，须注意以下几点事项：

（一）身体状况自查

游泳前确保自己身体处于良好的状态。确认是否有发烧、头晕、恶心、四肢无力、心悸等状况出现，如出现上述情况，不宜进行游泳运动。游泳运动会消耗人体能量，在身体虚弱时进行游泳运动，可能会加重身体不适。饮酒后也不要进行游泳运动，酒精对人的神经系统有一定的麻痹作用，导致身体反应迟缓，无法做出正确的游泳动作，这时游泳者容易沉入水中或呛水，出现危险。且酒后游泳会导致低血糖，因为酒精代谢时需要消耗体内的葡萄糖，游泳也会消耗体内糖元，双重作用下体内糖元被大量消耗，从而造成低血糖。在剧烈运动或大强度运动后，游泳者如有身体不适，建议不要游泳，防患于未然。

（二）游泳运动饮食

1. 游泳运动前饮食

（1）不宜空腹游泳。空腹游泳容易引起低血糖，使游泳者发生头昏、无力，甚至晕厥等意外情况。

（2）不宜饱腹游泳。饱腹游泳会影响消化功能，在游泳池中受水压和水温的刺激还会产生胃痉挛，甚至出现呕吐、腹痛等现象。建议至少饭后一小时再进行运动。

（3）游泳前合理饮食。游泳运动前可以选择鸡蛋、香蕉、饼干或能量棒等食品，补充能量。尽量避免食用不易消化的油炸类食品，以免给胃部造成负担，引起肠胃不适。同时，也可适当补充水分，避免游泳时发生身体缺水情况。

2. 游泳运动要及时补水

游泳者在游泳时可能不会感到口渴，但会有出汗的情况，由于在水中无法感受到体内水分流失，会造成游泳者身体脱水，出现虚脱的表现。如果大量脱水又未能及时补充水分的话，游泳者会有明显的口渴、尿少等症状，这被称为高渗性脱水。如果及早饮水补充水分，大多情况下可以缓解。但是情况如果变得严重，就需要及时就医进行治疗。

3. 游泳运动后饮食

游泳者在游泳结束后会消耗大量身体能量，需要合理补充营养，恢复体力。进食需多样化，确保摄取足够的能量和营养，达到营养平衡。应吃谷物、奶类、蔬菜和水果，还应该多吃富含蛋白质的食物，比如牛肉、羊肉、鸡肉、鱼肉等。

（三）树立“安全第一”的思想

由于游泳存在一定危险，所以时刻要谨记“安全第一”，了解游泳池深浅区域，根据自身情况选择适合的区域进行游泳运动。生命是宝贵的，也是脆弱的，每个人的生命只有一次，安全问题不能麻痹大意。要不断提高游泳安全防范意识，增强游泳本领，时刻将生命安全放在第一位，避免悲剧的发生。要重点加强对未成年人游泳安全的思想教育，不在水中嬉戏打闹，以防发生溺水。如发现安全隐患，应及时提醒他人并向游泳馆相关工作人员反映。

（四）做好准备活动

游泳前要充分做好准备活动并且要有针对性地活动，活动关节、牵拉肌肉，使颈、肩、腰、膝等关节部位和全身肌肉活动开，以免发生关节损伤和肌肉拉伤，避免造成运动性伤病。做好准备活动可以增加身体热量，提高神经系统的兴奋性，使心血管系统、呼吸系统能力增强，加快血液循环，更好地调动身体机能，以确保游泳运动顺利进行。游泳前的准备活动一般可以做徒手操、压肩、压腿、关节绕环、慢跑、跳跃或俯卧撑等，也可以进行游泳的专门练习，如游泳手部动作、打腿等陆上模仿练习。这样既可以活动身体，又可以加深对游泳动作的熟练度，使下水后的游泳动作更加规范。

（五）科学掌握游泳的运动量

刚进行游泳运动时，需注意运动强度，不可急于进行高强度运动，需循序渐进，使身体逐渐适应运动强度，避免疲劳堆积。较小的运动负荷达不到健身目的，较大的运动负荷会使人过度疲劳，易导致缺氧、恶心等不良症状。因此，掌握合理的运动量至关重要，运动量因人而异，适度进行游泳运动，不要勉强或逞能，如有不适症状，应立即上岸休息。游泳者可通过脉搏变化判断当前运动量是否超出身体承受范围。

（六）禁止嬉戏打闹、浅水区跳水

（1）禁止在池边嬉戏打闹。游泳馆地面湿滑，容易滑倒受伤。

（2）禁止在水中打闹。常见的泼水打闹，在没有戴泳镜的情况下，水可能会进入眼睛造成伤害；水还有可能突然进入鼻腔，慌张中可能会造成溺水。

（3）禁止在浅水区跳水。浅水区跳水容易使头部撞击到池底，造成大脑、脊椎、脊髓的损伤，甚至有高位截瘫的风险。

二、游泳运动中的伤害事故和急救手段

游泳运动被列入高危险性体育项目，说明该项目确实具有一定的危险性，所以游泳者应掌握一定的急救手段，在发生意外时，及时采取急救措施，保障自己的身体健康和生命安全。

（一）游泳运动中出现伤害事故的原因

在游泳运动中经常发生伤害事故，造成事故发生的原因很多，我们主要从以下几个方面来进行说明。

1. 场所因素

1）游泳馆管理不规范

如果游泳馆管理混乱、责任人不明确，就极易发生事故。随着全民健身的兴起，更多的人开始学习游泳。游泳馆中有救生员、教练员、管理人员及游泳练习人员等，游泳者又有初学者、中级水平人员和高水平人员，这使得游泳馆管理尤为重要。因为要针对具有不同游泳水平的人进行管理，所以场馆运行需科学、合理且有效，每一个环节都不能出现问题，否则会酿成大祸。根据国家体育局下发的相关文件要求，游泳馆必须配备救生员。

2）游泳馆温度因素

若游泳馆室内温度过低，而游泳者准备活动又不充分，可使人体散热加快，易导致游泳者韧带拉伤、感冒等；若游泳馆室内温度过高，游泳池通风又不好，易导致游泳者疲惫、口渴。游泳池里水温过高或过低，也会造成健康问题。如果水温过高，游泳者在游泳时身体温度会过高，会加速出汗，使身体脱水速度加快，容易出现疲倦、头晕、呼吸困难等症状，感觉游一会就很累。在高水温的游泳池中，专业运动员在进行高强度有氧训练时有极大的危险性。如果水温过低，水温会刺激肌肉、降低身体温度，容易造成游泳者抽筋、肌肉拉伤等伤病，也可能会引发冠状动脉痉挛，诱发心梗。

3）游泳馆地板因素

若游泳馆地板未达到国家防滑标准，准备活动时易造成游泳者滑倒摔伤。

4）游泳馆安全标识因素

游泳池无水位标识或标识不明确，会导致游泳初学者呛水等事故发生；游泳池无严禁跳水的警示标识、小心地滑等标识，也会导致危险的发生。

5）救生员和教练员失职因素

救生员是守护游泳者安全的重要人员，承担着重大的责任。因此，一名合格的救生员必须通过正规的救生培训，并取得救生员资格证，当意外来临时，可以及时通过专业知识对游泳者进行急救。同时，救生员在工作时，应严格遵守工作守则，将游泳者的安全放在第一位。教练员不仅需要具备游泳专业技能知识，传授游泳者游泳技能，还要传授怎样避免游泳过程中容易产生的危险，以及科学合理应对此类问题的技能。由于游泳运动的发展较为迅速，教练员需求增长，专业教练员有限，一些场馆招聘非专业人士从教，其教学技术不规范，导致学员所学泳姿不标准，无法提高游泳水平，且自身在面对游泳安全隐患和风险时，所做的处理不及时，易造成无法挽回的严重后果。

2. 游泳者自身因素

1）游泳者自身疾患因素

游泳者自身有一些先天或后天疾病，即使正常情况下不会有任何明显的症状，但在特定情况下也会发病，如高度紧张、过于兴奋、高强度运动、极度疲劳等。当身体携带隐性疾病的人进行游泳运动时，容易导致游泳安全事故的发生，主要表现为呼吸困难、心率增快等，严重的可能会导致心脏骤停，必须及时进行急救。

2）游泳者醉酒因素

游泳者在喝酒后进行游泳运动，易发生呕吐而污染池水，也容易发生呛水溺亡事件。

3）游泳者心理因素

游泳初学者对水有恐惧心理，遇到意外会变得慌乱，导致动作变形，身体僵硬，进而导致呛水或溺水；游泳者对自己的游泳水平过于自信，如盲目进入深水区游泳，也易导致意外的发生，一定要杜绝此类情况。

4）游泳者动作不标准因素

在游泳训练中，如动作不规范或技术不成熟会导致成绩提高受限，也易造成运动损伤和伤害事故。例如，蛙泳运动容易造成膝关节损伤，自由泳运动易造成肩关节损伤，蝶泳运动易造成腰骶关节损伤等；又如，游泳者不会换气，在蛙泳时，一直抬着头，稍有不慎，在慌乱中就会呛水甚至溺水。规范的游泳动作，可以帮助游泳者更好地锻炼心肺功能和肌肉，从而增强身体素质。

（二）游泳运动中出现的伤害事故

游泳运动中出现的伤害事故主要有淹溺、跳水引发的脊椎损伤、肌肉痉挛等。

1. 淹溺

淹溺又称溺水，是因水充满呼吸道和肺泡引起的缺氧窒息，水改变血液渗透压，造成电解质紊乱和组织伤害，最终造成呼吸停止和心脏停搏死亡。淹溺的后果可以分为非病态、病态和死亡，这是连续的过程。淹溺发生后游泳者未丧失生命的称为近乎淹溺，窒息并心脏停搏的称为溺死，心脏未停搏的则称近乎溺死。

1）干性淹溺与湿性淹溺

干性淹溺是指游泳者因受到强烈刺激(水温、惊吓)或过度紧张造成喉头痉挛后，无法正常呼吸导致缺氧，严重的会导致窒息死亡。湿性淹溺是指游泳者淹没水中，大量水进入并堵塞呼吸道和肺泡，心脏缺氧导致心脏骤停。

2）迟发性溺水

游泳者溺水后及时得到急救苏醒，并不代表已经脱离生命危险。有可能在溺水后数小时或几天后，溺水者突然出现咳粉红色呈泡沫的痰、胸口痛、呼吸困难等症状，这就是迟发性溺水，也称二次溺水。所以，游泳者经过急救苏醒后，应立即送去医院确认生命安全。

3）儿童溺水情况

儿童溺水时不会自己呼救，可能会出现以下情况：头向后倾斜，嘴巴张开；腿不动，身体垂直于水面；呼吸急促或喘气；试图游向某个方向，却未能前进；试图翻转身体等。这些状态会让人误认为该儿童是在游泳、练习憋气、玩水等，而忽略了溺水发生的可能。

2. 跳水引发的脊椎损伤

游泳者在跳水时采用不熟练的跳水动作、蹬台时髋关节未伸直、入水角度过大，容易造成脊椎的损伤。颈椎损伤主要是指颈椎骨折和脱位、半脱位，局部以第五、六颈椎骨折及脱位多见，骨折时常常并发脊髓损伤，千万不可大意，游泳者会出现急性扭伤、肢体麻木、呼吸肌麻痹、肢体丧失知觉等，严重者会导致高位截瘫。通常游泳者引发脊椎损伤的主要原因为：进行头部先入水的跳水动作，导致前头部撞击池底，由于撞击严重，冲击的力量传到脊椎，导致脊髓受伤严重。如果出现这种情况，救援者在救护时一定要尽量托住游泳者的头部，平放在地面上，立即联系急救中心。如出现呼吸困难，须立即清除口腔异物，保持呼吸道通畅，并进行人工呼吸等急救处理，等待救护车的到来。所以，游泳者要重视此事故的严重性，不在浅水区跳水，不在没有把握的情况下跳水，在泳池边要提高注意力，以防滑摔。

3. 肌肉痉挛

游泳者进行游泳运动时发生肌肉痉挛(俗称抽筋)，会导致肌肉强直性收缩，这是肌肉自发进行的，常见于腓肠肌(俗称小腿肚子)痉挛。其主要原因是水温过低，腿部肌肉受到冷刺激产生急剧的收缩；也可能因为下水前准备活动不充分，所以游泳前在陆地上一定要对腿部进行充分的牵拉，避免此情况发生；再就是因为游泳时间过长，肌肉过度疲劳，也会出现肌肉痉挛的现象。所以，要掌握好游泳的时间和强度。游泳时发生抽筋是比较危险的，如果因抽筋无法进行正常的游泳动作导致呛水，会出现溺水的可能。一旦出现抽筋的情况，一定要立即上岸，即刻采取保暖措施，并进行抽筋部位的牵拉，待症状缓解后再考虑是否继续游泳，避免出现危险。

（三）急救手段

游泳运动中有遇到伤害事故的风险，当遇到意外时，首先要保持沉着冷静。自己遇到伤害事故时应当先设法自救，同时呼唤他人救助。当其他人遇到伤害事故时，可以凭借自己所学的急救知识进行急救，并拨打急救中心电话。所以，掌握一定的急救手段，可以进行自救甚至帮助到其他人，也许能挽救一个人的生命。

1. 游泳时发生抽筋

如果离岸边较近，应立即出水，首先要保证生命安全，在岸上再进行一系列的拉伸、按摩。如小腿抽筋，用抽筋腿对侧的手握住抽筋腿的脚趾，然后向身体的方向进行牵拉，再用另一手按压在抽筋腿膝盖上，使小腿保持伸直状态，得到轻缓后可轻揉抽筋的小腿肌肉，直至缓解症状；如遇到大腿抽筋，应该采取仰卧位，举起抽筋的腿，尽量与身体形成直角，然后双手抱小腿，用力屈膝使抽筋大腿慢慢靠近胸部，然后再用手轻揉大腿抽筋处肌肉，并将腿慢慢向前伸直。如果离岸边较远，可以立即采取仰泳的姿势，仰浮在水面上，尽量对已抽筋的肢体进行简单的牵引、按摩，力求缓解。如救治不见成效，就一面呼喊求救，一面利用未抽筋的肢体游向岸边。

2. 水上救人

首先，不可盲目救人，要确保自己有能力救人。游泳池如遇溺水者，应立刻大声呼喊救生员，与此同时，寻找救生工具，如救生竿、救生圈(球)等。救生竿在使用时要注意将救生竿一头伸到溺水者面前方便握住的位置，禁止使用救生竿捅、打，避免伤及溺水者。在使用救生圈(球)时，投掷一定要准确，救生圈(球)带有的系绳，手一定要握紧或者用脚踩住，当溺水者抓住救生圈(球)后，迅速将溺水者拖至池边。使用过后的救生竿、救生圈(球)应放回原位，以方便别人使用。

3. 水下救人技术

当有游泳者发生溺水、在水下挣扎时，先观察溺水者的位置，选择离溺水者较近的位置入水，入水可以选择跨步式入水、蛙腿式入水、直立式入水等，入水后采用抬头式爬泳游至溺水者附近，快要接近时大声告知溺水者“我是来救你的，请保持冷静”，以得到溺水者更好的配合，便于施救。在施救过程中避免与溺水者发生面对面接触，从溺水者背面接近，然后可以采取托腋拖带或夹胸拖带，之后采取反蛙泳式技术拖救溺水者上岸，注意在游进时应使溺水者保持脸部露出水面，以防加重溺水。上岸后立刻观察溺水者状态，若没有呼吸，立即采取急救措施并拨打急救中心电话。

4. 心肺复苏术(Cardio Pulmonary Resuscitation，CPR)

(1) 确保环境安全，可以进行施救，并大声呼救“这里有人溺水了，请帮忙拨打120”。然后判断溺水者的意识，轻声问“你好，请问能听到我说话吗?”同时轻拍溺水者双肩。

(2) 使溺水者平躺在地面上，将溺水者头部侧转，清除口腔异物，再将溺水者头部转回为仰卧位，使头颈部与躯干呈一条直线，并且头部不能高于心脏的位置，双手放置在躯干两侧。

(3) 判断溺水者是否有呼吸，看溺水者胸部是否有起伏，用面颊贴近溺水者口鼻，耳听是否有呼吸的声音，用面颊去感觉溺水者是否有呼吸的气流。

(4) 判断心跳停止后，立即胸外按压。跪在溺水者身体一侧，两只手掌根重叠置于溺水者胸骨中下1/3处，双肘关节伸直，利用身体重量垂直向下按压，深度为5～6 cm，然后迅速放松，使胸廓自行复位，按压频率为每分钟100～120次。

(5) 胸外心脏按压30次，人工呼吸2次，交替循环进行。每做5组进行一次评估，检查溺水者的呼吸和脉搏。

(6) 抢救工作一旦开始，中途就不能停止，直到溺水者苏醒或急救人员到达现场后才能停止。

5. 学习使用自动体外除颤器(AED)

现在越来越多的游泳馆开始配备自动体外除颤器(Automated External Defibrillator，AED)，以备在关键时刻判断生命体征和挽救生命。AED(图 1 - 2)可被非专业人员用以抢救心脏骤停患者，并给予电击除颤。所以，我们要学习如何使用 AED。AED 原理是自动分析患者心电图，从而判断是否有室颤发生，一旦有室颤发生，便自动放电进行除颤，还会指示你进行心肺复苏，一直循环，直到患者生命体征恢复或急救车到来为止。AED 不需要专业人员进行操作。它能够自动分析发病者的身体状况，并决定是否进行电击除颤，使用者也不必担心使用 AED 会对患者造成二次伤害。在除颤过程中，AED 则会通过语音、屏幕发出指令，明确地提示使用者每一步的操作方式，简单易懂，方便非专业人士使用。

图 1 - 2

AED 的具体使用步骤如下所述。

步骤一：症状识别。

(1) 评估现场。当患者突然倒地时，立即让患者平躺在平地或硬板上，并确认现场及周边环境安全，避免二次伤害的发生。

(2) 判断患者有无意识。拍打患者双肩并呼喊(例如，“先生，先生，您怎么了”)，判断其有无意识。

(3) 判断生命特征。看患者胸部有无起伏，触摸颈动脉看有无搏动，上述操作需要在 10 s 内完成。若患者无呼吸，看胸部也无起伏，摸颈动脉也无搏动，则应立即进行心肺复苏术，并指定一名现场人员拨打急救电话 120，同时快速取得自动体外除颤器(AED)。

步骤二：救治。

(1) 接通电源。当取得 AED 后，将 AED 放置在患者身边，打开 AED 的盖子，将电极板插头插入 AED 主机插孔，并开启电源。需注意，在准备 AED 的同时，要持续施行心肺复苏术。

(2) 安放电极片。解开患者衣物，保证患者胸部干燥无遮挡，贴电极片，使电极片充分接触皮肤，将两块电极片分别贴在患者左侧乳头外侧和右侧胸部上方；如患者为溺水者，应擦干胸部，再贴电极片；若患者胸前毛发较多，需使用除颤器中携带的剃刀剃除毛发(紧急情况可忽略此操作)；女性患者应脱去内衣，再使用除颤器。

(3) 除颤。按照语音提示操作 AED，等待 AED 分析心律。分析心律时应避免接触患者，以免分析不准确。分析完毕后，AED 将会发出是否进行除颤的建议，提醒并确认所有人均没有接触患者后，按下“放电”键，进行除颤。

(4) 心肺复苏。除颤完成后，如果患者还没有恢复呼吸及心跳，应继续对其进行 2 min 心肺复苏操作，并再次使用 AED 除颤。心肺复苏术＋AED 重复操作，直到医护人员赶到。(具体 AED 使用方法，请根据 AED 型号，按提示操作。)

特别提示：8 岁以上患者选用成人电极片；8 岁及 8 岁以下儿童，优先使用小儿电极片，若没有小儿电极片，应选择除颤器上的“小儿模式”；若患者装有心脏起搏器，电极片应距起搏器至少 2.5 cm。AED 不会对无心率、心电图呈水平直线的伤者进行电击。有部分患者因其心脏基础疾病可能在除颤后无法恢复心跳，此时自动体外除颤器会提示没有除颤指征，并建议立即进行心肺复苏。图解版 AED 急救详解如图 1－3 所示。

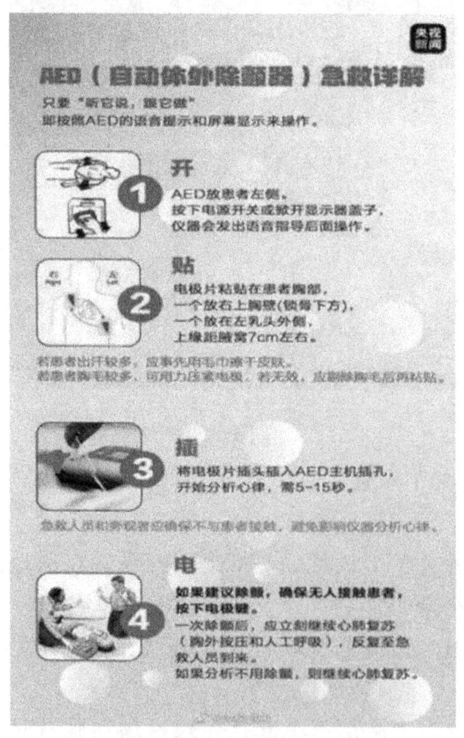

图 1－3

三、游泳运动中的卫生注意事项

(一) 以下人群不宜游泳

(1) 患有传染性肝炎、严重皮肤病、细菌性痢疾，以及红眼病者绝不能到公共游泳场所游泳。

(2) 患有严重高血压、心脏病、精神病、癫痫病者绝不能到公共游泳场所游泳，以免发生意外。

(3) 患有性病、阴道滴虫、严重脚癣者绝不能到公共游泳场所游泳。

(4) 患有急、慢性中耳炎和鼓膜穿孔者暂时不能到公共游泳场所游泳，以免使炎症加重。

(5) 患有活动性肺炎，急、慢性肾炎，支气管炎，哮喘者不能到公共游泳场所游泳。因为抵抗力差，游泳容易加重病情。

(6) 女性在经期，不宜下水游泳。如要下水需做好安全措施，可使用卫生棉条。在月经期间，身体免疫能力下降，外界的病毒、细菌侵入身体，可能会对身体造成伤害。

（二）游泳卫生注意事项

(1) 游泳者去游泳馆游泳时，可以在水质公示牌上了解池水卫生状况，也可根据常识对游泳场馆的卫生质量进行判断，如游泳前应查看水质是否清澈，水中有无漂浮物，池底是否有沉淀物，游泳馆内温度是否过高，空气中有无消毒剂的味道等。如果在泳馆内闻到刺鼻的味道，建议不要下水游泳，以免引起过敏、呼吸困难等。

(2) 游泳前进行淋浴，可以洗去身上汗渍、化妆品等，还可以使身体充分适应水温，也能保证泳池水质清洁卫生。游泳者在下水前要在更衣室内裸体冲净全身，再穿上泳装下水进行游泳运动。

(3) 排泄物必须排入水槽或痰桶，不要让排泄物污染池水，影响其他游泳者的健康。

(4) 严禁在水中进食，食物残渣掉落容易污染水质，自己也容易发生呛水等事故。

(5) 泳后淋浴。泳后及时用洗发露、沐浴露洗净全身，可避免细菌滋生。沐浴后及时擦干身体，以防感冒。

(6) 不要佩戴戒指、项链容易刮伤皮肤的首饰，以免在游泳时划伤他人；且游进时水存在压力，可能会冲掉首饰，造成首饰丢失，遗失的首饰进入泳池循环系统也会导致净水系统的损坏，从而影响水质；此外，游泳池的水中含有的氯具有一定的腐蚀性，腐蚀后的金属首饰易造成皮肤过敏。

课后习题

1. 游泳运动中的注意事项有哪些？
2. 游泳运动中的卫生注意事项有哪些？
3. 游泳运动中的急救手段有哪些？

第四节　人体在游泳中的基本概念

人体在游泳游进时与陆地行走相同，也具有方向，且其身体形状和倾斜程度随游进速度和泳姿不同而变化。不仅如此，人在水中游泳时还受到重力、浮力、阻力的影响。本节将简要介绍人体在水中游泳时的相关知识。

一、人体在水中游泳时的运动方向

游泳时身体姿势是平卧或仰卧，通常头的方向为游进的方向，脚的方向为后，浮力的方向为上，重力的方向为下，身体的左、右为侧。描述人体的肢体时以开始时的方向为准。比如，蛙泳时手臂前伸、蹬腿向后，蝶泳时上下打腿等。

二、人体在水中游泳时身体形状和倾斜程度的作用

与方形和回旋状的物体相比，锥形物体受到的阻力较小。多年来，人们尽力模仿子弹和鱼的形状，建造船艇、飞机和在空气、水中航行的其他运载工具，以尽量减小其在空气和水中受到的阻力。可惜，与鱼不同的是，人体皮肤面积较大，更不够光滑。另外，人在游泳过程中需要不断变化姿势，很难保持像子弹一样的静态姿势。

当人体在水中无法保持水平姿势(倾斜)，或身体在水中左、右摆动幅度过大时，阻力一般会加大。其原因是身体在水中占据较大空间，扰乱了水流。

三、人在水中游泳时受到的重力、浮力、阻力

游泳时人体沉浸在水中，同时受到水中重力和浮力的相互作用。身体的沉浮取决于身体在水中如何保持平衡的体位。

（一）重力

根据牛顿的万有引力定律，任何在地球上的物体都受到地球引力的作用，继而产生重力。重力是指由于地球的吸引而使物体受到的力，人体所受重力主要是由人体的密度、人体的体积以及重力加速度所决定的。

$$重力(W) = 物体的密度(\rho) \times 重力加速度(g) \times 物体的体积(V)$$

（二）浮力

浮力是由于液体(水)中物体上下两面的所受压强不同而产生的。水中物体在深处所受液体的压强大，在浅处所受液体的压强小。简单来说，浮力是指浸入水中的物体所受到的水给它的垂直向上的力。根据阿基米德定律，浮力主要是由水的密度、重力加速度以及物体浸没在水中的体积所决定的。

$$浮力(R) = 水的密度(\rho) \times 重力加速度(g) \times 人体浸没在水中的体积(V)$$

（三）阻力

人在水中游泳时需要克服三种阻力：形状阻力、波浪阻力和摩擦阻力。

形状阻力由水中游进时的身体形状和游进中的流线形造成，在几种阻力中影响最大。应尽量在游进过程中减少投影截面，从而减低形状阻力。

波浪阻力由水中游进时产生的波浪造成。应在游进过程中减少不稳定或是多余的动作，从而降低能量损耗，减少波浪。

摩擦阻力由水中游进时皮肤和水之间的摩擦产生，是三种阻力中耗能最小的，但会不断产生，主要受体表面积及皮肤粗糙程度影响。

课后习题

1. 简述游泳时人体的运动方向。
2. 简述人在水中游泳时都受到什么力的影响。

第五节　游泳运动的分类

本节介绍的游泳运动包括竞技游泳(游泳池、公开水域)、大众游泳(踩水、侧泳、反蛙泳、潜泳、抬头蛙泳)、健身游泳(游泳锻炼、水中健身操、冬泳)项目。通过对本节的学习，读者将对游泳运动有一个全面、系统的认识与了解。

一、竞技游泳

竞技游泳是指在一定规则要求下，以特定游泳技术进行比赛的游泳运动项目，包括蝶泳、仰泳、蛙泳、自由泳四种泳姿，以及个人混合泳和相关接力比赛。目前，竞技游泳分为游泳池游泳比赛和公开水域游泳比赛两种类别。2021 年的东京奥运会游泳比赛项目见表 1-2。

表 1-2

泳姿	男子	女子
蝶泳	100 m、200 m	100 m、200 m
仰泳	100 m、200 m	100 m、200 m
蛙泳	100 m、200 m	100 m、200 m
自由泳	50 m、100 m、200 m、400 m、800 m、1500 m	50 m、100 m、200 m、400 m、800 m、1500 m
个人混合泳	200 m、400 m	200 m、400 m
混合泳接力	4×100 m	4×100 m
自由泳接力	4×100 m、4×200 m	4×100 m、4×200 m
马拉松游泳	10 km	10 km
男女混合泳接力	4×100 m	

马拉松游泳比赛是指在江、河、湖、海等自然水域进行的游泳比赛。这类比赛有其自身的规则限制，但没有泳姿要求，运动员大多采用相对高效的自由泳参赛。马拉松游泳比赛按天然条件确定比赛距离，深受世界民众喜爱。马拉松游泳于 1991 年首次成为世界游泳锦标赛的正式比赛项目，同年在澳大利亚举行了男、女 25 km 两个项目的比赛，美国的扎德·亨德比和澳大利亚的谢莉·泰勒·史密斯分获男、女冠军。1998 年，在澳大利亚举办的第 8 届世界游泳锦标赛增加了男、女 5 km 项目；2001 年，在日本举办的第 9 届世界游泳锦标赛将男、女各 3 个项目，即 5 km、10 km 和 25 km 比赛项目，永久固定了下来。

2005 年 10 月 27 日国际奥委会决定将公开水域游泳列为 2008 年北京奥运会的正式比赛项目，增设男、女 10 km 马拉松游泳两个项目，直到 2021 年东京奥运会仍保留这一项目。

二、大众游泳

大众游泳，也称实用游泳，是指直接为生产、军事、生活服务的非竞技游泳。大众游泳技术包括踩水侧泳、反蛙泳、潜泳、抬头爬泳等，在泅渡、水下作业、水上救生、水中科学考察等方面有着广泛的应用。在人类历史长河中，游泳初期是为了满足人类生存需要而产生和发展的，故游泳本就是一项生存实用技能。大众游泳历史悠久，古代人类为了生存的需要，在水中进行的多种活动就是原始的大众游泳。实用游泳的姿势是多种多样的，有的是模仿动物的动作和形象，有的是为了节省体力以便游更长的距离或时间。大众游泳姿势不强调技术的对与错，只重视合理与不合理、高效与低效之分。现在人们讲的大众游泳，通常是指经过长期的发展演变而形成的动作比较统一的踩水、侧泳、潜泳、抬头爬泳等，其是水中生存与救生的重要手段。这些实用游泳技能，使人们在更大程度上获得水中活动的自由，还可减少溺水等事故发生的概率。

三、健身游泳

虽然健身性娱乐性的游泳活动古已有之，但是直到物质文明发达的现代社会，大众健身游泳才得以迅速发展，成为现代游泳的重要组成部分。游泳在健身娱乐康复等方面的功能越来越广泛地为人们所认识，世界性的“大众健身游泳热”正在兴起。健身游泳包括水中健身操、冬泳、娱乐游泳、康复游泳等。它不受姿势与速度的限制，不追求严格的技术规范，注重锻炼价值。锻炼者可以借鉴竞技游泳和实用游泳的各种技术来进行水中活动。大众健身游泳内容丰富，形式简单，适合男女老幼等不同的人群，很容易为大众所接受。

课后习题

1. 游泳运动可分为几类?
2. 奥运会游泳比赛共有多少个项目?

第六节　游泳场地相关标准

本节介绍游泳场地相关设施、常用器材和开放标准。通过对本节的学习，读者将对游泳场地相关标准有一个全面、系统的认识与了解。

一、游泳场所场地设施

(一) 分类

游泳场所分为室内游泳馆、室外游泳池、天然游泳场等(图 1 - 4)；根据使用目的也可分为比赛用池、训练用池、娱乐休闲用池、儿童嬉水用池、按摩康复用池等。

图 1-4

竞技游泳正式比赛用池又分为长池和短池，其中长池长度为 50 m，短池长度为 25 m，允许误差±0.03 m，两端池壁在水面上 0.30 m 至水下 0.80 m，安装自动计时触板也需遵循此标准。游泳池宽度大多为 25 m，深度一般在 2 m 以上，内设 10 条泳道或 8 条泳道，由 11 条或 9 条分道线组成，泳道之间用压浪泳道线分隔，每条泳道宽为 2.50 m，两侧泳道到池壁的距离至少为 0.20 m，分道线必须拉至游泳池两端挂钩上并拉紧。各泳道中间的池底应有颜色清晰的深色标志线，线宽为 0.20～0.30 m，长为 46 m(短池的标志线长为 21 m)，两条标志线中心距离为 2.50 m，线端距池壁各为 2 m，在泳道标志线两端各设一条长 1 m 且与标志线垂直、同宽的对称横线。两端均配备出发台，出发台应正对泳道中央，其表面积至少为 0.50 m×0.50 m，其前沿应高出水面 0.50 m～0.75 m，台面倾斜不得超过 10°，以保证运动员出发时双手能够在台前两侧和前沿抓住出发台。娱乐休闲类的游泳用池允许有任意外形，其他条件基本类似，多用于群众性游泳活动如游泳教学、娱乐、健身、休闲。

（二）游泳池水质

目前，国内外游泳池/馆的池水普遍采用池水过滤并循环净化方式，从而保证池水的安全卫生，并节约水资源。循环流程是将已污染的水经过过滤后加入氯或其他化学成分给水消毒，再加入一定的药物保持水的酸碱平衡，使水循环进入游泳池。

在经相关部门批准许可的前提下，自来水作为游泳池水源水是最佳选择。经由自来水厂严格的消毒与处理，自来水完全符合饮用规定。如无法使用自来水，也可以使用河水、湖水等自然水域，但须经过严格过滤与消毒处理，水质达标方可使用。

为保证池水卫生，卫生防疫部门会定期对游泳池水质进行测定，游泳池水质常规检测项目有 pH 值、氢离子浓度指数、尿素含量、余氯、水温、大肠杆菌数、藻类和氨氮等。如果某一项指标不合格，就会对游泳者的健康造成威胁。

（三）附属设施

游泳场除游泳池主体结构外，还存在附属设施，包括更衣室(内含浴室和厕所)、办公室、售票处、储物间、健身房、急救室、商店等。不同规格的游泳池所拥有的附属设施各有不同。

（四）对游泳救生员的要求

为保证游泳者的安全，游泳场要配备一定比例的救生员。救生员应该经过严格、正规的培训并持有国家主管部门颁发的职业资格证书。

二、游泳场所常用器材

（1）地垫。使用地垫可以防止游泳馆（池）地面湿滑所带来的安全隐患。

（2）分道线。将游泳池分隔成多个空间，避免游泳者互相碰撞；起压浪作用，降低了游泳者呛水的风险；一定程度上减少溺水的潜在危险。

（3）游泳圈。游泳圈主要用于间接救护，辅以游泳练习。

（4）医药箱。医药箱内准备有绷带、纱布、外用消炎药物和急救药品，当发生受伤事件时方便及时处理。

（5）钟表。游泳场所配备钟表可供游泳者了解时间。

（6）浮漂。浮漂大多用于初学者，帮助其减轻恐水心理，并帮助初学者尽快掌握正确的身体姿势。

（7）浮板。浮板用于学习和练习各种姿势打腿技术，还可以用两腿夹起来练习划手技术。

（8）长竿。长竿可用于间接救护以及在教学中帮助改进学生游泳技术。

三、游泳场地的开放标准

根据国家市场监督管理总局发布的《中华人民共和国国家标准——体育场所开放条件与技术要求》，将有关人工游泳场所的主要要求列于下方：

（一）从业人员资质

游泳场所的从业人员如救生员、教练员、社会体育指导员（游泳）、水质处理人员、医务人员安全保卫人员等职业人员，须持国家有关职业资格证书方能上岗。

游泳场所的所有服务人员必须每年进行身体健康检查，并取得健康证后方能上岗。

（二）经营设施条件

（1）游泳池应符合下列规定：

① 游泳池壁及池底必须光洁、不渗水，呈浅色。建筑质量符合国家建筑规范要求，使用的建筑材料符合 GB 6566 要求。

② 池面有明显的水深度、深浅水区警示标志，或标志明显的深、浅水隔离带。

③ 浅水区水深不得超过 1.2 m。

④ 水面面积在 500 m^2 以下的游泳池至少设有 2 个出入水扶梯，水面面积在 2000 m^2 以上的游泳池至少设有 4 个出入水扶梯。

⑤ 游泳池四周铺设有防滑走道，其地表面的静摩擦系数不小于 0.5。

⑥ 游泳池与防滑走道之间设排水沟。

⑦ 游泳池内排水口设有安全防护网。

（2）有沉淀吸污设备或自动水循环过滤、消毒、吸底设备，其设备须有国家产品质量监督检测部门鉴定的合格证书。

（3）游泳池水面照明度不得低于 80 lx，照明设备距离水面的高度不低于 5 m，开放夜场须有足够的应急照明灯。

（4）有分设的男、女更衣室，并配有存放衣物的设施。

(5) 分设男、女淋浴室，其淋浴喷头数量与可容纳游泳人员的数量相适应，其地表面的静摩擦系数不小于 0.5。

(6) 设有男、女厕所，其厕位数量应与可容纳游泳人员的数量相适应。

(7) 更衣室与游泳池走道之间设有强制通过式浸脚消毒池。

(8) 更衣室与游泳池走道之间设有强制淋浴设备男、女各一套，每套喷头数量不少于 4 个，其喷头喷出的水不能进入浸脚消毒池中。

(9) 更衣室与游泳池中间的走道地表面的静摩擦系数不小于 0.5。

(10) 有符合建筑规范的人员出入口及疏散通道。

(11) 室内游泳场所须有通风设施，且室内空气卫生符合 GB/T 17093 的要求。

(12) 有广播设施。

(13) 有专用直拨电话。

(14) 有各类公共标志，并符合 GB/T 10001.1 的要求。

(15) 嬉(涉)水池内的设施设备必须经国家产品质量监督检测部门检测合格后方可投入使用。

(三) 安全保证

1. 救生设施

1) 救生观察台

人工游泳池水面面积在 250 m^2 以下的，应至少设置 2 个救生观察台；人工游泳池水面面积在 250 m^2 以上的，按面积每增加 250 m 及以内增设 1 个救生观察台的比例配置救生观察台。救生观察台高度不低于 1.5m。

2) 救生器材

人工游泳池有救生圈、救生杆、救护板和护颈套。

3) 急救室

急救室配有氧气袋、救护床、急救药品和器材，救护器材要摆在便于取用的明显位置。

2. 救生人员

(1) 水面面积在 250 m^2 以下的人工游泳池，至少应配备固定水上救生员 3 人；水面面积在 250 m^2 以上的游泳池，按面积每增加 250 m^2 及以内增加 1 人的比例配备固定水上救生员。

(2) 至少设有流动救生员 1 人。

(3) 至少配有医务人员 1 名。

3. 安全制度

(1) 有醒目的“游泳人员须知”及其他必要的安全警示。

(2) 人工游泳场所实行深水游泳合格证验证制度。

(3) 人工游泳池内人均游泳面积不得小于 2.5 m^2。

(4) 有溺水抢救操作规程及溺水事故处理制度，并悬挂在明显位置。

(5) 游泳场所开放时间必须有值班人员、救生人员、医务人员、保卫人员现场值班。

(6) 游泳场所各类人员上岗着装有明显标志。

(7) 各种电器、机械设备能随时启用，并由具有资格证书的人员操作、管理。

(8) 有毒、危险物品的保存、管理须符合国家或当地有关安全条例(要求)的规定。

(9) 禁止向游泳人员出售含有酒精的饮料。禁止酗酒人员游泳。

(10) 有健全的治安保卫、安全救护、卫生检查、设备维修、人员服务岗位责任制度。有关游泳场所的其他标准可参考《中华人民共和国国家标准(GB 19079.1—2013)》。

课后习题

简述游泳场所的开放标准。

第七节 游泳相关术语

本节介绍的是游泳的相关专业术语。通过本节的学习，学生将对游泳相关术语有一个全面、系统的认识与了解。

1. 游泳

游泳是人在水的浮力作用下向上漂浮，凭借浮力，在水中运用腿、臂、躯干、头部运动，按一定要求周而复始地进行的有规律的运动，包括竞技游泳、大众游泳等。竞技游泳是以运动员游进速度快慢论胜负的比赛项目，它包括出发、途中游、转身和终点触壁技术，以及自由泳(爬泳)、仰泳、蛙泳、蝶泳四种泳式和由这四种泳式组成的混合泳；大众游泳是以增强体质为宗旨、以丰富人们文化生活为目的的大众游泳活动，如娱乐游泳、水中游戏、康复游泳、健身游泳等。

2. 游泳出发

游泳比赛的开始称之为出发。游泳竞赛规则规定，自由泳、蛙泳、蝶泳的比赛必须从出发台起跳，仰泳项目在水中出发。

3. 游泳转身

游泳转身是游泳比赛过程的重要组成部分。在游泳训练和比赛中，任何游泳姿势与项目、距离都要转身，距离越长，转身次数越多。转身动作的快慢直接影响比赛成绩，甚至往往成为决定胜负的关键。

4. 动作周期

动作周期一般是指某一完整划水动作的全过程。例如，爬泳、仰泳划水的一个动作周期可以理解为从右手(或左手)入水开始，经过抱水、划水、出水、移臂到下一次右手(或左手)入水为止，它包括左、右两臂各划水一次：而在蛙泳和蝶泳中，一个动作周期是指两臂同时划水一次。

5. 划水次数

划水次数是指某一距离内划水的次数，如 50 m 蛙泳划水 20 次左右，50 m 自由泳两臂划水 35 次左右。在同一距离中，如果成绩相等，划水次数多的说明动作频率高，划幅短；而当距离和游速一定时，划水次数越少，则说明动作效果越好。

6. 划水距离

划水距离是指一个完整动作周期完成后身体游进的距离，又称划距、划幅或划步，是技术量化指标的体现，常以“m/次”表示，其计算公式如下：

$$划水距离=\frac{游泳距离}{动作次数}$$

7. 动作频率

动作频率是指单位时间内完成动作的次数，也称划频，一般用“次/min”表示。它有别于划水次数，反映了动作的快慢程度，与动作周期呈倒数关系。其计算公式如下：

$$动作频率=\frac{动作次数}{成绩(不包括出发转身)}$$

8. 动作节奏

动作节奏是指每个动作周期中某个技术环节的动作速度与时间的比例关系。例如，蛙泳腿的动作节奏是收腿、翻腿动作较慢，蹬腿、夹腿动作较快。以爬泳划臂技术动作为例，动作节奏是手臂入水时较慢，下划抱水时逐步加速，推水结束时最快，空中移臂较快。每名运动员的身体素质不同，因此运动员的技术风格、特点也略有不同，在动作节奏上会略有差异，应区别对待。结合摄影解析运动员动作节奏，可以鉴别、诊断技术动作节奏的优劣。

9. 动作效果

动作效果指一个完整动作使身体向前游进的距离。一般用“m/次”表示，它反映了划水的实际效果，是划水技术量化指标的体现。技术优者，一个完整动作身体向前游进的距离长；技术劣者，一个完整动作身体向前游进的距离短。对于初学者来说，要特别注重提升动作效果。

10. 身体姿势

身体姿势指人体在游进过程中头、颈、躯干部位的运动姿态。

11. 身体位置

身体位置指人体在游进过程中身体与水平面的相对深度。

12. 划水路线

划水路线指手臂在水中为造成推进力形成的划水运动轨迹。这种轨迹与手臂划水技术有关。根据物体运动中的力偶会造成转动的原理，游泳时手臂划水是产生最大推进力的动作阶段，手掌小臂应合理靠近躯干，以减少分力，保持直线游动。

13. 中线

中线是一条假想的、经过人体中心位置的垂直线。游泳运动中的中线即额头正中垂直向下延伸至耻骨联合关节中间的假想线，途经鼻尖、下颌正中、双乳连线的中点、肚脐。

14. 曲线划水

曲线划水指手掌在划水运动中的轨迹是曲线的划水方式，这种划水方式的优势在于加强持续输出划水的效果，使划水过程中向前推进的时间增加。

15. 高肘屈臂抱水

高肘屈臂抱水指在手臂抱水、推水过程中，肩关节固定，肘关节保持较高的位置。该动作能够更好地借助躯干周围肌群增强划水效果。蝶泳、自由泳、蛙泳抱水时，肩关节高于肘关节，肘关节高于腕关节，使肩关节、肘关节、腕关节形成一个屈臂推水的斜面，向游进的后方推水；仰泳在小指入水后形成高肘抱水，腕关节高于肘关节，肘关节高于肩关节，屈臂抱水，推水时，手臂尽量靠近体侧。

16. 提肘

提肘指爬泳动作中空中移臂时肘部上提，形成肘关节高于肩关节和腕关节的动作。

17. 两臂动作配合

两臂动作配合指左右手臂在水中划动的连接和协同。上肢划水产生推进的主要动力，其动作配合的协调性及用力技巧性是获取推进力的关键。竞技游泳姿势手臂划水技术，可归纳为两臂同时对称划水与左右臂轮流交替划水两类。

18. 完整动作配合

完整动作配合简称“完整配合”，游泳时由腿、臂、呼吸等基本动作，按照不同泳式的动作方式、顺序、要求和节奏，组合成符合规范的、协调的、周期性的技术。它既要求局部基本动作正确合理，更强调整体动作组合的连贯性和节奏性，表现出动作用力与放松的节律交替，达到节省体能、发挥速度、保持匀速游动的效果。

课后习题

1. 简单描述游泳时身体位置的概念。
2. 简单描述高肘屈臂抱水的概念。

第二章　游泳技术及教学

本章主要介绍游泳教学理论与方法，熟悉水性的练习方法，四种主要泳姿及出发转身的技术特点、教学、练习方法，以及一些实用游泳姿势。通过本章内容的学习，学生可初步掌握游泳泳姿及相关动作的技术知识，了解游泳技术的教学过程，并学会根据上述原理改善游泳技术和游泳教学的组织方法。

第一节　游泳教学理论与方法

此节重点介绍游泳技术及游泳教学的特点，游泳教学的基本原则，游泳教学的分组、顺序及方法，游泳教学文件的制订。通过本章的学习，读者可以了解游泳教学的基本方法，并能运用所学理论知识解决教学过程中遇到的具体问题，从而具备游泳教学的能力。

一、游泳技术与教学特点

针对不同的运动有不同的教学方法，以下是游泳运动的教学特点：

(1) 安全是首要问题。确保安全是游泳教学首要考虑的问题。安全是一切的前提。

(2) 必须先让初学者进行熟悉水性的练习。应先让初学者熟悉水环境，消除其恐水的心理，在其学会呼吸、漂浮和滑行后再进行游泳姿势的教学。

(3) 呼吸是教学重点。因为水中呼吸和陆上呼吸明显不同，同时四种泳姿的呼吸方式有所不同，所以呼吸始终是教学的重点。

(4) 水中动作习惯不同、用力方式不同。由于游泳时俯卧或仰卧于水中，与日常的动作习惯不一样，并且在水中无固定支撑，因此加大了教学难度。

(5) 无视觉和听觉的帮助。仅凭肌肉感觉做动作，容易产生错误动作，改正错误动作困难。

(6) 体能是技能的基础。必须学练结合，才能正确掌握游泳技术。

二、游泳教学的基本原则

教学原则是教学实践中具有普遍意义的经验总结与概括，是教学过程客观规律的反映，也是指导教学工作的基本要求。游泳教学中常用的教学原则有安全第一原则、主观能动性原则、直观体验原则、循序渐进原则、从实际出发原则、巩固性原则、水陆结合和以水为主的原则，下面将详细介绍这几种原则。

(一) 安全第一原则

1. 树立安全第一的教学指导思想

必须树立安全第一的教学思想，以“安全第一”为主线，将“安全第一”原则牢固贯穿于整个游泳教学之中。为了确保学生的安全，必须对该原则予以高度重视。

2. 加强安全教育

加强对学生的安全教育，对确保游泳教学中学生的安全有着十分重要的意义。学生因其所具有的独特生理和心理特点，往往会高估自己的健康状况、水上运动能力和游泳技术水平，从而导致对安全问题的忽视。因此，需要通过各种方式加强学生对安全的认识，如观看游泳伤亡事故的视频或图片，使学生对游泳事故予以高度警惕。同时，要让学生了解事故发生的原因，追本溯源，了解预防方案及救助措施，从而能有效地对游泳事故加以防范。

3. 强有力的安全措施

采取强有力的安全措施，如监控、保护、救助等，及时了解场地的环境和使用方式。针对不同情况的学生，因人而异，采取不同的安全措施，确保学生的安全和教学的顺利进行。

（二）主观能动性原则

在游泳教学中要善于培养学生对学习的自觉性，充分调动学生的积极性和主动性。要促进学生对游泳的全面认识、培养对游泳学习的兴趣、增强学好游泳的信心，有针对性地解决教学过程中出现的不良现象和由此引起的心理问题，如怕水心理。

（三）直观体验原则

在游泳教学中，学生除通过视觉、听觉来感知动作外，还要通过触觉和肌肉本体感觉来建立完整、正确的动作形象和概念。常用的直观教学方式有动作的正确示范、生动形象的讲解、直观教具的演示及手势的运用等，如看图、看录像等。

（四）循序渐进原则

在游泳教学中，应根据学生认识活动的特点、人体机能和动作技能形成的规律，由易到难、由小到大，逐步深化、逐步增加。

(1) 在安排教学内容和组织教学时，要由易到难、由简到繁、由浅入深，循序渐进，如初学者须先熟悉水性再学习某一泳姿的技术；教授某一动作时，应先做陆上模仿，再到水中练习；在水中练习时，先进行有固定支撑的练习，再进行无固定支撑的练习等。

(2) 在巩固已学的知识、技术、技能的基础上学习新教材。每次课均应安排复习前次课的教学内容，在已有的基础上进行新的学习掌握。课与课之间教学内容的衔接要系统连贯，能承上启下。

(3) 运动量的安排应由小到大逐步增加。这不仅有利于增强学生的体质和提高运动能力，而且有利于动作技术的巩固提高。

(4)制订完整的教学工作计划文件，保证游泳教学工作的有序进行。

（五）从实际出发原则

在游泳教学过程中，教学的任务、内容、工作、要求、组织教法和运动量的安排，都力求符合学生的年龄、性别、基础和身体发展状况；一般要求与个别对待相结合，因材施教；因地制宜，要符合学校的场地、器材、设备和地区气候等实际情况，既使学生能够接受，又便于教学工作的进行。

(六)巩固性原则

学生肌肉记忆力较差，需要反复练习，提高水感，使动作从量变到质量。达到正确的技术定型。最后，通过测验、比赛等方式检验学生学习成果，巩固所学技术技能。

(七)水陆结合和以水为主的原则

在进行新的泳姿学习时，应首先在陆上进行必要的模仿练习，建立基本的动作概念，再在水中练习。随着学生掌握动作的程度加深，逐渐增大水上练习的比例，直至完全过渡到水上练习。

以上各教学原则互为补充、相辅相成。

三、游泳教学的分组、顺序及方法

(一)教学分组

游泳教学经常以班为单位，以分组形式进行教学。常用的分组方法有以下两种：

1. 无规则混合分组

无规则混合分组是将技术基础较好的学生与技术基础较差的学生混合分组。这种分组形式有利于学生互相帮助、相互学习，有利于基础较好的学生协助老师教基础较差的学生，共同提高。但不便对基础不同的学生提出不同的教学要求和组织不同的教学活动，难以满足基础较好的学生相对较高的学习要求。

2. 技术水平高低分组

技术水平高低分组便于教师根据学生的技术情况安排不同的练习内容和运动量，有助于区别对待，能满足不同技术水平的学生的不同要求。

上述两种方法各有利弊，应根据不同情况灵活运用。

(二)教学顺序

1. 一种泳式的教学顺序

一般采用分解教学法，即按照“腿→腿与呼吸的配合→臂→臂、腿配合→完整配合”的顺序进行教学，尤其强调“先腿后臂”的教学顺序。

2. 单一动作的教学顺序

(1)讲解、示范动作要领。

(2)陆上模仿练习。

(3)水中有固定支撑的练习，如扶边练习。

(4)水中无固定支撑的练习。

(5)逐渐延长练习距离，巩固技术。

(三)教学方法

教学方法是指教师为完成教学任务所采取的手段和方法，包括教师教的方法和学生学的方法。教学方法可归纳为语言法、直观法、练习法三类，以练习法为主，辅以语言法和直观法。教学方法具体又可分为以下几类。

1. 讲解法

讲解法即语言法，是游泳教学的基本方法。在进行讲解时应注意生动形象，通过语言的表述，勾勒动作的轮廓；简明扼要，既便于记忆，又形象直观；与示范法紧密配合，一般面对年龄小、理解能力弱的对象，应多进行示范。

2. 示范法

示范法是以具体动作为范例，使学生了解所学动作要领的方法。正确运用示范法，不仅可使学生建立起正确的动作概念，还可以提高学生的学习兴趣，激发其主动积极性。示范应分清主次，突出重点，在进行新动作展示时，应先进行完整的动作示范，再进行分解动作或重点突出；示范面也应有正面、侧面和背面，如何选择示范面，应根据所教动作而定；正误对比示范也是一种重要的示范方式，学生可以通过正确动作和错误动作的鲜明对比，对所学动作有更加明确的认识，以避免错误动作。

3. 分解教学法和完整教学法

1）分解教学法

分解教学法是指把完整的动作分解成几个部分或者几段，再按所分内容进行教学，直至全部掌握。如蛙泳腿部动作可分为收、翻、蹬夹、滑行四个阶段进行教学，泳姿的完整动作可以按“腿→腿与呼吸的配合→臂→臂、腿配合→完整配合”的顺序进行教学。

2）完整教学法

完整教学法是指从动作开始到结束完整的教学。如蛙泳、仰泳腿部动作，一般采用完整教学法。其不利于掌握动作中较为复杂的环节，如蛙泳腿部动作的教学。但某些较为复杂的动作，若分解教学，会破坏动作结构，必须采用完整教学法，如蝶泳躯干和腿的动作等。

4. 练习法

1）重复练习法

重复练习法是一种反复练习的方法，连续进行某一动作、姿势练习，不仅有利于巩固所学动作，而且有利于提高游泳所需的专项素质，强身健体，并且有利于教师观察，帮助学生改进动作。但在运用此方法时，应注意控制重复练习的次数和距离，掌控间歇休息的时间，以免负荷量过大，学生出现疲劳，进而造成动作变形，影响动作的掌握。

2）变换练习法

变换练习法是根据教学的需要，在变换条件下进行练习的方法。如 25 m 快速游＋25 m慢速游，25 m 蛙泳＋25 m 自由泳等。此方法有利于提高变换每种泳姿的适应能力和从事练习的积极性，从而提高运动水平。采用此方法时要注意变换条件和负荷量的安排，应考虑到学生所能接受的负荷强度。

5. 多媒体辅助教学法

多媒体的出现成为教学技术现代化发展的重要标志。学生们可以通过观看比赛视频、录像等加深印象，加深对技术的理解，更清楚地分辨什么是正确动作，什么是错误动作，从而更有效地掌握知识、提高技术。

四、游泳教学文件的制订

制订游泳教学文件是教学工作的重要环节。游泳教学文件包括游泳教学大纲、游泳教学工作计划、游泳教学进度、游泳教学课时计划、游泳教学工作总结等方面。

（一）教学大纲

教学大纲是根据某范围内教学计划所规定的教学目标、课程教学任务、教学学时等纲领性文件，也是教师进行教学工作的主要依据。

1. 大纲主要内容

（1）教学性质。

（2）教学目的。

（3）教学指导思想。

（4）教学大纲编制原则。

（5）教学学时。

（6）考试及成绩评定。

（7）大纲提示。

（8）教学参考书。

2. 大纲分类

（1）理论部分(目录)。

（2）技术部分(实践内容)。

（二）周期(阶段)游泳教学工作计划

周期(阶段)游泳教学工作计划是根据教学大纲的要求，将一个周期或阶段的内容，按教学课程的科学性、系统性和教学时数、周数、课次分别排列到每次课中，并提出完成教学任务的各项方案。

（1）总结之前阶段教学工作，分析现有学生基本情况，根据大纲提出任务要求，结合实际情况确定本周期的教学任务、要求和重点，并提出主要的教学措施，将这些内容写入计划的说明部分。

（2）大纲中含有教学进度，根据大纲各教学内容与时数，计划每节课的教学内容。

（3）根据教学任务、目标和学生特点，提出明确的教学方法，如理论课结合实践课的方案或某项技能培养的途径等。

（4）规定本周期或本阶段的考试内容及标准。

（三）游泳教学进度

游泳教学进度可以列入学期教学工作计划，也可以根据需要单独制订。游泳教学进度主要是根据教学任务、内容与时数，确定每次上课的主要教学内容与练习。教学进度是编写教案的重要依据，一般以表格形式出现。

（1）教学内容的安排要保证重点。一般考试考查的内容往往是主要教学内容，因此，应优先安排。

(2) 教学内容要按照由易到难、由简到繁的顺序排列，并且要考虑运动负荷递增的问题。

(3) 要考虑课中新旧教学内容的搭配，新的教学内容在一次课中不宜出现过多，旧的教学内容要安排复习，起到巩固、提高的作用。

(四) 游泳教学课时计划(教案)

游泳教学课时计划是教师根据教学进度并结合教学的实际情况，对每堂课制订的教学方案，简称教案。

1. 课时计划的内容

课时计划的内容包括教学任务、教学内容、教学组织形式(其中要考虑安全措施)、教学方法、练习时间和次数等方面。

2. 编写要求

课时计划有文字和表格两种形式，一般采用表格形式。

(1) 编写教案应在了解学生、教学场地情况的基础上完成。

(2) 课的任务要恰当、明确。

(3) 教材要符合实际，教学要突出重点，教学要求要具体。

(4) 组织教学要严密，救生器材要备好，安全措施要落实。

(5) 教学方法要科学，教学手段要多样，运动负荷要恰当。

(6) 书写文字要简明、清楚、扼要，也可用简单图形来表示。

3. 课时计划编写的格式与步骤

游泳课教案一般采用表格形式，编写游泳课教案的步骤是：

(1) 开始部分。其内容有师生问好，检查人数，宣布本课内容、注意事项及课堂纪律等。

(2) 准备部分。结合基本教材的内容安排一些徒手操、水中简单专门练习、熟悉水性的动作或游戏。

(3) 基本部分。基本部分是游泳课的主要部分。根据课的任务和教材内容应将各练习的动作名称、要领、教学要求、教学的重点和难点、练习的组织形式和易犯错误等一一写清楚。同时，教师的讲解、示范，学生的练习顺序、方法，练习的时间与次数等，也必须编进教案。

(4) 结束部分。本部分主要包括两方面的内容：一是放松活动的内容，一般采用慢游或游戏；二是课的小结和检查人数。

(五) 游泳教学工作总结

游泳教学工作总结应该从教学的计划文件、教学的内容、教学方法、教学手段以及教学的效果等方面进行，也可以根据实际情况对某一方面进行重点的专题总结。总结是为了发现问题，并采取相应的改进措施，同时也吸取教学工作中的经验与教训，进一步提高游泳课的教学质量。

课后习题

1. 游泳教学的特点是什么？
2. 游泳教学的基本原则有哪些？

第二节　熟悉水性

熟悉水性是游泳实践课程中面临的第一个问题，游泳运动的环境区别于陆地上的其他运动，运动过程中身体位置的空间变化也是初学者要面临的问题之一，正因如此，部分大学生初次进入泳池中出现恐水的问题。将熟悉水性的教学内容掌握娴熟，有利于提升学习游泳的效率，更能让大学生们切身感受如何在水中有效利用浮力，在游进过程中发挥动力，同时减少因身体位置而产生的不必要阻力。熟悉水性主要包括水中行走、呼吸、漂浮、站立、滑行。

一、安全入池及上岸

（一）教学目的

掌握安全地进入泳池及上岸的方法。

（二）安全入池

初学者进入泳池应该缓慢，有师生帮助，或者能够主动借助扶梯或池壁的支撑，避免落水、踩空。常见的方式是利用扶梯入池，或坐在池壁抓池边转身入池。

1. 利用扶梯入池

学生人数少，或者学生极度恐水时，让学生背对泳池边，手扶栏杆，目视台阶，缓慢进入泳池(图 2 - 1)。

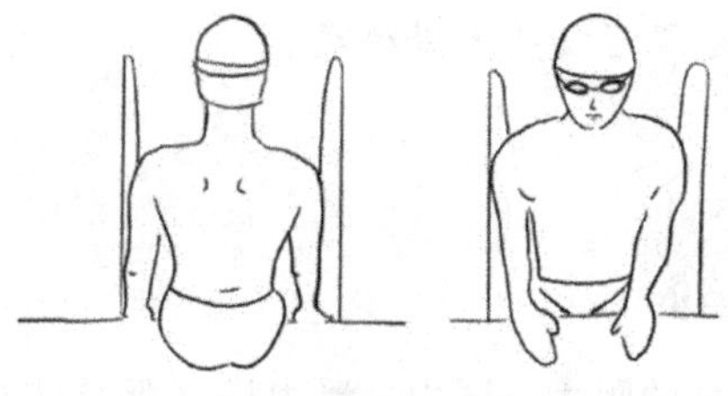

图 2 - 1

2. 池边转身入池

在班级授课人数较多，且学生不怕水的情况下，可以从池边入水。坐在池边，身体一侧向另一侧扭转 180°背对泳池，然后下滑到双脚触到池底。整个动作过程中，确保一只手扶住池边不松手(图 2 - 2)。

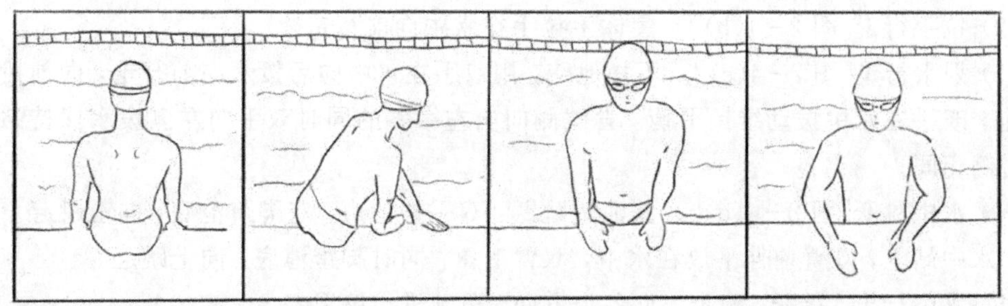

图 2 - 2

（三）安全上岸

（1）利用扶梯上岸(图 2－1)。

（2）池边上岸。如果学生比较年轻，体能较好，可以双手用力撑池边，同时利用水的浮力向上蹬跳，单脚跨上池边支撑稳定后爬到岸上(图 2－3)。

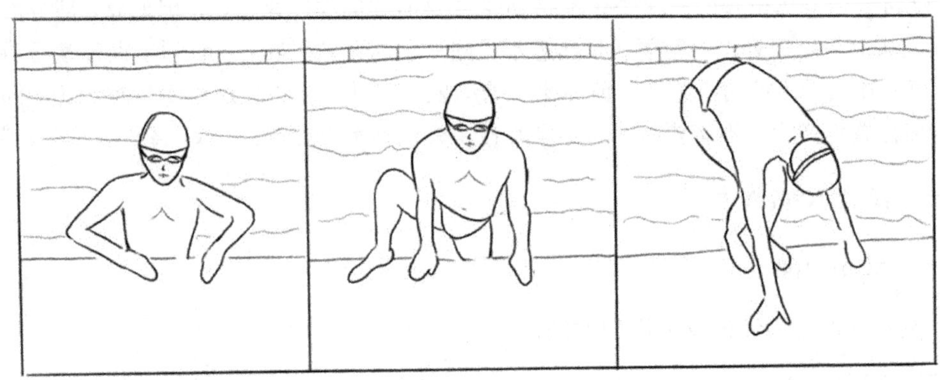

图 2－3

★ 练习扩展——独立上岸练习

练习提示：练习后期可以把进入水池、水中行走、安全上岸结合起来，让学生横穿游泳池完成三个练习。如果教学对象是儿童，教学时应强调上岸后不要跑，以防滑倒摔伤。老年人应尽量利用扶梯上岸。下水前要进行安全教育，强调安全注意事项。不允许在场地跑跳、打闹，尤其是对少年儿童，更要着重强调。准备活动要充分，防止抽筋及其他意外发生，学生如感到身体不适应立即汇报并上岸处理。

二、水中行走

（一）水中行走练习的目的

该练习旨在使学生体会水的阻力、压力、浮力以及保持水中平衡的方法，培养学生对水的兴趣和在水中放松的感觉，从而消除怕水心理。

（二）水中行走练习的方法

以下练习仅限在浅水区内进行。

（1）扶池边行走[图 2－4(a)]。双手扶住池边向两侧行走。

（2）拉手行走[图 2－4(b)]。集体手拉手在水中向前行走。

（3）划水行走[图 2－4(c)]。不扶池壁，用双手在水中向后拨水向前行走，向前拨水后退行走，双手在水中拨动维持平衡，尝试侧向向左微斜的同时双手向左侧拨水保持站立平衡，右侧相同。

（4）水中跳跃[图 2－4(d)]。扶池边跳跃：双手扶池边，双脚蹬池底，向上跳起。徒手跳跃：水中站立，双臂前伸平放在水中，双臂下压，同时脚蹬池底，向上跳起。

（5）水中行走、跳跃、跑步。向各个方向，单独进行练习。

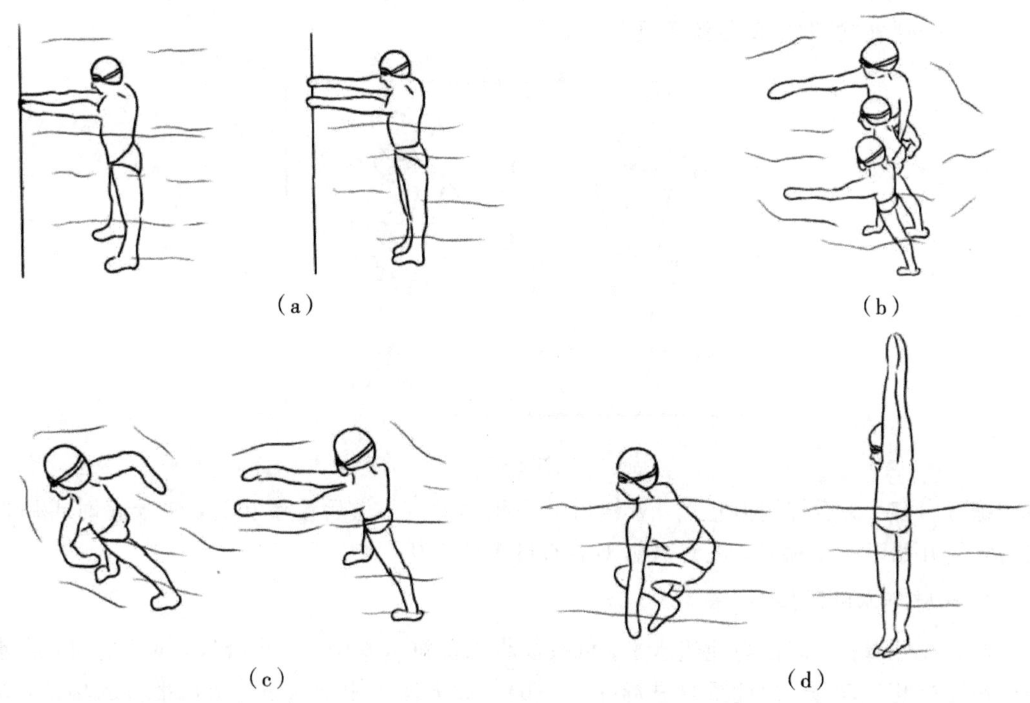

图 2-4

三、水中呼吸

(一) 水中呼吸练习的目的

该练习旨在使学生掌握在水中呼吸的专门技术。

(二) 呼吸练习的要点

人们平时的呼吸是无意识的，用鼻子吸气呼气。在水中呼吸则有所不同，是用嘴巴吸气，用鼻子或嘴巴呼气。一个完整呼吸动作是由"吸气→憋气→吐气"组成的，熟练之后可简化为"吸气→吐气"。水上进行吸气，水下进行憋气与吐气。

有些人担心水下吐气后没有及时换气会导致呛水。这个问题的解决重点在于对吐气时机要有所掌控，在憋气的过程中也可以与吐气同时进行，吐一部分然后继续闭气，以此循环。在学习的过程中注重吐气，因为用力把肺部气体都吐完后，会形成一种"被动式"的吸气，学习水中呼吸就更容易了。

(三) 水中呼吸的练习方法

1. 陆上模仿练习

(1) 憋气练习。直立，双手放松下垂，憋气 10～20 s(视情况灵活改变)后吐气，多次重复。

练习要求：采用口吸口呼的练习方式时，用手检查鼻腔是否在练习的过程中漏气；采用口吸鼻呼的练习方式时，用手检查鼻腔是否参与了吸气动作。

(2) 扶膝换气练习。双膝弯曲，双手扶在膝盖处，身体略微前倾，全身放松，按照“吸气→憋气→呼气”的顺序反复练习(图 2-5)。

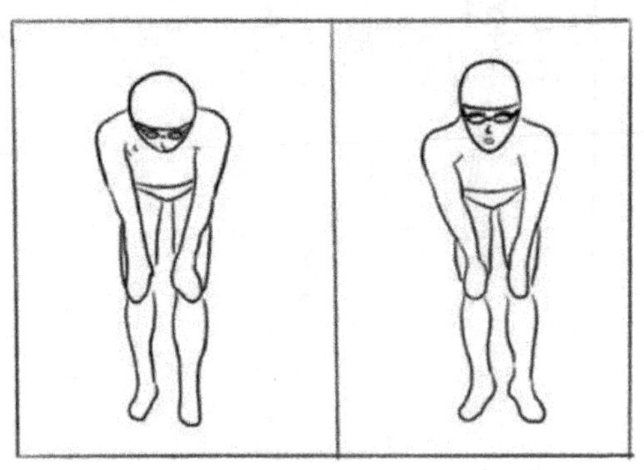

图 2-5

练习内容：头后仰用力吐气，吸气后低头稍微憋气，然后慢慢吐气，快吐完时再后仰用力吐气开始下一个循环，注意身躯不能有过多的起伏。

2. 半陆半水呼吸练习

俯卧在池壁边，肩部与池边水平，低头能将面部沉入水中；抬头吸气，低头憋气，在水中慢慢完成吐气动作，以此重复进行(图 2-6)。此方法可用于水面与池边平行的场地，初学者可用脸盆盛满水于课后练习。

图 2-6

3. 水中练习

双手扶住池边站立，动作如陆上模仿练习(图 2-7)。

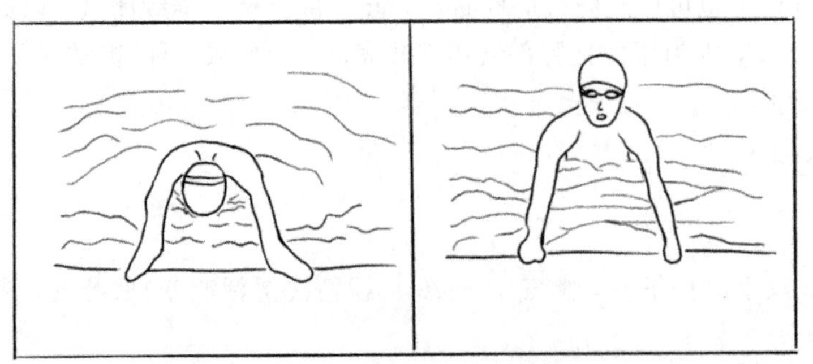

图 2-7

水中呼吸练习视频

按照“吸→憋→呼”的顺序反复练习，熟练后，可以简化到“吸→吐”的方式。去掉憋气的过程时，应确定口腔和鼻腔在遇到水面的过程中能够自如闭气或保持吐气的动作。

★ 练习扩展——呼吸练习

练习提示：

(1) 先练闭气，再练换气。

(2) 在水中吐气要像吐泡泡一样，气快吐光的时候出水呼吸，循环进行。

(3) 如错误太多则返回做陆上模仿练习，动作做正确后再下水做。

(4) 应于每节课前进行呼吸练习，直至熟练掌握。

(四) 呼吸的错误动作

(1) 换气动作过猛。猛抬头，整个上半身都露出水面。纠正方法是在做模仿的时候就要向学员强调：是头后仰，而不是抬头、抬身体。

(2) “假呼吸”。有的学生不敢把气吐光，担心没气了不知如何是好，总留半口气，几次换气后就无法再吸进气，只好停下来。纠正方法是延长吐气时间。

(3) 鼻子进水。这是初学者的常见问题，因为没有掌握正确的呼吸技术，没有用嘴巴吸气。纠正方法是单独将脸放入水中练习鼻子呼气，这样鼻子就不会进水。

(4) 换气时间过长。由于在水下没有吐气，在水面上又吐气又吸气，时间长。

四、水中漂浮、站立、滑行

(一) 水中漂浮的目的

我们在陆地上习惯于直立行走，而水中的泳姿基本由俯卧姿态与仰卧姿态构成，所以在学习泳姿之前要学会漂浮。漂浮的过程需要初学者体会水的浮力及人体在水中浮沉的原理，学会在水中平卧、保持平浮的能力。

(二) 漂浮练习的要点

练习前需要吸足气，俯卧在水中需要双手向前伸直，大臂置于枕骨与耳侧之间，轻微压肩、低头、收腹、塌腰、夹臀、展髋，双腿向后伸直，全身放松保持流线形。避免在漂浮过程中出现屈髋、屈膝、缩肩。

(三) 水中漂浮的练习方法

(1) 在扶边呼吸的基础上，先吸气后憋住，双手扶池边，低头并把头夹在双臂之间，将头没入水中低于水平面(图 2－8)。当身体俯卧水中后，学生需要睁开眼睛，身体放松平直，腿向上自然浮起，憋住气，每次坚持 10 s 左右，多次重复，直至熟练掌握。

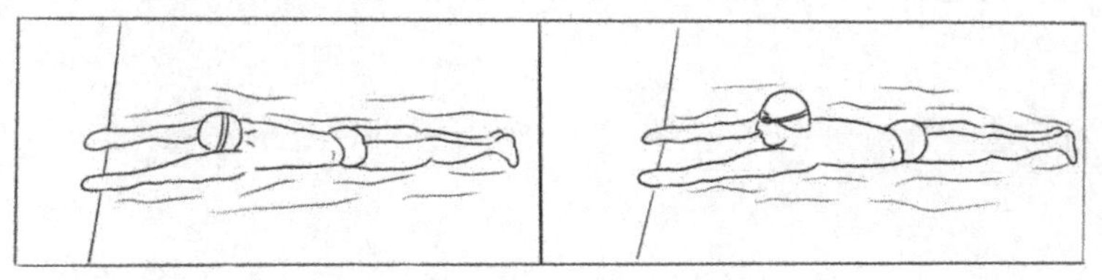

水中漂浮练习视频

图 2－8

(2) 抱膝漂浮练习，首先双手扶边漂浮，然后收腹、收大腿、双手抱膝团身，背部露出水面(图 2-9)。抱膝漂浮的过程，可能会出现先下沉后上浮的情况，在此过程中也存在旋转，出现头部在下臀部在上的倒置体位，切不可在此过程中因为恐惧松开双手。

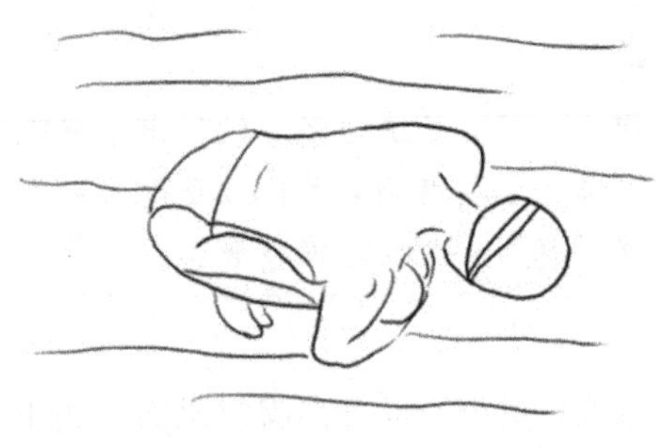

图 2-9

(3) 伸展漂浮后站立：双手向下压水并抬头，同时屈膝收大腿使身体由俯卧转为垂直后，两腿同时伸直(展髋、伸膝)，在池底站立(图 2-10)。多次重复练习，直至可以稳定站起。

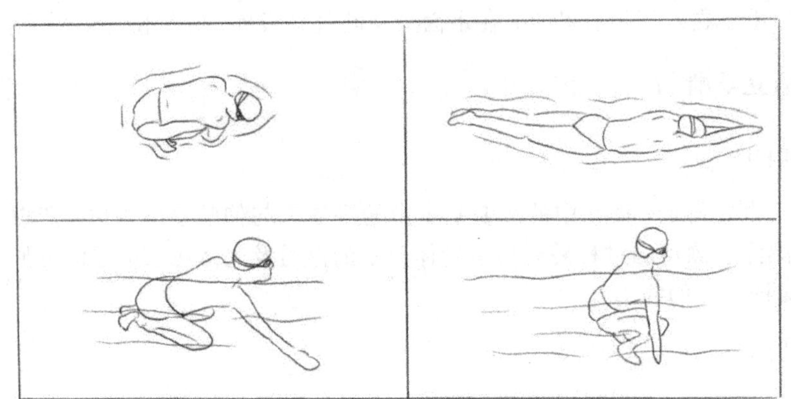

伸展漂浮后站立练习视频

图 2-10

★ 练习扩展——漂浮练习

练习提示：漂浮练习之前要使练习者掌握由俯卧到站立的方法。在浅水池进行教学时要把漂浮和站立结合起来练习。

(四) 水中滑行的目的

水中滑行的目的是使练习者感受并掌握游泳时的水平位置和流线形，为其他游泳练习打下基础。

(五) 水中滑行的练习方法

1. 扶边蹬壁滑行

一手扶池边，一手前伸，吸气，低头团身屈膝，脚用力向后蹬池边，使身体向前滑行(图 2-11)。滑行过程中保持身体伸直，双腿并拢。身体不动后再站起。

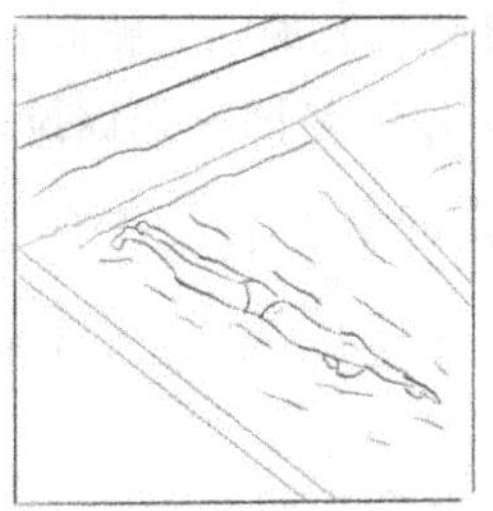

扶边蹬壁滑行视频

图 2－11

2. 蹬地滑行

双脚前后站立，双臂并拢前伸、深吸气后低头脚蹬跃起，使身体平卧在水面上滑行(图 2－12)。滑行过程中保持身体伸直，双腿并拢。身体不动后再站起。

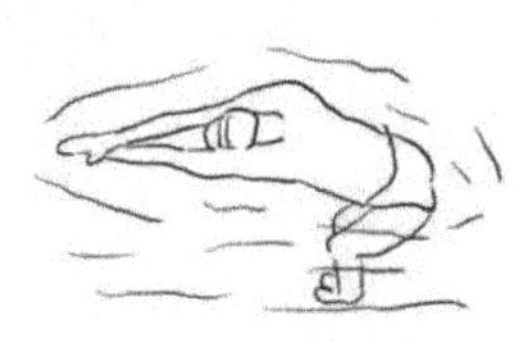
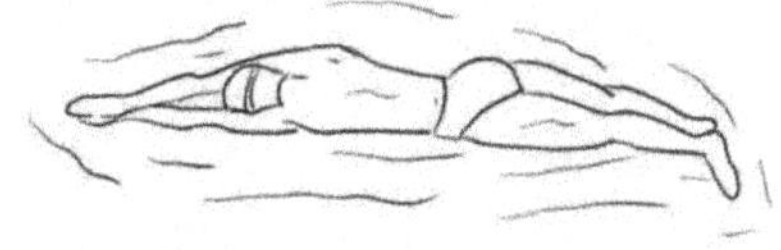

图 2－12

五、水中游戏

水中游戏既可以使学生熟悉水性，又可以活跃气氛，提高学习兴趣。可根据学生的不同特点设计不同的游戏，比如跳大板、骑马打水仗、拔河游、水中竞物。

(一) 跳大板[图 2－13(a)]

目的：克服恐水情绪，感受水环境中的不稳定性。

人数：个人或集体。

方法：单人或任意几位同学一组，连续跳跃大板，根据跳跃远度及最后稳定度决定胜负，可以逐级将双手举过头、双手背于身后、单腿跳/跑作为难度升阶。

(二) 骑马打水仗[图 2－13(b)]

目的：克服面部有水、五官遇水后的应激适应。

人数：偶数/双组。

方法：两人一人作马一人推拉或互相泼水，直至一组人员落水或失去平衡，不区分如何泼水。

(三) 拔河游[图 2－13(c)]

目的：锻炼游泳耐力，培养坚持不懈的精神。

人数：两人。

方法：将橡胶拉力绑至两人脚腕或腰间，以泳池 25 m 处为点，两人分别在离 25 m 处 10 m 远向不同方向游进，以一名同学先被拉过 25 m 处为游戏结束。

（四）水中竞物[图 2－13(d)]

目的：锻炼反应能力及水下动作划水效果。

人数：多人。

方法：一人将某物件在众人聚于泳池边时抛入远处水中，参与游戏人员同一时间入水，率先拿到物件者赢得比赛胜利。

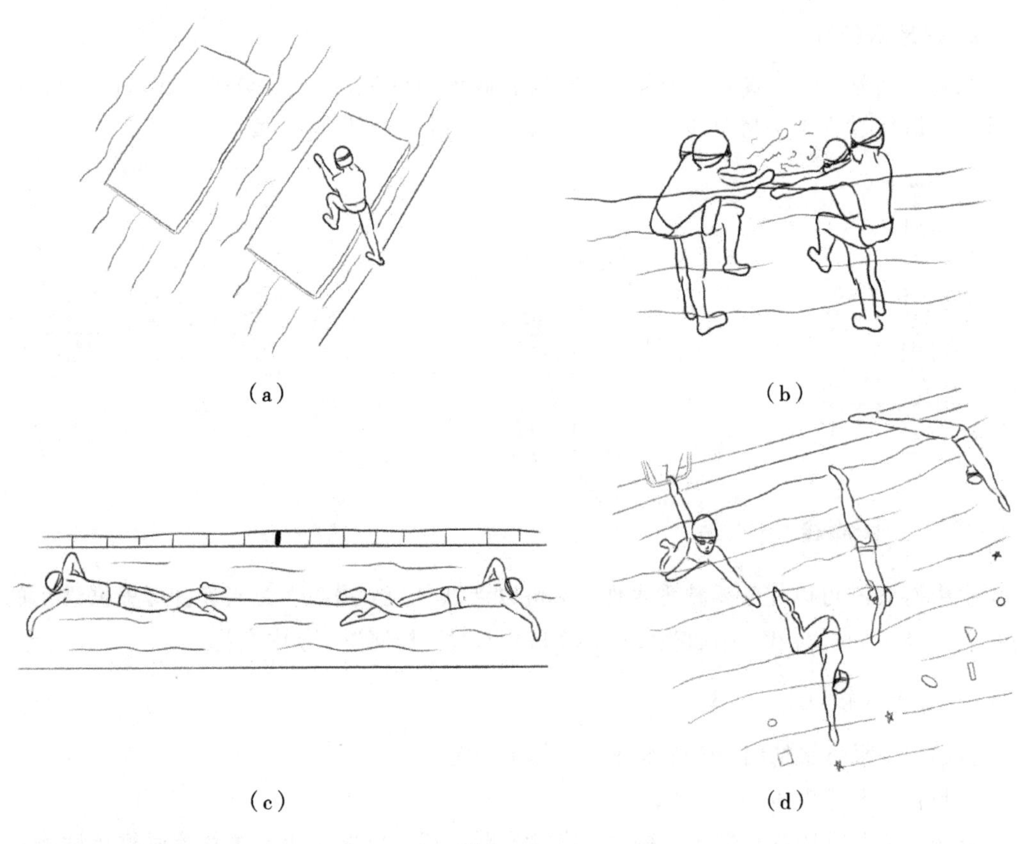

图 2－13

（五）吹球比赛

目的：练习巩固水陆呼吸方式。

人数：个人/接力。

方法：根据组织方式或班级人数准备乒乓球，将乒乓球放入泳池，同学于水面上吸气或于水中吹气推乒乓球前进。

（六）你比画我来猜

目的：练习水中睁眼睛与憋气。

人数：偶数。

方法：不佩戴泳镜，双人一组同时憋气，一位同学比画数字或者用身体语言表述动作，另一位同学睁眼看，看清楚比画内容后，出水面后互相告知验证答案，无误后双人角色互换。

课后习题

1. 简要说明水中行走和水中漂浮的要点。
2. 简要列举几种水中游戏。

第三节 蛙泳技术及教学、练习

蛙泳起初来源于青蛙在水中的动作，是四种泳姿中最为复杂、速度相对较慢的泳式，因蛙泳涉及踩水、呼吸等基础技能学习，所以游泳者初期学习首先从蛙泳开始，并且一旦学会后可以游较远的距离。因此，蛙泳备受广大游泳者的喜爱。为方便理解，本节将蛙泳分为蛙泳概述、蛙泳演变过程和技术特点、蛙泳身体姿势和腿部技术、蛙泳手臂技术及呼吸及蛙泳完整配合技术。

在蛙泳赛制中，每次转身和终点须双手触壁，途中游时两脚必须做外翻动作，不允许上下交替打水或海豚式打水，每次出发和转身后允许运动员身体没入水中，做一次手臂充分向后划至腿部的动作，在第一次手臂划水动作过程中，允许做一次蝶泳腿接蛙泳蹬腿动作。

一、蛙泳概述

蛙泳是人类历史记载中最古老的泳姿，早在2000～4000年前，在中国、古罗马、古埃及等国家就记载有猎人潜入水中用蛙泳捕捉水鸟。因为在游进过程中，游泳者俯卧在水中，双臂前胸前对称划水，双腿向后侧对称蹬水，抬头吸气，完整周期的动作由一次蹬腿、一次划手、一次呼吸构成，像极了青蛙在水中游进，故而得名蛙泳。

蛙泳技术是四种泳姿中最为复杂的，其中手臂和腿部动作过程中向水面在不断地变化，所以初学者很难掌握蛙泳中较为精细的技术。蛙泳游进过程中，由于身体产生的动力不具有连续性，水下移臂送手的动作和腿部收腿翻脚的动作会产生阻力，所以蛙泳在四种泳姿中速度较慢。但是蛙泳具有很强的实用属性，抬头呼吸的动作既简单又易学，只要掌握了手、腿动作，初学者短时间内就可以用蛙泳泳姿游长距离。蛙泳腿技术和踩水技术类似，掌握蛙泳腿后，也可以轻松掌握踩水，从而为初学者提供安全保障。蛙泳动作周期之间有明显的漂浮滑行的放松阶段，在长距离游进过程中相对省力，全程抬头也可游进，视野宽广适合观察，又可潜泳，隐蔽性好，因此颇受中老年人游泳锻炼喜爱，在军事水中侦查活动中也占有一席之地，武装泅渡中蛙泳最为常见。

二、蛙泳的演变过程和技术特点

（一）蛙泳演变之路

蛙泳的发展历程比较曲折，也颇富有戏剧化色彩，从纳入奥运会比赛项目至今，蛙泳技术变化较其他三种泳姿较多，经过比赛规则和技术要求的调整，最终走向成熟(图2－14)。

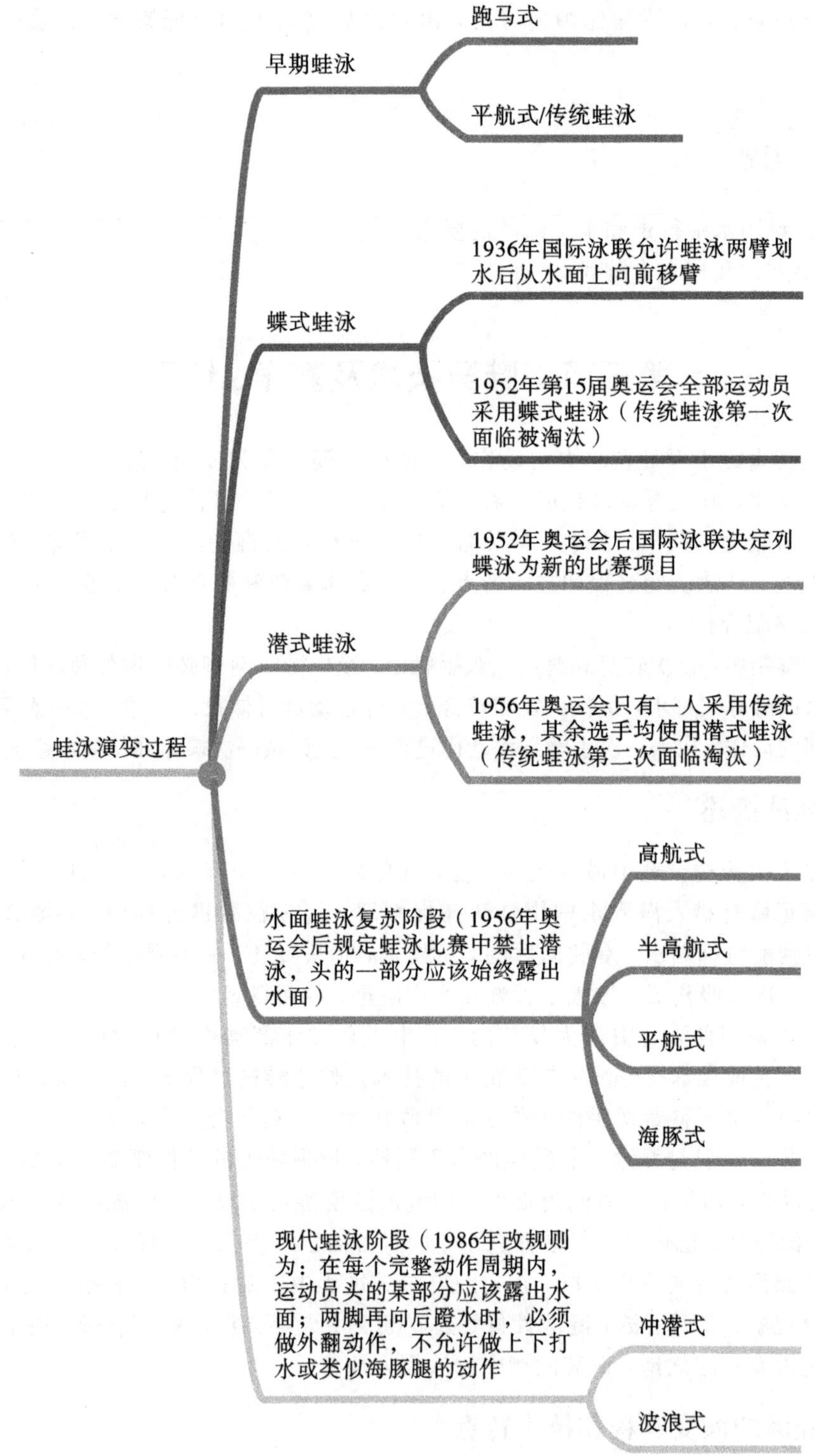
蛙泳演变过程
早期蛙泳
跑马式
平航式/传统蛙泳
蝶式蛙泳
1936年国际泳联允许蛙泳两臂划水后从水面上向前移臂
1952年第15届奥运会全部运动员采用蝶式蛙泳（传统蛙泳第一次面临被淘汰）
潜式蛙泳
1952年奥运会后国际泳联决定列蝶泳为新的比赛项目
1956年奥运会只有一人采用传统蛙泳，其余选手均使用潜式蛙泳（传统蛙泳第二次面临淘汰）
水面蛙泳复苏阶段（1956年奥运会后规定蛙泳比赛中禁止潜泳，头的一部分应该始终露出水面）
高航式
半高航式
平航式
海豚式
现代蛙泳阶段（1986年改规则为：在每个完整动作周期内，运动员头的某部分应该露出水面；两脚再向后蹬水时，必须做外翻动作，不允许做上下打水或类似海豚腿的动作
冲潜式
波浪式

图 2－14

19 世纪初蛙泳是第一种在游泳比赛中被采用的姿势。但由于蛙泳速度慢，在比赛中相继又出现了侧泳、爬泳，采用蛙泳的人越来越少。1904 年第 3 届奥运会时把蛙泳与其他

姿势分开。1924—1936 年间，蛙泳最大的革新是划水动作结束后两臂不再从水中前移，改为由空中移臂，但仍采用蛙泳蹬夹腿的动作，出现了蛙泳的变形——蝶泳。1936 年国际业余游泳联合会对蛙泳规则作了补充，允许在蛙泳比赛中采用蝶泳技术，于是蝶泳取代了蛙泳。在 1948 年第 14 届奥运会上，200 米蛙泳决赛中只有一人采用蛙泳。而 1952 年第 15 届奥运会的蛙泳比赛中，全部运动员都采用了蝶泳技术。于是国际业余游泳联合会决定将蝶泳从蛙泳项目中分出来，从 1956 年第 16 届奥运会起将蝶泳列为正式比赛项目。当时规则还允许蛙泳可以在水中潜游，由于在水下游进不受波浪阻力影响，水平姿势好，阻力小，速度比水面蛙泳快，于是在 1956 年第 16 届奥运会上，几乎所有蛙泳运动员都以长划臂的潜水蛙泳参加比赛。第 16 届奥运会后，国际业余游泳联合会重新修改了蛙泳规则，取消潜水蛙泳，只允许在出发和转身后做一次长划水的潜泳动作，然后每个动作头部都要露出水面。于是水面蛙泳技术又得以恢复发展，并重新规定了蛙泳世界纪录的标准。从此以后又出现了宽划臂和窄划臂的蛙泳技术。至今蛙泳的技术发展为我们所看到的波浪式蛙泳技术。

（二）蛙泳技术演变特点

经过不断地发展与变化，蛙泳技术的变革都指向减小阻力和身体的协同发力。为达到身体起伏曲线的合理性，避免因为前进时身体起伏过低带来的与水面的摩擦力、阻力，或由于身体起伏过高而对腿部动作带来的负担，运动员们更注重积极低头，为手臂能够快速抓水营造条件，更会考虑如何使肩及上身加速前移(图 2－15)。然而在竞技体育中，专业运动员换气的时机较晚，这一特点称之为晚换气技术。呼吸及前冲一气呵成，在水面停留的时间较短，能够快速入水进入高速滑行阶段(图 2－16)。随着波浪式游进方式愈演愈烈，身体躯干的核心力量越发突出。蛙泳游进时，躯干是蛙泳动作产生动力的中心，也是手部力量与腿部力量传递的枢纽，腰身需要顶着双腿的力量做蹬夹动作，更要在双臂前移时发力，正因如此，身体的协同发力离不开腰部肌群的参与。蛙泳手腿产生动力分配不同于其他泳姿，以腿部动力为主，这也使得螺旋状蹬腿技术更加显眼，腿部蹬腿向水面呈向外、向下、向后、向上螺旋式变化，在夹水动作中脚踝、脚掌也参与其中，产生二次加速(图 2－17)。

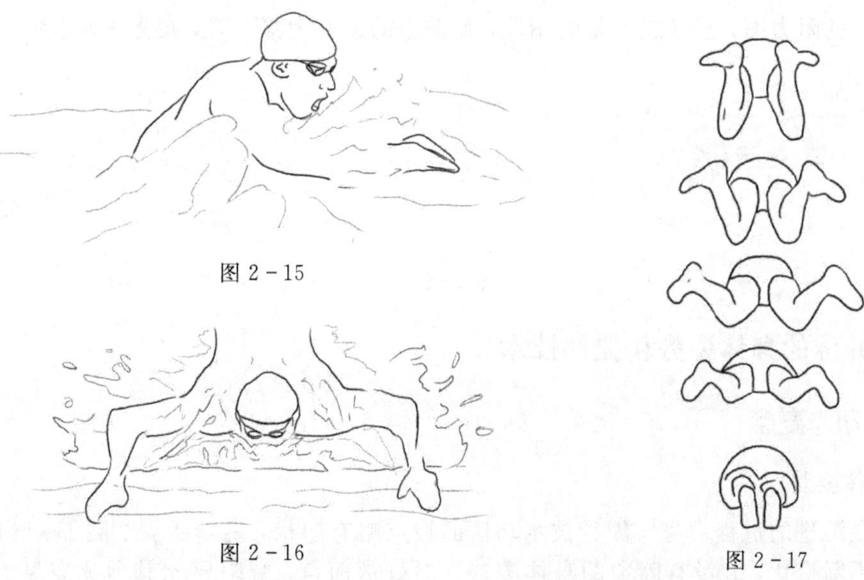

图 2－15

图 2－16

图 2－17

（三）平航式蛙泳技术特点

20 世纪 80 年代之前，平航式蛙泳技术盛行一时，平航式蛙泳的身体位置接近水平位，髋部始终接近水面，肩膀不露出水面抬头换气(图 2－18)。

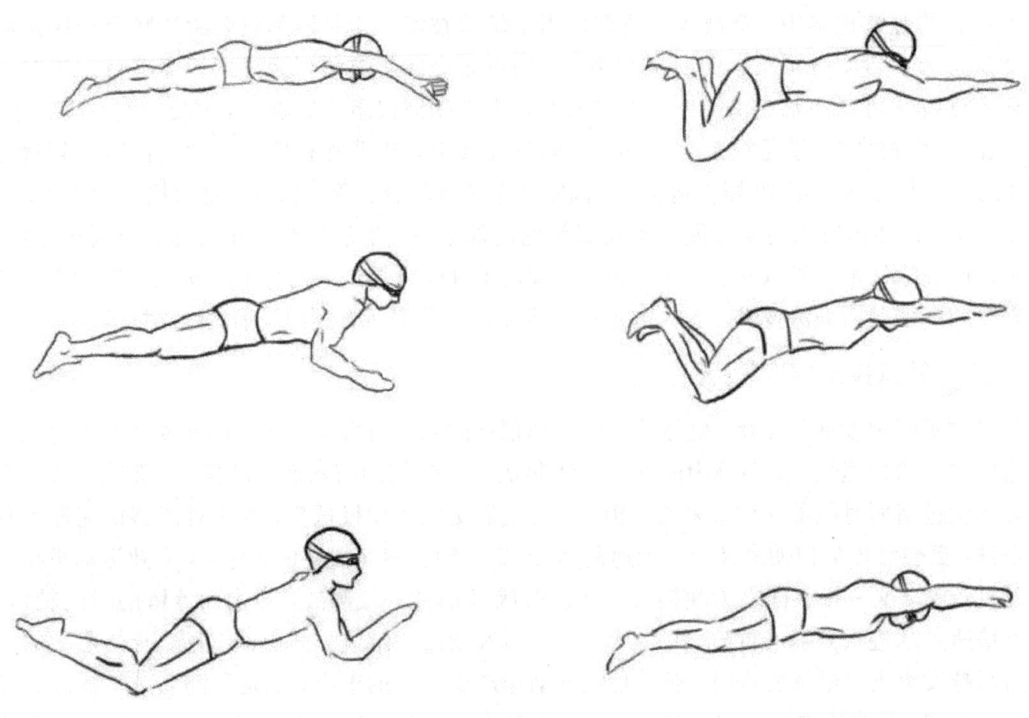

图 2－18

由于平航式蛙泳技术不用做上下起伏动作，也就减少了游进过程中水面带来的过多的阻力和摩擦力，游起来相对波浪式蛙泳更加轻松，技术细节相对波浪式蛙泳也简单不少，因此平航式蛙泳在初级教学中被广泛使用。只是平航式蛙泳收腿时，大腿向前较多，大腿面形成较大的阻力面，会造成大量的湍流，使前进的速度大幅下降，接近停顿(图 2－19)。

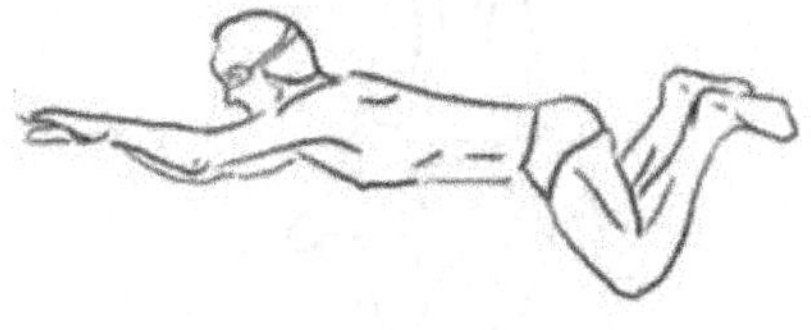

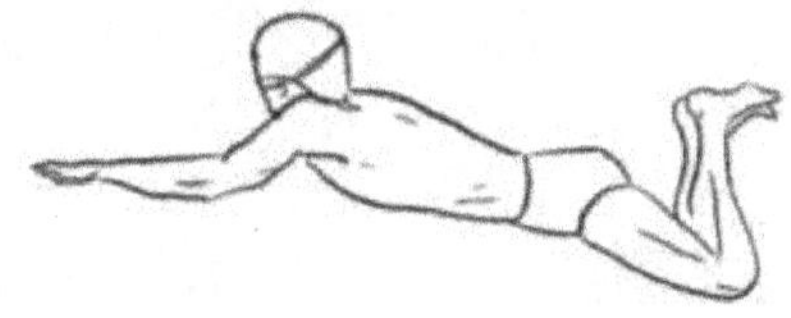

图 2－19

三、蛙泳的身体姿势和腿部技术

（一）动作要点

1. 身体姿势

蛙泳在游进的过程中身体因为技术动作的特点略有起伏，随着手臂、腿部、呼吸的动作变化而不断变化，并没有固定的身体姿势。对蛙泳而言，减阻要比其他泳姿更为重要，注意整个游程中的身体姿态，应保持良好的流线形，以减小阻力。

划手开始之前，双臂前伸略微压肩，低头目视池底，收腹夹臀，双腿伸直并拢(图 2－20)。

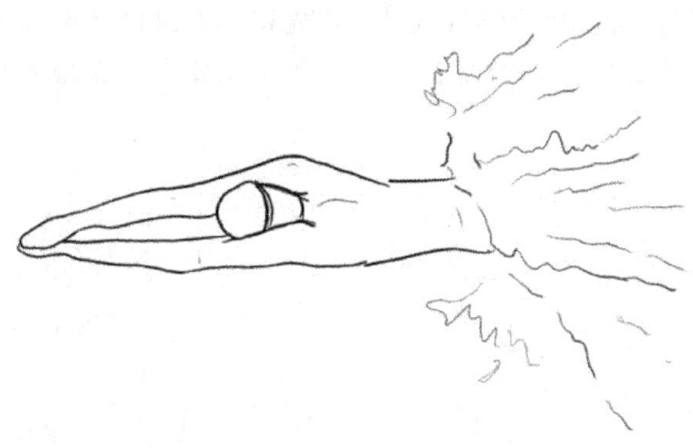

图 2－20

划手的过程中，尽可能保持身体流线形，保持肩关节、髋关节和脚后跟在一条直线上；划手抬头时，膝关节和脚都要并拢伸直；低头送手的过程进行腿部动作的收腿和翻脚，髋以下身体会微微下沉；手臂前伸时，身体拱起，借助腿部产生的动力，头和肩部会向水中滑入。一次蛙泳动作周期结束后，身体恢复到最初的流线形(图 2－21)。

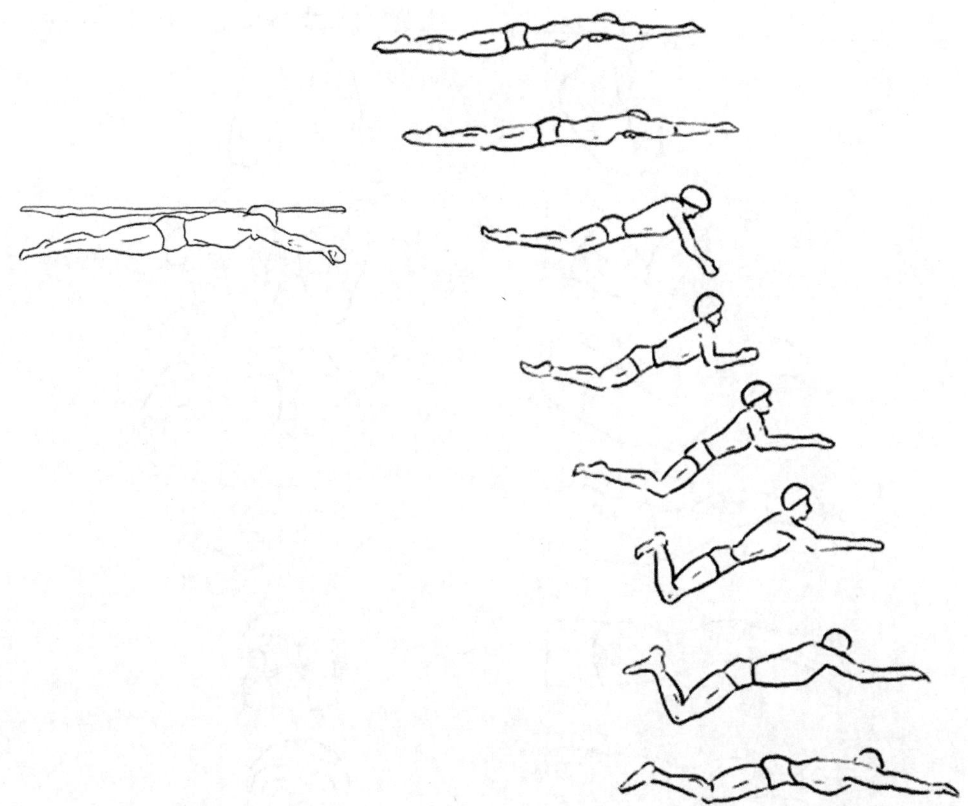

图 2－21

2. 腿部技术

蛙泳腿部动作是蛙泳游进过程中推动力的主要来源之一，对初学者而言，蛙泳绝大多数的推动力都来自腿部。所以想要学好蛙泳，首先得学好蛙泳腿部技术。蛙泳腿部技术分为收腿、翻脚、蹬夹和滑行漂浮四个部分，这些动作既要做得精准到位，又要能够衔接顺畅(图 2－22)。

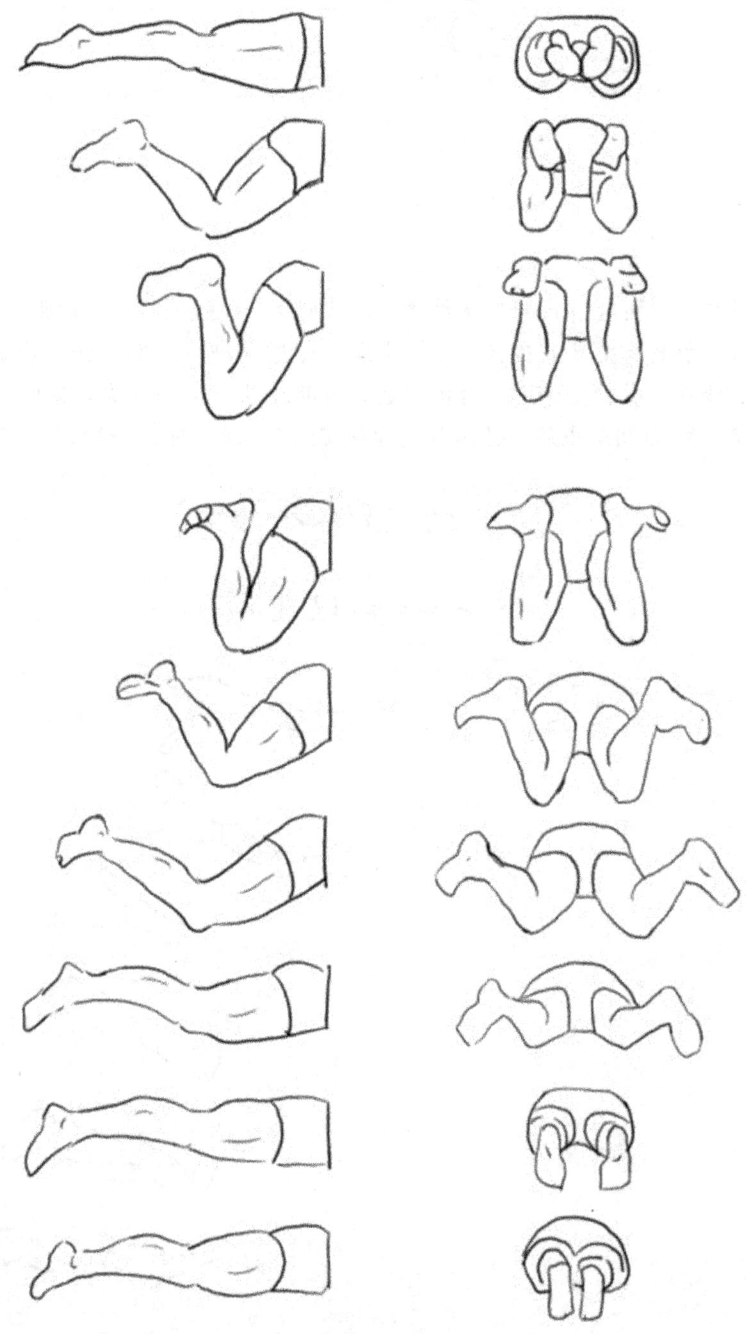

图 2－22

1）收腿

屈膝收腿，把脚跟沿水面向臀部靠拢，小腿要躲在大腿后面，而且要慢收腿。收腿结束时，大腿与躯干之间的夹角为130°～140°(图2－23)。

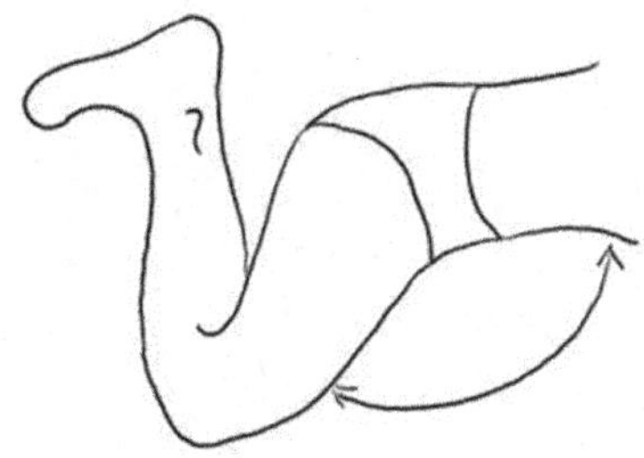

图2－23

两膝与肩同宽，小腿与水面垂直，脚掌在水面附近(图2－24)。

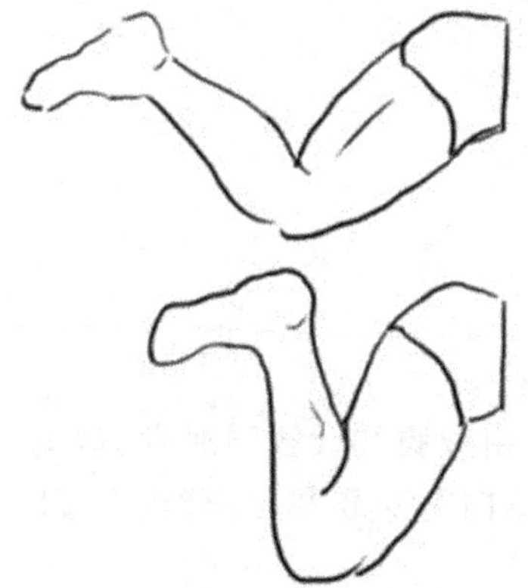

图2－24

这一阶段动作不产生实质性的动力，反而会增加身体前进时的阻力，因此需要考虑如何减阻的问题。

2）翻脚

翻脚的过程不单单是向外翻脚，还需要注意膝关节和小腿的配合联动。翻脚时，注意两脚距离大于两膝距离，两脚跟靠近臀部，脚尖朝外，脚掌朝天，膝关节内扣，小腿和脚内侧对准水，为后续蹬夹水做准备。从后面看像个英文字母“w”(图2－25)。

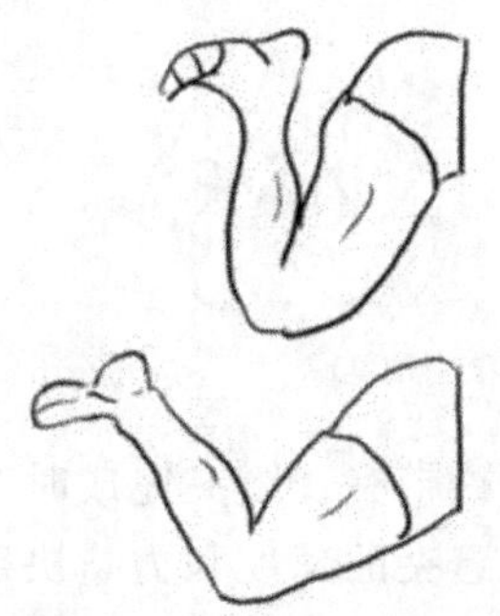

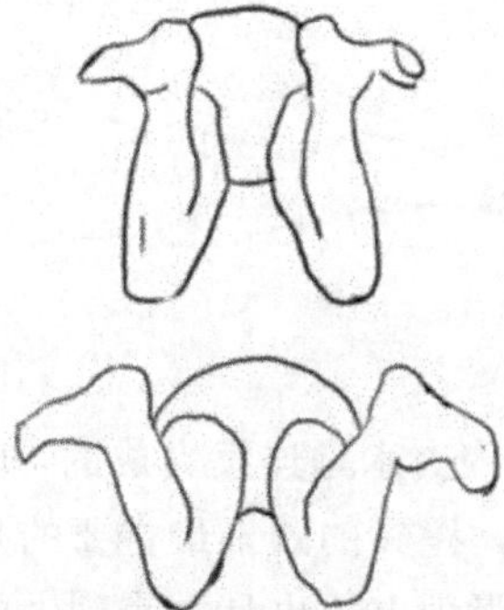

图2－25

收腿到翻脚的过程不可有任何的迟疑和等待，否则会破坏动作连贯性并增大阻力。

3）蹬夹

蹬夹是在向后蹬水的同时向内夹水，脚的运动轨迹呈弧线(图 2－26)。

图 2－26

蹬夹实际上是腿伸直的过程(展髋、伸膝)，由腰腹和大腿同时发力，以小腿和脚内侧同时蹬夹，先是向外、向后、向下，然后是向内、向上方蹬水，就像画个圆圈(图 2－27)。

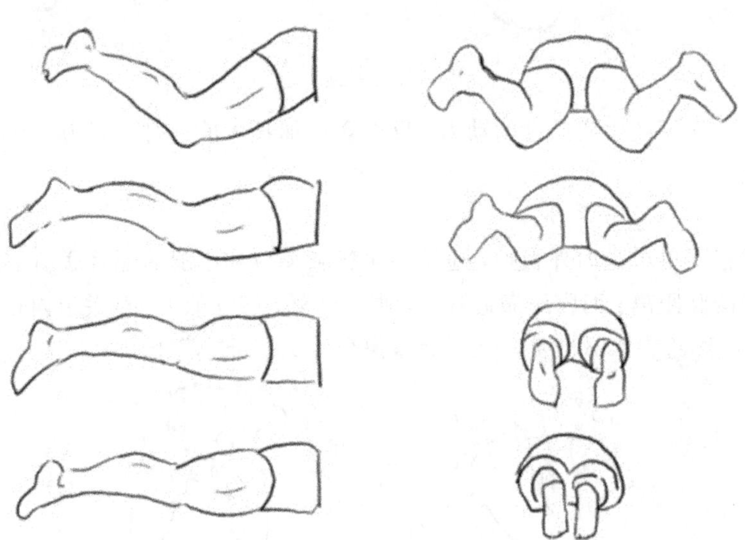

图 2－27

向外蹬水和向内夹水是连续完成的，也就是连蹬带夹。蹬夹完成时双腿并拢伸直，双脚内转，脚尖相对。蹬夹的效果最主要的是由两腿蹬夹的速度和力量决定的，蹬夹腿的速度是由慢到快的，发力方式也是由小到大的。

4）滑行漂浮

蹬夹动作结束后，为了充分利用前期产生的推动力，身体应该保持良好的流线形向前滑行漂浮，具体滑行漂浮的时间可根据自身实际游进的节奏控制。滑行过程中腰部下压，双腿尽量保持伸直并拢，双脚接近水面，为下一个动作周期做好准备。

（二）练习方法

蛙泳的腿部动作分四部分，收腿、翻脚、蹬夹和滑行漂浮，简称收、翻、蹬夹、停。在教学中，我们可以先做整体动作的示范，然后再进行分解动作的教学。在教法上要多做多角度示范，并及时纠正学生的错误动作。

教学过程中应通过讲解、示范、陆上模仿练习、半陆半水模仿练习、水中扶边、扶板徒手练习，使学生掌握蛙泳腿的技术概念，学会正确的蛙泳腿部动作及与呼吸的配合动作，能够扶板连续蹬腿 50 m 以上，为掌握蛙泳技术打好基础。

1. 陆上模仿练习

1）坐姿勾绷脚练习

教学目的：蛙泳腿的翻脚动作对初学者来说并不是习惯动作，对这个动作没有概念，不好理解，加上刚下水紧张，俯卧水中时又看不到脚的动作，因此翻脚是教学难点。坐姿勾绷脚练习可以帮助初学者掌握动作概念，强化翻脚时的肌肉感觉。

练习方法：坐在地上，双腿伸直，做勾脚和绷脚（芭蕾脚）的练习。勾脚时要求脚尖朝天，绷脚时脚尖指向泳池对岸。重点是让学员明白什么是勾脚（绷脚），体会勾脚时踝关节周围肌肉用力的感觉，动作熟练后在勾脚的基础上双脚外翻，脚尖朝外。当指导员下达指令时，学员应能够迅速做出正确动作（图 2－28）。

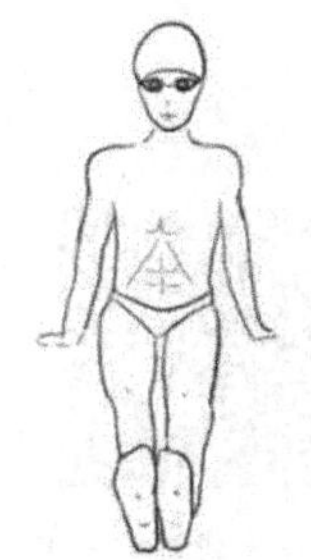
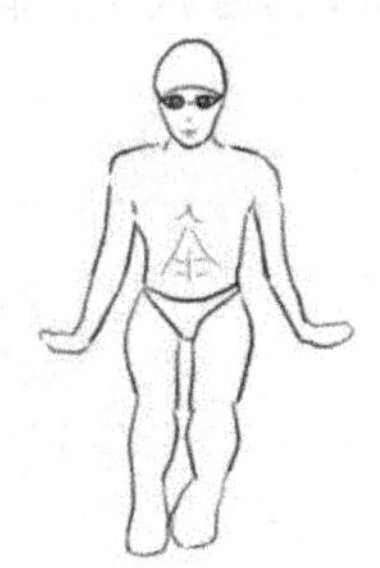
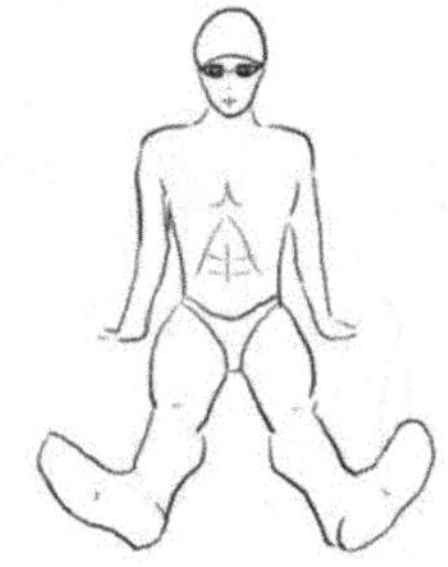

坐姿勾绷脚练习视频

图 2－28

2）站立勾绷脚练习

教学目的：在没有视觉帮助的条件下强化翻脚动作感觉。

练习方法：在上一个练习的基础上练习。站立扶墙，一条腿小腿后屈，做勾绷脚的练习（图 2－29）。

教学提示：提示学生小腿前部肌肉用力收缩，再用力伸展，完成勾和伸的动作。

练习次数：10 次×（2～4）组。

教学重点：勾脚动作的转换。

教学难点：在不可视条件下，不易把握勾绷脚的感觉。

易犯错误：只收小腿不翻脚，或只勾脚趾不勾脚踝。

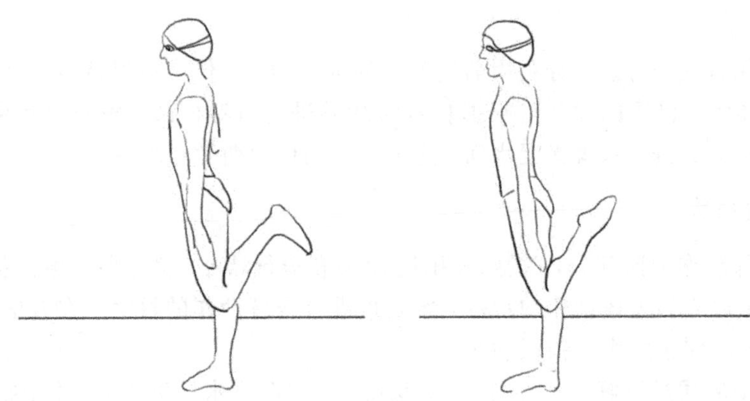

图 2-29

解决方法：做好勾脚动作后稍停顿，用语言提示学生记住肌肉用力的感觉。

3）坐撑蛙泳腿练习

教学目的：用从分解到完整的方法，让学生体会蛙泳腿的动作结构和用力方法。

练习方法：坐在地上，双腿伸直，身体稍后仰，两手在体后撑地。按照收、翻、蹬、停四拍做动作。口令“1”收腿，收腿时双膝同肩宽，脚后跟靠近大腿。从正面看脚、小腿、大腿呈 M 形。“2”翻脚，脚后跟翻在臀部外侧，脚尖朝外，脚掌向上。“3”蹬夹，腹部和大腿同时发力，小腿和脚、踝内侧同时蹬夹，先向外后向内蹬水，就像画半个圆圈。向外蹬水和向内夹水要连贯，边蹬边夹，蹬夹结束时双腿并拢伸直。蹬水动作不要过猛，要由慢到快地加速蹬夹。蹬夹过程中双脚始终保持外翻，直到蹬夹结束后伸直。强调蹬水的路线是弧线，因为有视觉的帮助，可以看到蹬水的路线和勾着脚蹬水的动作。“4”停，蹬夹完成后双腿并拢伸直做短暂滑行，为下一次动作做准备，脚尖绷起成芭蕾脚(图 2-30)。

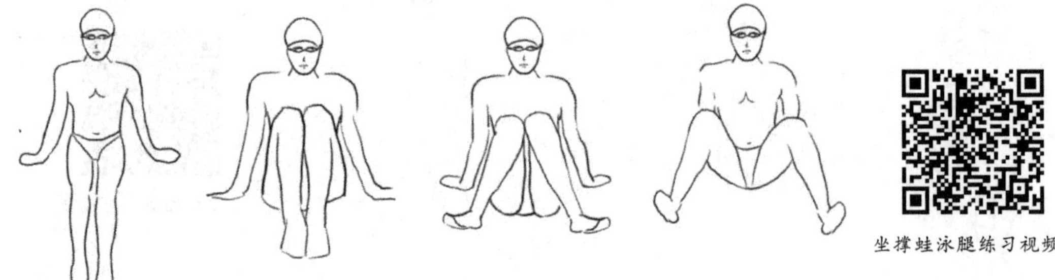

图 2-30

练习次数：10 次×(3～5)组。

教学提示：按“收(收腿)、翻(翻脚)、蹬夹、停”的口令引导动作，“收”要慢，“蹬夹”要迅速有力连贯，引导和控制学生的动作速度。

翻脚时动作尽量做到位，因为脚掌和脚趾的位置对后面蹬夹起到导向的作用。初学者在练习时，可以先进行分解练习，即每做一个动作稍停，想清楚之后，再做下一个动作，然后逐渐过渡到连贯的动作。刚开始时，可以用眼睛看着自己腿的动作是否正确。

教学重点：翻脚和蹬夹。

教学难点：蹬夹。

易犯错误：两膝分开过大，双腿蹬直后再夹水，大腿收得过多，小腿收得少。

解决方法：坐在出发台或凳子上练习，大腿不动小腿向后收。教师用帮助和限制的方法控制学生姿势。

4）陆地俯卧蛙泳腿

教学目的：以俯卧姿势，在没有视觉帮助但接近水中体位的条件下体会蛙冰腿动作。

练习方法：俯卧在长凳或出发台上，做“收、翻、蹬夹、停”4 拍动作（图 2－31），在翻脚完成时脚跟触碰双手。

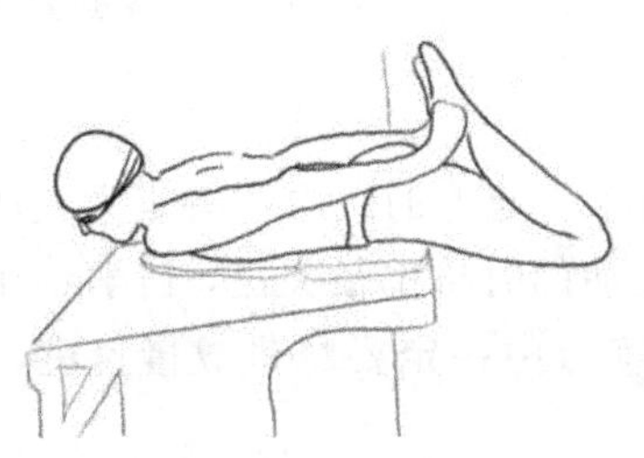
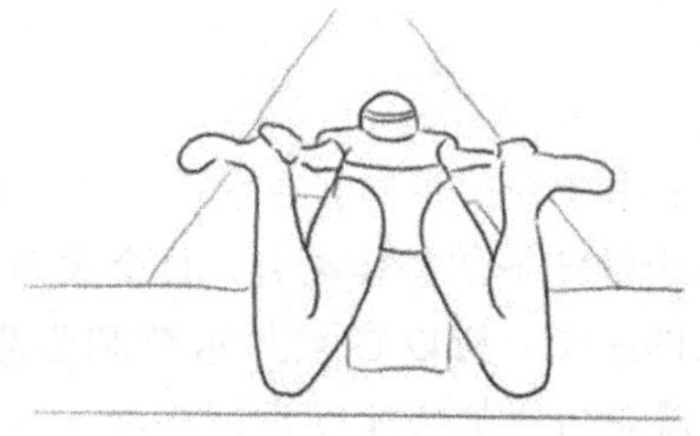

图 2－31

教学提示：以大腿的上三分之一处贴近板凳或出发台成俯卧，这样既省力，又可控制大腿少收。由于动作全凭感觉进行，在动作不熟练的情况下，容易出错。可以先采用双人练习，由辅助练习者通过手法帮助练习者，同时注意观察动作（图 2－32）。

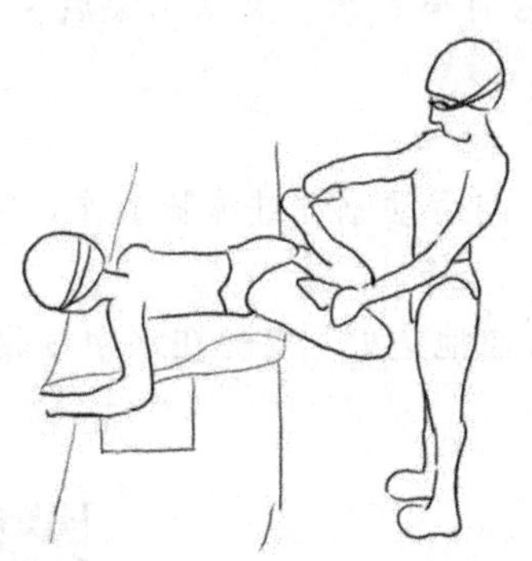
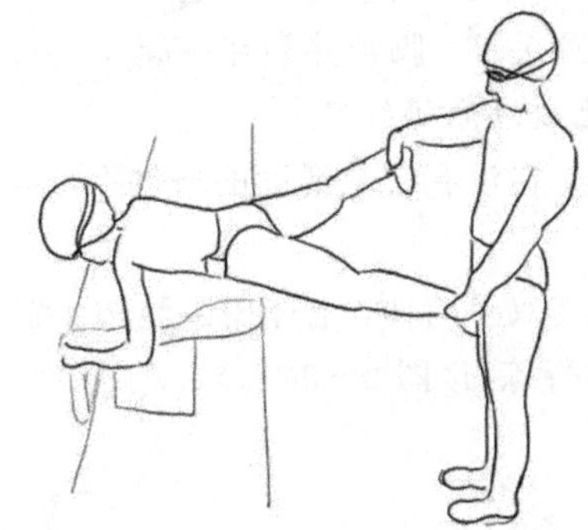

图 2－32

练习次数：10 次×（2～4）组。

教学重点：体会翻脚和腿蹬夹的路线及动作节奏。

教学难点：踝关节在整个动作中的变化。

易犯错误：两膝之间距离过大，双脚向内收，不翻脚。

解决方法：单人练习时可两膝之间夹浮板控制分膝，双人练习时辅助练习者控制住动作。

2. 半陆半水练习

1）坐撑池边蛙泳腿练习

教学目的：在巩固蛙泳腿技术动作的基础上，体会脚对水、蹬夹的感觉。

练习方法：坐在池边，双手后撑，双腿放在水中，按照“收（收腿）、翻（翻脚）、夹（蹬夹)、停”的节奏进行蛙泳腿模仿练习(图 2－33)。在掌握动作结构的基础上体会蹬水时水对于脚内侧和小腿的阻力。

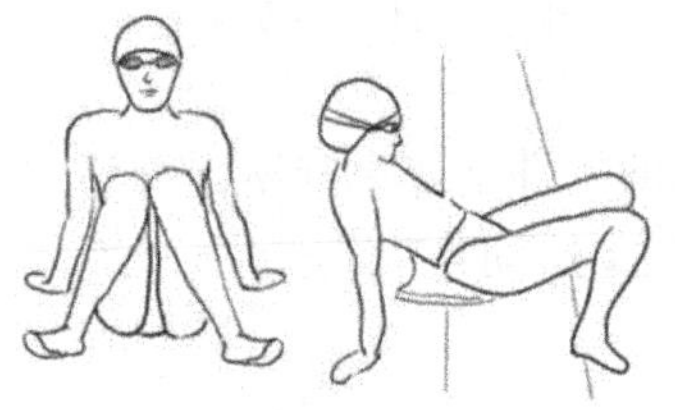

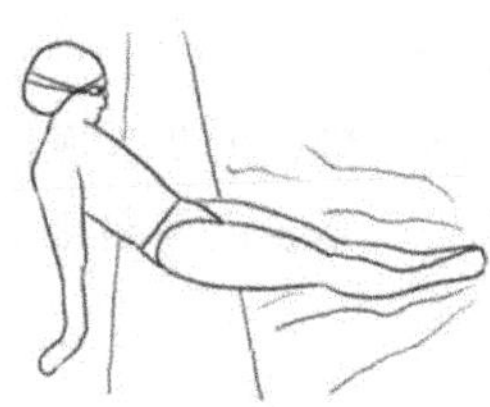

坐撑池边蛙泳腿视频

图 2－33

教学提示：由于介质不同，在水中的练习和在陆地上的练习会有很大差距，尤其是蹬夹的动作。对于蛙泳腿的整体配合，每个关节运动的时机都很关键，初学者在开始练习时会有顾此失彼的感觉，所以在教师示范和学生练习中一定要尽量放慢速度，先分解再连贯，清晰动作概念后再加快速度进行练习。

练习次数：10 次×(2～4)组。

教学重点：体会水的阻力。

教学难点：动作节奏的变化。

易犯错误：蹬夹时用力不够、速度慢。夹水结束后双脚未并拢。

解决方法：对腿部力量差的学生，要求在练习时早夹水。夹水结束后主动并拢双腿，确保膝关节、踝关节、脚趾并靠在一起。

2）俯卧池边蛙泳腿练习

教学目的：在没有视觉帮助的条件下，依靠肌肉运动感觉蛙泳腿动作，为水中练习做好准备。

练习方法：双手前伸，上体俯卧池边，髋关节在池边处，双腿在水中按收、翻、蹬夹、停四个步骤进行练习(图 2－34)。

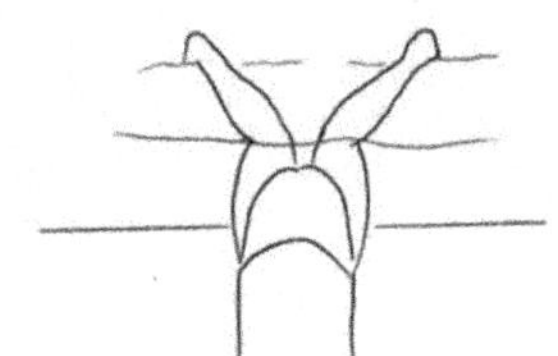
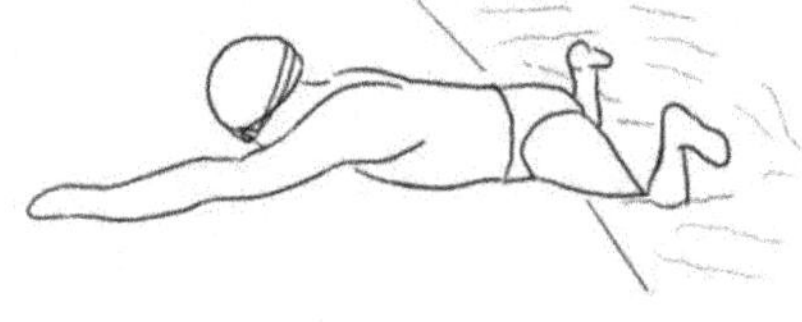

俯卧池边蛙泳腿视频

图 2－34

练习次数：20 次×(4～5)组。

教学提示：初学者在俯卧练习中很难做到面面俱到，在练习中每一组注意一个要点，逐渐完善动作。这个练习只能凭借肌肉和皮肤在水中的感觉。此外，教师的提示和帮助很重要，应及时准确。

注意中老年人不适合做这个练习。

教学重点：身体姿势和翻脚、蹬夹动作。

教学难点：动作节奏的变化。

易犯错误：收大腿过度，不翻脚，蹬夹时两膝距离过宽，蹬夹分离。

解决方法：两人一组，利用握脚法辅助练习。单人练习时可夹浮板纠正两膝分开过宽蹬夹分离的问题。由于浮板的浮力，收大腿的问题也会有所改善。

3. 水中练习

1）扶池边漂浮蛙泳腿练习

教学目的：体会身体在水中漂浮平衡的基础上做蛙泳腿的感觉。

练习方法：双手扶池边，低头憋气，目视池底，双臂伸直，含胸收腹，身体平直地漂浮于水面；在保证身体平稳漂浮的前提下，双腿做蛙泳腿动作(图 2－35)。

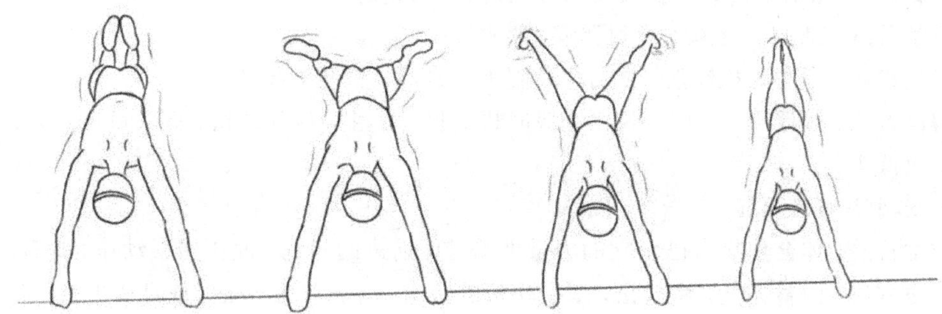

图 2－35

由于身体全部浸入水中和浮力的作用，有的人会害怕，这时可让学员睁开眼睛，看着水中周围的情况，减轻害怕的心理。

练习次数：憋气做 4～6 次后休息片刻，重复 3～6 组。

教学提示：之前的练习多为分解练习，而这个练习应以完整练习为主。

教学重点：翻脚、蹬夹动作。

教学难点：身体姿势的保持以及腿部动作的连续性。

易犯错误：身体位置上身过高，腿漂不起来。

解决方法：戴浮漂或双人练习，教师或同伴扶住练习者的腰部帮助其浮起来。

2）扶池边漂浮蛙泳腿和呼吸配合练习

教学目的：掌握腿部动作与呼吸的配合时机，为正确完成蛙泳配合动作打好基础。

练习方法：先做扶边低头俯卧的腿部动作练习，然后教师提示学生，在腿部蹬夹动作完成后，两腿并拢漂浮，同时轻轻抬头吸气，之后头没入水中缓慢呼气(图 2－36)。反复练习，直到动作熟练。

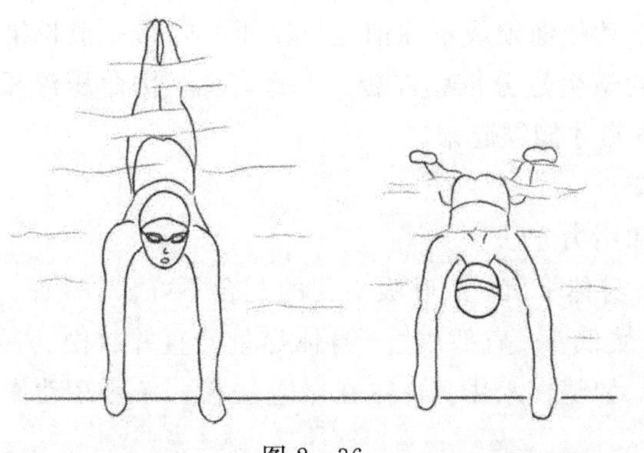

图 2－36

扶池边漂浮蛙泳腿和呼吸配合视频

可以采用3次腿1呼吸、2次腿1呼吸、1次腿1呼吸。为什么用多次腿少呼吸的方式呢？因为这时呼吸动作还不熟练，在一个蛙泳腿的动作周期内还不能把气差不多吐光，而用多次腿少呼吸的方法就可以达到这个目的，3次腿完成前，气也快没了，这时抬头吸气，就能够吸到气，避免了“假呼吸”的动作。随着呼吸技术的熟练程度增加，腿的次数减少，最后达到1次腿1呼吸。

练习次数：10次，重复4～6组。

教学提示：动作不熟练时可以先多次蛙泳腿配合1次换气，技术熟练后再进行2次腿1次呼吸配合，最后过渡到1次腿1次呼吸配合的练习。

教学重点和难点：身体姿势和翻脚、蹬夹动作。

易犯错误：呼吸时机错误，或身体位置上身过高，腿漂不起来。

解决方法：戴浮漂，用口令控制呼吸时机。提示学生，肩部放松、低头目视下方、换气慢抬头快低头。

3）水中扶板蛙泳腿

教学目的：体会依靠自己蹬夹的力量推动身体前进的感觉，改正错误动作，提升耐力。

练习方法：两臂伸直，肩放松，双手扶板的边缘，含胸收腹，在保证身体平稳漂浮的条件下双腿做蛙泳腿动作，蹬夹结束后漂浮时抬头吸气(图2-37)。初学者最好在腰上戴上浮漂，以帮助身体上浮，使脚的蹬夹水方向正确。

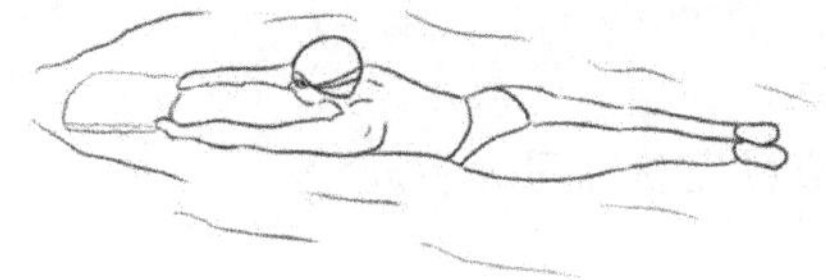

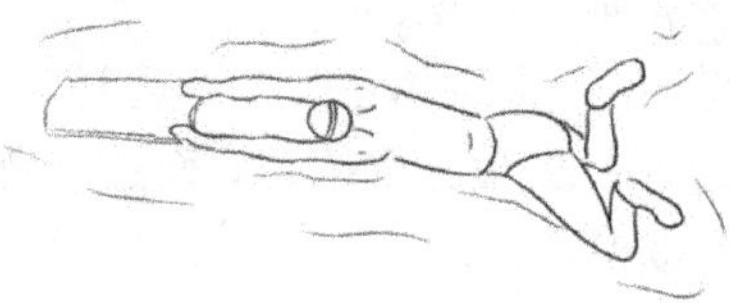

水中扶板蛙泳腿视频

图2-37

这里必须突出强调的是，要先低头，后收腿。

练习次数：25 m×多组。

教学提示：第一次脱离池边进行练习，可能会有个别学生怕水，可以允许学生先做抬头蛙泳腿练习4×25 m，之后再加上呼吸。

教师可以让做得好的学生先下水做，或自己下水示范，给紧张怕水的学生增强信心。开始下水时要特别注意安全，给每位学生帮助，并保证所有学生在自己的视线范围内，保障教学安全。有的学生过分紧张、动作僵硬或不往前走，教师可以拿一根长竿压住打水板的前沿，用一点力往前拖。还有的学生过分依赖浮板，手臂弯曲，拼命压浮板，教师要提醒其肩膀放松、两臂前伸、含胸收腹才能漂起来。

教学重点：身体姿势放松平衡。

教学难点：腿部动作的节奏和用力方法。

易犯错误：吸气时抬头过猛，身体下沉，或呼吸与腿的配合不好。

解决方法：慢抬头，快吸气，快低头，肩部放松，身体尽量伸直并放松。换气与腿的配合可借助半陆半水的练习来改善，如腿在水中，身体在岸上扶板，练习好动作节奏后再进入水中练习。

4）徒手滑行蛙泳腿练习

教学目的：体会无支撑条件下的蛙泳腿技术动作，巩固蛙泳腿与呼吸的配合技术。

练习方法：蹬池（岸）边或者蹬池底滑行后做蛙泳腿的练习（图 2-38）。身体自然放松，两腿蹬水后需漂浮数秒，注意体会蹬腿的效果及动作的节奏，并配合呼吸。

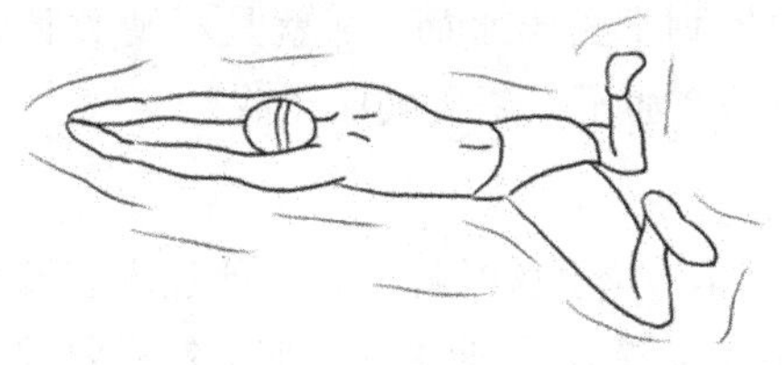

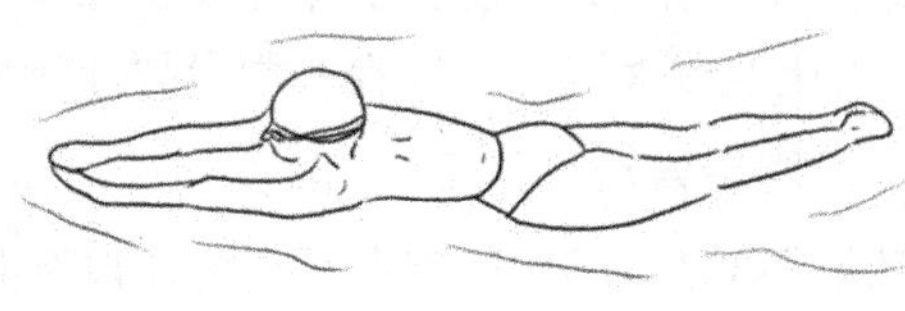

图 2-38

练习次数：25 m×（4～6）组。

教学提示：没有扶板后，可能感到抬不起头，吸气困难易害怕。可以先多次蹬腿吸气 1 次，慢慢过渡到 1 次蹬腿 1 次呼吸。

教学重点：动作节奏与用力方法。

教学难点：身体姿势的保持。

易犯错误：翘臀及蹬夹分离。

解决办法：翘臀主要是大腿收得太多、过猛，收小腿的幅度小。通过语言提示学生展髋、收小腿，脚后跟沿水面向臀部收，或在陆上通过教师辅助纠正。蹬夹分离可采用陆上站立式蛙泳腿模仿练习纠正。

教学提示：

（1）在蛙泳教学中，技术动作的教学可以分为两个层次来进行。第一个层次是教授动作概念，让学员掌握收、翻、蹬、停这 4 个动作，首先明确勾脚和绷脚的动作。第二个层次是教学员如何使劲儿（用力），在实际的教学过程中，有的指导员是混合进行的，或者忽视了第二个层次，这样教学效果就不好。

（2）边讲解边示范可让学员明确动作概念和动作要点。最好在陆上示范，因为在水中做示范对于初学者来说不容易看明白，而在陆上做示范可以把一个动作分解成几个部分，在讲到重点动作时就可以来一个“定格”，让学生看得更清楚。

（3）做动作时默念顺口溜有暗示和诱导作用，可帮助学员记住动作要点，顺利掌握动作。顺口溜是长期的教学工作中总结出来的经验，是动作要点的高度概括。

（三）动作简易记忆

边收边分慢收腿，两脚外翻对准水，弧形向后蹬夹水，并拢伸直漂一会。

（四）蛙泳腿部技术常见错误及纠正归纳

蛙泳腿的常见错误动作较多，要在强化正确动作的教学中改正。

1. 平收

两膝相隔太宽，大腿过多收，小腿过少收，往往便会形成脚掌对水的动作（平收腿），减少了对水面积，动作效果不好。解决的方法是让学员坐在池边，双手后撑，腿放在水里，双膝把打水板紧紧夹住，然后收小腿，当脚后跟碰到池壁后双脚外展，画一个弧形后，双膝伸直双脚并拢，反复练习。

2. 撅臀

大腿收得太多、过猛，没有收小腿。很多人喜欢收大腿，形成撅臀的动作，这时可提示大腿控制不动，收小腿，让脚后跟朝臀部收。如果脚掌露出水面，那就是小腿收得太多了，反之让他收大腿。可以提醒学员要小腿朝臀部收，而不是膝盖朝肚子收。

3. 翻脚错误动作纠正

翻脚是蛙泳教学中的难点。有的人脚腕很硬，翻不过来，这时就可以让他加大两膝之间的宽度来弥补这个缺陷。可以坐在池边(臀线在池边的前沿)，先伸直腿勾脚，然后收腿让脚后跟碰池壁，注意观察是否保持了勾脚姿势。还可以扶墙站立，另一只手垂下，做收腿和翻脚的动作，要用脚主动去碰手。蛙泳练习一定要熟练了翻脚动作后，再做正规的动作。

4. 发力过早

发力过早多半是由于将陆上动作习惯带到了水中。要抓重点，非爆发式地用力，而是加速蹬水。

5. 欠缺漂浮动作

整体动作完成后，需要双腿并拢伸直停顿 3～5 s，以作为一个初学者动作的缓冲，从而调整节奏。有不少初学者抬头蛙泳动作就因没有“滑行”这一动作，故双脚不停收蹬，双手不停划。滑行的优势在于建立动作节奏，让肌肉得到短暂的放松，延长游泳距离。

四、蛙泳的手臂技术及呼吸

（一）动作要点

蛙泳划水路线是由前向外再向下，蛙泳手臂的划水路线可以分为向外、向下、向后、向内四个方向(图 2-39)。

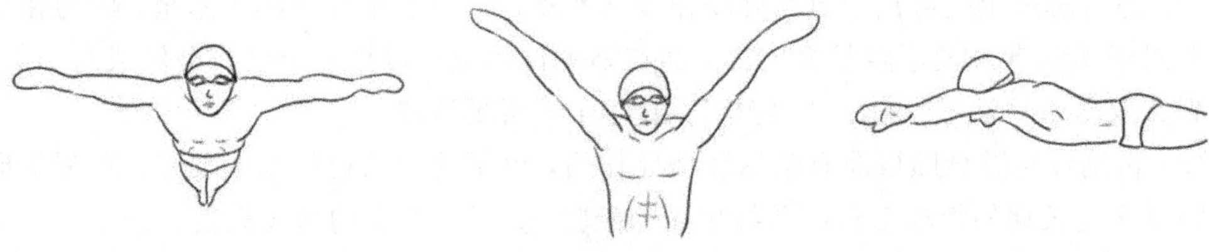

图 2-39

蛙泳手臂划水动作可产生很大的推动力。掌握合理的手臂划水技术，使之与腿和呼吸动作协调配合，能有效地加快游进速度。它的主要动作可分为外划、抓水、内划、前伸四个阶段。

1. 外划和抓水

外划开始时，掌心应向下，直到划至肩外。外划以小拇指领先，手掌以很小的阻力面对水。一旦外划至肩外，应屈肘，手掌转为向外向后，做好抓水准备。外划开始时可以屈腕，但在抓水时手掌和前臂应成直线(图 2-40)。

图 2-40

在由前伸到外划的转换阶段手臂动作速度会快于身体前进速度，但在外划阶段应逐渐减速，在抓水时手的速度与身体速度接近。

抓水动作是为了给后面内划创造有利条件(图 2-41)。

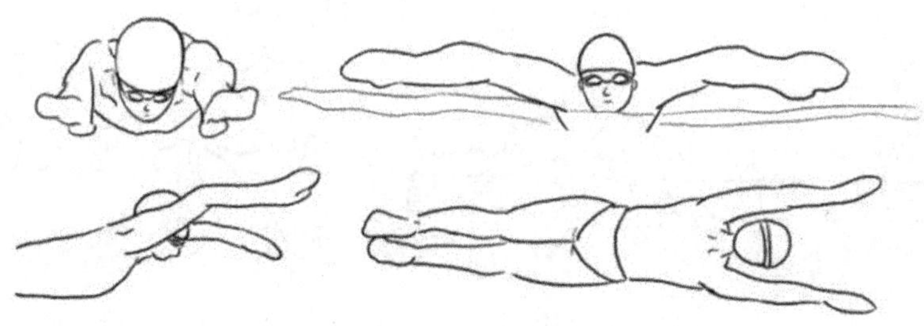

图 2-41

2. 内划

内划是蛙泳划臂中产生推进力最大的阶段，这个动作始于手臂外划到肩外、抓水动作完成时。随后手臂沿着一个大的半圆形的轨迹依次加速向后向下、向内和向上划水，直到手臂划至肩后，双手在肩下靠拢(图 2-42)。

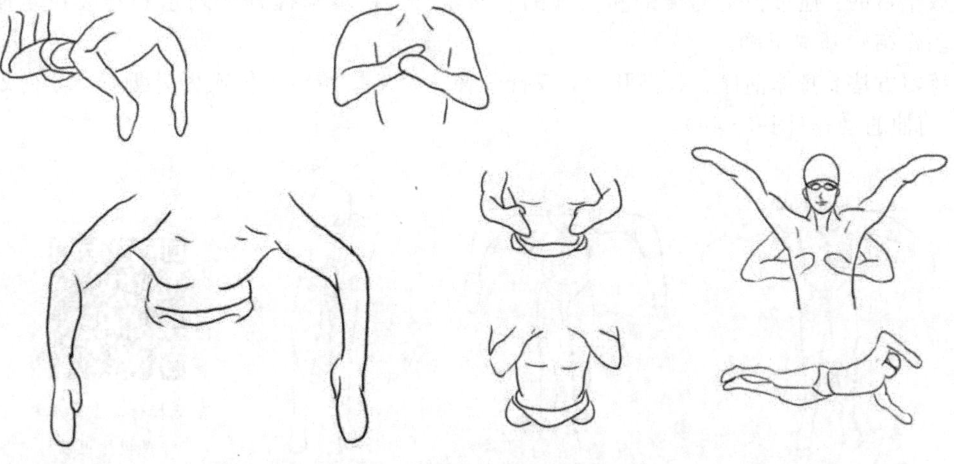

图 2-42

内划要想获得较大的推动力，就一定要在最后夹肘时收手。手的动作积极、快速、圆滑，收手结束时，肘关节应低于手，大、小臂的夹角小于 90°。夹肘动作尽量贴近身体，一是为了减少身体过分上抬造成的不必要的阻力，另一方面是为了缩小手臂与身体之间的空隙，减少形成阻力、压差阻力。

在划水过程中，前臂和大臂弯曲的角度是在不断变化的，其根据每个人的身体条件、发力习惯等不尽相同，以能发挥出最强的力量为准。在整个划水过程中肘关节的位置都比手高，在抓水至划水过程中都保持高肘技术。手的运动路线，不应到肩的下后方，而应在肩的前下方。划水速度是从慢到快的，至夹肘收手时应达到最快。

3. 前伸

蛙泳整个臂部的动作路线无论是俯视还是仰视都是呈椭圆形的，并且是一个连贯的、力量从小到大、速度从慢到快的完整过程。伸臂过程不是一个单环节的动作，在伸臂的同时，头部、躯干、髋关节都要借助前期臂部动作以及腿部产生的推进力向前冲顶，前扑入水，波浪轨迹还要控制到最好，不需要大起伏破坏整个节奏(图 2-43)。

图 2-43

(波浪式蛙泳技术伸臂送手，初学者采用平航式蛙泳技术即可，手臂水平向前伸直，呈流线形漂浮，等待下一次划手时机。)

(二) 练习方法

1. 陆上模仿陆上划水与呼吸模仿练习

教学目的：通过视觉的帮助和教师的直接辅导，初步掌握蛙泳划水和呼吸技术概念，陆上动作结构基本正确。

练习方法：身体前倾，双脚开立，双臂前伸。学生按照口令依次做外划抓水、内划(收手)、前伸的动作(图 2-44)。

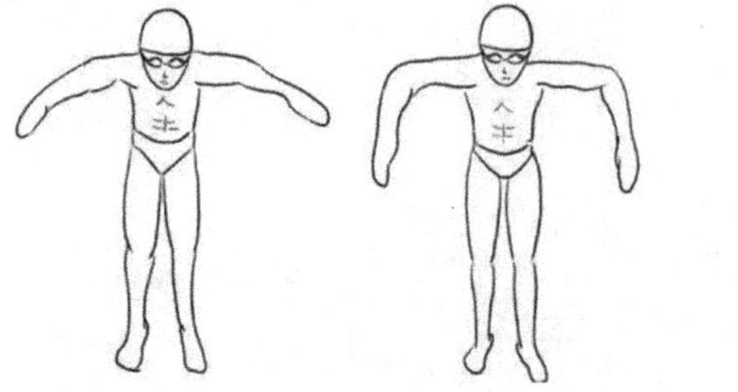

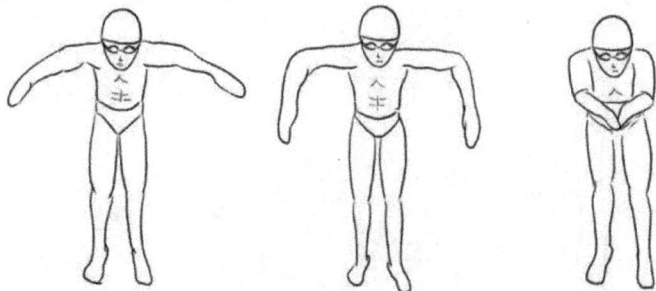

陆地模仿陆上划水与呼吸模仿视频

图 2-44

待熟练后可以用口令“1”“2”“3”代替。开始只做划水，不加呼吸。随着动作熟练，加上呼吸的配合，在手臂外划时抬头吸气，手臂前伸时低头呼气。站立蛙泳手加呼吸口令练习：“1”分手抬头吸气，“2”收手低头憋气，“3”双手前伸吐气。

练习次数：8 次×(6～8)组。

教学提示：在喊口令时“1”正常语速，“2”加快，“3”语调拉长，停顿一下再开始，为下个动作做准备。初学者往往抬头比划手动作晚，教师在教学中可采用口令引导，先喊“抬头”，再喊“划手”。

教学重点：划水动作的方向和幅度。

教学难点：呼吸与划水的配合。

易犯错误：初学者划水时容易犯的错误是两臂划水过长，呼吸配合时机错误，脱肘。呼吸时常常双手划到肩的部位才抬头，没有了支撑，头抬不起来，所以就吸不到气。

解决方法：手把手纠正错误动作，或分组互相纠正错误。采用早换气的方法，强调抬头划手要同步，手一动就抬头。

2. 半陆半水蛙泳划水模仿练习

教学目的：巩固水中呼吸与划水的配合，体会划水时手臂对水的感觉。

练习方法：胸部以下俯卧在池边，池边与腋窝齐平，手臂按照“外划抓水、内划、伸臂”节奏做划水动作。熟练后加上呼吸动作，外划时头抬出水面吸气，内划和前伸时头没入水中呼气。(图 2-45)

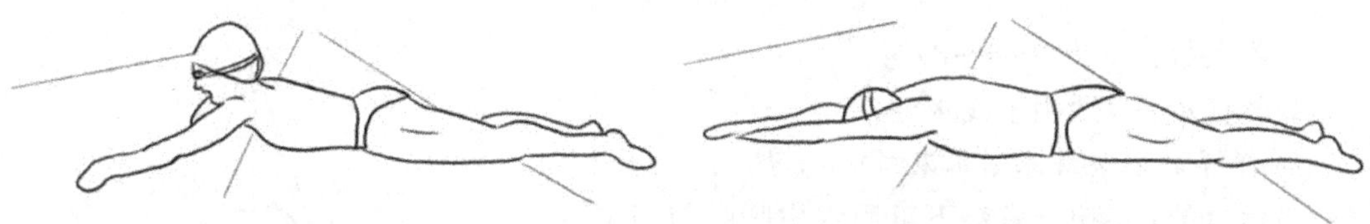

图 2-45

练习次数：8 次×(8～10)组。

教学提示：按照“1”“2”“3”的口令教学，提示学生口令“1”时划水并抬头吸气，口令“2”时伸臂并低头在水中呼气，口令“3”时双手臂前伸并拢，头没入水中略停顿片刻。

教学重点：手掌对水的感觉，小臂和手掌以肘关节为轴转动。

教学难点：划手的幅度，两臂夹水的速度。

易犯错误：伸臂后头急于抬出水面吸气，前伸后未停顿，造成节奏紊乱。

解决方法：教师可双手握学生的双臂，边喊口令边纠正学生错误动作。

3. 水中有支撑蛙泳划水及呼吸配合练习

1) 浅水站立蛙泳划水加呼吸练习

教学目的：巩固水中呼吸与划水的配合，体会划水时手臂对水的感觉。

练习方法：站立在游泳池中，前后脚站立微微屈膝，弯腰低头，在教师统一口令下做蛙泳划水及呼吸动作练习(图 2－46)。动作熟练后可以边划水边向前走动，体会划手推动身体前进的效果。

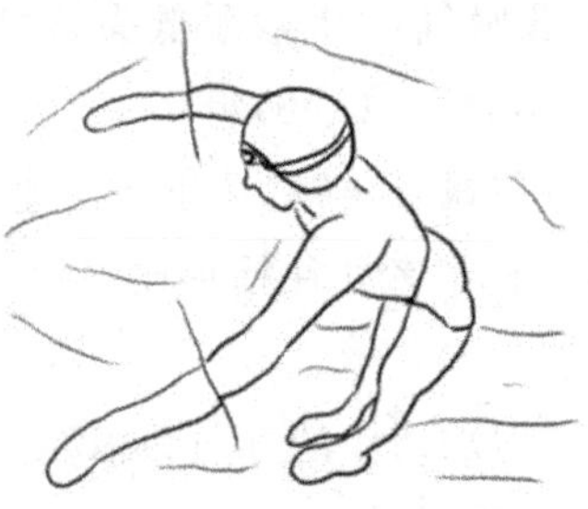

图 2－46

还可以安排双人练习，即一个人俯卧在水中，另一个人用双手架住他的双腿，给他支撑，使他能够做划手动作(图 2－47)。

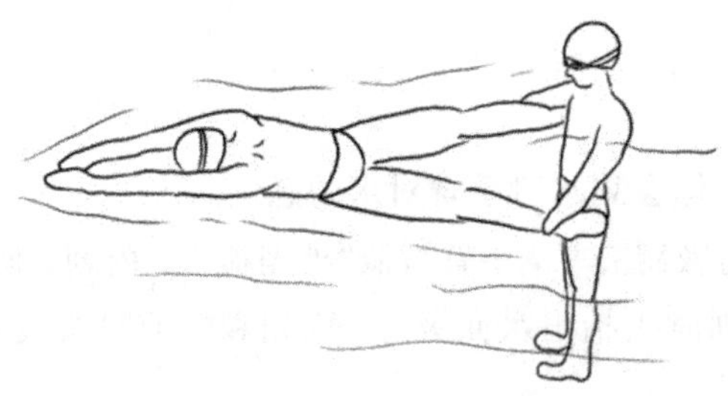
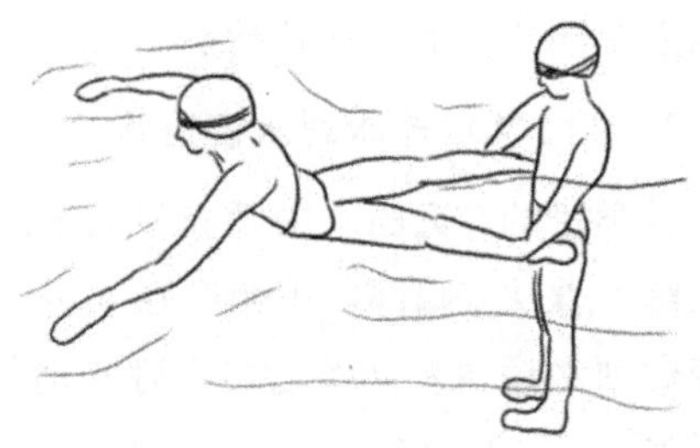

图 2－47

练习次数：10 次×(6～8)组。

教学提示：只适用于浅水池。

2) 单手扶池边蛙泳划水及呼吸练习

教学目的：在俯卧姿势下巩固水中呼吸与划水的配合，体会划水时手臂对水的感觉。

练习方法：双手扶池边，双臂向前伸直，身体伸展并漂浮于水面上；当身体稳定后，一手扶池边，另一手臂做蛙泳划水及呼吸配合练习(图 2－48)。

练习次数：10 次×(6～8)组。

教学提示：两臂轮流练习，如果学生下肢下沉，难以浮起，可以戴背漂练习。

图 2－48

★ 练习扩展——蛙泳的手部练习

练习提示：

(1) 蛙泳手的教学重点是内收动作，难点是划手与呼吸的配合。

(2) 讲解示范。蛙泳手的动作比较简单，指导员要结合蛙泳手动作中的常见错误进行讲解示范。

(3) 蛙泳手动作简单，手的控制能力又比腿强，所以，蛙泳手的练习可以不必花费过多的时间。

（三）动作简易记忆

分水外划早抬头，夹肘内划于胸前，含胸低头再送手，并拢伸直吐吐气。

（四）蛙泳手臂与呼吸配合技术

蛙泳每一次划手都伴随一次换气，蛙泳的呼吸主要用口吸气，用口或口和鼻子呼气。换气技术也分为早换气与晚换气两种。早换气的时间相对充分，双手开始蛙泳手臂动作时抬头吸气，伸臂时低头呼气，这一换气时机利用了划水时向下划产生向上的浮力，易于掌握，所以通常建议初学者采用早换气的方式[图 2-49(a)]；晚换气则指的是手臂向内划水接近结束时吸气，吸气时间相对较短，伸臂时头进入水中，这一配合技术要求手臂划水时产生强有力的向上向前的动力，使头和肩提高到制高点时吸气，专业性和技术点要求均高，专业运动员常采用晚换气技术[2-49(b)]。

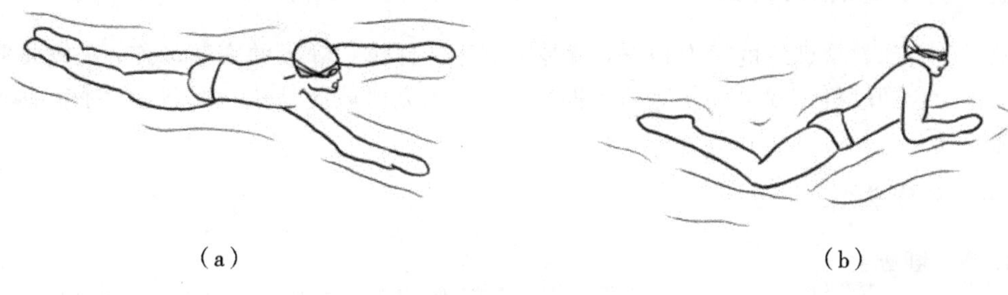

(a)　　(b)

图 2-49

（五）蛙泳手臂常见错误与纠正归纳

1. 划手过大

初学的同学往往会做出很大的划手动作，向后划到大腿旁边以后，从肚子下面才收手往前划。应进行陆上模仿明确动作概念：向后划的时候手不能过肩，向内收时手高肘低，在下颌处双手并拢前伸(图 2-50)。

2. 划手过深

初学的同学手开始外划的时候向下划手。划手的时候应在斜前方大约 45°的时候就做收手的动作，也就是用眼睛的余光还能看到手的时候就要收手了(图 2-51)。可以采用蹲在水中练习的方法改进划手动作，因为这样可以看到自己划手的动作。

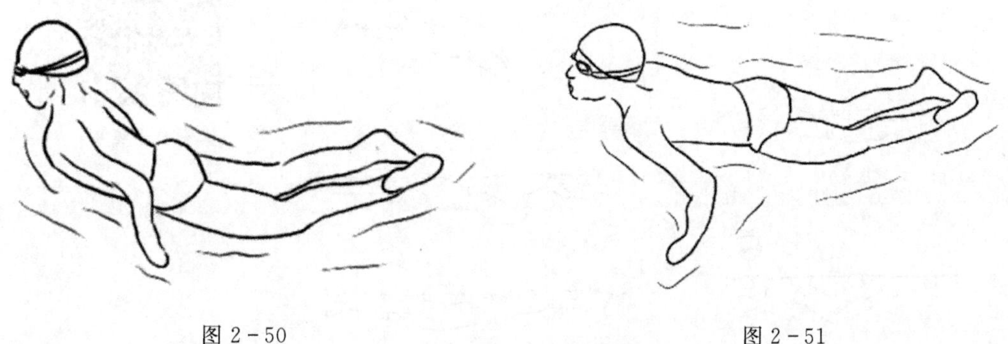

图 2-50　　图 2-51

3. 呼吸过晚

手与呼吸配合的关键动作是手一动、一往外划就必须抬头吸气，因为双手在前边有支撑，容易抬头吸气。这是早呼吸技术。初学的同学用早呼吸技术比较好，因为早呼吸的动作可以使学生的嘴露出水面。吸不到气的人往往是双手划到肩的部位才抬头，没有了支撑，头抬不起来，所以就吸不到气了。手一动（开始外划）就要抬头，当嘴露出水面时用力吐气，吹开嘴边的水换气，收手低头稍憋气，手前伸吐气。如此循环。

4. 抬头太高、太猛

抬头太高、太猛会引起下肢的下沉，吸完气后头部也下沉很多，再吸气时头也抬不上来了。呼吸只是一瞬间的事，抬头时一定要把气吐光。有的人在呼吸时喜欢晃脑袋，用手去抹脸上的水，这些多余动作在熟悉水性阶段就应该被纠正。

五、蛙泳完整配合技术

配合是游泳教学训练的习惯用语，就是指划手、打腿和呼吸的完整动作，关键是掌握三个动作配合的时机。双手外划时抬头换气，双手内划时收腿低头稍憋气，双手前伸过头时蹬腿吐气。

（一）动作要点

1. 手、腿配合

外划时腿并拢伸直，内划开始屈膝收腿，手前伸蹬腿，脚并拢再开始外划，如此循环。

2. 手、腿、呼吸配合

双手外划时抬头换气、腿并拢伸直，手加速内划后收腿，身体下降时头入水稍憋气，双手前伸过头时蹬腿发力并吐气。身体以流线形滑行，为下一个动作做好准备。内划时手用力，手前伸时腿用力（图 2－52）。

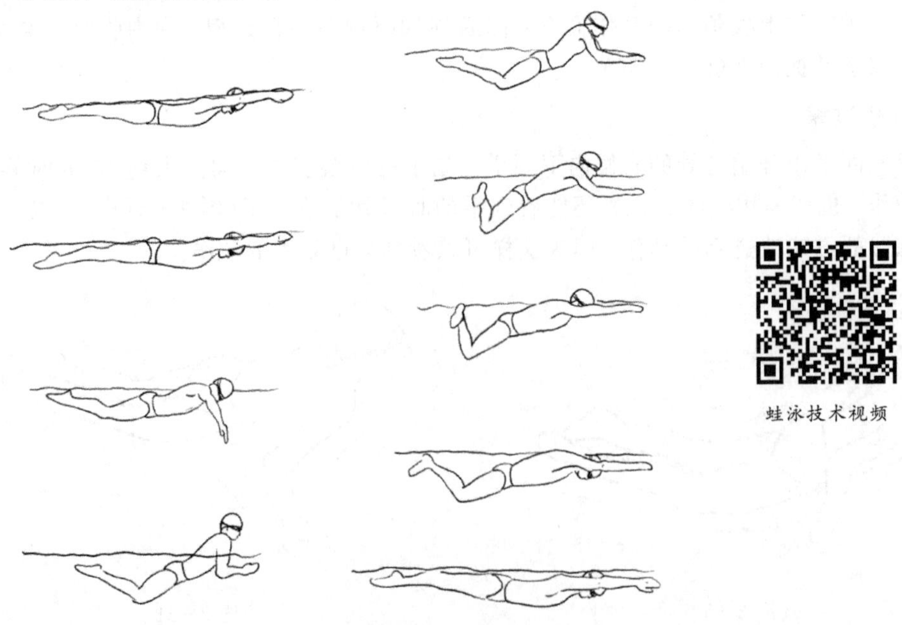

图 2－52

（二）练习方法

1. 陆地站姿蛙泳配合模仿练习

教学目的：初步掌握蛙泳完整配合的节奏和方法，清晰蛙泳配合的概念，为水中练习打好基础。

练习方法：教师面对学生站立，边讲解边示范，学生边观看边模仿教师做动作。两腿分开略比肩宽，双臂上举，双手并拢。用口令引导学生练习，口令为“1”划手，“2”收手，“3”伸胳膊，“4”蹬腿(图 2－53)。

图 2－53

动作熟练后加上呼吸配合练习，动作要点是，“1”划手加抬头吸气，“2”收手并收腿，“3”伸臂并低头呼气，“4”蹬腿。

练习次数：20 次×(4～5)组。

教学提示：这是第一个将手臂、腿部和呼吸动作一起进行的练习，学生难免手忙脚乱，节奏紊乱。教师此时要耐心讲解和示范，随时观察学生，发现错误要及时纠正。也可以让学生分两组互相观察纠错。

教学重点：臂、腿与呼吸动作的配合时机。

教学难点：手腿配合的准确时机。

易犯错误：手腿同时收，同时伸出。

解决方法：强化动作概念，可通过口诀帮助学生练习。

2. 半陆半水蛙泳配合模仿练习

教学目的：巩固蛙泳完整配合的动作概念，根据身体与水的相对位置的变化，体会腿部蹬夹的感觉，体会在水中划水和呼吸的感觉。

练习方法：可以分别采用两种形式。第一种是身体上半部分俯卧在池边上，髋关节在池沿处，双腿在水中，练习蛙泳完整配合动作[图 2－54(a)]。第二种是胸部以下部分俯卧在池边，胸部以上部位及头部悬于水面上部，池边与腋窝齐平，练习蛙泳配合动作[图2－54(b)]。口令同前一个练习。

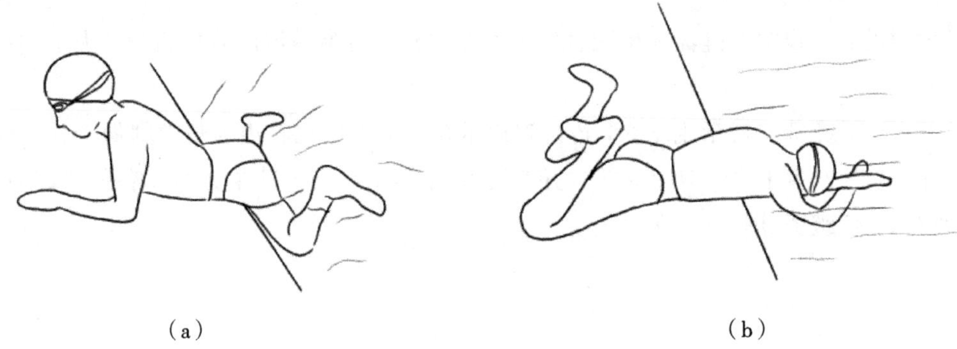

图 2－54

练习次数：20 次×(4～5)组。

教学提示：这个练习不适合中老年学习者。第一种练习呼吸比较容易，难度较低。第二种在水中进行呼吸配合，更接近水中的练习。在这两个练习中口令很重要，要及时提示动作顺序和动作要点。

教学重点：腿在水中时，重点体会蹬夹的效果。手臂在水中练习时，重点体会呼吸的时机。

教学难点：完整配合的节奏和时机。

易犯错误：配合时机错误，或伸手后没有停顿，或吸气抬头过高，抬头速度过快。

解决方法：教师提示学生慢抬头、快换气、快低头。用口令控制动作节奏，例如口令“1”划水抬头，“2”收腿，“3”伸手低头，“4”蹬腿。

3. 水中练习

陆上和半陆半水模拟练习熟练后应尽快在水中练习。水中的蛙泳配合练习有以下几种，可根据学员的情况选用。

1) 单手扶池边蛙泳配合练习

教学目的：在一手有固定支撑的条件下练习蛙泳配合节奏，降低难度，避免因怕水造成动作慌乱。

练习方法：双手扶池边，双臂向前伸直，含胸低头，身体伸展并漂浮于水面上。身体稳定后，一手扶池边，另一手做蛙泳划水动作，同时头和腿部配合做蛙泳完整动作配合(图2－55)。

练习次数：20 次×(4～5)组。

教学提示：两臂轮流扶边，如果下肢下沉，可以戴背漂练习。

教学重点：臂腿与呼吸的配合。

教学难点：身体姿势的保持。

易犯错误：臂腿完成动作后没有停顿，呼吸节奏紊乱。

解决方法：用口令控制动作节奏，或双人互相纠正错误。

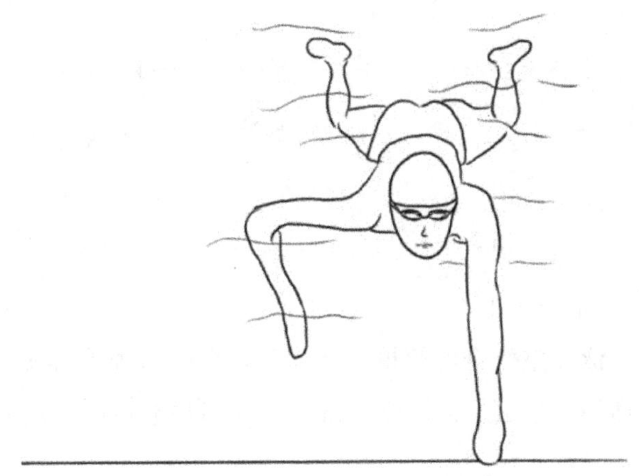

图 2-55

2）单手扶板蛙泳划水及呼吸练习

教学目的：在上一个练习的基础上进行，身体姿势更加接近实际蛙泳动作，体会游进中呼吸与划水的配合及手臂对水的感觉。

练习方法：先用双手拿浮板，双臂向前伸直，含胸低头，身体伸展并漂浮于水面上蹬蛙泳腿。动作稳定后，一手拿浮板，另一侧手臂做蛙泳划水及呼吸配合练习(图 2-56)。

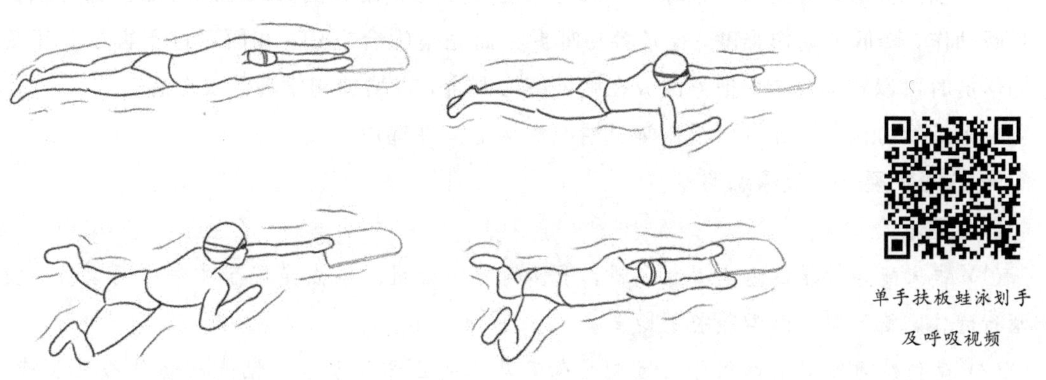

单手扶板蛙泳划手及呼吸视频

图 2-56

练习次数：(25～50)m×(4～6)组。

教学提示：两臂轮流练习，教师及时纠正错误动作。如果学生下肢下沉，难以浮起，可以戴背漂练习。

3）推拉板蛙泳配合练习

教学目的：巩固蛙泳配合节奏，降低难度，增加游距。

练习方法：双手抓住浮板，俯卧水中，抬头吸气的时候肘关节弯曲，把浮板拉到胸前，然后收腿翻脚。低头吐气时把浮板推出，肘关节伸直的时候蹬夹腿(图 2-57)。

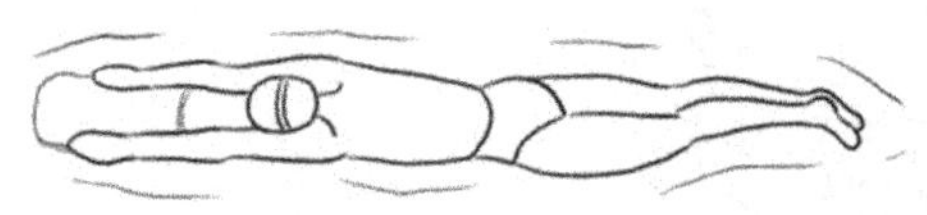

推拉板蛙泳配合视频

图 2-57

练习次数：25 m×(4～6)组。

教学提示：这是蛙泳完整配合的简单方式，因为之前的练习都是有支撑的，当没有打水板支撑时，身体平衡不好掌握，容易造成抬头吸气困难的情况。此方法适用于胆子比较小的学生。

教学重点和难点：动作的配合节奏和顺序。

4）从分解到配合的过渡练习

教学目的：巩固蛙泳配合技术节奏，降低难度，增加游距。

练习方法：漂浮后先蹬夹腿，结束后再划手换气。

练习次数：25 m×4～6 组。

教学提示：可先做蹬夹 2 次腿配合 1 次划手换气，动作熟练后改为 1 次腿 1 次手。

除去以上方法，常见的配合练习还有憋气配合和完整配合的方式，憋气配合练习减少了呼吸动作，降低了动作难度，比较容易掌握。而完整配合方式，在面对过于害怕和年龄小的学员时可以转动浮漂，把浮漂放在胸前练习配合，以增加初学者的安全感。

以上练习方法，指导员可根据学员情况和场地条件选用。

★ 练习扩展——蛙泳练习

练习提示：

(1) 蛙泳配合教学的重点是手、腿、呼吸的配合时机。难点是配合中的滑行动作，没有滑行动作，就不能持续游较长的距离。

(2) 模仿练习时可以两组学员面对面做，互相纠正错误动作。陆上模仿的教法步骤：指导员带做并进行语言提示；学员自己做，指导员仅做语言提示；学员默念顺口溜独立做。配合动作要连贯。

(3) 模仿练习可以站立做，也可半陆半水(身体在岸上，腿在水里；反之亦可)。

(4) 在深水池进行教学，先做憋气蛙泳配合，3～4 次配合×8～10 组，然后再加呼吸。如果缺少憋气的配合练习，容易形成站立式蛙泳。

(5) 逐步增加蛙泳完整配合的距离。一开始可以让学员在规定的距离内任意停顿，然后减少停顿次数，最后加长游距。学完配合后，在每次课结束前可以安排增加游泳距离的小测验以激励学员。

(6) 教学后期，根据学员的水平，能力强的安排长游，技术差的改技术。

(7) 有了 200～400 m 蛙泳腿的体能基础，学习蛙泳配合是一件很容易的事情。

只是有的人心里害怕，一离开池边就什么都忘了，早就把指导员的话抛到九霄云外。无论是哪一种方法都是先做手腿配合，再做手、腿、呼吸配合。无论是推拉板，还是扶池边、转浮漂，无非是增加安全感。我们不能用我们的想法去代替学员的想法，更重要的是因材施教和区别对待，根据学员的接受能力选择方法，只有学员肯去做，才谈得上有效果。

(8) 游泳不是人类的本能，它是后天学习的动作，是后天建立的条件反射。环境变化是做不好动作的主要原因。人在水中游泳，在水的包围之中，看不见也听不见，做动作时只能凭肌肉感觉。而初学游泳者由于在新的环境中比较害怕，自已做了什么动作往往不知道。肌肉感觉会随着游泳的时间增加而增加，俗话说熟能生巧，游多了，感觉自然就会有。但这种感觉会因水温(水冷感觉差)、疲劳等原因而产生变化，指导员要及时发现学员动作的变化并给予指导，因为昨天还正确的动作也许今天就变了。经常观察学员的动作是提高教学质量的主要方法。

（三）动作简易记忆

蛙泳手腿动作配合的要领是“划手腿不动，收手再收腿，先伸胳膊后蹬腿，并拢伸直漂一会儿”。因此，手的动作先于腿的动作。一定要在收手后再收腿，伸手后再蹬腿。

（四）蛙泳配合易犯错误及纠正归纳

1. 易犯错误类型

1) 弹簧式(同手同脚)

弹簧式指的是划手的同时做腿部的收腿动作，在伸臂的同时做腿部蹬夹动作。同手同脚的错误节奏像极了按压弹簧两端后的状态，增大了水中阻力，抵消了前进动力。

2) 包含式(手包腿/腿包手)

包含式分为手包腿和腿包手两种，划手开始后，腿部收腿动作开始，在伸臂结束前，腿部蹬夹动作已经做完；抑或是腿部做完收腿动作后才开始划手，伸臂结束后才做蹬夹动作。

3) 连贯式(动作之间无滑行)

所谓的连贯式错误，指的是上一次动作周期中腿部蹬夹尚未做完的时候，就开始进行下一次动作周期中的手臂动作，配合动作周期之间没有滑行漂浮。

2. 纠正方式

1) 拉长复位

拉长复位主要是指通过伸直双肘和胸部下沉来实现最长的复位(图 2-58)。

2) 冲进流线形

冲进流线形主要是通过加速进入复位，利用划臂外划到内划的摇摆运动复位。练习时尽可能窄地复位，消除内划与复位之间的任何停顿(图 2-59)。

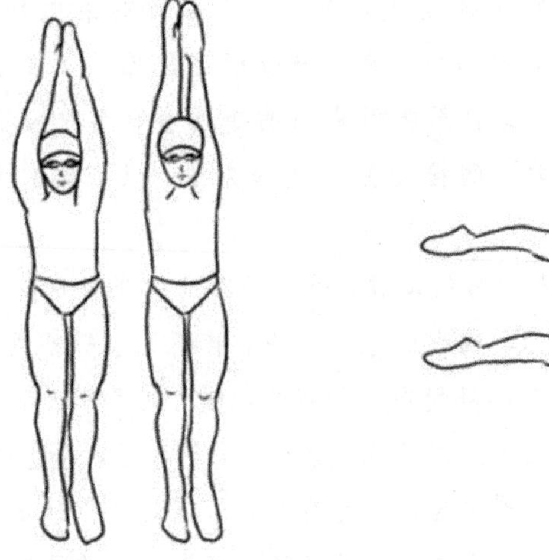
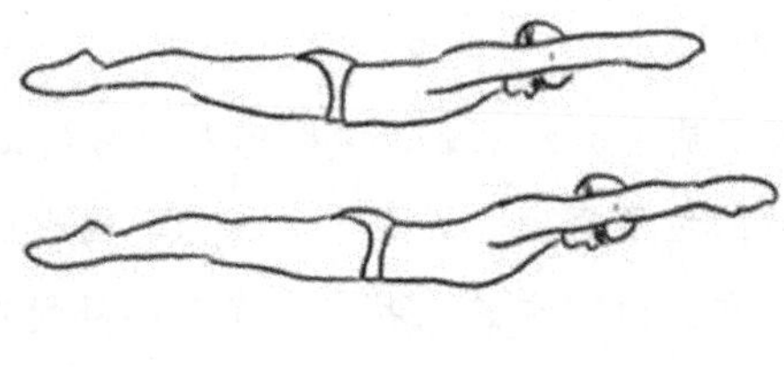

图 2-58

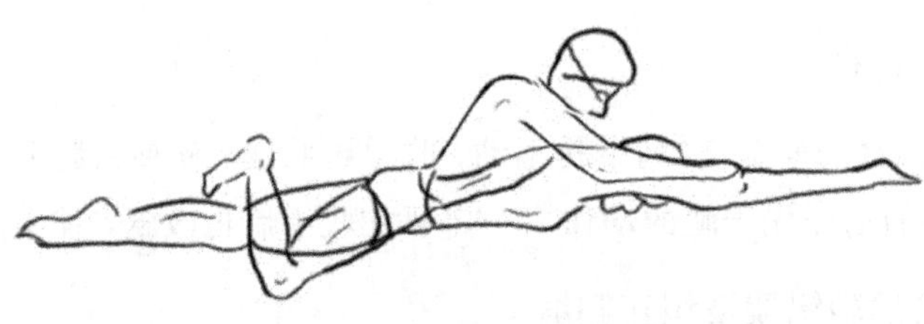

图 2-59

3）折叠和耸肩

对于折叠和耸肩，同样需要加快复位的速度，增强进入滑行的动力，在复位后休息。值得注意的是，在手臂做内划动作时，向上耸起肩膀，然后在过渡到快速、狭窄的复位时，向下放下肩膀。通过这样耸肩，上半身能更多地参与复位(图 2-60)。

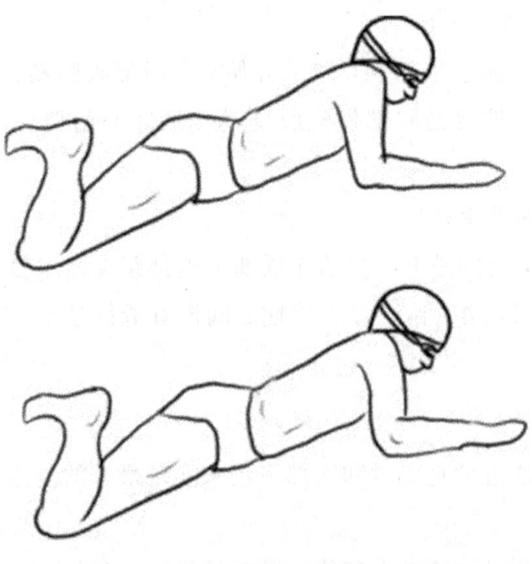

图 2-60

4）不要星形

星形主要是同手同脚(弹簧式)出现的问题，即双手和双脚同时达到最宽点，这一姿势是最不利于在水中移动的方式。所以我们需要确保在游进的过程中，身体始终保持流线形，蹬腿必须跟在划臂后面，有极少的重叠(图 2－61)。

图 2－61

5）节奏

无论是配合口诀还是哨声巩固刺激，归根结底都是节奏的练习，熟记划臂、呼吸、蹬腿、滑行后都可自行练习。如果能够按照顺序执行每一个游泳动作，就可以加快划臂速度(图 2－62)。

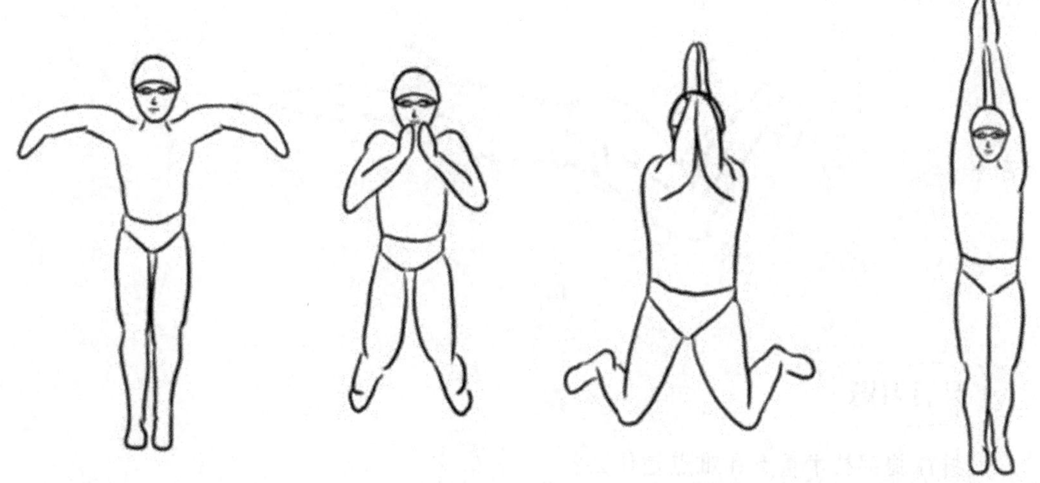

图 2－62

6）滑行长度与速度

为延长滑行的长度、提升滑行的速度，需要培养有效的滑行。识别何时开始下一次划臂，借助动力滑行进行休息，有利于下一个动作周期内的划臂。在滑行的过程中，请确保自己正在看泳池池底。多次进行这项训练，专注于寻找在不牺牲速度和动力的情况下，可以最大限度地增加滑行长度的准确的点(图 2－63)。

图 2 - 63

7）穿针引线

想象自己身体保持流线形，从指尖开始造成第一个洞，然后前臂、肘部和头部、肩部、胸部、髋部、双腿以及双脚拉作一根线。在复位的过程中，穿过这个洞像给针穿线一样，每次划臂都要将线穿过针眼，从复位的开始直到蹬腿的结束。这一练习对协调性的要求比较高，需要找到效果最佳的流线形和最大的动力。学习在滑行时休息，而不是在复位时休息(图 2 - 64)。

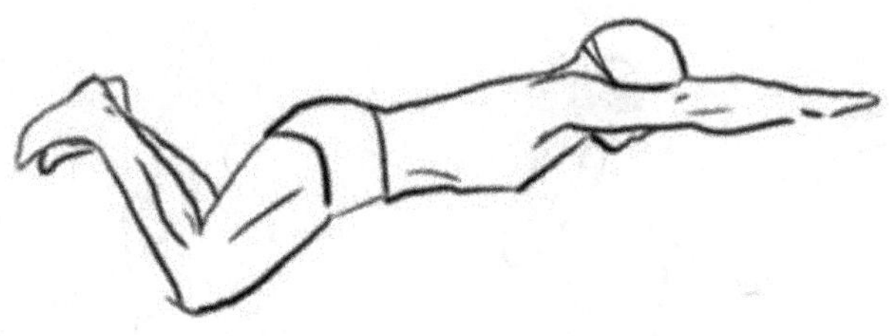

图 2 - 64

课后习题

1. 蛙泳腿部技术重点和难点是什么？
2. 简述蛙泳完整配合技术。
3. 尝试对蛙泳某一部分动作技术进行模拟教学。

第四节　爬泳技术及教学、练习

爬泳是人体俯卧于水中，两腿交替上下打水，两臂轮流划水，类似人在爬行的泳式。在游进过程中，爬泳手腿动作连贯，阻力小，因此其是四种泳式中相对速度较快的泳式。

在大多数游泳比赛中，爬泳占据金牌总数是最多的。不仅如此，在个人混合泳及接力项目中，爬泳也占据着至关重要的地位。为便于掌握，本节将爬泳分为爬泳概述、爬泳身体姿势和腿部技术、爬泳手臂技术及呼吸，以及爬泳完整配合技术。学生可根据自己对技术的掌握情况进行有针对性的练习。

基本规则：转身和到达终点时，运动员可用身体任何部位触碰池壁。

一、爬泳概述

（一）基本概念

爬泳的名称来自其动作外观特征。游爬泳时身体俯视水面，两腿上下交替打水，两臂轮流向后划水，使身体迅速向前游进，动作像爬行，故称爬泳。游泳竞赛规则规定，爬泳项目中，运动员可以采用任何泳姿参赛，而在个人混合泳和混合泳接力项目中的自由泳是指仰泳、蛙泳、蝶泳以外的任何泳姿。爬泳是速度最快的竞技泳姿，在可任选泳姿的自由泳比赛中为运动员广泛采用，因此又成为“自由泳”的代名词。

（二）发展历程

1. 现代爬泳的发展初期(20 世纪 30 年代到 20 世纪 50 年代)

20 世纪 30 年代到 50 年代世界上流行两臂在身前交替划水的方法。到了 20 世纪 40 年代以后，人们开始逐渐加强对手臂划水力量的重视，强调屈臂时高肘划水，让手臂在运动中产生的力量成为爬泳推进力的主要来源。腿部动作逐渐出现了交叉打腿、拖腿、2 次打腿、4 次打腿、6 次打腿等一系列规则或者不规则的打腿方式。古桥广之进在 1949 年最先采用了 4 次打腿的技术，创造了 1500 m 自由泳的世界纪录。专家认为，这种技术虽然能加快动作的频率，但是改变了原来的技术造成成绩下滑，所以古桥广之进的动作技术并没有得到广泛的运用。

2. 现代爬泳的发展中期(20 世纪 60 年代)

后来有调查研究显示，打腿所消耗的能量远大于划臂，但是推动身体前进的动力却主要来自手臂的划水动作。所以现代的爬泳技术以臂为主，更加重视手臂的划水动作与两臂之间的配合。打腿的动作在长距离游进中已由 6 次慢慢减少到了 2 次或者 4 次。但在短距离游泳运动之中，大多数运动员依然保持打腿 6 次。

3. 现代爬泳的发展后期(20 世纪 70 年代)

在此阶段，许多顶尖运动员采用了打 2 次腿与两条手臂在身体中后方交叉划水相配合的技术，这一技术在长短距离上比赛中都非常实用。因此，2 次打腿与后交叉配合的技术开始发展起来。到目前为止，世界上大多数运动员在不同距离的比赛中都会采用不同的打腿技术。

19 世纪有了游泳比赛，为了获胜，人们曾经在蛙泳的基础上，采用了侧泳划臂配合蛙泳腿的动作，随后发展为侧泳划臂配合剪腿动作。1890 年前后，出现了一种把脸浸入水中，两臂轮流向后划水至体侧，然后提臂出水从水上向前移臂的大爬式游泳动作，其代表人物是英国人特拉维，所以，当时人们把这种大爬式的游泳动作叫作特拉维式。这是爬泳两臂的原始动作。1900 年澳大利亚人卡维尔首先采用了两臂轮流划水和连续上下交替打腿的典型爬泳技术，使爬泳技术的发展进入了一个新的阶段。1905 年匈牙利运动员哈尔梅采用两腿完全不动、只用两臂划水的新方法，创造了 100 m 自由泳世界纪录。1924 年美国运动员维斯穆雷，在第八届奥运会上以 59 s 的成绩获得了 100 m 自由泳的金牌。他采用两臂各划 1 次、打腿 6 次的配合技术，被人们认为是标准化的爬泳技术。他曾创造了 100 m、200 m 和 400 m 自由泳的世界纪录。20 世纪 40 年代，日本运动员采用 4 次打腿技术创造了 1500 m 的世界纪录，但并未引起人们的注意。20 世纪 40 年代至 20 世纪 50 年代中期，仍是采用 6 次打腿技术的人居多。直到 1956 年澳大利亚运动员采用 4 次打腿技术，2 次拖腿和美国运动员采用纯 4 次打腿配合技术，先后创造了 1500 m 世界纪录之后，人们对打腿在爬泳中的作用逐渐重视，于是出现了爬泳臂、腿配合技术的不同风格和流派。1960 年第十七届奥运会和 1964 年第十届奥运会，采用 6 次打腿的爬泳技术占优势，而在第十九届奥运会上，所有 8 个自由泳项目的冠军，没有一个是采用 6 次打腿技术配合的。1972 年第二十届奥运会上，在 8 个自由泳项目中，6 次打腿配合的爬泳技术获得 5 项冠军，有 3 项冠军是采用 2 次打腿配合技术的。此后澳大利亚女运动员古尔德采用 2 次打腿爬泳技术，创造了 100 m 到 1500 m 全部自由泳项目的世界纪录。但不久，采用 6 次打腿技术的德国运动员恩德尔刷新了全部世界纪录。1976 年，美国运动员蒙哥马利采用 6 次打腿技术，在第二十一届奥运会上获得 100 m 自由泳冠军(49.99 s)，并成为世界上第一个突破 100 m 自由泳 50 s 大关的运动员。然而，不到一年，又被采用 2 次打腿技术的南非运动员斯金纳以 49.44 s 的成绩改写了 100 m 的自由泳世界纪录。

二、爬泳的身体姿势和腿部技术

许多人认为爬泳的主要推进力来自手臂的划水动作，因此不重视身体姿势和腿部动作的训练。其实，身体姿势和腿部动作的优劣直接影响到人在水中受到阻力的大小和技术效率的高低，这对于技术不完善的初学者来说尤为重要。在游任何一种泳姿时，理想的身体姿势都应该能使游泳者最大限度地减小阻力，增大推进力。而爬泳腿部动作的主要作用是协助维持身体平衡、调节动作频率、产生身体协调效果，并产生一定的推进力。

（一）身体姿势

(1) 身体尽量与水面保持水平，髋部略低于肩，身体纵轴与水平面成很小的锐角(图 2-65)。

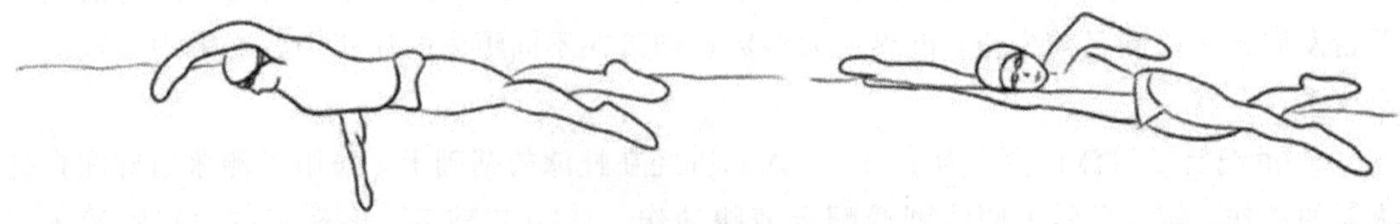

图 2-65

（2）不能有明显的侧向摆动（图 2－66）。

图 2－66

在游进过程中，身体的所有部分好像处于一个假想的通道内，这个通道的宽度略宽于双肩之间的距离。肩、髋和腿应该作为一个整体随着手臂的运动转动，使髋关节和腿的运动基本不超过身体的宽度，人在水中只占用很小的空间。这样可以最大限度地减小身体阻力。

（3）身体保持良好的流线形（图 2－67）。

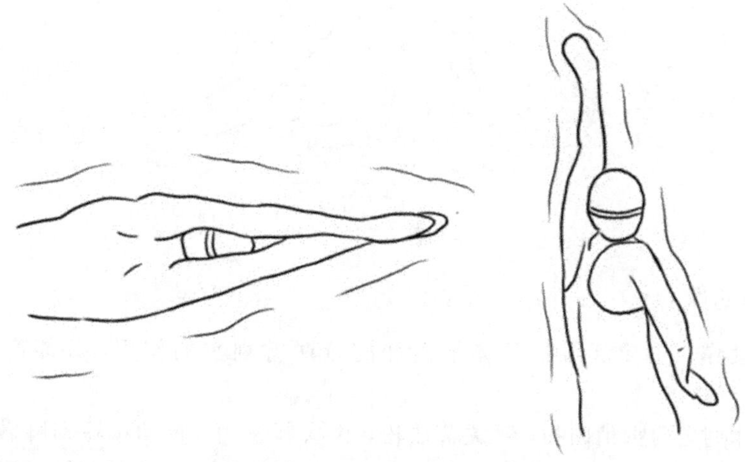

图 2－67

肩的姿势对身体流线形的保持有较大影响。双肩略向上耸，可以使胸部和腹部较平，形成平滑的流线形表面，使水流顺利通过。略耸的肩部还可以加大肩关节周围肌肉的活动幅度，让臂部的收缩肌群处于更有利的力学位置，使划水更有力。另外，要保持流线形，不仅肩部要前伸，还要尽量使手臂和腿的动作不偏离身体纵轴太远。打腿时，两腿不宜过于分开，动作应该保持在身体截面内完成。

(4) 身体随手臂动作围绕纵轴有节奏地转动(图 2－68)。

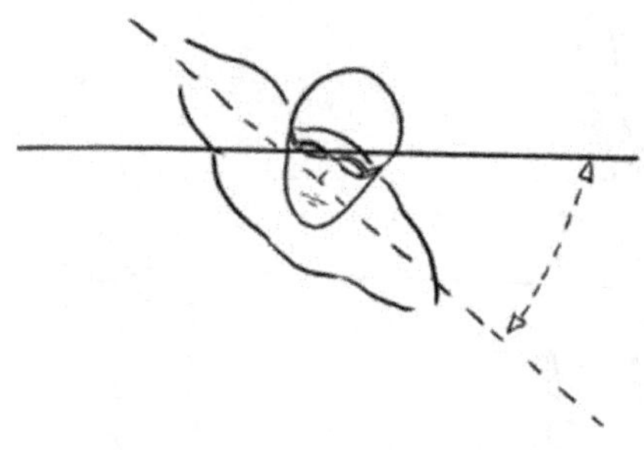

图 2－68

在推水阶段，身体围绕纵轴转动，可以充分发挥躯干大肌肉群的作用，有效增大推进力。当手臂完成推水，进入出水和空中移臂阶段时，身体的转动还有助于髋和肩部保持流线形。这种转动还有助于呼吸动作的完成。

在一定范围内，身体转动幅度增大还可以增加推进力。因此，在爬泳游进时，应有意识地转动身体，而且身体转动应早于相应的划水动作。初学爬泳的人最难掌握的是呼吸和移臂动作，但呼吸和移臂错误的根源往往在于身体姿势。如果身体没有围绕纵轴转动，转头吸气就很难完成，通常需抬起头才能吸到气，移臂也不容易提出水面。如果增大身体转动的幅度，吸气时不必刻意转头，只要搭上身体转动的“顺风车”，吸气和移臂就可以轻松完成(图 2－69)。

图 2－69

(二) 腿部动作

爬泳腿的动作，主要起维持身体平衡和配合两臂划水的作用，并能产生一定的推进力。

爬泳腿打水时，两脚稍内扣，髁关节放松，由大腿发力，带动小腿和脚做上下鞭状打水动作。游爬泳时，两腿轮流上下交替做打水动作，两脚上下打水的爬泳打腿分为向上打腿和向下打腿，其中向下打腿是产生推进力的主要部分(图 2－70)。

向下打腿时，大腿开始向下发力，由于惯性作用，此时小腿和脚仍继续向上移动。当膝关节弯曲约成 160°角时(此时脚升至水面)，腿和脚开始向下移动(图 2－71)。

当膝关节尚未完全伸直时，大腿开始向上打水而小腿和脚仍继续向下，直到膝关节完全伸直。此后，小腿和脚随大腿向上移动，当脚上移升至水面时，大腿开始向下打水，进入下一次打水动作(图 2－72)。

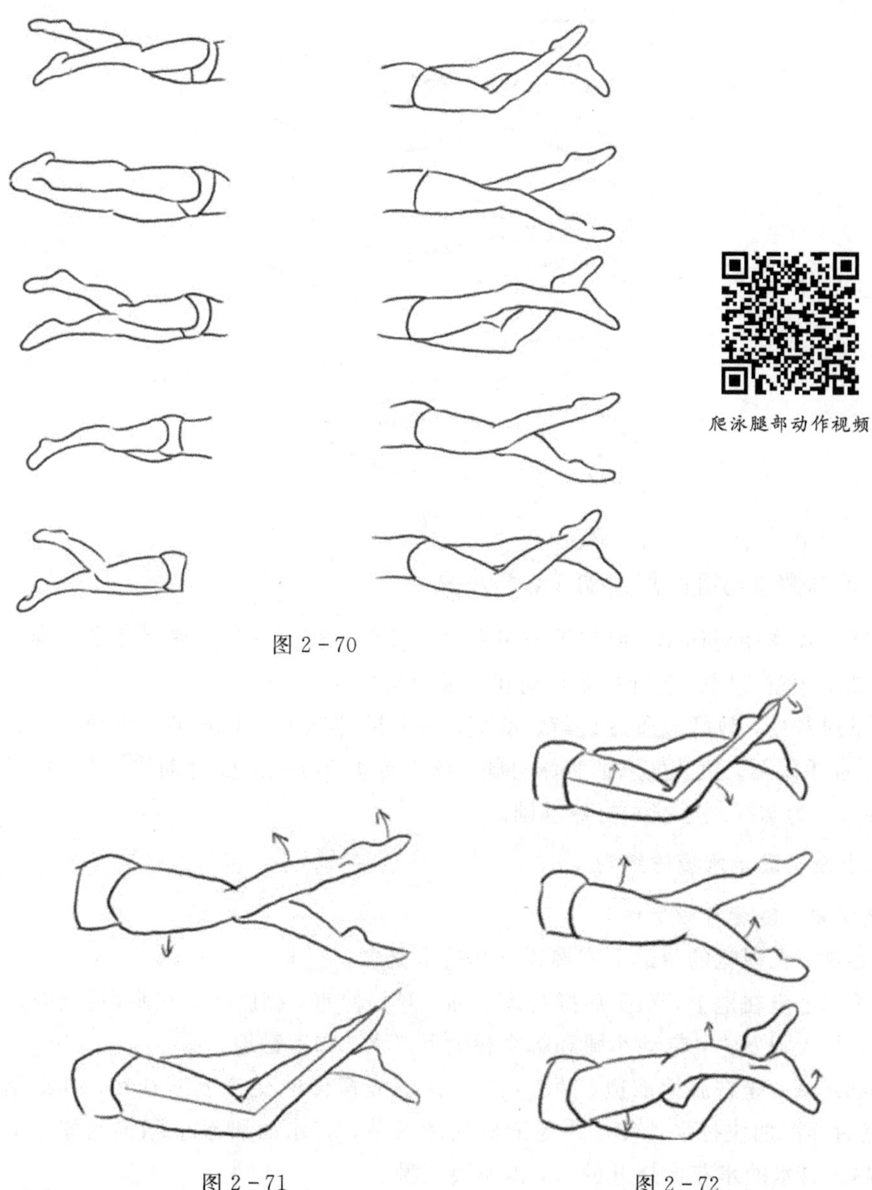

图 2-70

图 2-71　　图 2-72

其他有关踢腿的注意事项如下：

(1) 踢腿时，两脚稍稍内倾，形成一个斜向的角度，这能够使脚尖更好地感知水流。

(2) 踢腿时大腿必须稳定。很多游泳运动员在踢腿时从臀部就开始弯曲，从大腿就开始做上下运动，这种做法是错误的。这会导致脚部划出水面。注意稳定大腿，这样就可以用脚尖挤压、推动水流。

(3) 在向下踢腿的时候，膝盖应该有一定的弯曲，这样脚就可以在合适的位置通过脚尖将水的力量推回。脚踝灵活度高的运动员膝盖可以不用弯曲太多，脚踝不太灵活的膝盖可以弯曲多一点。但是，只能在向下踢腿阶段弯曲膝盖，向上踢腿时则不能。如果向上踢腿时膝盖弯曲，这个力量会造成游泳者后退。因此，在弯曲膝盖向下踢腿之后，请伸直膝盖向上踢腿(图 2-73)。

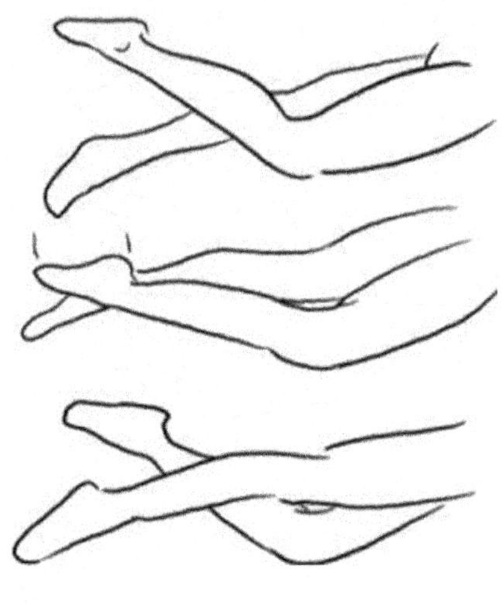

图 2－73

（三）爬泳腿部与呼吸配合动作教学步骤

爬泳腿部动作相对简单，但呼吸采用人们不习惯的侧面吸气，掌握起来较难。因此在腿部动作教学中就应同时进行身体转动和呼吸的配合教学。

在教学过程中，教师应通过讲解、示范、陆上模仿练习、半陆半水模仿练习、水中扶边、扶板、徒手练习，使学生掌握爬泳打腿、身体转动与呼吸的配合动作，能够扶板连续打腿 25～50 m，为掌握爬泳技术打好基础。

1. 陆上及半陆半水模仿练习

1）坐撑爬泳腿打水模仿练习

教学目的：在视觉的帮助下掌握爬泳腿技术概念。

练习方法：坐在地上，双手后撑身体后仰，双腿伸直，绷脚尖，双脚内扣（内八字脚）。两腿伸直，从大腿发力，带动小腿和脚交替上下打水，脚不触地。

动作熟练后，坐在游泳池边，两手后撑，两腿先慢慢地交替上下打水，打水幅度约为 30 cm，然后逐渐加快打水速度，并逐渐放松膝关节，打水时脚趾应指向对岸，不能向上（图 2－74）。打水的水花像烧开的水，但不要四溅。

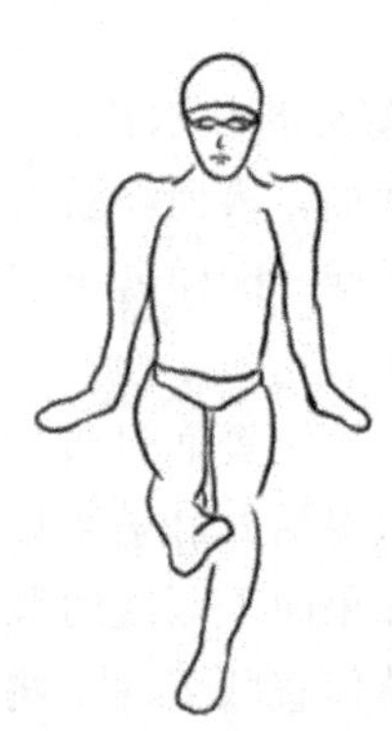

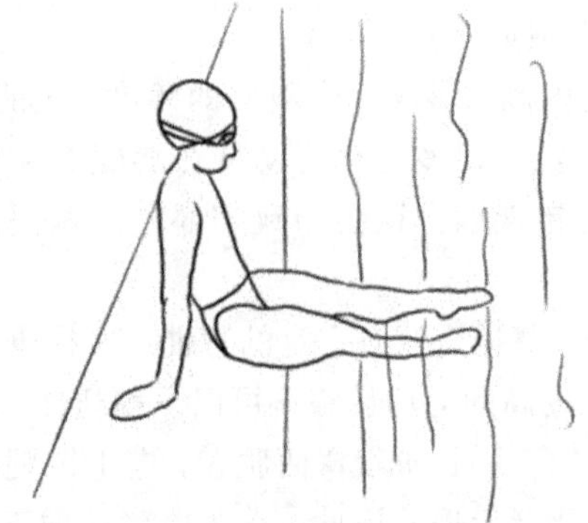

坐撑爬泳腿打水模仿视频

图 2－74

练习次数：50 次×(4～6)组。

教学提示：目视自己的双腿双脚，臀部以下自大腿到脚不能碰地，连续打腿。如果已经学习过蛙泳动作，部分学生可能习惯于勾脚，脚尖向上，此时要提醒学生与蛙泳的勾脚区别开来，脚尖朝前，并自然放松。如果坐在池边，提醒学生身体尽量往前坐，留半个臀部于岸边即可，大腿以下部分尽量都在水中，两腿伸直，脚尖朝前。

教学重点：大腿发力打水。

教学难点：腿部肌肉用力放松的转换和踝关节的放松。

易犯错误：膝盖弯曲前后蹬水(类似蹬自行车的动作)，或勾脚打水。

解决方法：要求学生目视自己的打腿动作，绷脚，脚趾向前，膝盖伸直。如果出现错误，教师及时提示并纠正。

2）俯卧爬泳打水模仿练习

教学目的：在失去视觉帮助的条件下，依靠肌肉运动感觉掌握爬泳腿动作。

练习方法：双手前伸，俯卧于垫上或游泳池边。垫上练习时要求腿和脚不要碰地，上下交替连贯打水。俯卧池边时髋关节在池沿处，双腿在水中，做爬泳打水模仿动作(图 2－75)。

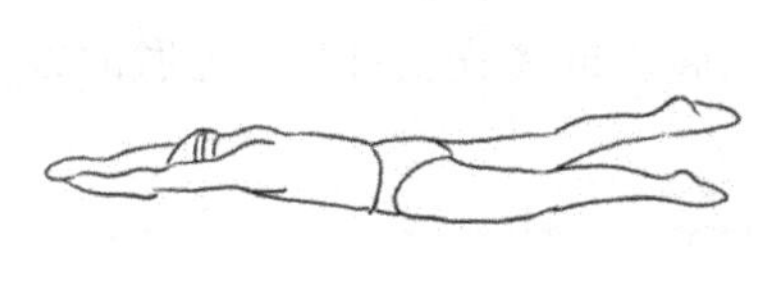
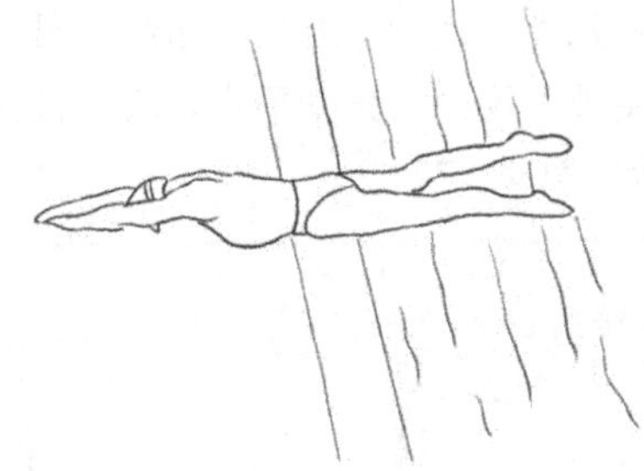

俯卧爬泳打水模仿视频

图 2－75

练习次数：50 次×(4～6)组。

教学提示：提示学生从大腿发力，直腿打水，水花不要太大。可以提示学生像敲鼓一样敲打水面。可用口哨或击掌和口令配合的方法帮助学生控制打水节奏。应当注意的是，这个练习不适合中老年人。

教学重点：髋关节展开，大腿上抬，动作幅度适中，打水动作连贯有节奏。

教学难点：展髋，直腿，绷脚打水。

易犯错误：不抬大腿，屈膝和勾脚蹬水。如果腰与池边平齐，容易产生屈髋动作。

解决方法：反复提醒直腿上抬。

2. 水中爬泳打水练习

1）扶池边漂浮打水加抬头吸气练习

教学目的：体会身体在水中漂浮平衡的感觉。

练习方法：双手轻扶池边，两臂前伸，肩放松，身体放松而平直地俯卧于水面上，低头目视池底，头和躯干在一条直线上。两腿上下交替打水，每打水 6 次抬头换气 1 次，吸气时躯干仍然保持俯卧姿势，在换气时打水动作不要停(图 2－76)。

扶池边漂浮打水加抬头吸气视频

图 2-76

练习次数：30 s×(4～6)组。

教学提示：如果学生踝关节柔韧性很差，或协调性较差，可能会漂浮不起来，此时可以系一个背漂或者利用浮棍帮助漂浮。

教学重点：身体的平衡，打腿的节奏和幅度。

教学难点：身体的平衡和腿部的放松。

易犯错误：初学者容易抬头、屈肘、缩肩、屈髋、屈膝、勾脚，身体位置倾斜。

解决方法：打开所有关节，放松，身体平直，低头目视池底。或者先用挂肩、挂肘的方式打水，身体放松后再伸肩(图 2-77)。

图 2-77

2）扶板爬泳打水加抬头吸气练习

教学目的：体会依靠自己打水的动作推动身体前进的感觉，提高耐力。

练习方法：双手轻扶打水板，两臂前伸，在保证身体平稳漂浮的条件下双腿交替打水，推动身体前进；每打水 6 次，抬头吸气 1 次(图 2-78)。

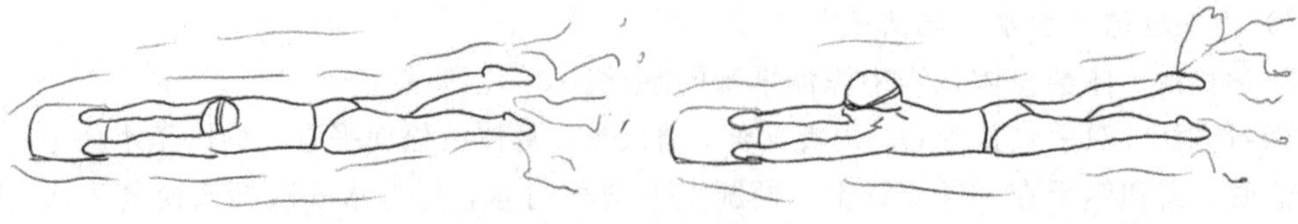

图 2-78

练习次数：25 m×(4～6)组。

教学提示：初学者从直腿打水开始练起。多提醒学生注意打腿的节奏，向下打水用力，由慢到快，加速打水。直腿上抬时放松，不用力。吸气时只抬头，不要挺胸收腹，肩部在水面附近，保持放松。

教学重点：髋关节发力，大腿带动小腿打腿的动作顺序。

教学难点：打腿的动作效果。

易犯错误：屈髋屈膝勾脚蹬水，或腿部僵直打水。

解决方法：先直后屈的教法比一开始就教鞭状打水对学生而言更容易，可以降低动作错误的概率。

3) 徒手伸臂打水练习

教学目的：增加练习难度和多样性，掌握没有固定支撑时的平衡漂浮，并体会通过打腿推动身体前进的感觉。

练习方法：两臂和肩前伸，身体放松平直地俯卧于水面，两腿交替打水，每打 6 次腿抬头吸气 1 次(图 2－79)。吸气时只动脖颈，不要挺胸。

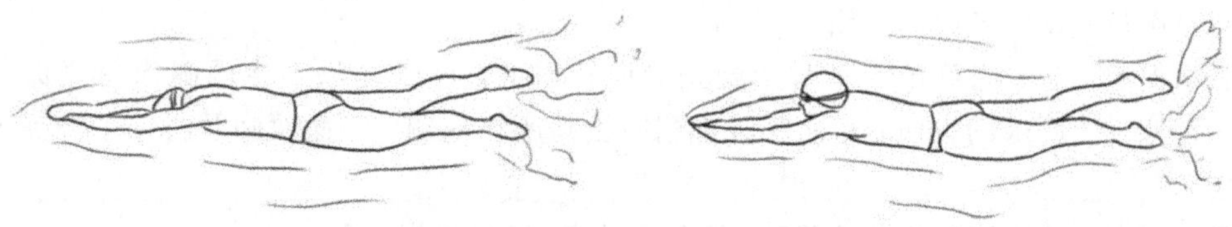

图 2－79

练习次数：25 m×(4～6)组。

教学提示：如果抬头有困难，可借助蛙泳划水帮助吸气，但吸气时打腿不能停止。

4) 扶池边身体转动打水练习

教学目的：掌握通过身体转动完成吸气动作，为完整配合打好基础。

练习方法：单手扶池边，另一臂放在体侧，身体俯卧并打腿 6 次后，整个身体向体侧手臂一侧转动，使身体呈侧卧姿势，一侧肩与髋露出水面，嘴露出水面吸气。保持这种姿势打水 6 次，再转回俯卧姿势，重复练习(图 2－80)。

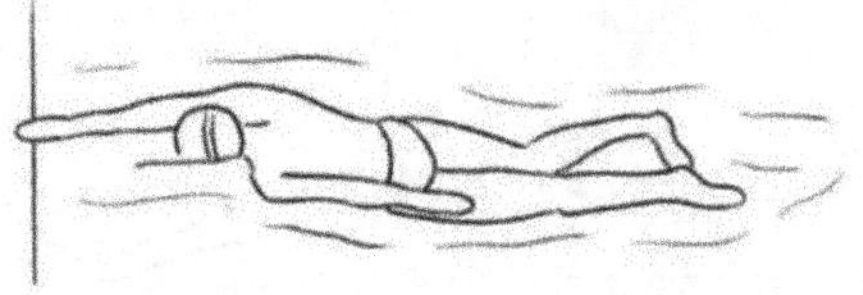

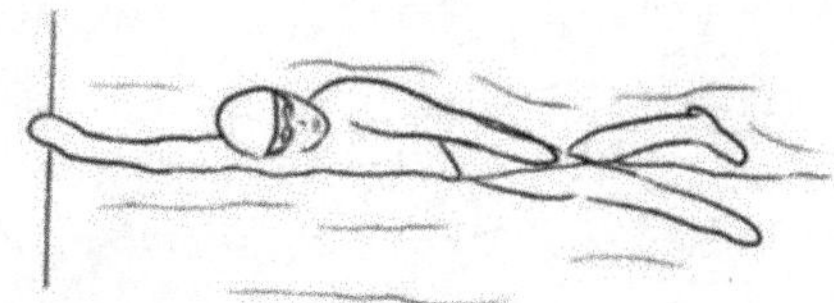

图 2－80

练习次数：45～60 s×(4～6)组。

教学提示：开始时通常不适应身体转动的动作，只转头，不转体，吸气困难。可以提示头与身体像旋转门一样作为一个整体一起转动，转动幅度可大一些，先把肚脐转到水面上来。等习惯身体转动后，幅度自然会减小。

教学重点：身体围绕纵轴的转动。

教学难点：呼吸随转身一同完成。

易犯错误：有蛙泳基础的学生习惯抬头吸气。

解决方法：要求吸气时耳朵贴住上臂，不要离开。

5）扶板身体转动打水练习

教学目的：体会通过身体转动完成吸气动作，改进呼吸技术，提高打腿能力，为掌握完整配合技术做好准备。

练习方法：单手扶板，另一臂放在体侧，身体俯卧打水 6 次，然后整个身体向体侧手臂一侧转动，使身体呈侧卧姿势，一侧肩与髋露出水面。保持这种姿势打水 6 次，然后再转回俯卧姿势，重复练习(图 2－81)。

图 2－81

练习次数：25 m×(4～6)组。

教学提示：这个练习在侧卧时两腿是侧向打水的，可以提示学生两腿像鱼尾那样摆动。每趟换一个呼吸的方向，每次呼吸都朝向教师所在一侧，以便教师及时用手势提示学生动作。

教学重点：身体整体沿纵轴转动，吸气后头部复原(目视池底)。

教学难点：转头呼吸时头部与身体保持一致。

易犯错误：头部和身体转动角度不够。

解决方法：教师可站在学生的侧后方，让学生转头呼吸时能看到。

6）徒手身体转动打水练习

教学目的：增加打水练习的难度，提高耐力，使学生适应无支撑打水动作，为完整配合打好基础。

练习方法：一臂前伸，另一臂放在体侧，身体俯卧打水 6 次后，整个身体向体侧手臂一侧转动，使身体呈侧卧姿势，一侧肩与髋露出水面。保持这种姿势打水 6 次，再转回俯卧姿势，重复练习(图 2－82)。

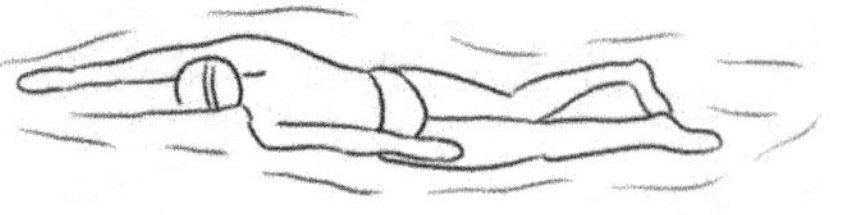

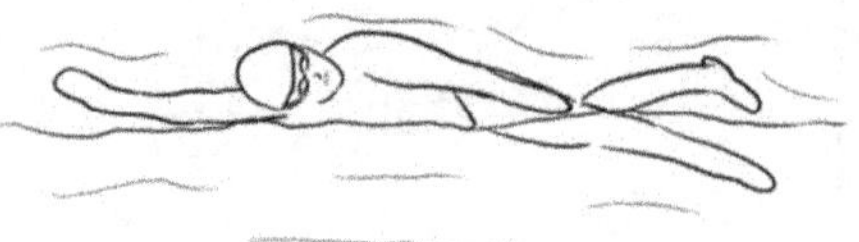

图 2－82

练习次数：25 m×(4～6)组。

教学提示：这个练习难度较大，如果学生感到吸气困难，或无法保持平衡，可以先不做，待学会完整配合后再作为提高技术的练习手段。

★ 教法扩展——爬泳教学

(1) 先示范后讲解，讲清楚动作要点，如已学过蛙泳，要强调从蛙泳的勾脚变为绷脚。

(2) 以集体练习为主，但要经常个别纠错。观察学员脚趾的方向，如果脚趾朝池底，说明没有绷脚，应加以改正。出现原地不前的原因是上下打腿用力一样，出现后退的原因是过度上抬小腿。

(3) 不要刻意要求学员屈腿打腿，开始时一律要求直腿绷脚，但膝关节应放松。只要膝关节放松，在水的阻力的作用下，腿自然会形成弯曲动作。

(4) 从 15 m 开始，逐渐增加打腿距离。扶板打腿练习开始时可以把头没入水中，技术掌握后就可以把头抬起来。

(5) 浮力较差的学员可能在开始练习时出现双腿下沉的情况，此时可在腰背部系一个浮漂，或者将浮棍压在腹部，帮助身体浮起，体会打水动作，待动作熟练后解除教具。

(6) 一般爬泳的学习安排在蛙泳之后，学员学过的蛙泳腿动作容易给爬泳腿的学习带来不利影响，有些学员摆脱不了翻脚蹬水的模式，常勾着脚向后绷。针对这种情况，可以先做陆上模仿直腿打腿练习(体会大腿上抬)，以巩固正确的动作概念。

(四) 易犯错误及纠正归纳

1. 屈髋打腿

腰部过于放松以及屈髋，造成阻力增大[图 2-83(a)]。

纠错方式：塌腰挺胸提气，大腿同脚朝水面上抬。可在学习时先要求直腿打水有上抬动作后再鞭状打水。

2. 屈膝打腿

屈髋必然伴随屈膝动作，为了使脚能够打到水，必须屈膝，这样的打腿效果也不好[图 2-83(b)]。

改进方法同前。

3. 在水面上打腿[图 2-83(c)]

通常由于小腿上抬过多，不增加推进力反而浪费体力。

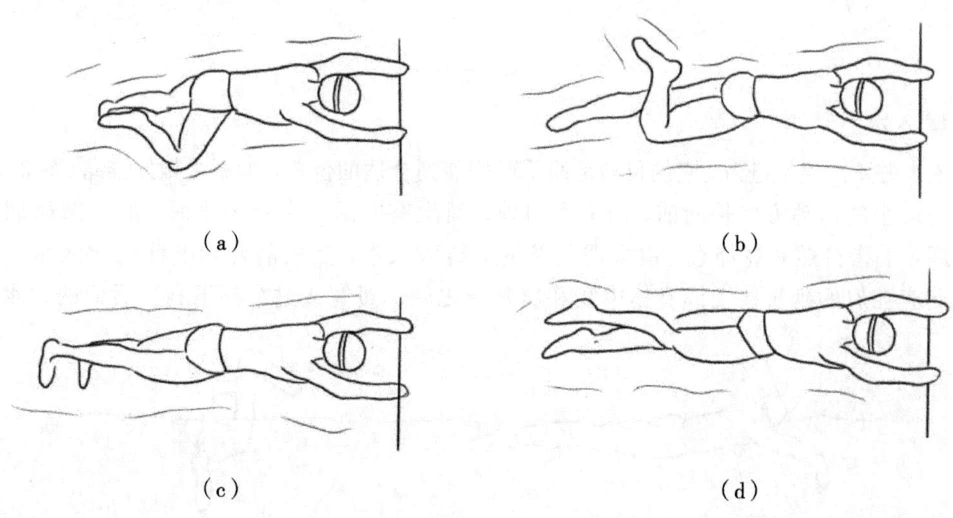

图 2-83

4. 纠错方式[图 2－83(d)]

控制脚抬出水面的高度，打水时把脚跟抬到水面就好(屈小腿勾脚打腿)。

三、爬泳的手臂技术及呼吸

(一) 手臂技术

游爬泳时，使身体前进的主要推进力产生于手臂的划水动作。

爬泳划水动作可以分为水中划水和空中移臂两个主要部分。空中移臂是水中划水的必要准备，但不产生推进力，真正产生推进力的部分是水中划水。

人们为了更方便地分析和描述划水，把爬泳划水技术分为几个各具特色而又紧密相连的动作阶段，即入水、抱水、划水、出水和空中移臂。而在爬泳的划水动作中，两臂配合也是非常重要的。

从侧面看，爬泳的划水动作似乎像船桨一样，只是在一个平面内向后划动。其实不然，手臂在向后划的同时，还经历了向外、向下、向内、向外、向上的三维运动，手的划水路线类似"S"形(图 2－84)。

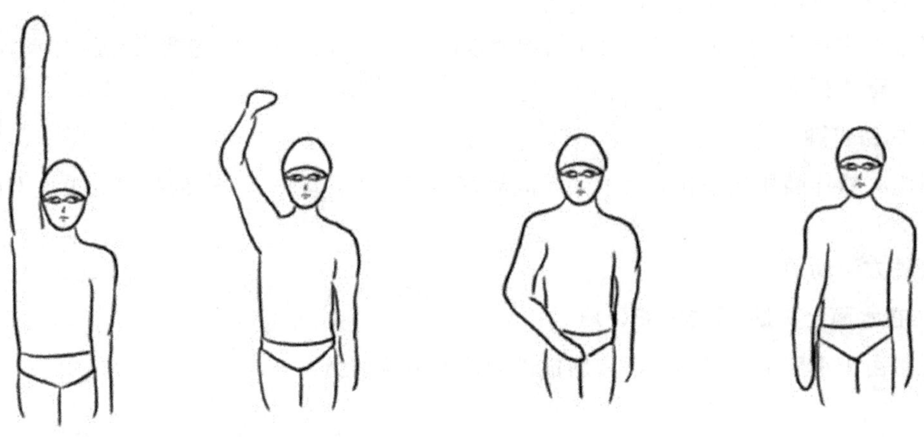

图 2－84

1. 入水

入水并不产生推进力，它的目的是使手臂伸展到合适的位置，为划水做好准备(图 2－85)。入水阶段手的运动方向是向前、向下和向外，而没有向后。手臂入水时，肘关节微屈并高于手部，手指自然并拢伸直，由大拇指领先，斜插入水，然后前臂和上臂依次入水。手的入水点应在肩的延长线上或身体中线和肩延线之间。过宽或过窄都不利于后面的划水。

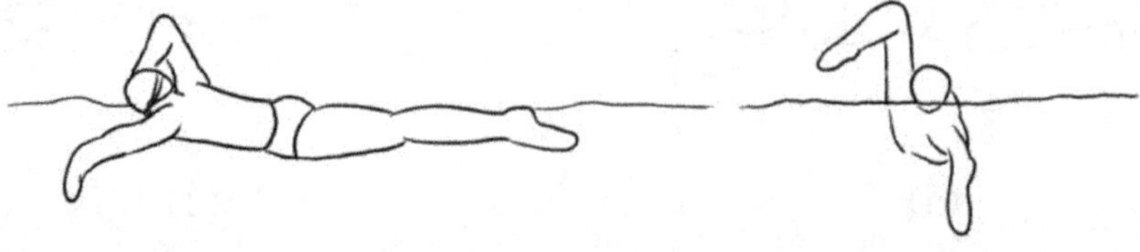

图 2－85

2. 抱水

抱水这个动作好像是用手臂去抱一个大圆球一样，目的是使手臂找到合适的发力点和支撑点(图 2-86)。抱水开始时，手臂是直的，然后逐渐屈肘，使肘高于手。高肘的目的是使前臂和手最大限度地向后对准水。低肘是较为常见的技术错误，也是划水技术的大忌，因为低肘时作用力方向向下，而不是向后，容易造成身体上下起伏，推进力效果差(图2-87)。当手臂抱至与水平面成约 40°角，肘关节屈至约 150°时，抱水结束，进入划水阶段。

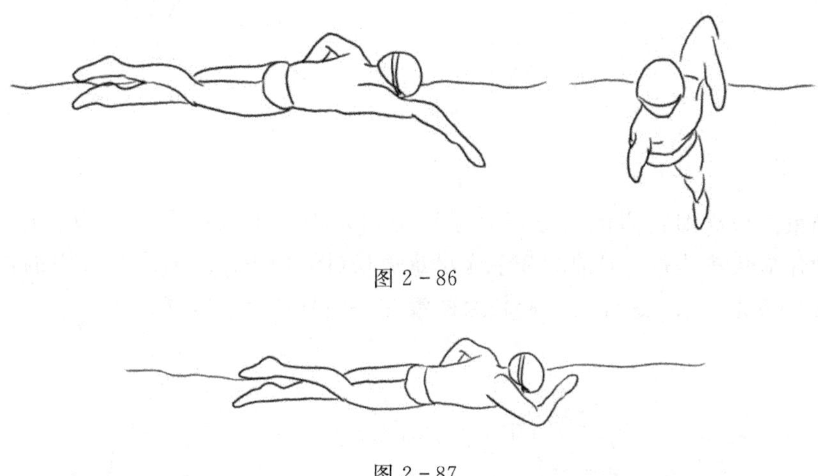

图 2-86

图 2-87

3. 划水

划水是获得推进力的主要阶段，这个阶段又分为两部分，前面是“拉水”，后面是“推水”。拉水时，手同时向内、向上和向后运动，应保持高肘姿势。拉水结束时，手在身体下方靠近身体中线，手臂与水平面基本垂直，屈肘角度约 90°(图 2-88)。此时转入推水阶段。拉水阶段较常见的错误技术是屈肘程度太小、手臂过于靠里(手超过身体中线)或手臂过于靠外。

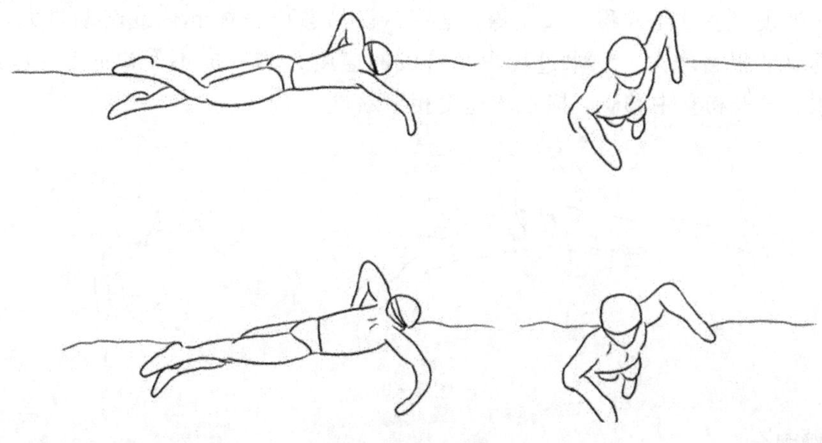

图 2-88

推水时，手同时向外、向上和向后运动，应在拉水的基础上加速连贯地完成，中间不能有停顿。推水过程中肘关节从屈曲过渡到伸直，手臂的推水速度是整个划水过程中最快的。当手臂在后方与水平面成约 20°角时，推水结束，转入出水阶段(图 2－89)。推水过程中常见的技术错误主要是推水没有加速、推水未完全彻底、手臂未伸直及手过于靠里或靠外等。

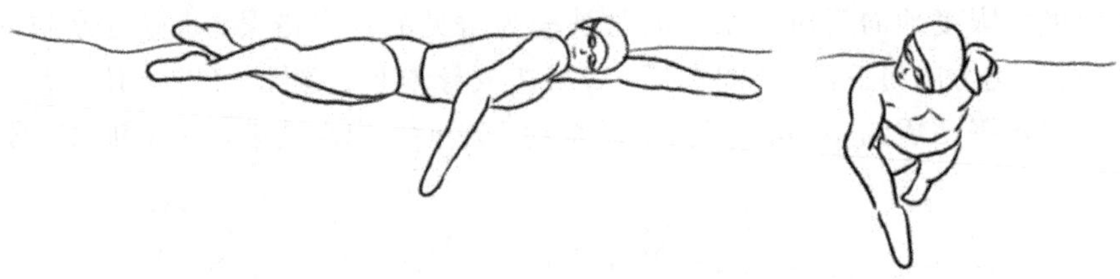

图 2－89

4. 出水

划水结束后应立即在肩的带动下将手臂提出水面。出水的顺序是肩、上臂、前臂和手。出水动作应快速连贯，但前臂和手应尽量放松(图 2－90)。出水过程中的常见错误是手臂僵硬或手最先出水，这样会激起较大的浪花并使身体上下起伏。

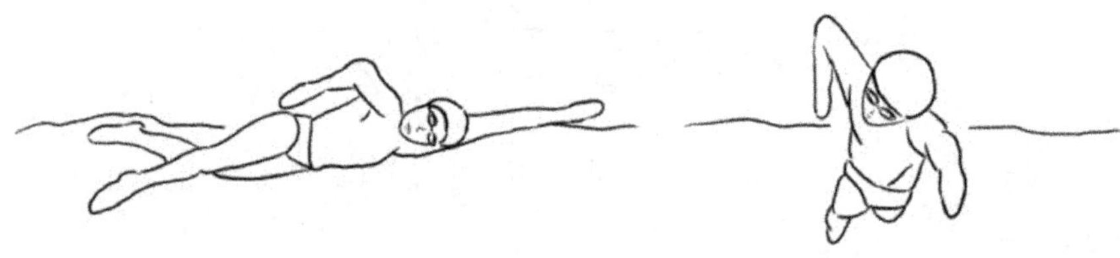

图 2－90

5. 空中移臂

空中移臂是出水的继续，不能停顿。移臂要放松自然，肘高于手。移臂动作应借助于肩关节的自然转动，手的速度快于前臂和上臂的速度，因为移臂开始时手落后于肘关节，而移臂结束时手应在最前方领先入水(图 2－91)。空中移臂过程中常见的错误技术主要有肩关节过于僵硬、手过高或移臂过宽等，这些错误易造成身体起伏或转动过大，使身体前进过程中遇到的阻力增大。划水过程中各阶段的速度并非一成不变，而是推水速度最快，其次是出水、入水和空中移臂，抱水的速度相对最慢。

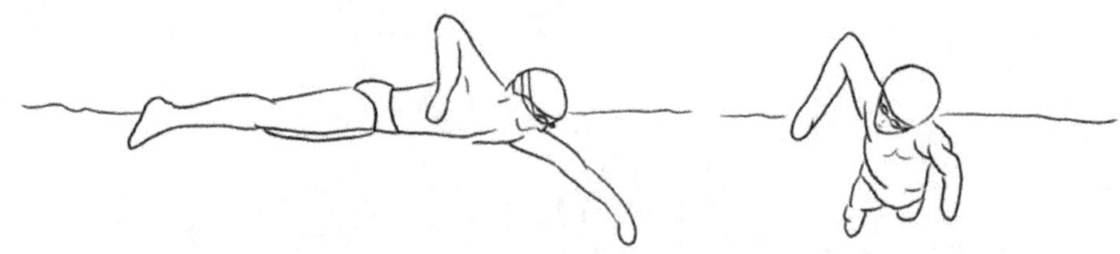

图 2－91

6. 两臂配合

爬泳两臂的配合有三种基本形式，即前交叉配合、中交叉配合和后交叉配合，此外还有介于这三者之间的中前交叉和中后交叉(图 2－92)。

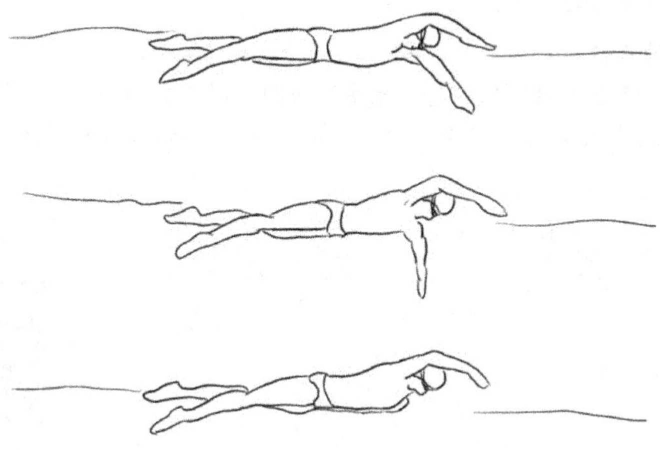

图 2-92

前交叉配合指一臂入水时另一臂在肩前方，与水平面约成 30°角。这种配合适合初学者，便于初学者掌握臂的技术和呼吸技术，可作为一种分解技术练习方法。其缺点是动作不连贯，速度均匀性差。

中交叉配合指一臂入水时另一臂位于肩下，与水平面约成 90°角；后交叉配合指一臂入水时另一臂位于腹下，与水平面约成 150°角。这两种配合利于发挥力量，提高频率，保持连续的推进力。

现代爬泳优秀运动员多采用中交叉配合或中后交叉配合形式。

（二）呼吸技术

爬泳的呼吸技术是一个难点，原因是爬泳采用人们所不习惯的侧边转头吸气。吸气的时机要掌握好，如果向右侧转头，应该在右手入水后开始用口和鼻缓缓呼气，并随着划水阶段的推移逐渐增大呼气的幅度。拉水开始时，慢慢向右转头，右臂出水时，嘴露出水面，张口用嘴吸气，待右手移至体侧时，吸气结束，开始转头复原，右手入水时，头部应已复原并保持稳定(图 2-93)。吸气时肩和头应向同侧转动，使口在低于水平面的波谷中吸气，不能抬头，否则会使腿部下沉，身体转动或起伏过度。转头吸气动作可以形象地描述为“咬肩”动作。呼吸的常见错误主要有抬头吸气，转头幅度太大，吸气过早或过晚等。

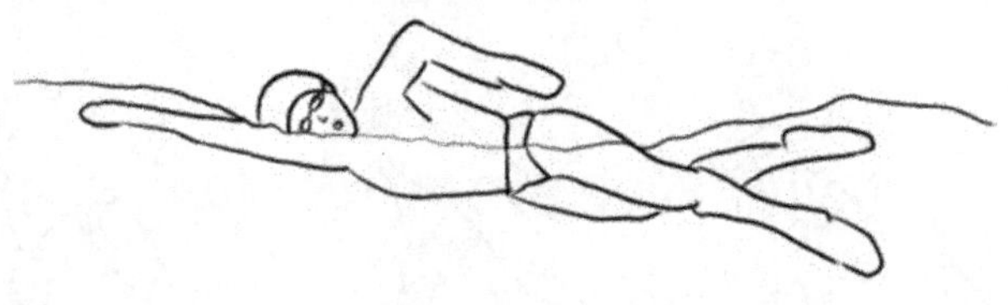

图 2-93

（三）爬泳划水与呼吸配合动作教学步骤

如果没有爬泳打水的配合，单靠爬泳划水及呼吸，难以在水中独立完成，因此这部分练习以陆上模仿为主，不要花费太多时间，尽快进入完整配合练习阶段。

1. 陆上划水及呼吸模仿练习

1) 陆地呼吸的模仿

教学目的：体会爬泳转体呼吸与蛙泳抬头呼吸的区别，为手臂技术与呼吸配合打好基础。

练习方法：双手扶墙，头夹在两个大臂之间，2 次划手转头呼吸 1 次(图 2－94)。

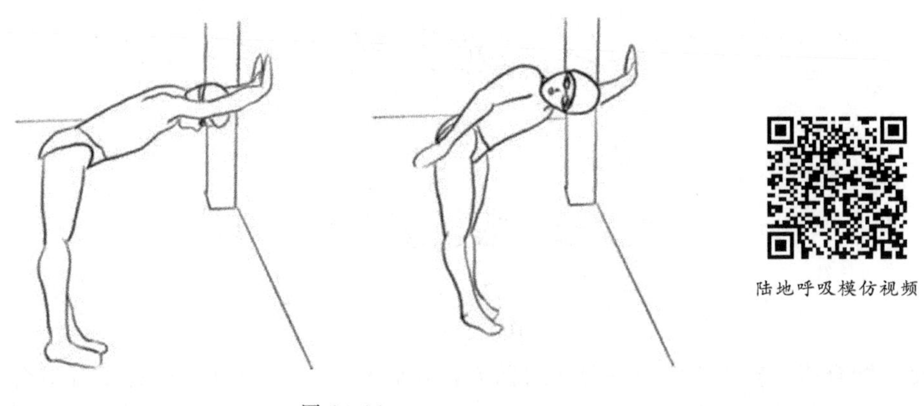

图 2－94

练习次数：陆地呼吸模仿 20 次×1～2 组。

教学提示：转头呼吸时耳朵不能离开大臂(耳朵离开大臂，就是抬头吸气，不是转头吸气)，眼睛看后面(目视前方也是抬头吸气)。

教学重点：2 次划手，转头呼吸 1 次。

教学难点：躯干和肩随划水动作绕身体纵轴转动，两肩的相对位置不断变化。右臂入水右肩低、左肩高。动作熟练后加上呼吸动作。

易犯错误：抬头吸气。

解决方法：头转向一侧时，另一侧的枕骨紧贴手臂大臂。

2) 单臂划水及呼吸模仿练习

教学目的：初步掌握爬泳划水动作概念，熟悉爬泳划水的动作结构。

练习方法：教师边讲解，边示范，通过正面和侧面示范使学生看清手臂从入水到出水的位置。要求学生站立、弓箭步，一只手撑住膝盖，另一只手做单臂爬泳划手模仿。口令为“1”手入水，“2”划水，“3”移臂。动作基本熟练后加上呼吸配合，要求划水时身体转动，头随身体转动吸气(图 2－95)。

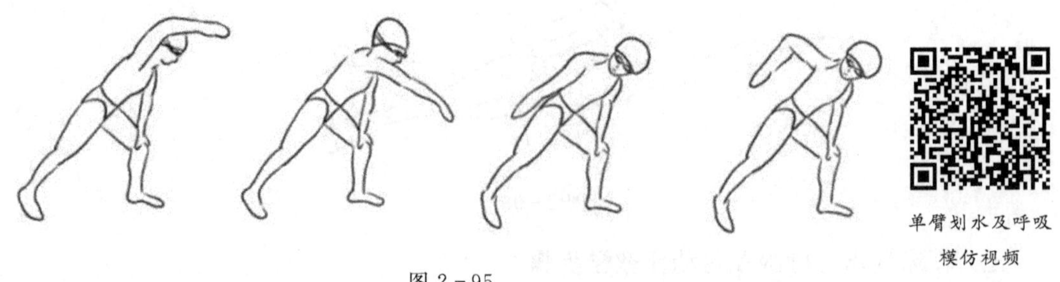

图 2－95

练习次数：划水模仿 20 次×(3～4)组，吸气划水模仿 20 次×(3～4)组。

教学提示：手在头的前方入水，手向后划水碰到大腿后再出水。移臂和划水动作可以先教直臂。

教学重点：动作的幅度。

教学难点：身体的转动。

易犯错误：划水幅度小。

解决方法：强调大拇指碰到大腿后开始移臂。

3）陆上双臂爬泳划水模仿加呼吸练习

教学目的：体会爬泳划水时两手的配合节奏，提高动作的连贯性和流畅性。

练习方法：身体前倾90°，双手前伸做爬泳分解划水模仿，动作要求同单臂练习，一只手划完了再划另一只手(图2－96)。教师可用口令或拍掌声引导学生的动作节奏，越来越快，直至连贯起来。

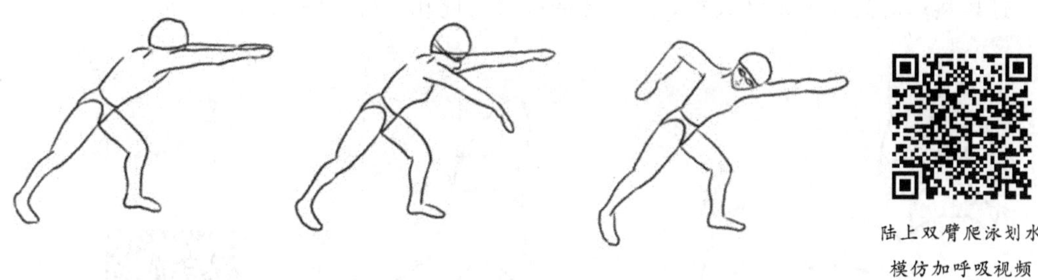

陆上双臂爬泳划水模仿加呼吸视频

图2－96

练习次数：划水模仿40次×(3～4)组，吸气划水模仿40次×(3～4)组。

教学提示：身体转动与划水、呼吸动作协调配合，不要仅依靠转头吸气，以身体的转动为主，呼吸像“搭车”，搭身体转动的车。转头吸气时眼睛看后面，耳朵紧贴上臂。如果耳朵离开上臂，就说明是抬头吸气，需要及时纠正。躯干和肩随划水动作绕身体纵轴转动，两肩的相对位置不断变化。例如，右臂入水、左臂出水时，右肩低，左肩高。

教学重点：两臂连贯地配合节奏。

教学难点：呼吸动作与躯干、手臂动作同步。

易犯错误：双手配合不连贯，身体没有转动，吸气时抬头。

解决方法：先抓动作节奏，不急于对划水技术细节要求过高。

4）“独木舟”式配合模仿练习(图2－97)

教学目的：学习中交叉配合动作，体会身体和肩的转动、两臂协调连贯的配合和身体平衡的感觉。

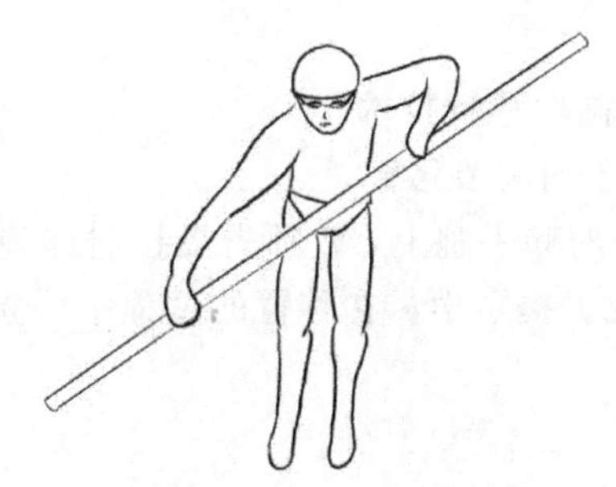

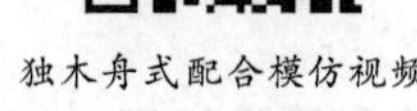

独木舟式配合模仿视频

图2－97

练习方法：站立于岸边或其他平地上，双手握住竹竿(可用类似直竿代替)，在肩膀和身体的转动下进行自由泳划臂动作练习。

练习次数：20 次×2 组。

教学提示：如果学生人数较多，最好不用这个练习，以免竹竿互相撞击，伤及学生。

教学重点：两臂连贯。

易犯错误：身体及肩膀没有转动。

5) 池边高肘移臂练习

教学目的：巩固爬泳空中移臂技术，感受转肩动作。

练习方法：俯卧在池边上或长凳上(身体与池边平行)，一只手伸直，另一只手在水中做划水动作，两手轮流做。大臂带动小臂移臂；手在水面上移动时高抬肘关节(肘高手低)。打乒乓球时是小臂带动大臂，而游泳的移臂与此相反(图 2－98)。

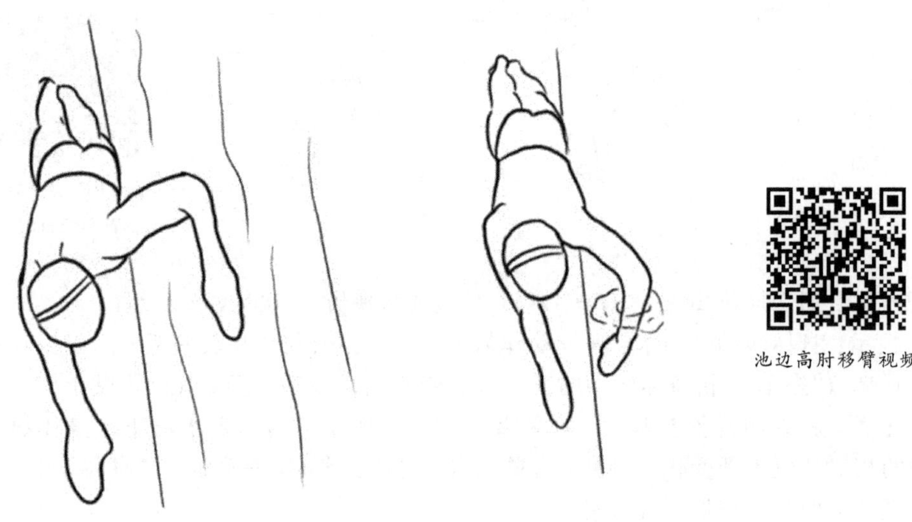

池边高肘移臂视频

图 2－98

练习次数：20 次×2 组。

教学提示：可以提示学员划水到大腿后，出水的动作就像手从裤兜里抽出来的动作一样，移臂的动作就像拉身体侧面的拉链，想象拇指和食指捏住一条拉链，并沿着身体向上拉到腋下。拇指的指甲要始终贴着身体，并指向身体的中部。掌心始终朝上，手腕要放松，肘关节向上。手向上拉到腋下后，沿同样的路线再回到开始的位置。

教学重点：空中移臂动作。

教学难点：在空中移臂时肘高手低，即高肘移臂技术。

易犯错误：手高肘低，脱肘，或者手先于肘关节移臂。

解决办法：将弹力带分别系在学员的手肘和手腕上，教师先提拉肘部弹力带再拉手部弹力带。此种方式仅适用于学员较少的情况。提示学员在移臂的过程中手腕放松，尝试贴靠腋下后再向前伸移臂。

2. 水中爬泳划水及呼吸练习

1) 浅水中站立单臂划水与呼吸练习

教学目的：体会身体转动与划水、呼吸协调配合的感觉。

练习方法：站在浅水中，一手扶池边或水槽，一手做划水并配合呼吸的模仿动作。动作要求同陆上模仿基本相同，只是头要没入水中呼气，随身体转动转头，使嘴露出水面吸气(图 2－99)。体会手臂对准水，并在水中克服阻力划动的感觉。

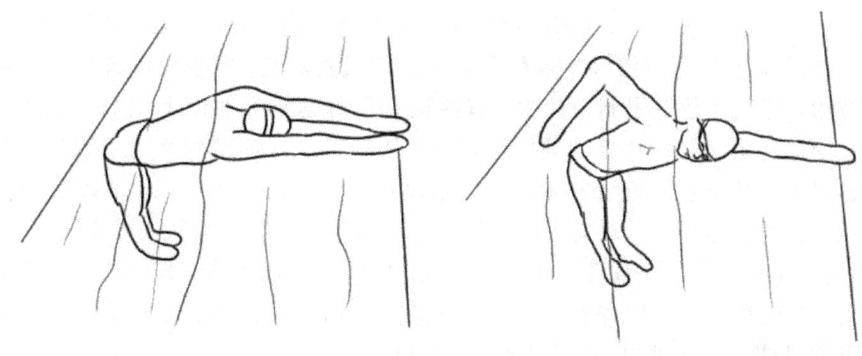

图 2－99

练习次数：20 次×(3～4)组。

教学提示：强调身体转动带动呼吸动作。此练习仅适用于在及腰深的浅水池练习。

教学重点：划水幅度。

教学难点：躯干转动与划水、呼吸的配合。

易犯错误：手划到腰部就出水。

解决方法：提示手碰到大腿再出水。

2) 浅水走动划水练习

教学目的：体会手臂划水获得推进力的感觉。

练习方法：站在浅水中，一边做双臂爬泳划水动作，一边向前走动(图 2－100)。体会向前走动的动力来自手臂的划水动作。

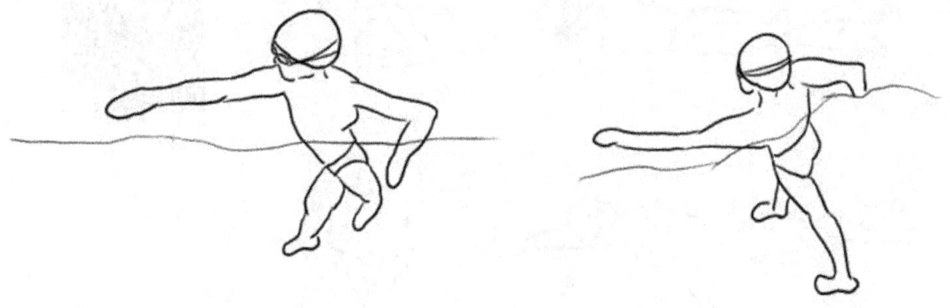

图 2－100

练习次数：25 m×(3～4)组。

教学提示：用口令控制节奏，提示动作。此练习仅适用于浅水池。

教学重点：手掌和小臂对准水。

教学难点：两臂连贯流畅地配合。

易犯错误：动作不流畅，身体扭曲。

解决方法：提示学生保持重心稳定，用口令控制行进和划水的节奏。

四、爬泳完整配合技术

（一）爬泳配合

爬泳配合技术有多种形式，其中6:2:1配合是较常见的一种，即6次打腿、2次划水、1次呼吸。此外还有4:2:1、2:2:1等多种配合形式。一般来说，短距离比赛中，常见6次打腿的配合技术，呼吸次数也限制得较少，有些运动员可达到8次以上划水1次吸气，甚至更少。而长距离运动员则多用2次腿配合，呼吸较频繁，2～3次划水吸1次气，但在最后冲刺或超越时多改用6次腿配合技术。有的运动员习惯采用一侧吸气，多数运动员采用两侧轮流吸气，有利于比赛中了解对手的情况，并使两侧肩带和颈部肌肉发育平衡。

6:2:1的完整配合技术为每划水2次(1个动作周期)打腿6次，其中第3次和第6次打腿较为重要，当处在一臂开始移臂、另一臂开始拉水时，划水产生的推进力相对较小，这两次打腿可使身体前进速度更为均匀(图2-101)。

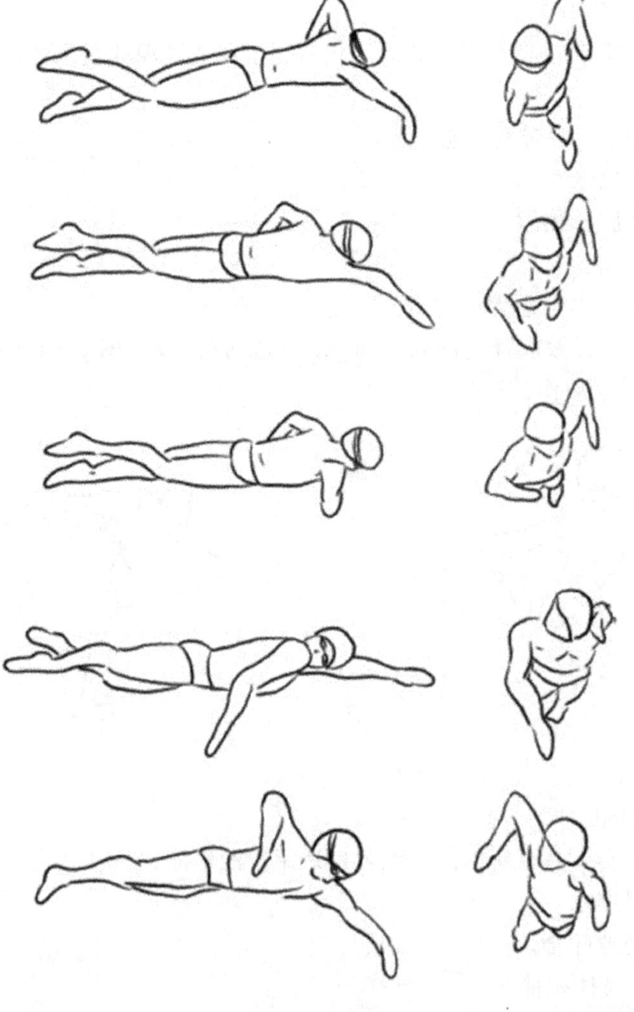

爬泳技术视频

图2-101

由于打腿的能量消耗远远高于划水，长距离运动员为了节省体力，往往采用 2 次或 4 次打腿 2 次划水的配合技术。2 次打腿 2 次划水的配合时机是当一臂划水结束开始出水时，同侧腿向下打水。此外还有一种多为男运动员采用的 2 次交叉打水配合技术，即每打完 1 次腿，两腿上下交叉 1 次(图 2－102)。

图 2－102

（二）爬泳完整配合技术教学步骤

爬泳完整配合技术教学与蛙泳配合相比，难度要大一些，主要难点是呼吸及身体位置。爬泳应以水上练习为主，逐渐增加游进的距离和重复次数，以达到提高技巧的目的。

1. 有支撑爬泳配合练习

1）扶池边爬泳单臂分解练习

教学目的：在有固定支撑的条件下先进行单臂配合练习，降低练习难度，便于学生对爬泳完整配合形成初步感觉，同时便于及时发现并纠正错误。

练习方法：先用双手扶池边，双臂向前伸直，身体伸展并漂浮于水面上。身体稳定后打腿，一手扶池边，另一手做爬泳划水动作，同时身体转动配合做呼吸动作，每次划水吸气 1 次(图 2－103)。

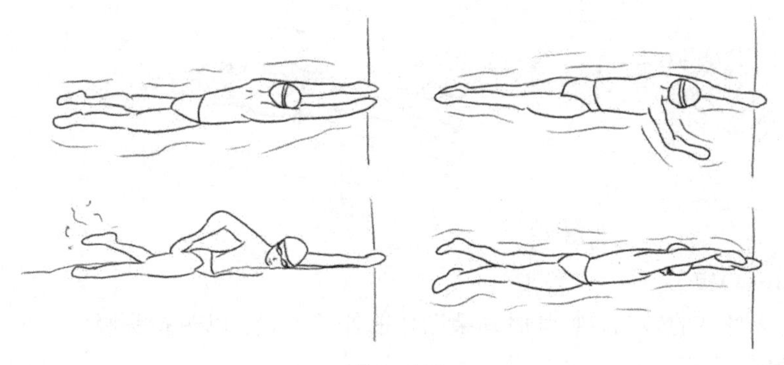

图 2－103

有支撑爬泳配合视频

练习次数：20 次×(3～4)组。

教学提示：两臂轮流练习，强调头和身体一起绕纵轴转动，完成呼吸动作。单手练习熟练后，可进行双臂分解，即每划水 1 次，就换次手臂。

教学重点：手部和小臂向后对水的感觉。

教学难点：身体转动及呼吸动作。

易犯错误：抬头吸气。

解决方法：头部随身体一起围绕纵轴转动，完成吸气。

2）扶板爬泳分解练习

教学目的：降低配合动作难度，提高耐力，增加距离。

练习方法：动作要求基本与扶池边分解练习相同。先打腿 5 m 左右，然后一手扶板，另一手做划水及呼吸配合练习（图 2－104）。

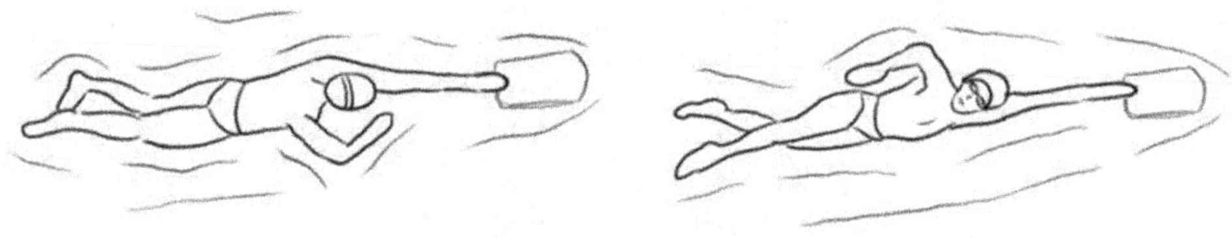

图 2－104

练习次数：20 次×（3～4）组。

教学提示：如果打水技术较差，身体下沉，可以带背漂或浮棍练习，先把游进距离加长，再逐渐去掉教具。仍然要强调身体的转动，吸气时耳朵贴住扶板的手臂，以免抬头吸气。从扶边到扶板，从固定支撑到不固定支撑，难度有所加大。可以先进行单臂划水与呼吸的配合练习，然后再过渡到两臂配合练习。开始时可以单手各练习 25 m，之后可以做左手 3 次、右手 3 次的练习，最后可以做左手 1 次、右手 1 次的双臂分解练习。

2. 无支撑完整配合练习

1）单臂分解练习

教学目的：在扶板分解配合熟练的基础上，逐渐过渡到无支撑分解，为掌握完整配合技术打好基础。

练习方法：动作要求基本与扶板分解练习相同，但为徒手进行（图 2－105）。

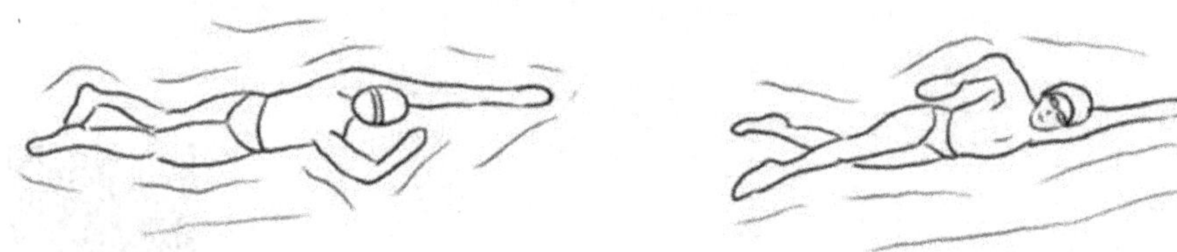

图 2－105

练习次数：25 m×（3～4）组。

教学提示：仍然要强调身体的转动，吸气时耳朵贴住前伸的手臂，以免抬头吸气。

2）多种形式分解和配合练习

教学目的：初步掌握爬泳完整配合技术，提高耐力，增加游泳距离。

练习方法：做不同形式的爬泳分解及完整配合动作练习，并逐渐加长游进距离。例如，开始时可以单手各练习 25 m，之后可以做左手 3 次、右手 3 次的练习，最后可以做左手 1 次、右手 1 次的双臂分解练习，最后过渡到完整配合练习。

练习次数：每种分解各 25 m×（3～4）组。

教学提示：腿部技术较差、身体下沉的学生仍然可以带浮漂练习，待学生耐力提高，身体能够浮起来后再去掉浮漂。

教学重点：身体和肩的转动。

教学难点：移臂和呼吸动作。

易犯错误：由于前面的练习中手都有支撑，练习形式都是分解练习，以前交叉配合为主，容易形成习惯，难以连贯配合。

纠正方法：及时转入连贯流畅的两臂中交叉或中前交叉配合，以免动作定型后不易再改变。

（三）常见错误动作及纠正归纳

1. 打腿差，配合不协调

如果学习者腿较沉或脚腕过硬，可提醒他们低头看池底，借由浮力抬高腿部。还可利用浮板或浮漂等改善身体平衡，使学习者能够坚持长距离的配合练习，待掌握手部划水动作后再去掉浮板或浮漂。

2. 划水距离短

爬泳的时候通常因疲劳省略推水到底的动作，到腰部手就出水了，而直臂划水有助于加长划水路线。教直臂移臂比较省事，先教直臂划水再教屈臂划水就可以避免划幅短的毛病。

3. 仰头呼吸

头部要和身体随动作一起转动。在转头呼吸时，可提示学习者以转动身体带动头部换气，即呼吸一侧的肩膀要露出水面，另一侧肩膀要下去，随即用耳朵和眼睛有效地控制头部的动作。如双肩都在水面上，身体就没有转动。

4. 手臂常移不出水面

肩没有转动或划手不到位均会导致手臂无法划出水面。要求学员划水大拇指碰到大腿后再出水，或是加大身体及肩膀转动幅度。身体随手臂划水动作从一侧转向另一侧。

5. 身体左右晃动

一方面由于手入水时超过了身体中线，另一方面是因为身体核心素质过差或过于放松或打腿能力差，可根据情况有针对性地加以改正。

6. 吸气时间过长

吐气的时间至少要比吸气时间多一倍。可只露出半张嘴进行呼吸，呼吸结束后即刻返回。

7. 配合忘记打腿

如在吸气等分散注意力的动作时忘记打腿，就易导致下肢下沉，应及时提醒学生加强打腿，在每次吸气的同时加强打腿动作。

课后习题

1. 爬泳腿部技术如何练习？
2. 爬泳手臂技术如何练习？
3. 简述爬泳完整配合技术。

第五节 仰泳技术及教学、练习

仰泳是人体在游进过程中仰卧于水面，两臂在体侧划水，两腿上下交替打水的一种泳式。游仰泳时人体仰卧，呼吸动作相较简单，所以仰泳也是除蛙泳外大多人学游泳的首选泳式之一。本节将从仰泳概述、仰泳的身体姿势和腿部技术、仰泳的手臂技术及呼吸，以及仰泳完整配合技术四方面进行介绍。读者可根据自身对技术的掌握情况进行有针对性的练习。

一、仰泳概述

（一）基本概念

仰泳亦称“背泳”，是人体仰卧在水中进行游泳的一种姿势。该泳姿因头部露出水面，仰躺在水面上，故具有呼吸容易、动作省力、简单易学的优点。竞技比赛中的仰泳，要求身体仰卧水中，双腿向下交替打水，双臂依次经空中从体侧向前移臂入水后，在水中轮流从身体两侧向后划水。在长距离游泳中采用简易仰泳亦可稍事休息。但由于仰泳划水在身体两侧进行，肌肉难以充分伸展，不能像自由泳和蝶泳那样充分发挥上肢的力量，因而速度受到一定的影响。所以仰泳也具有“易学难精”的特性，要求泳者具有较强的力量和极佳的柔韧性。

（二）发展历程

仰泳诞生于蛙泳以后，其技术的产生和发展有较长的历史。关于仰泳技术的记载始于1794年，但是直到19世纪初，人们主要采用的仍是所谓的“反蛙泳”技术，即身体仰卧于水面，两臂同时划水，两腿同时蹬蛙泳腿。在1900年第2届奥运会上开始设立仰泳项目的比赛。1902年出现爬泳后，其技术结构很快被引用到仰泳技术中去，两臂改为轮换划水和交替移臂，两腿仍采用蹬夹水的动作。1912年第5届奥运会上，美国运动员H. 赫伯纳采用两臂轮流划水、两腿上下打水的仰泳技术，以1分21秒2的成绩获100 m仰泳冠军，展现了爬式仰泳技术的优越性，反而蛙泳逐渐失去了在竞赛中的竞争力。直到1921年，现代仰泳技术才初步形成。现代仰泳技术的特点是，身体位置较平且接近水面，躯干肌积极参与有效动作，两臂划水屈臂程度大，离水面深，移臂高，入水点接近身体中线，两腿打水强而有力幅度小，一般采用6次打腿2次划臂1次呼吸(即6∶2∶1)的配合。近年来在仰泳比赛中也有采用4∶2∶1的配合技术。

1949年以后，我国仰泳项目发展迅速，与此同时涌现了一大批优秀的运动员。在1953年的世界青年联欢节游泳比赛中，我国运动员吴传玉以1分06秒24获得男子100 m仰泳的第1名(当时世界纪录为1分02秒8)，首次在国际泳坛上升起五星红旗。进入20世纪90年代后，林莉在第11届亚运会上夺得200 m仰泳金牌，继而贺慈红在1994年罗马第7届世界锦标赛上以1分0秒31和1分0秒16两创100 m仰泳世界纪录，并夺得100 m、200 m仰泳金牌，她的100 m和200 m仰泳分别排当年世界排名的第1和第2位。进入21世纪后，我国仰泳运动员的成绩更是屡创新高。傅园慧在31届奥运会中创造了中国奥运会历史上女子100 m仰泳第一块奖牌；徐嘉余于2017年以53秒87的成绩打破了由入江陵介保持的 100 m 仰泳亚洲纪录，较世界纪录仅差 0.01 秒，紧接着在 2018 年国际泳联短池世界杯东京站 100 m 仰泳决赛中，取得 48 秒 88 的成绩，打破世界纪录并夺得冠军。

二、仰泳的身体姿势和腿部技术

（一）仰泳身体姿势

仰泳过程中要求尽可能将身体浮在水面上，身体自然伸展，平直地仰卧在水面，保持良好的流线形，头和肩部略微高于腰和腿部，胸部露出水面，身体纵轴与水平面构成一个较小的角度(图 2－106)。通过微向前耸肩使脊背保持挺直。通过身体的转动，使身体的一侧——从肩到髋关节和大腿侧面都露出水面，形成“高、平、直、稳”的身体姿势。

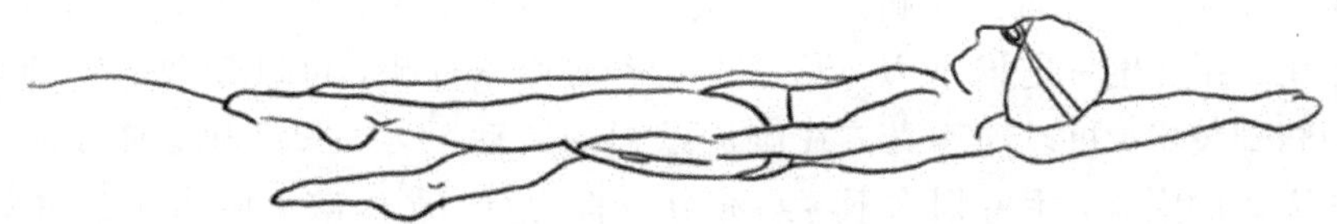

图 2－106

在仰泳过程中，头部与身体需保持在一条直线上，水面约位于头顶中部。因为头的位置在很大程度上决定了整个身体的位置，所以要保持稳定，要求自然地平枕在水中，脸露出水面，眼睛看向后上方。如果头部过于后仰，容易使髋部抬高，腿和脚露出水面，影响打水效果，并趋向挺胸弓背，造成躯干过于紧张僵硬(图 2－107)。

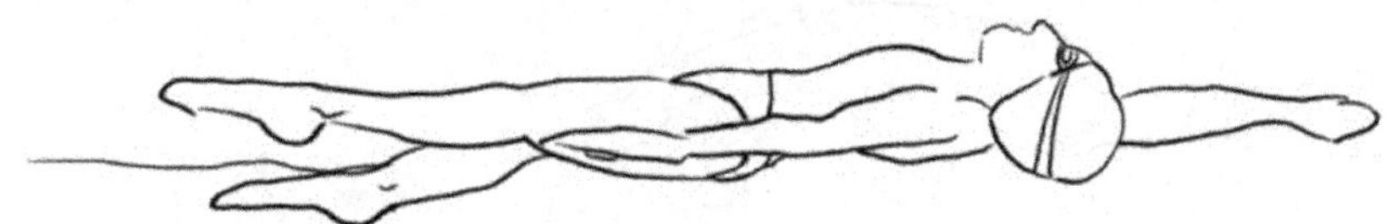

图 2－107

反之，如果刻意收下颌，抬高头的位置，髋和腿则会下沉，身体容易“坐”在水中，增大身体前进的阻力(图 2－108)。

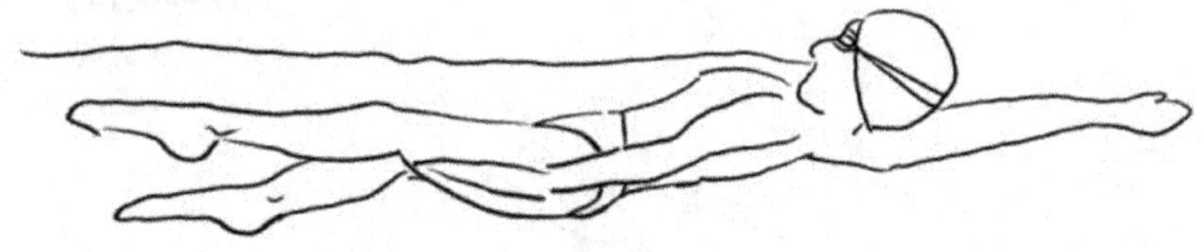

图 2－108

与自由泳相似，仰泳时，身体也应随划水和打水动作绕纵轴自然转动。转动角度范围在 40°～60°，像一个滚动的原木，将肩和髋关节看作一个整体来转动。同时转动速度要快，使身体在游进过程中躯干处于侧卧位的时间多于仰卧位，这样既有利于保持手臂划水时的深度和合适的角度，还有利于减少移臂时的阻力，充分发挥手臂的肌肉力量。如果身体没有充分转动，肩关节活动因此受限，划水就会较浅，产生大量气泡，使划水效果降低(图2－109)。

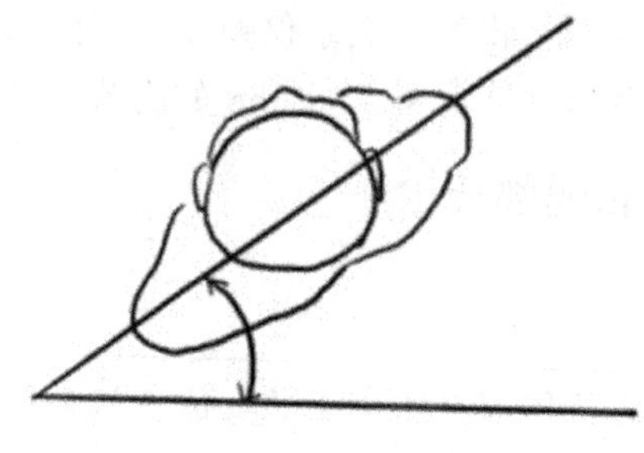

图 2－109

（二）腿部技术动作

仰泳腿部动作大体与自由泳腿部动作相似，可以协助维持身体平衡、调节动作频率、协调身体作用，并产生一定推进力，通过高频率的仰泳打腿，可以带动手臂的划水频率。拥有良好的腿部技术，可以加速身体在游进过程的转动，支撑头部和身体在水中的位置。但因为身体姿势的限制，手臂划水不容易充分发挥力量，所以减小阻力尤为重要，并且相较于自由泳而言，仰泳的腿部动作产生更主要的推进力。

仰泳腿部技术根据不同动作的不同阶段，分为水下反蝶泳腿和仰泳腿两个部分。

1. 水下反蝶泳腿

水下反蝶泳腿指的是出发和转身后，在水下以仰卧姿态进行蝶泳打腿的技术动作(图 2－110)。

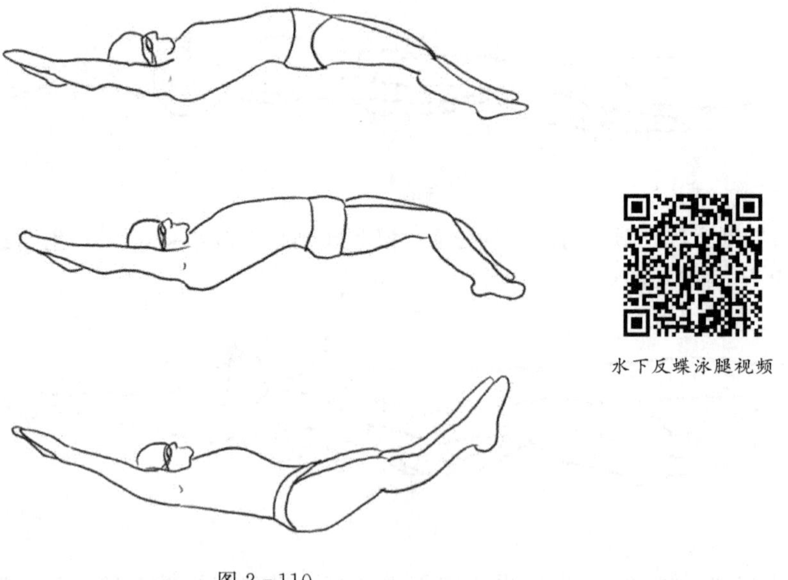

图 2－110

游泳规则中规定，仰泳出发及每次转身后，可以在水中进行打腿，但必须在 15 m 之前将头部浮出水面。由于这项规则的提出，这段距离的水下打腿效果逐渐获得教练员和运动员的重视。目前，世界优秀仰泳运动员均采用水下反蝶泳腿技术完成出发和转身后的水下动作。其中也有一部分运动员会采用较大幅度的打腿，比如菲尔普斯；而另一部分优秀运动员则采用幅度相对小的水下仰泳腿技术，比如罗切特。水下仰泳腿的幅度大小取决于个人实际情况，而身体的躯干是核心力量来源，无论采用哪种水下腿技术，上半身都应该保持稳定。

2. 仰泳腿

仰泳腿部动作与爬泳腿相似，可以用“大腿带动小腿，两腿鞭状打腿”来描述。由于是采取仰卧姿态，仰泳腿部动作可以分为上踢和下压两部分，产生推动力的动作是向上踢腿，而向下压腿作用于水产生向上的浮力。此外，仰泳腿膝关节的弯曲程度大于爬泳腿，打腿相对爬泳腿幅度较大，距离水面大致 45 cm(图 2－111)。

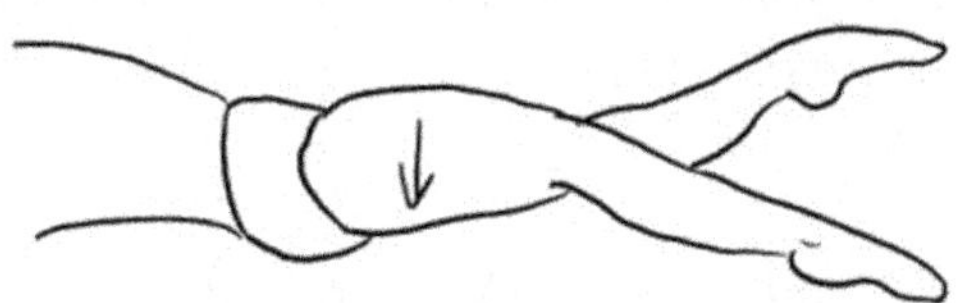

图 2－111

按照发力顺序，仰泳腿部鞭状打腿动作的完成步骤依次为髋关节、大腿、小腿和脚。当力量传递到相对质量较小的脚时，其速度最快，也就是我们常说的加速踢腿。

下压动作的前半段是直腿完成的，膝关节和踝关节自然放松，大腿带动小腿下压到一定深度后，大腿停止下压，在腰部核心肌群的控制作用下转为向上踢腿，此时小腿和脚踝在惯性的作用下仍然继续下压，膝关节弯曲 135°左右(图 2－112)。

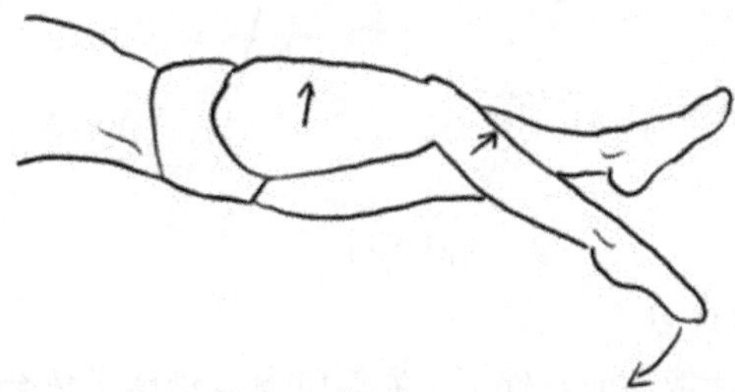

图 2－112

上踢需要使用较大力量完成，脚略内旋(内八字脚)并绷直，产生腿部主要动力(图 2－113)。

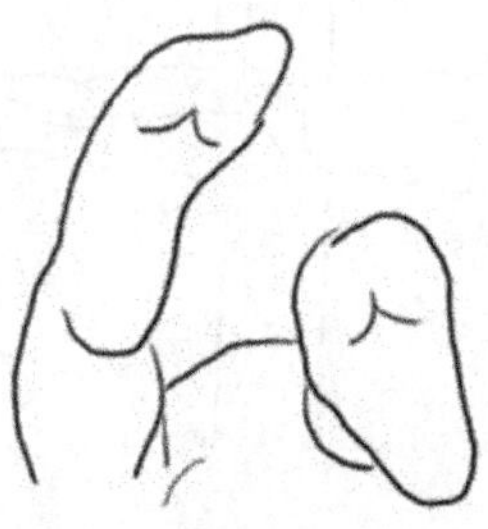

图 2－113

当大腿向上抬到一定高度时，膝关节即将露出水面，大腿结束向上移动转为下压，而小腿和脚仍然继续向上，直到接近水面。上踢的尺度把握非常重要，在任何情况下，膝关节、小腿和脚都不能踢出水面。踢水的浪涌应该像圆屋顶或者煮沸的水，沸腾但不四溅，像伞状往上涌出。

正如前文所提的仰泳姿势，因为在上下打水的动作中，伴随着髋关节的转动，所以身体转动幅度比较大，仰泳腿部动作并不是垂直上下的运动轨迹。为了保持身体流线形，双脚分开适当距离，以肩宽为标准，应处于身体截面内。

（三）仰泳腿部动作教学步骤

1. 陆上及半陆半水模仿练习

1）池边坐撑仰泳打水模仿练习

此练习与坐撑爬泳腿打水模仿练习基本相同，参考第四节内容。要求绷脚，膝盖不要弯曲，打水幅度为 30～40 cm(图 2－114)。

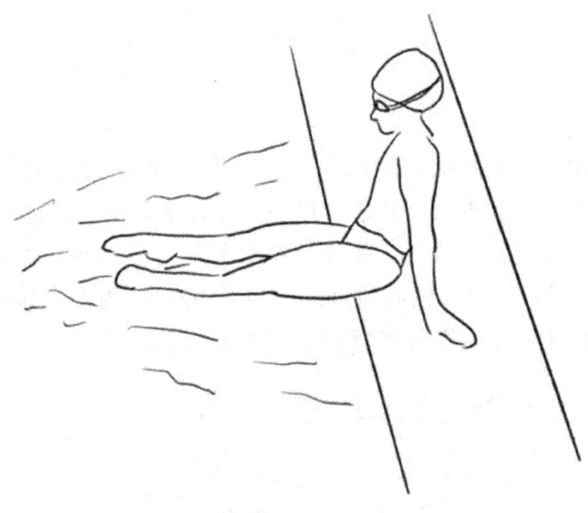

图 2－114

2）仰卧池边打水模仿练习

教学目的：在失去视觉帮助的条件下，依靠肌肉运动感觉体会仰泳腿动作。

练习方法：水平仰卧在池边，大腿以下放在水中，两腿交替上下打水(图 2－115)。

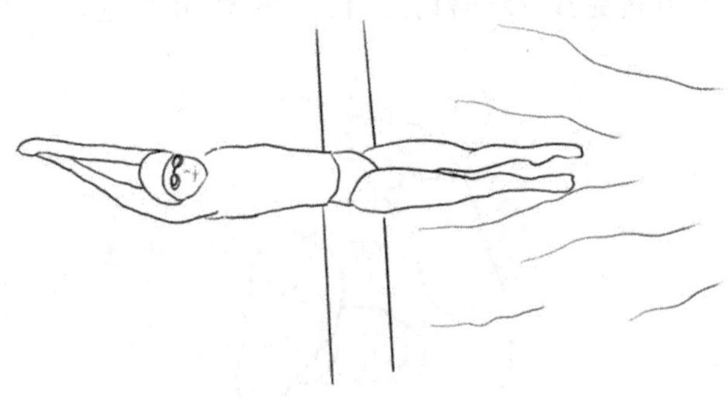

图 2－115

练习次数：50 次×(4～6)组。

教学提示：从大腿发力，直腿打水，水花不要太大。不要抬头看自己的腿和脚，依靠感觉完成动作。此练习不适合老年人。

教学重点：大腿发力打水。

教学难点：腿部肌肉发力放松的转换和踝关节的放松。

易犯错误：膝盖弯曲前蹬水，或勾脚打水。

解决方法：先进行直腿打水练习，要求膝关节不能弯曲。

2. 水中仰泳打水练习

1）手抓水线打水练习

教学目的：掌握正确的身体姿势。

练习方法：仰卧在泳道线下，身体纵轴与泳道线垂直，双手抓水线，腹部贴住泳道线打腿，身体姿势保持平直(图 2－116)。

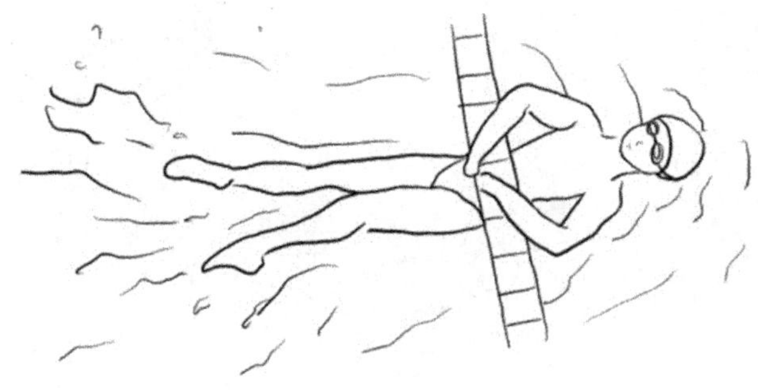

图 2－116

练习次数：(40～60)s×(3～4)组。

练习提示：从陆上转到水中的过程中，学生对身体姿势和平衡的掌握往往比较困难，提示学生眼睛看天花板，微收下颌，提气挺腹，保持身体平直。

教学重点：身体姿势和平衡的掌握。

教学难点：鞭状发力打水动作。

易犯错误：初学仰泳时容易抬头，腹部沉在水下，腿打不出水花。

纠正方法：提醒学生头部与身体成一条直线，眼睛看天花板，腹部紧贴泳道线，腿脚用力向上打出水花。

2）扶板仰泳打腿练习

教学目的：巩固仰泳打腿技术，体会打腿产生的推进力，提高耐力。

练习方法：双手抓住打水板，将打水板置于下腹部和大腿上方，使腹部贴在打水板上，身体姿势保持平直，双腿交替打水推动身体前进(图 2－117)。

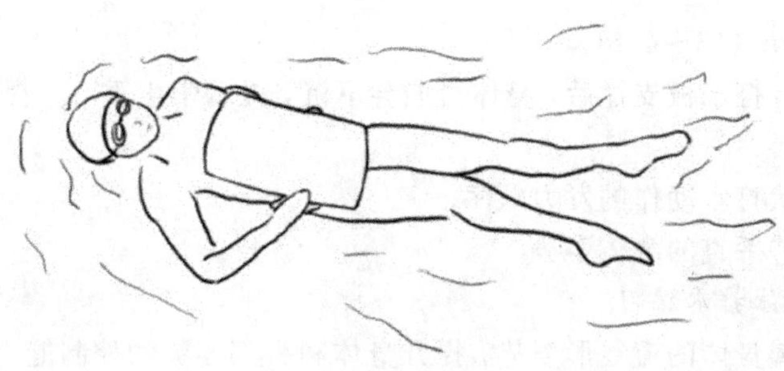

图 2－117

练习次数：25 m×(3～4)组。

教学提示：正确的持板方法是打水板的下沿正好在大腿的上 1/3 处[图 2 - 118(a)]，这样可以避免腿部弯曲，大腿露出水面。将打水板枕在头后[图 2 - 118(b)]、伸臂在头前[图 2 - 118(c)]的持板方法都不利于保持正确的身体姿势，容易形成屈髋坐姿的身体姿势，应避免采用。

教学重点：身体姿势和平衡的掌握。

教学难点：鞭状发力打水动作。

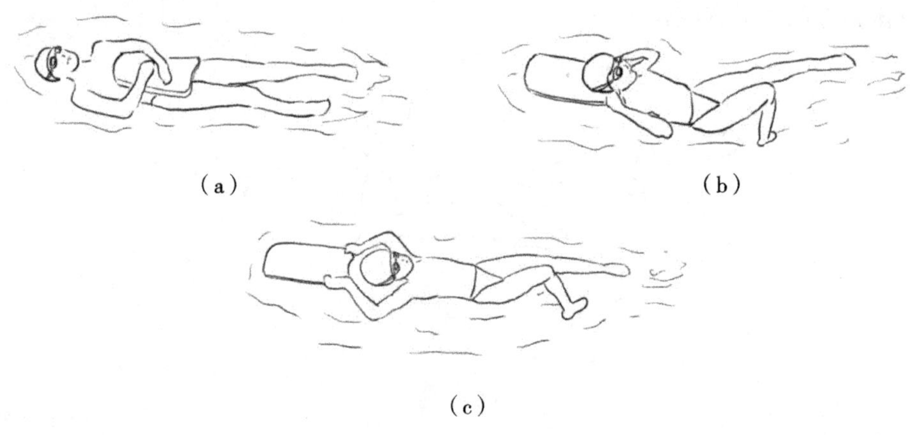

(a) (b)

(c)

图 2 - 118

3) 徒手初级仰泳打水练习

教学目的：初步掌握徒手仰泳打水技术，进一步改善身体姿势，提高耐力。

练习方法：以蹬边仰浮开始，两臂置于体侧，逐渐开始打水，使身体维持在水面上前进(图 2 - 119)。

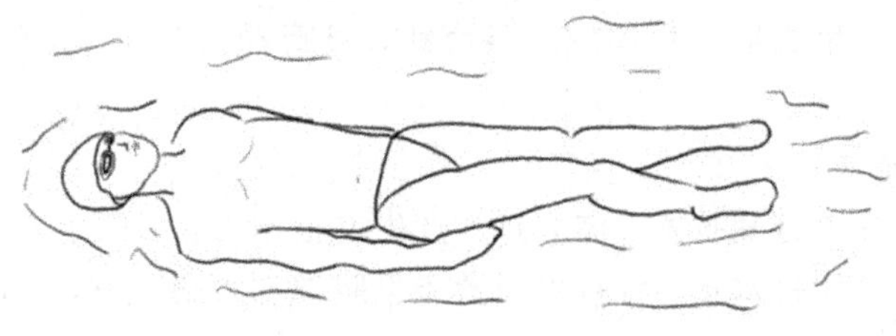

图 2 - 119

练习次数：25 m×(3～4)组。

教学提示：没有打水板支撑后，身体可能会下沉，提示学生重心上提，挺腹，身体保持水平，打水要用力。

教学重点：鞭状打水动作的发力顺序。

教学难点：保持平直的身体姿势。

4) 单臂前伸仰泳打水练习

教学目的：改善身体的流线形姿势，提升身体和头部姿势的控制能力。

练习方法：仰卧蹬离池壁，一臂前伸呈流线形，掌心向外，另外一臂放在体侧(图 2 - 120)。两腿交替打水推动身体前进。

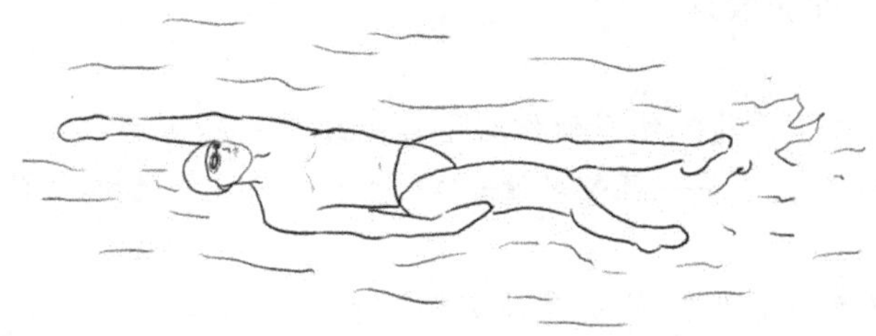

图 2－120

练习次数：25 m×(3～4)组。

教学提示：要求学生头部保持稳定。

教学重点和难点：身体流线形和平直的姿势。

5）伸臂仰泳打水练习

教学目的：增加练习难度，巩固打水技术，提高耐力。

练习方法：仰卧蹬离池边，两臂前伸，两手相叠，头夹在两臂之间，保持这种流线形姿势并打水(图 2－121)。

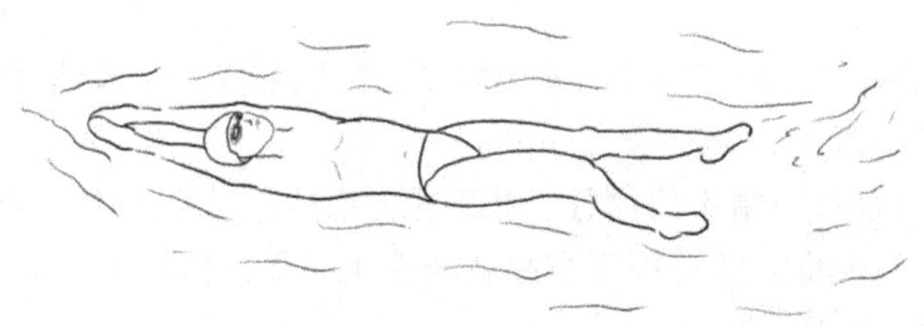

图 2－121

练习次数：25 m×(3～4)组。

教学提示：当手臂从体侧移到头前后，身体原来的平衡被打破，下肢容易下沉，提醒学生重心上提，用力打水，保持平直的身体姿势。

6）转体仰泳打水练习

教学目的：提高身体转动的能力，为划水和配合技术打好基础。

练习方法：身体仰卧漂浮在水面上，两臂放在体侧，两腿交替打水，在头部保持稳定的基础上身体随打腿动作从一侧向另一侧转动(图 2－122)。

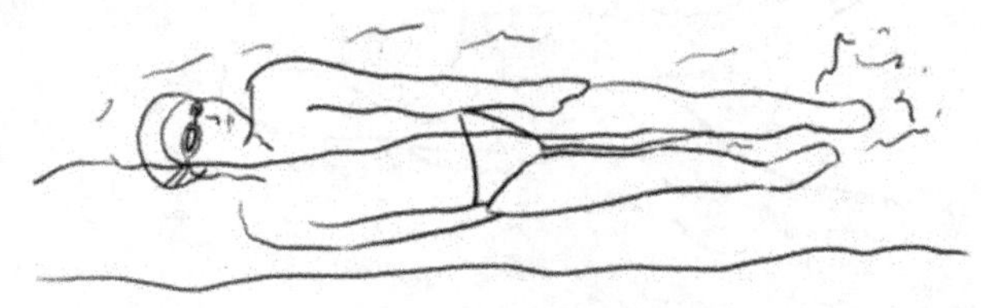

图 2－122

练习次数：25 m×(3～4)组。

教学提示：要求学生缓慢转动身体，保持两腿连续有力地打水。

教学重点：身体成一个整体转动。

教学难点：在转体的同时保持头部姿势稳定。

★ **练习扩展——仰泳练习**

练习提示：

(1) 指导员可以与学员约定纠正动作的手势：① 用手指眼睛——眼睛看天花板；② 指下巴——收下颌；③ 拍肚子——展髋挺腹；④ 指膝——不要抽动大腿；⑤ 指脚——脚腕绷直。

(2) 初学仰泳者最难掌握的就是身体姿势。由于紧张害怕，一些学员开始时往往勾头，收腹，坐在水里打水。指导员可以一手轻轻向上托学员的腰部，一手轻压学员的下巴，使学员身体平展，消除其恐惧心理，也可以坐在池边用脚挑起学员的腰部。

(3) 强调踢水出水花，是加速踢水的好方法。

(4) 逐步增加打水距离：8×25 m→6×50 m→3×100 m。

(5) 为了避免练习枯燥，可以与爬泳腿交替进行，这样既可以增加运动量，增强体能，又可以达到动作技能转移并相互促进的目的。

(四) 常见错误及纠正归纳

仰卧在水中的时候，人们有后仰、下巴朝天、勾脚、关节弯曲等习惯。

1) 头部转动

仰泳时头的位置一定要固定不动，鼻尖朝上，眼睛看上方。如果头跟着身体转动，就会引起身体晃动，阻力增大。

纠正方法：① 用眼睛控制头的位置，眼睛看上面；② 在游进中，额头上放一个水果或空水杯，不能掉落，或者将游泳镜摘下虚扣在额头上，不让泳镜滑落。

2) 坐着游(图 2-123)

坐着游是一种常见的错误身体姿势，表现为髋关节和腿沉在水里，腿打不出水花，身体与水面形成一个较大的钝角。坐着游的阻力很大，对前进速度的影响大，而且因消耗能量多，常常坚持不了多久。坐着游往往跟打水效果差有很大的关系。

纠正方法：① 加强打水技术的练习；② 在游仰泳时尽量上提重心。

图 2-123

3) 蹬自行车腿(图 2-124)

蹬自行车腿也是一种常见的错误动作，主要原因是向上打水时大腿上提过多，使膝关节过于弯曲，本应向上踢水，结果变成向后蹬水。膝关节露出水面，像在蹬踏自行车一样。

纠正方法：大腿一定要有下压的动作，膝关节不能露出水面。可以用打水板来限制大腿的上抬幅度。

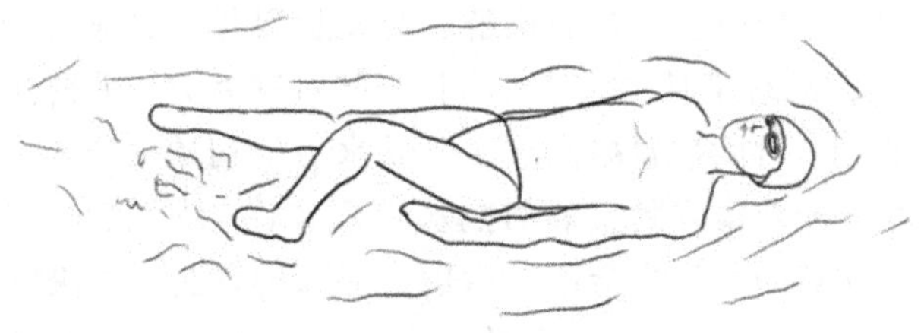

图 2－124

4）身体没有转动，双肩都沉在水下

身体不转动也是常见的错误动作，因双肩都在水下，造成移臂阻力大，划水不能充分发挥大肌肉群的力量。初学时可以不转动身体，具备一定能力后，再配合身体转动的练习。

三、仰泳的手臂技术及呼吸

仰泳手臂的划水动作是产生推进力的主要因素，划水技术的优劣直接影响游进的速度。

（一）划臂

仰泳的臂部动作可以分为入水、划水、出水和空中移臂四个主要部分。其中，划水又分为抓水、拉水和推水三个部分。

1. 入水

入水动作与身体的转动协调配合而成。一只手臂向头顶与肩膀正上方伸展，小拇指指向池底，身体向入水手臂一侧转动大约 30°（图 2－125）。手的入水点应在头顶上方，同侧肩的延长线上（图 2－126）。手臂应伸直，肘关节不能弯曲，以小拇指领先，手掌朝外，手掌与前臂的角度为 150°～160°（图 2－127），切入水中，以减少入水时产生的阻力。

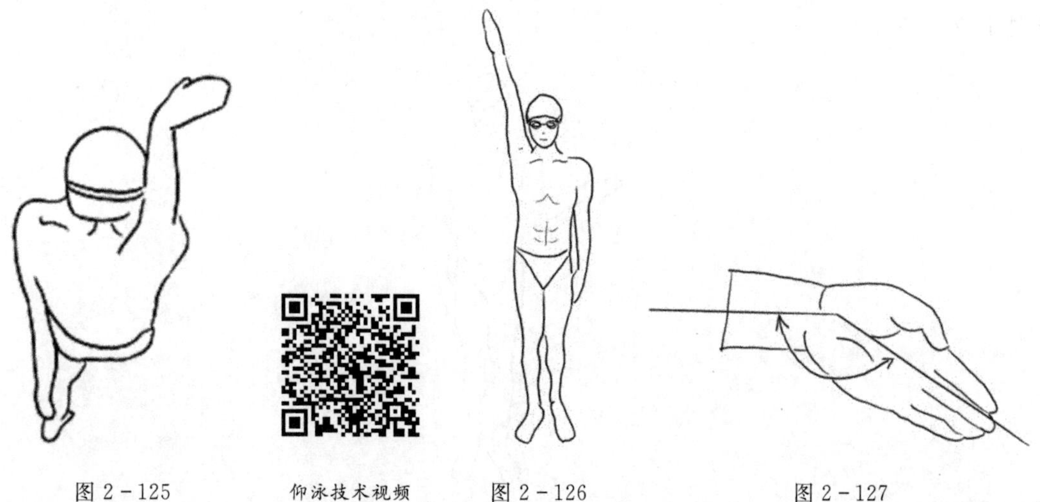

图 2－125　仰泳技术视频　图 2－126　图 2－127

2. 抓水

随着身体围绕纵轴的转动和积极的伸肩，手臂向外旋转，屈腕，使手掌对准水并有压力感。此时，划水的主要肌肉群如肩带肌肉群、胸大肌和背阔肌应得到适当的拉长，以便划水时能充分发挥力量。逐渐屈肘，前臂内侧和手掌对准后方，手指向外。我们将这个过程称为抓水。抓水结束时，肘的位置略高于手。入水后的初始动作，上臂应该与肩胛骨在同一平面上，只有这样才能获得强劲有效的抱水。入水后立即屈肘，这样整个手臂就会向外侧移动到身体侧面，前臂的内侧也会朝向后边。肘部的弯曲程度决定了抓水的效果。抓水动作完成时，手掌距水面 10～30 cm，肘关节弯曲成 150°～160°角(图 2－128)。

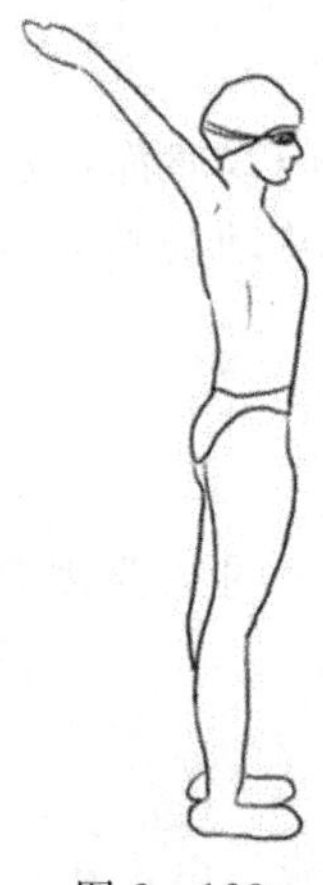

图 2－128

3. 拉水

随着身体绕纵轴继续转动，肘关节下降，手在向后划水的同时沿对角线向后和向内划动，使屈肘的程度逐渐加大。当手臂划到肩下与水平面垂直时，身体转动幅度达到最大，约为 45°，肘关节弯曲也达到了最大限度，为 110°～120°，或者略大于 90°(图 2－129)，手掌距水面 10～15 cm，与自由泳的高肘划水相似，也称其为高肘划水(但由于仰卧姿势，肘实际上在下面)。拉水的关键在于手和肘在同一平面内一起移动。向上划水结束时指尖指向外上方。

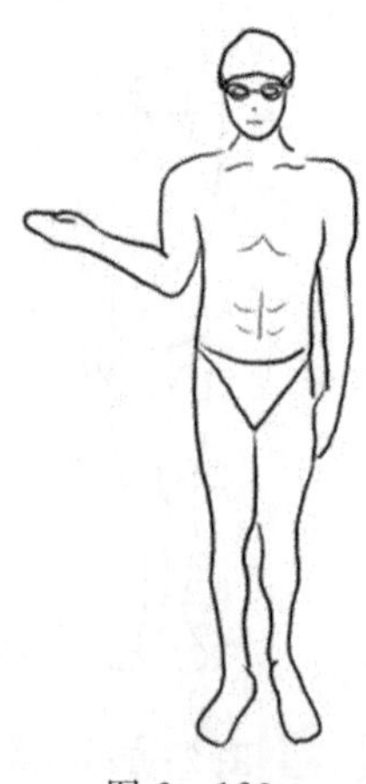

图 2－129

4. 推水

在推水过程中，手臂应该一直保持向后推水，并且在手臂推到腰部的过程中保持恒定的深度，保持对水的压力，为身体转动提供支撑，身体开始向划水手臂的对侧转动。手应该开始向下、向后倾斜，同时向这些方向推水。手和手腕的动作因为速度很快，因而像鞭梢抽打水的动作，也称为鞭状推水。当手臂推到完全伸展时，手应该比腿部稍微深一点，手掌朝内接近贴靠大腿，但略比肩宽(图 2－130)。

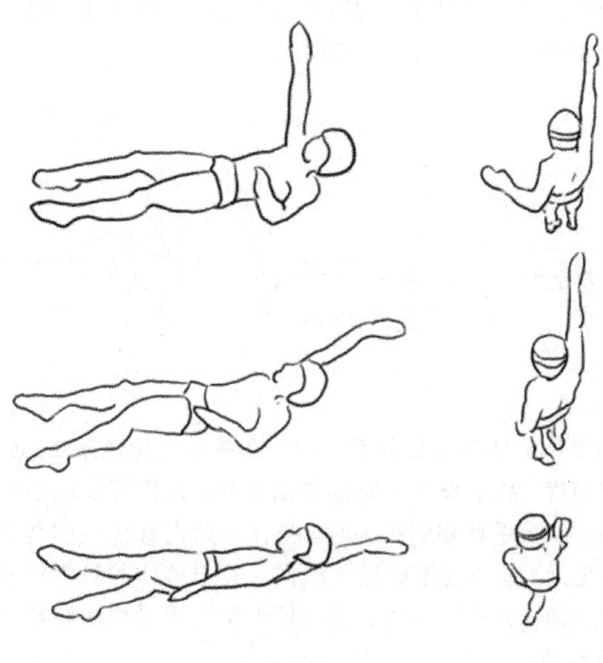

图 2－130

5. 出水

我们将手臂划水结束后迅速提出水面的动作过程称为出水。借助手臂向下压水的反作用力和身体向对侧的转动，先提肩露出水面，从而带动上臂、前臂和手依次出水。通常是大拇指率先出水，手臂自然放松(图 2－131)。从推水结束直到手臂出水的过程，是水下唯一不产生推动力的阶段，但它在整个游进过程中扮演着重要的角色，不可忽视。

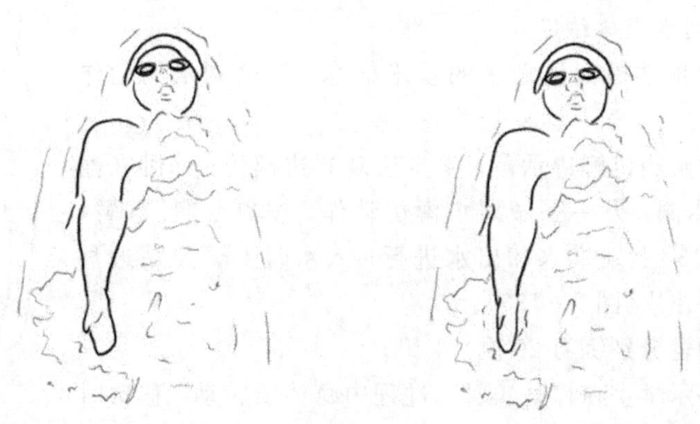

图 2－131

6. 空中移臂

手出水后，手臂直臂经空中向前移动(图 2－132)。移臂的前半段，手掌向内，当手臂移到头部上方即与水平面垂直时内旋，使掌心向外。移臂的过程中，手要放松但不可懈弛，需保持控制且不能过于紧张，要迅速却不可发力过猛，只有进行这样的移臂动作，手臂在水面上的摆动产生的动能才有助于移臂动作的持续进行。在整个移臂过程中，手臂始终与肩同宽，上臂贴耳朵。开始移臂时，手臂沿髋部垂直上抬，在整个移臂过程中与肩在同一平面内，贴近身体移动。空中移臂的轨迹应该是一个垂直的半圆。移臂中手掌朝向内侧，以拇指引导，在移臂的最高点调整手的朝向。

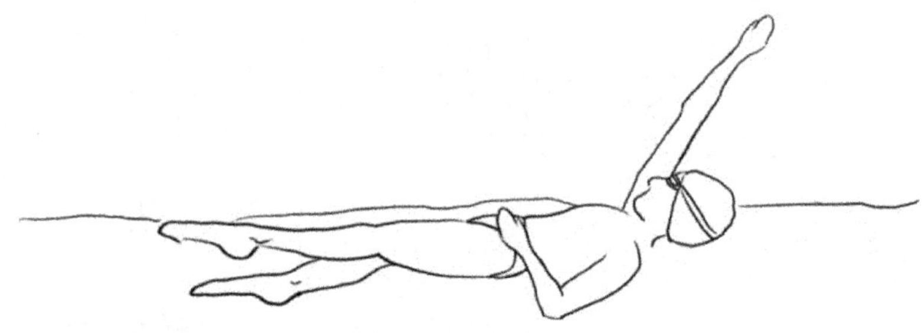

图 2－132

空中移臂动作与身体的转动也是分不开的。在移臂的前半部分，身体正好向划水臂一侧转动，使整个手臂和肩，甚至身体一侧都露出水面，这样可以减小移臂时的阻力，同时使划水臂的划水更有力；当手臂移到头上时，身体开始向移臂一侧转动，有利于手臂伸得更远，使手的入水点更远，能快速形成抓水动作。关于转体的时机和速度，一般的原则是身体应该在特定时机，即一只手臂入水、另一只手臂推水时快速转动，而身体的转动也应该从髋部和肩部开始启动。

(二) 仰泳划水技术教学步骤

仰泳划水技术教学主要在陆地上进行，以模仿练习的形式完成。如果没有仰泳打水的配合，单靠仰泳划水，难以在水中独立保持身体平衡并前进，因此这部分陆上模仿不用花费太多时间，应尽快进入完整配合练习阶段。

1. 岸上模仿练习手段

1) 单臂仰泳划水模仿练习

教学目的：初步掌握仰泳划水的技术概念，体会划水的动作结构。

练习方法：教师边讲解边示范，学生边观看边模仿；仰卧在池岸上，一手置于体侧，另一手做划水模仿动作，按口令“1”移臂、“2”入水和下划、“3”上划推水和出水进行；入水时上臂要贴近耳朵，划到大腿处手出水(图 2－133)。

图 2－133

练习次数：两臂分别练习 20 次×4 组。

教学提示：提示学生在移臂、划水过程中身体要转动，移臂时眼睛看到肩向上提，划水时肩向下压。

教学重点：划水路线。

教学难点：身体转动与划水的配合。

易犯错误：出水、入水点和姿势错误，以及划水路线错误。

纠正方法：出水时掌心向内，大拇指向上，像是伸手与他人握手。入水时手臂贴耳，掌心向外。

2）仰卧单臂划水模仿练习

教学目的：体会身体仰卧划水时肌肉用力的感觉，以及仰泳划水的轨迹。

练习方法：躺在长凳上，单臂做仰泳划水模仿练习(图 2－134)。

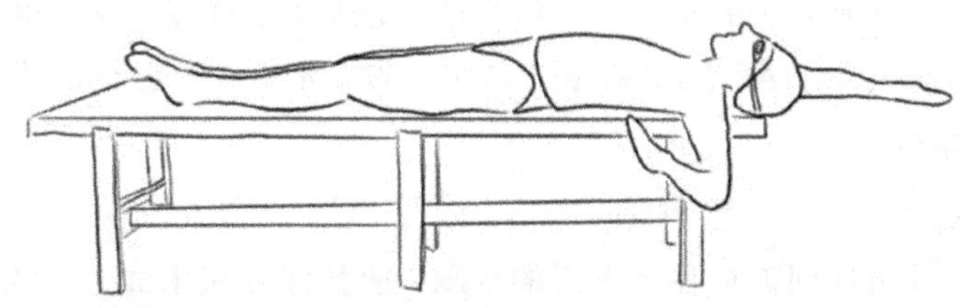

图 2－134

练习次数：两臂分别练习 20 次×4 组。

教学提示：为体会身体转动与划水的配合，在安全前提下身体尽量向外躺，形成半悬空状态，眼睛观察肩的转动。

教学重点：划水路线。

教学难点：身体转动与划水的配合。

3）双臂仰泳划水模仿练习

教学目的：改善两臂配合的连贯性和流畅性。

练习方法：站立，两臂做交替划水模仿动作，重点强化动作节奏(图 2－135)。

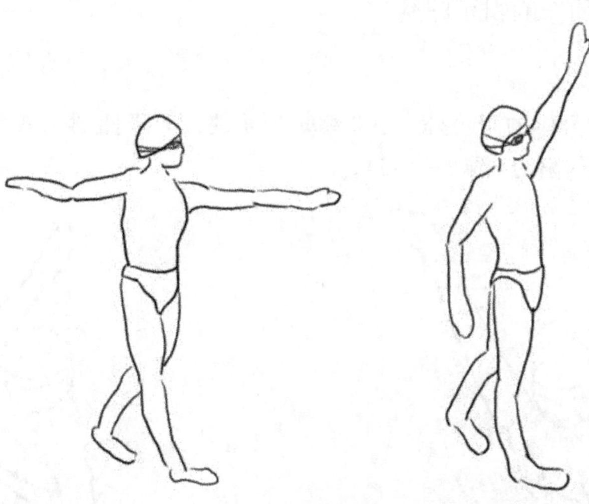

图 2－135

练习次数：40 次×4 组。

教学提示：强调在转体的基础上做划水，两肩之间的位置要不断变化。

教学重点：转动身体及两臂的配合。

教学难点：连贯流畅的配合动作。

★ 练习扩展——岸上划水练习

练习提示：

(1) 采用一些形象化的语言描述动作，使学员易学易记。例如，移臂开始时手臂动作像准备握手，入水点像在钟表上的11点和1点的位置等。

(2) 比较容易出现的错误是移臂离身体较宽、屈臂移臂、划水时手指朝下等，指导员应及时发现，及时纠正。

(3) 初学者的移臂如果总是弯曲，可要求他们出水以小拇指领先，这样手臂更易于保持一定的紧张度，使手臂伸直。因为在水中游仰泳时，弯曲移臂会把水洒在脸上。

2. 水中练习手段

1) 双人划水练习

在浅水中由指导员或同伴抓住练习者的双腿，使其仰卧在水面上，做仰泳划水动作练习。如果在深水中，可用双脚勾住水槽或水线，两臂划水。

2) 扶水槽单臂练习

单手扶水槽或池边，身体仰卧在水面上，另一臂划水。

★ 练习扩展——中水划水练习

练习提示：

(1) 这部分以陆上练习为主，主要体会划水动作路线和动作节奏。以水中练习为辅，体会手臂对水的感觉、水的阻力和流动。但水中练习时要加强保护，注意安全。

(2) 水中与陆上练习基本相同。同时提醒学员保持正确的身体姿势和稳定的头部位置。注意观察学员入水时的位置和姿势。两肩应保持位置差。

(三) 常见错误动作的纠正归纳

1. 入水过宽或过窄

入水过宽除增大身体的阻力外，还会缩短划水路线，降低划水效果；过窄则易使身体侧向摆动，增大前进的阻力(图2-136)。

图2-136

纠正方法：移臂入水时手臂要贴近耳朵，想象手是钟表的指针，在钟表的 11 点和 1 点处入水。

2. 手背入水或大拇指入水

用手背拍击入水容易带入水中大量的气泡，增大手臂入水时的阻力，并影响划水效果。大拇指先入水不利于入水后的下划和抓水(图 2－137)。

纠正方法：多做陆上模仿练习和水中单臂分解动作练习。

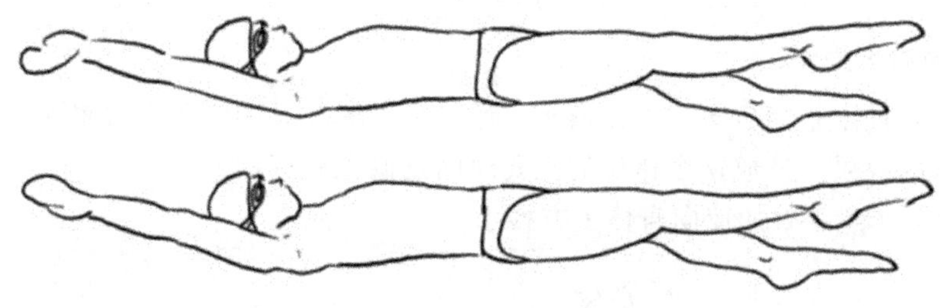

图 2－137

3. 直臂划水

初学者开始可学习直臂划水，但经过一段时间练习后，应转变为屈臂高肘划水。直臂划水的效果差，且身体容易起伏(图 2－138)。

纠正方法：多做陆上模仿练习和水中单臂分解及单臂拉线练习。

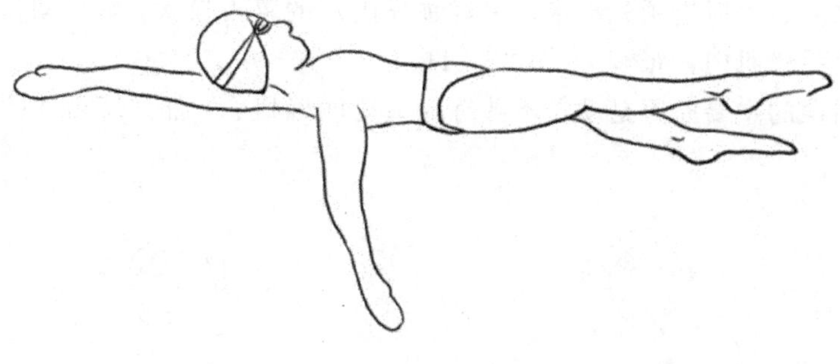

图 2－138

4. 划水浅

一些初学者划水时手距离水面很近，搅起很多气泡，甚至手露出水面(图 2－139)，划的是空气而不是水，划水效果很差。这种现象主要是由于身体没有转动，或关节柔韧性差。

纠正方法：要注意加强身体转动的练习和肩关节柔韧性的练习。入水后不要急于向后划水，先尽量向下划到极限后再抓水。

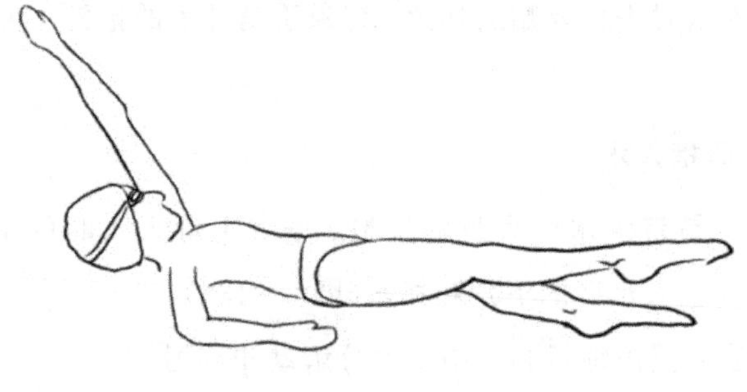

图 2-139

5. 向后和向上推水

正确的鞭状推水是向后下方加速推水，而初学者常常习惯向后上方推水(图 2-140)，失去鞭状推水的效果。造成这个错误的主要原因是概念模糊。

纠正方法：注意手臂加速向身体下方推水。

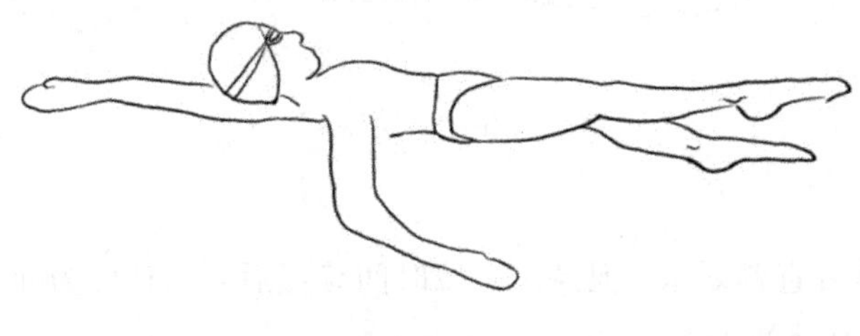

图 2-140

6. 手背或小拇指领先出水

正确的出水应是大拇指领先出水。手背领先出水的阻力较大，影响动作效果；小拇指领先出水容易使手臂肌肉紧张疲劳(图 2-141)。

造成这种错误的主要原因是动作不熟练。只要明确概念，加强练习，就不会养成这一不良的习惯。

图 2-141

7. 横移臂或移臂过身体中线

横移臂指手臂在身体外侧较宽的位置贴着水面移臂；移臂过身体中线指移臂时手臂太

靠里，越过身体中线，使身体摇摆(图 2－142)。两种移臂方式都会增大阻力。

纠正方法：多做陆上模仿练习和单臂分解练习，用眼睛观察手臂的位置，及时调整。

图 2－142

四、仰泳完整配合技术

（一）手臂的配合

仰泳是采用两臂轮流划臂的技术进行游进。仰泳的两臂配合与自由泳一样，是为了加快速度、节约体能，保证身体得到连贯而均匀的推进力，使身体匀速前进。仰泳两臂轮流交替向后划水，两臂配合方式一般是：一臂入水时，另一臂划水结束，两臂基本处于相反的位置，即一臂结束划水动作后，另一臂能立即开始划水，产生新的推进力。如果当左手入水时，左肩前耸，身体绕纵轴向左侧转动，头保持平稳，既能使身体保持良好的流线形，又能让手臂充分前伸。右手此时鞭状下划结束，右肩提起，准备出水。

（二）呼吸与臂的配合

游仰泳时，虽然口鼻朝上始终露出水面，不受水环境的限制，但是无规则的呼吸仍然容易导致呛水，呼吸不充分容易造成动作紊乱，以及呼吸次数过多造成身体重心的改变。而正确的呼吸节奏不仅可以有效避免呛水，还有助于泳者找到仰泳的前进节奏。最好采用一臂移臂时吸气，另一臂移臂时呼气的呼吸方式，采用口、鼻呼气，口吸气的方式，每划水 2 次，呼吸 1 次。

（三）完整配合

在仰泳的完整配合中，每个动作环节都要协调配合把握时机。随着现代技术对躯干核心力量的重视，仰泳技术也更加强调躯干的转动动作，并通过这种转动带动手臂和腿部的动作，更好地发挥二者产生的推动力量。

在现代仰泳技术中，一般采用 6∶2∶1的配合形式，即 6 次打腿、2 次划手、1 次呼吸的配合技术。目前很少见到 4 次或 2 次打水、2 次划臂的配合方式。仰泳 6 次打水、2 次划水的配合是这样的：1次划手，3次打腿；一手入水和向下划水时，同侧腿上踢；一手抱水和向上划水时，对侧腿上踢；一手鞭状下划时，同侧腿第二次上踢(图 2－143)。

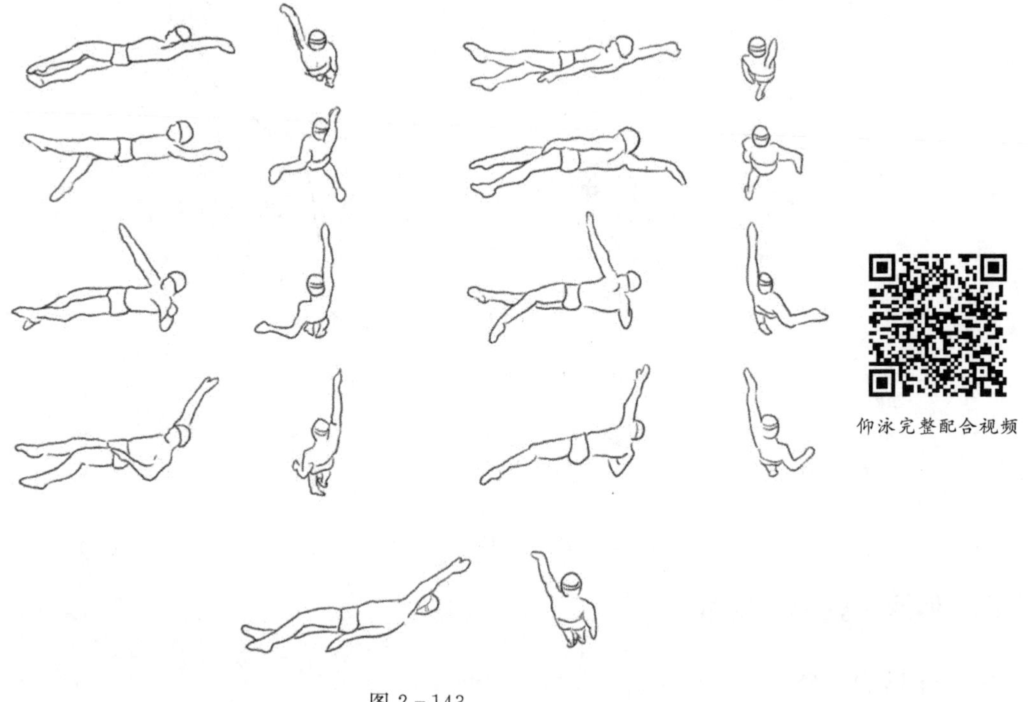

图 2－143

(四) 仰泳完整配合技术教学步骤

因为仰泳没有呼吸难关，只要打腿过关，仰泳配合是比较容易掌握的。但要掌握较好的技术，需要较长时间的练习。可以通过多种形式的分解和配合练习逐渐增加难度、巩固技术。这部分练习可以水上练习为主，逐渐增加游进的距离和重复次数，从而达到提高技巧的目的。

1. 单臂仰泳分解练习

教学目的：体会划水技术路线和节奏，掌握身体转动与打水、划水的配合技术。

练习方法：仰卧打水，一臂前伸呈流线形，另一臂放在体侧，数3下后，前伸的手臂向后划水，当划水结束时，同侧肩快速提拉出水面，继续保持这个姿势数3下，随后移臂、入水，另一臂的肩提出水面，完成一个完整的动作周期(图 2－144)。

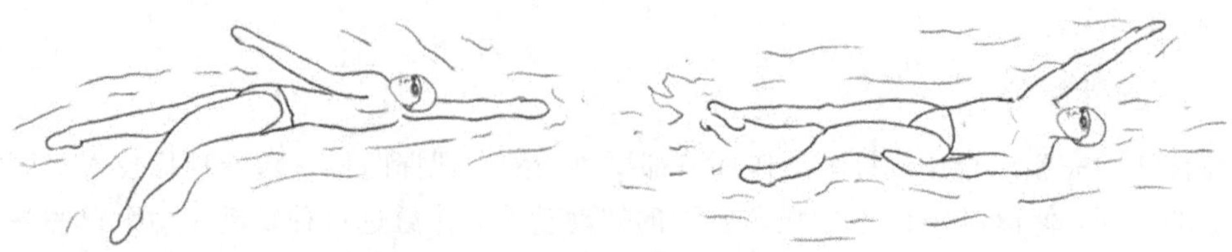

图 2－144

练习次数：25 m×4 组。

教学提示：始终保持肩提出水面、两腿快速有力地打水的状态。开始时每一趟换一次手臂，之后过渡到每划 3 次手，换 1 次手臂。

2. 仰泳单臂连续划水练习

教学目的：重点体会单臂划水时的动作控制和身体的转动。

练习方法：在上一个练习的基础上，连贯进行单臂划水动作。

练习次数：25 m×4 组。

教学提示：提示学生单臂连续地划水和移臂，注意力集中于身体转动，以及稳定的头部姿势。练习时观察自己的肩部，始终保持一肩提出水面，连贯地完成动作。

3. 仰泳单臂拉水线划水练习

教学目的：体会划水时的屈臂高肘技术，掌握加速划水的节奏。

练习方法：先仰卧打水，身体靠近左边的泳道线，左臂前伸，右臂放在体侧。左手抓住泳道线慢慢向后拉，然后继续向后下方推水。推水结束时提肩出水。保持这种姿势打水 6 次，然后重复下一次动作(图 2－145)。

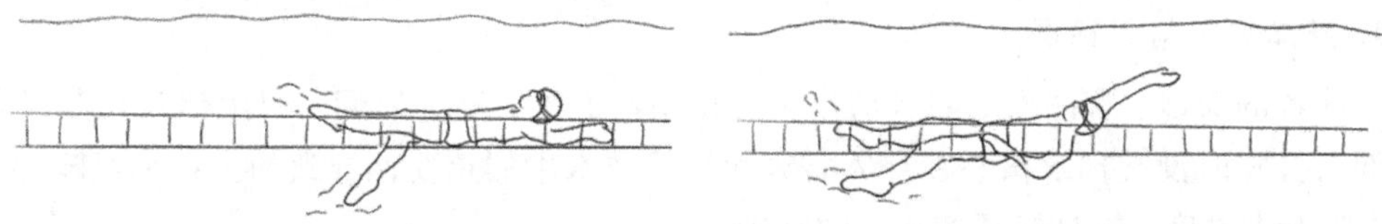

图 2－145

练习次数：25 m×4 组。

教学提示：游 25 m 后可以换一个方向，同时换另一臂练习，要求学生身体贴近泳道线。每个动作周期中，不划水一侧的肩部需要露出水面。

4. 仰泳双臂分解划水练习

教学目的：掌握两臂配合的正确节奏，提高身体转动时的控制能力。

练习方法：先右臂前伸仰卧打水，左臂放在体侧，打腿 6 次后，右臂划水，左臂经空中前移，直至左臂前伸，右臂放在体侧(图 2－146)。重复练习。

图 2－146

练习次数：25 m×4 组。

教学提示：两臂的动作像跷跷板一样，同时向相反的方向移动。始终保持一肩提出水面，用较慢的速度流畅地完成动作，两腿快速有力地打水。

5. 仰泳完整配合练习

教学目的：体会完整配合技术，提高耐力。

练习方法：在上一练习的基础上，两臂不再停留，连贯流畅地划水。

练习次数：25 m×4 组。

教学提示：随着技术熟练程度的提高逐渐增加游距，发现并及时纠正错误。

★ 练习扩展——仰泳配合练习

练习提示：

(1) 各种练习手段多采用 25 m 距离完成，随着技术熟练程度的提高逐渐增加游距。如果发现技术错误就及时向学员指出。

(2) 如果游泳池中没有泳道线，或学员人数较多，建议不要使用单臂拉线划水练习。

(3) 因为仰泳的身体姿势，通常学员能够看到指导员，因此指导员宜用手势及时纠正错误动作。

(4) 如果在此前已经学习了蛙泳和爬泳，在学习仰泳的时候，需要巩固这两种姿势的练习，提高体能和水感，这将有助于仰泳技术的掌握。

（五）易犯错误及纠正归纳

1. 身体姿势常见错误

游泳者的头部、臀部跟随划水动作左右晃动，屈髋坐姿头后仰。以上错误均是学员在学习仰泳打腿时没有理解核心在身体姿势和打腿技术中的重要性导致的。在练习腿部动作时，不应追求进度，要打好腿部技术的基础。

2. 手、腿配合常见错误

如果划水时伴随腿部下沉，此时腿部应强有力地打水，保持平直的身体姿势。建议先进行打腿练习，待身体稳定平衡再加上手臂动作。

3. 空中移臂常见错误

空中移臂时初学者经常犯错误，原因是手臂控制力度不够，且手划水路线短。可以尝试在推水末程拇指擦碰大腿后再出水，拉长划水路线。

4. 两臂后交叉(不连贯)

两臂后交叉指一臂划水结束后没有立即出水移臂，而是停在体侧等另一只手臂做动作，动作有停顿，衔接不连贯。造成这种错误的原因一是协调性差，二是单臂分解练习太多，没有及时过渡到完整配合，造成习惯性停顿。可通过“交叉换位练习”和配合练习加以纠正。

以上这些都是动作概念上的毛病，改进的方法主要是明确动作概念和加强自我控制能力，多做模仿练习。指导员在学员练习之前要提示动作要点，在练习的过程中也要不断地提醒。

课后习题

1. 仰泳手臂技术分为哪几个环节？
2. 简述仰泳配合动作技术。
3. 对仰泳中的某一部分动作技术进行教学。

第六节　蝶泳技术及教学、练习

蝶泳的游进速度仅次于自由泳，相对较快。蝶泳技术由蛙泳技术转变而来，因为蝶泳运动员在游进中挥舞手臂的动作酷似蝴蝶，躯干和下肢如海豚一般，所以称之为蝶泳或海豚泳。因为蝶泳技术对身体力量和腰腹能力要求较高，通常在学会其他三种泳姿后进行学习。本节将蝶泳分为蝶泳概述、蝶泳身体姿势和腿部技术、蝶泳手臂技术及呼吸，以及蝶泳完整配合技术。读者可根据自己对技术的掌握情况进行有针对性的学习。

蝶泳基本规则：蝶泳竞赛规则规定，运动员每次转身和到达终点时，双手必须同时触及池壁，途中游时两臂必须同时向前摆动，两腿同时向下打腿。两腿可不在同一平面，但不可交替打水。

一、蝶泳概述

（一）什么叫蝶泳？

蝶泳是四种竞技泳式中最年轻的项目，也是四种泳姿中速度第二快的泳式。蝶泳是因其动作外形而得名。游蝶泳时，身体俯卧于水中，两臂同时向后划水后又同时提出水面，经空中向前移臂，同时两腿上下打水。因两臂动作像蝴蝶展翅，因而被人们称为“蝶泳”。由于蝶泳的腿部动作酷似海豚摆尾，所以蝶泳打腿又称为“海豚腿”。蝶泳动作节奏鲜明，躯干在水中连续地起伏，对身体的肌肉力量、协调性和柔韧性都有较高的要求，蝶泳的魅力在于运动员需要将力量与柔美结合，配合躯干协调的波浪动作，快速穿梭在浪花之间。

蝶泳的技术特点是两臂和两腿对称运动，身体在水中波浪起伏。因为没有固定的身体位置，阻力时大时小，伴随着划水和空中移臂，腿部动作的上打和下打，游进速度也随之大幅度变化，这种时快时慢、速度不均匀的现象不仅影响了蝶泳的游进速度，也成为蝶泳需要消耗更大能量的主要原因。因此，现代蝶泳技术主要是通过减少游进中的阻力与速度的不均匀来提高游速。

（二）蝶泳的由来和发展

蝶泳是在蛙泳动作的基础上演变而来的。在蛙泳技术发展的过程中，为寻求更快的速度，人们先是将划臂路线延长，使两手臂划到大腿旁，之后又改为两臂划水后提出水面，经水面上向前移臂，这使游速大为提升。据记载，这种蛙泳技术在1924年首先出现于菲律宾。1933年，在美国有人首先在比赛中采用。1936年国际泳联对竞赛规则做了修改补充，正式允许蛙泳两臂划水后从水面上向前移臂。之后，这种技术很快得到广泛流传，并在竞赛中逐步取代了传统的蛙泳技术。这也就是蝶泳的产生及其发展的最初阶段。1952年第十五届奥运会后，国际泳联决定正式设立蝶泳姿势的比赛，使蛙泳和蝶式蛙泳(即蝶泳)分开比赛。从此，蝶泳便成为正式比赛项目并得以发展。

二、蝶泳的身体姿势和腿部技术

游蝶泳时，躯干各部分和腿不断地改变彼此间的相对位置而成波浪动作，自然形成上下的起伏，如向下打水就会使臀部上升，空中移臂时因为重心位置的改变身体失去平衡，就会使腿部下沉。躯干的波浪动作既是随着臂腿动作自然形成的，又有利于保持较高的身体位置和较好的流线形。正确的蝶泳技术是以腰为中心，躯干和腿做有节奏的摆动动作。发力点在腰部，以大腿带动小腿，做上下的打水动作，而这些动作与头和臂部动作紧密联系在一起，形成蝶泳所特有的波浪动作。

（一）身体姿势

1. 头的位置

很多人认为蝶泳的身体起伏是由于臀部的运动。事实上，在蝶泳游进中，头和肩的上下运动幅度已经超过了臀部。正确的头部运动不但有利于身体的波浪形成，而且这个波浪可以使腿部下打产生更大的力量，同时还可以与划臂动作产生合力，大大提高运动员的游速。头部的动作对第一次打腿产生的推进力起到至关重要的作用。运动员应在手入水时眼睛目视池底，同时下打第一次蝶泳腿。但是当压胸压肩提臀的时候，头部应该抬起并目视前方，抬头的动作可以像波浪一样使向下压胸、压肩的动作转变成向前的波浪动作（图 2 - 147）。在不呼吸的动作周期中，应避免过多的头部动作，以减少身体在水中的起伏，尽量保持颈部肌肉放松，可以提高肩部的灵活性和活动幅度，提高空中移臂的速度。在有呼吸的动作周期中，抬头的幅度要小，下巴尽可能贴近水面。

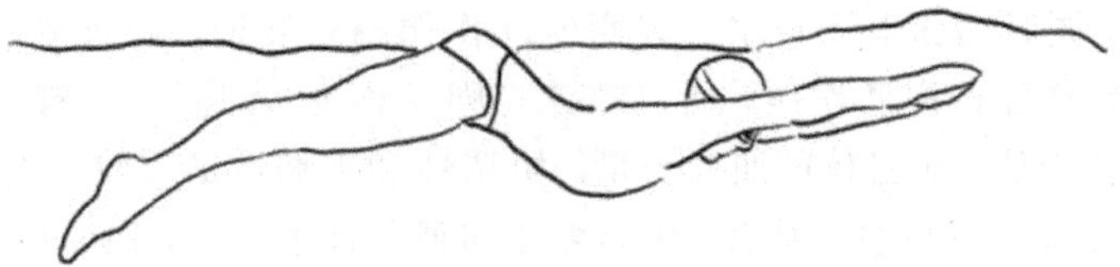

图 2 - 147

2. 背的位置

在游进中，背部和躯干大部分时间要保持水平，背部的起伏不要太大，随着身体波浪起伏始终保持在水面上或紧贴水面。过多的垂直运动不但耗费体力，而且还会增大前进的阻力。

3. 臀的位置

臀部应该在水中向前上方移动，手臂入水同时臀部露出水面。移动的轨迹应呈小波浪线，过高和过低的臀部位置都会影响身体的平衡和打腿的推进力。

（二）腿部技术

蝶泳打腿又称为海豚式打腿，这是因为蝶泳时腿的运动方式像海豚的尾鳍。运动员在每次完整蝶泳动作中进行两次海豚式打腿。海豚式打腿的发力点在腰腹部，然后由髋、膝、踝依次传递完成，两腿同时做上下的“鞭状”打水动作。蝶泳打腿是由一次上抬动作和一次下打动作组成的（图 2 - 148）。在蝶泳配合中，蝶泳腿下打和上抬的幅度都不宜过大，动作要自然、连贯和流畅，起伏太大会增大形状阻力和波浪阻力。正确的打腿应使运动员产生腿部动作是一种身体波浪动作延续的感觉，与划臂动作协调配合，因此，不应该刻意加大打腿动作的力量。

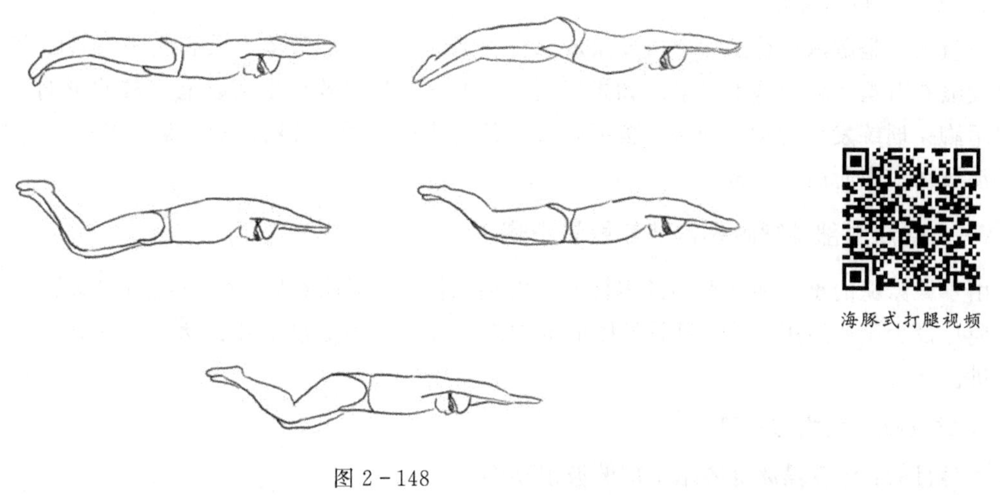

海豚式打腿视频

图 2-148

1. 上打

上打是由整个躯干波浪动作的惯性形成，不需要刻意用力。也就是说，当下打接近结束时，大腿为克服腿部自下而上的惯性开始上抬，然后继续伸展髋部使得腿部向上，此时，臀部处于最低点。上打是通过被动地展髋和伸膝实现的，此时小腿和踝关节放松，使其在水的压力下保持完全伸直的状态。

2. 下打

当两脚接近水面时，腰背发力带动小腿弯曲向后下方用力下打，直至完全伸直。蝶泳腿向下打时，两腿自然并拢，踝关节放松，脚尖内扣，脚踝稍微分开呈“内八字”。小腿的打水方向是向下和向后的。踝关节做向后推、压水的动作。蝶泳腿的主要动力来自下打，因此，下打动作的速度也较上打要快。

3. 两次打腿的区别

在每个蝶泳完整动作中，第一次打腿与第二次打腿的共同之处就是都会产生一定的升力和向前的推进力。然而，在很多方面它们又有所不同。主要表现在，第一次打腿时间比第二次打腿时间更长。第一次打腿的下打会使臀部向前上方上升并露出水面，而第二次打腿时，臀部不会露出水面。这主要与两次打腿处于划臂的不同阶段有关。

4. 评定蝶泳打腿技术的标准

1）良好的身体流线形

运动员必须保持良好的身体流线形，通过躯干的整体运动形成适度的波浪起伏，以减少形状阻力。如果不能在水下保持良好的流线形姿态，那么就会形成较大的形状阻力和波浪阻力，影响前进的速度。

2）踝关节的灵活性

运动员踝关节的灵活性直接决定蝶泳打腿的效果。在蝶泳打腿中，脚背对水的角度和面积起着重要的推进作用。有研究者认为，踝关节的柔韧性甚至比力量更为重要，踝关节柔韧性好，活动范围大，脚背的对水面就更大，在下打的大部分时间内可朝向后方，所产生的推进力也更大。

3）躯干和腿部力量

力量训练是游泳训练的一个重要组成部分。运动员身体的整体素质和股四头肌的力量是构成强有力蝶泳腿的基本要素。如果运动员的海豚腿打水效果受到以上要素的影响，可以利用脚蹼训练发展运动员腿部、腰部以及背部的肌肉力量，所获得的力量增长可以直接为运动员在水中所用。

（三）蝶泳腿部及呼吸配合动作教学步骤

由于蝶泳腿的重点和难点均是掌握躯干波浪动作，在其他姿势教学中常用的扶板打水练习应尽量少用或不用，以防阻碍身体形成波浪动作。练习难度由小到大，从陆到水，循序渐进。

1. 站立蝶泳腿模仿练习

教学目的：体会蝶泳身体躯干部的波浪动作。

练习方法：双手下垂，背对墙站立，臀部离墙壁约 10 cm，两脚后跟贴墙，在教师的口令下练习。按口令：依次挺腹；屈膝；提臀；臀部触碰墙壁；伸膝盖。先分解做，然后再连续做(图 2－149)。

图 2－149

练习次数：20 次×(4～6)组。

教学提示：教师的口令逐渐简化为“挺、屈、提、伸”，然后过渡到“1、2、3、4”，并逐渐加快速度。

教学重点：躯干的波浪动作。

教学难点：连贯的打腿动作。

★ 练习扩展——蝶泳躯干的波浪动作练习

练习提示：蝶泳躯干的波浪动作对很多人来说都是难点，一个小窍门是“风中的小树”，即练习时，想象自己是在风中摇摆的一棵小树，躯干随风摇摆。

2. 浅水垂直躯干模仿动作

教学目的：体会蝶泳身体躯干部的波浪动作和水的流动及阻力。

练习方法：与上一个练习动作相同，但在齐腰或齐胸深的水中进行。

练习次数：20 次×(4～6)组。

教学提示：由于水有浮力，动作过程中学生可能感觉双脚容易漂浮游离，站立不稳，可以用手扶边练习。

3. 深水垂直扶边打腿练习

教学目的：在双脚游离的条件下，体会躯干的波浪动作和双腿、双脚鞭状发力动作。

练习方法：在深水池中，双手扶池壁身体直立在水中(脚离池底)，躯干发力带动大腿、小腿和脚做海豚式摆动(图 2－150)。

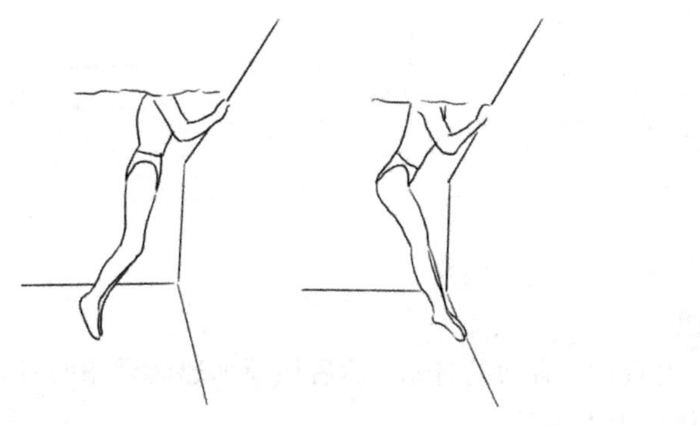

深水垂直扶边打腿练习视频

图 2－150

练习次数：(30～60)s×(4～6)组。

教学提示：想象自己是直立打腿的海豚。从躯干发力，带动大腿、小腿和脚做波浪式鞭状打水动作。

教学重点和难点：躯干发力动作。

易犯错误：躯干不动，小腿弯曲较多，只用小腿发力。

纠正方法：低头看自己的腹部肌肉主动收缩。

4. 垂直蝶泳打腿练习

教学目的：体会蝶泳打水的躯干动作、速度和力量，提高躯干的控制能力。

练习方法：双手将打水板抱在胸前，想象自己是一只海豚，直立在水面用尾鳍拨水。用快速而有力的蝶泳打水使头和肩保持在水面之上，身体逐渐后退(图 2－151)。

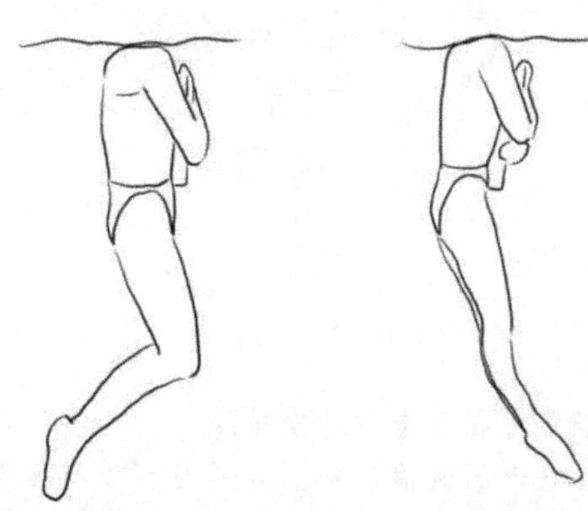

垂直蝶泳打腿练习视频

图 2－151

练习次数：(30～60)s×(4～6)组。

教学提示：如果开始时有困难，可以戴脚蹼。当水平提高后，去掉脚蹼及打水板。体会髋部尽快、尽力前后打水的感觉。略屈膝，从髋关节发力打水，而不是从膝关节发力。

5. 反蝶泳打水练习

教学目的：体会蝶泳的躯干波浪动作，提高身体控制能力。

练习方法：仰卧蹬边漂浮，手臂放在体侧。腰腹带动膝部和脚依次向上打水，形成从腹部开始的鞭状打水动作(图 2－152)。头和手可以有略微的上下起伏。

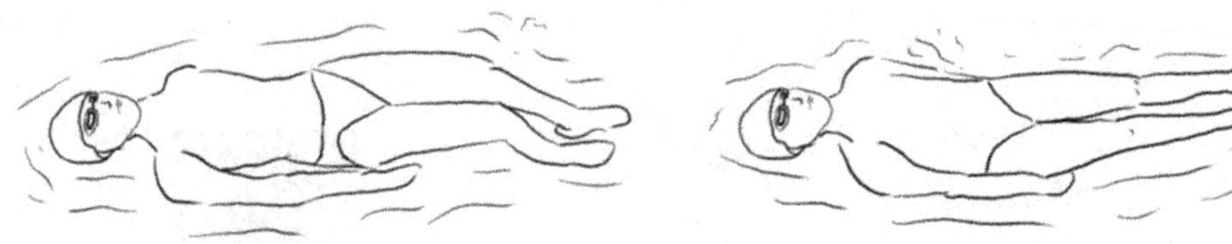

图 2－152

练习次数：25 m×(4～6)组。

教学提示：开始时做慢速、大幅度、有力的打水，然后逐渐加速。开始时可戴脚蹼，要求学生练习时注意观察自己腹部是否参与用力。

教学重点：腰腹发力带动腿脚。

教学难点：膝关节的控制。

易犯错误：屈膝过大，腰部发力不足。

纠正方法：从髋关节发力向上打水，而不是从膝关节发力，膝关节自然弯曲即可，脚每次向上打水都要露出水面。

6. 俯卧徒手蝶泳腿练习

教学目的：巩固蝶泳的躯干波浪动作，提高身体控制能力。

练习方法：蹬边后漂浮，双手放在体侧，用腰带动大腿和小腿做向下的波浪式打腿动作(图 2－153)。每打腿 4～6 次，吸气 1 次。吸气时略微抬头，借助身体的波浪动作头自然地露出水面吸气，不要因为吸气破坏身体姿势和打水节奏。

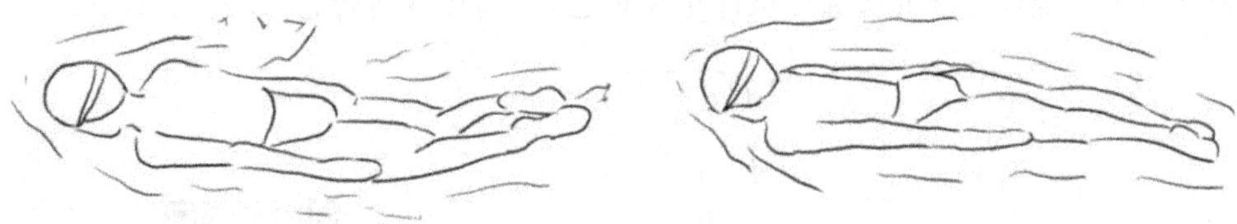

图 2－153

★ 练习扩展——腿部练习

练习提示：

(1) 上述练习难度依次从小到大，可按照顺序循序渐进地安排。

(2) 先示范，后讲解，示范时可适当夸大躯干的波浪动作。开始时可以有意要求学员用较大的动作幅度，将臀露出水面，否则腰部的动作往往做不出来。

(3) 指导员用形象化的语言提示动作，如鱼和海豚的摆尾动作，美人鱼样摆动动作，鞭梢的抽打动作等。

(4) 如果教学场地有脚蹼，在教学开始时可戴脚蹼练习，这样比较容易掌握动作。

(5) 打腿动作熟练以后要求学员打腿时要下打、提臀、伸肩协调一致，为配合练习打下基础。

(四) 蝶泳腿部错误及纠正归纳

1. 小腿打水

往往游泳者会感觉打水很用力，但速度却很慢。这是因为大腿没有带动小腿，而只是小腿僵硬打水(图 2-154)，这样一来，腰腹部没有参与动作，膝关节过分弯曲，自然打水效果不佳。

改正方法：上身下压，从胸部下压开始发力，腰部像波浪一样发力动起来，带动打水，体会力量的转移。

图 2-154

2. 屈膝太大

游泳最重要的一个要素就是减小阻力，如果屈膝太大的话阻力就会相应增大，造成打腿效果不好。

改正方法：在进行打腿练习时，一定要重视腿上抬的动作，练习时应该主动向上抬腿。

3. 打腿时用头部来引导打腿的动作

看似是在水中上下钻，但是游蝶泳时应该要控制头部动作，使肩部保持在水平面附近。

三、蝶泳的手臂技术及呼吸

(一) 手臂技术

1. 入水

入水是划水的准备阶段，其动作本身几乎不产生推进力。正确的入水位置应该在两肩的延长线上，或略窄于肩的延长线，太宽容易使划水路线缩短。入水应以大拇指领先，斜插入水，然后前臂和上臂依次入水。入水时掌心朝向外下方，手掌与水平面形成一定的角度(图 2-155)。

2. 外划和抓水

手入水后，肘和肩关节前伸，两手立即内旋并外分，手掌对准外后方沿曲线划水，当两手外分至超过肩宽时，屈腕，使手掌由向外、向后变为向外、向下和向后，从而抱住水。同时屈肘，手臂向外下后方沿螺线曲线加速划动，直到两手水下距离最宽时为止(图 2-156)。这个阶段称为向外划水(外划)和抓水，目的是使手臂找到支撑点。

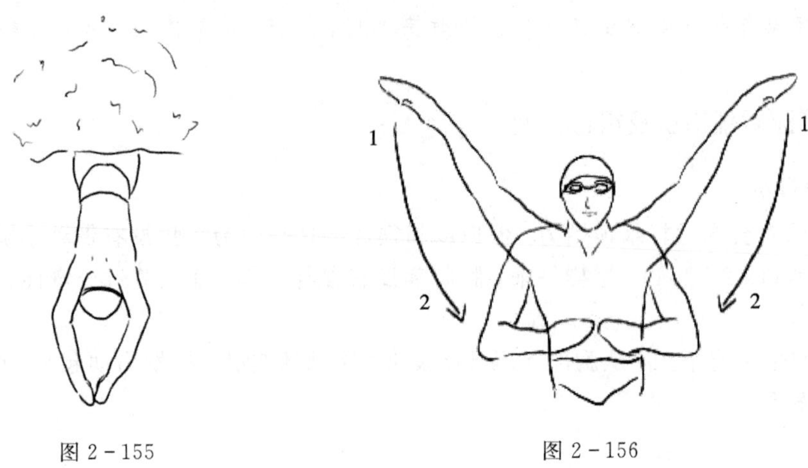

图 2－155　　图 2－156

3. 内划

两手抓水后，继续屈肘，并保持高肘姿势，手臂继续向外旋转，手的运动方向从向下、向外、向后转为向内、向上和向后曲线划水(图 2－157)。这个阶段称为向内划水(内划)。随着向内划水的继续，屈肘程度逐渐加大，手臂划到肩下时，肘关节屈至 90°～100°，继续向内划水到两手之间距离最近时，向内划水结束。

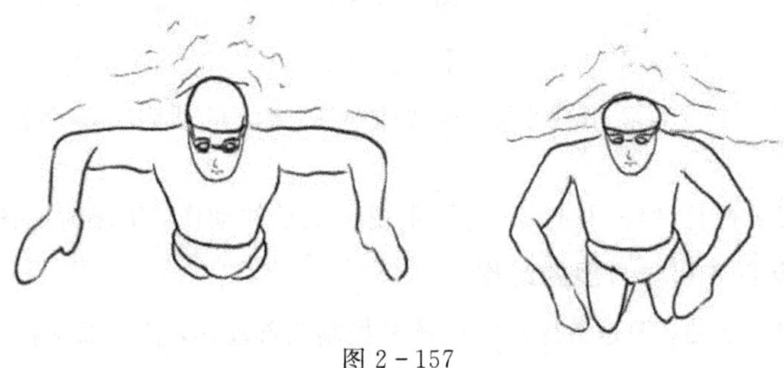

图 2－157

4. 上划

当两手之间距离达到最近时，手臂内旋，手臂从原来的向内、向上和向后转为向外、向上和向后划水，进入向上划水阶段。在向上划水过程中要逐渐伸肘伸腕，使前臂和手尽量对准后面(图 2－158)。

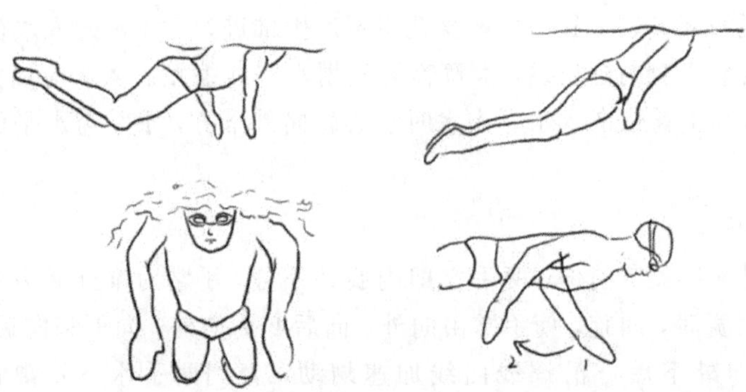

图 2－158

5. 出水和移臂

在手划水到大腿两侧时，手臂内旋，掌心向内，朝向大腿外侧，以减小出水的阻力。在手划水尚未结束时，肘已经开始离开水面，手划水结束时，利用划水的惯性，让肘和肩带动手臂提拉出水。出水时应小指领先。出水后，开始移臂时肘关节微屈，小拇指朝上，手背向前，两臂放松内旋，当移臂至肩的位置时，手臂外旋，大拇指向前准备入水和下一个周期的动作(图 2－159)。

图 2－159

6. 呼吸

游蝶泳时，游泳者借助身体的波浪起伏，通过两臂外划和内划所产生的升力露出水面吸气。因为向上抬头的动作会造成臀部下沉，影响身体的水平姿势，因此，正确的呼吸时机是在手臂外划时开始，然后伴随空中移臂顺势低头(图 2－160)。不同运动员呼吸时机有所不同，分为早呼吸、晚呼吸以及侧面吸气三种技术。现如今多数运动员采用晚吸气技术，即手臂向内划水结束时头部开始露出水面，手臂向上划水及移臂的前半段完成吸气动作，手臂前移过肩后前伸时低头入水。低头一定要在手入水前完成或同时完成，否则会使手臂和肩部难以伸展，影响入水的远度。

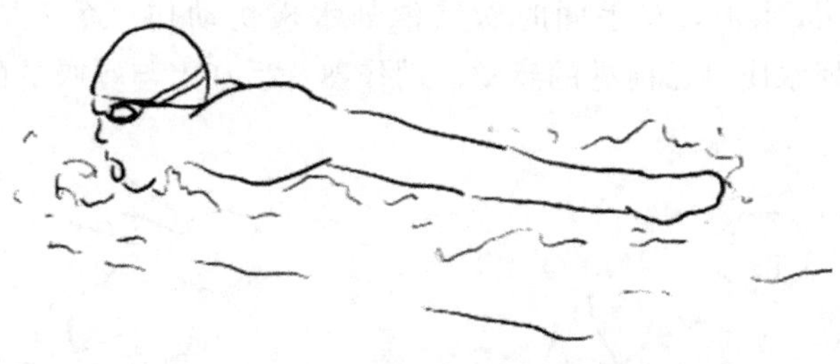

图 2－160

(二) 蝶泳划水与呼吸配合动作教学步骤

如果没有蝶泳打水的配合，单靠蝶泳划水，难以在水中独立保持平衡并前进，因此这部分练习以陆上模仿为主。注意不要花费太多时间，尽快进入完整配合练习阶段。

1. 陆上蝶泳划水模仿练习

教学目的：初步学习蝶泳划水动作，掌握技术概念。

练习方法：站立、腰部前屈，两臂同时做蝶泳划水模仿练习。按照“1”划水、“2”空中移臂的口令控制动作节奏，逐渐配合呼吸(图 2－161)。

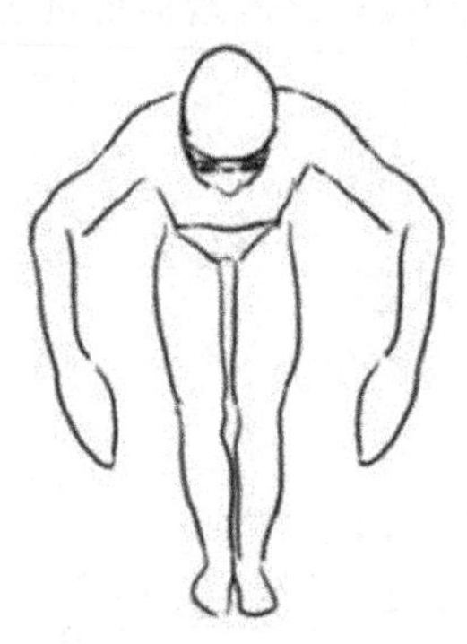
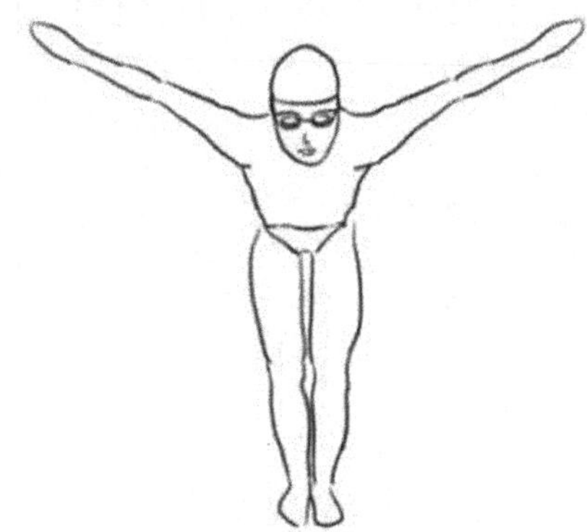

图 2－161

练习次数：25 m×(4～6)组。

教学提示：提示学生蝶泳划水与爬泳划水之间的区别，如蝶泳划水路线略短，在双手到腹下时就要向外、后、上方划水，准备出水了；蝶泳的移臂动作低平、放松，与爬泳的高肘移臂不同等。吸气的时机可以用口令控制。

教学重点：划水路线和轮廓。

教学难点：手臂与呼吸的配合时机。

易犯错误：动作路线错误或划水与呼吸的配合时机错误。

纠正方法：用口令控制配合时机，手把手纠正划水路线错误。

2. 浅水中走动划水模仿练习

教学目的：在学习蝶泳划水路线、节奏的基础上，体会水的流动和阻力，体会划水产生推进力的感觉。

练习方法：站在浅水池，双手同时做蝶泳划水模仿动作，逐渐从站立变为走动(图 2－162)，体会通过划水使自己前进的感觉。动作熟练后加上与呼吸的配合。

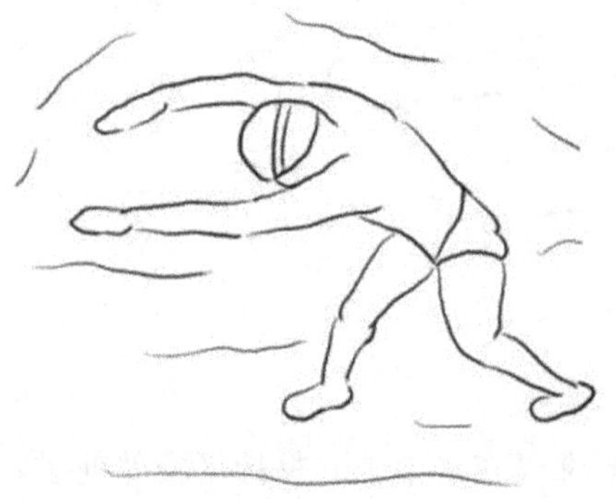

图 2－162

练习次数：划水 25 m×(4～6)组，加呼吸配合 25 m×(4～6)组。

教学提示：用口令控制动作，例如“1”迈左腿、移臂，“2”迈右腿、划水。

★ 练习扩展——走动划水练习

练习提示：

(1) 先示范、后讲解。在浅水池中上述练习都可以进行，深水池练习方式受到一定限制。

(2) 蝶泳移臂是练习难点。初学者，特别是儿童，由于力量较小，或身体柔韧性和协调性的原因，有的手臂根本移不出水面。这种情况下可多做单臂练习。

(3) 利用分解练习建立动作节奏后，再练习完整配合。

(4) 蝶泳的移臂动作是双臂伸直，小拇指朝上，在水面上同时前移。而不可做小臂带动大臂的移臂，如果这样做，移臂的动作很难看，大拇指朝上，弯曲着臂，就像是投降。

(5) 可以做爬泳腿蝶泳手的练习作为辅助练习。

四、蝶泳完整配合技术

由于躯干的波浪动作的介入，蝶泳的完整配合要求精细、准确。而且其动作特征要求有较强的肩背部、腰腹部力量和良好的柔韧性。

（一）手臂与呼吸的配合

蝶泳的呼吸，一般采用臂划 1 次、呼吸 1 次的方式。当两臂抱水结束并开始拉水时，开始呼气。随着两臂划水动作的进行，头和肩部的位置逐渐升高，呼气也由慢到快，并逐渐抬头。当两手划水至腹部下方时，嘴露出水面，并张口吸气。推水结束时，吸气结束。向前移臂时低头闭气(图 2－163)。

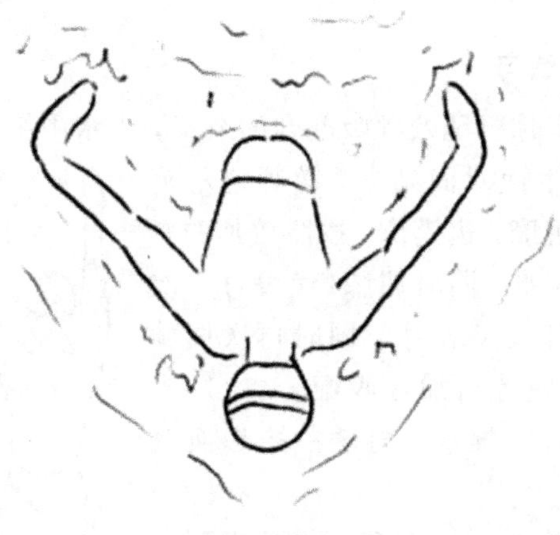

图 2－163

（二）手臂与腿的配合

蝶泳臂腿配合动作应该节奏明显，打水连贯有力。目前运动员都采用 2∶1的配合方式，即打腿 2 次、划臂 1 次。臂腿配合的方法是：两臂入水时腿做第一次向下打水；当两臂划至胸腹下方时，腿开始做第二次向下打水；臂推水结束，打水结束。移臂时，腿又向上准备做下一周期的打水动作。

（三）完整配合动作

完整配合的方式有采用2次打腿、1次划臂、1次吸气的，也有4次打腿、2次划臂、1次呼吸的。值得注意的是，不管在一个周期中是否吸气，移臂时肩都应该露出水面，以减小移臂的阻力（图2-164）。

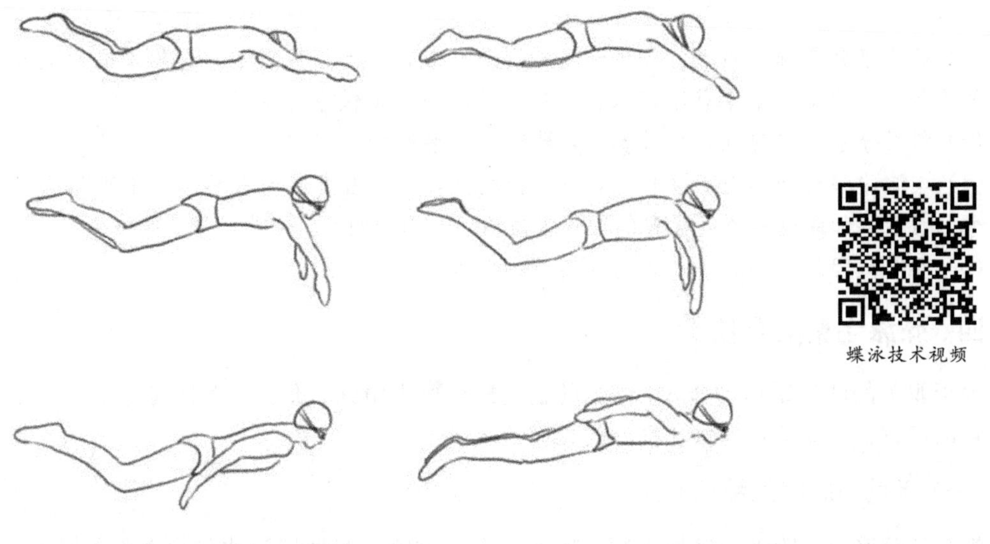

图2-164

（四）蝶泳完整配合动作教学步骤

蝶泳完整配合技术教学以水上练习为主，需逐渐增加游进的距离和重复次数，达到提升技巧的目的。

1. 陆上蝶泳配合模仿练习

教学目的：初步掌握蝶泳臂腿及呼吸配合的节奏，为水中练习打好基础。

练习方法：教师与学生面对面站立，教师边示范讲解，边喊口令。学生边观摩，边模仿，按照教师的口令做动作。口令“1”双手入水，同时屈膝（代表打一次蝶泳腿）；“2”手划水到腹下准备出水，同时再次屈膝（代表再打一次蝶泳腿）。熟练后加呼吸配合。“1”入水—打腿—低头，“2”手向上推水—打腿—抬头换气（图2-165）。

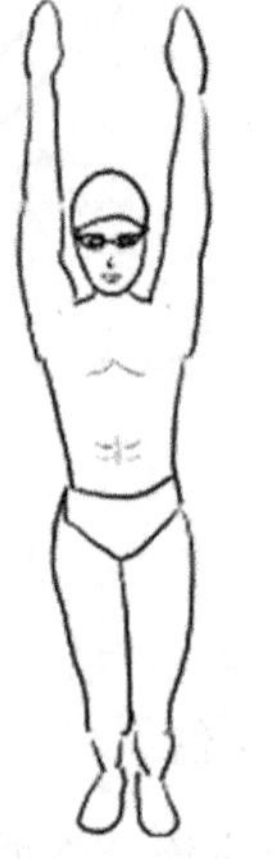
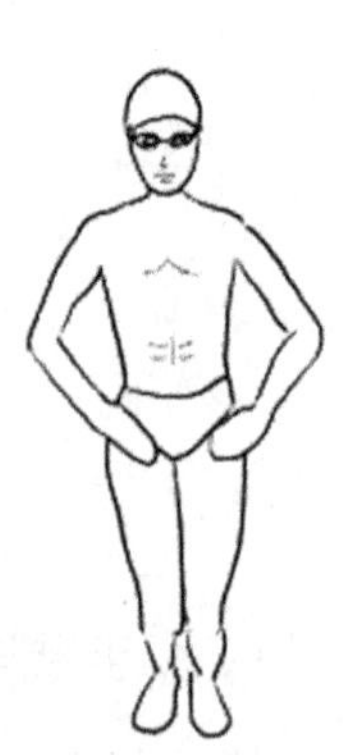

图2-165

练习次数：（20～30）次×（4～6）组，加呼吸配合20次×（4～6）组。

教学提示：刚开始练习时，容易节奏紊乱，教师需要边示范边讲解，将节奏放慢。动作熟练后再加快节奏。

教学重点和难点：臂、腿、呼吸配合的时机。

2. 单臂蝶泳分解练习

教学目的：掌握打水与手臂动作的配合时机，体会配合的节奏。

练习方法：蹬边滑行后，一臂前伸，另一臂做蝶泳划水动作，同时躯干和腿配合做蝶泳打水动作。划水 1 次，打腿 2 次，吸气 1 次(图 2－166)。

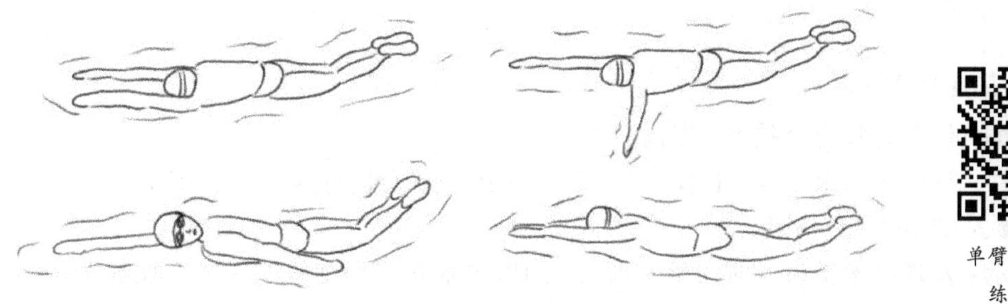

单臂蝶泳分解练习视频

图 2－166

练习次数：25 m×(4～6)组。

教学提示：开始时可以每 25 m 换一次手臂，然后每 3 个动作或每个动作换一次；也可先左 5 次右 5 次，然后左 3 右 3，最后左 1 右 1。

教学重点：背、腿、呼吸配合的时机。

教学难点：躯干发力和力量的传递。

3. 分解过渡配合练习

教学目的：掌握打水与手臂动作的配合时机，体会配合的节奏，并逐渐从分解向完整蝶泳动作转换。

练习方法：身体俯卧在水面上，首先用单臂做 2 次动作，然后另一臂做 2 次，最后两臂同时做 2 次划水动作(图 2－167)。重复练习，两臂同时划水时向前抬头吸气，单臂划水时向划水手臂的一侧吸气。

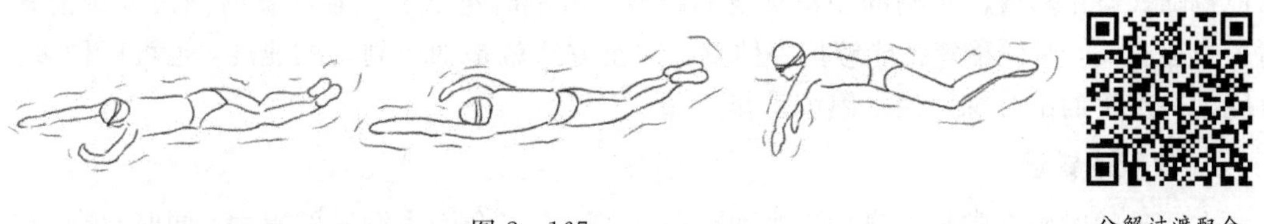

图 2－167

分解过渡配合练习视频

练习次数：25 m×(4～6)组。

教学提示：开始可以多做单臂分解，少配合，随着动作越来越熟练，逐渐减少单臂分解，增加配合动作。提醒学生注意保持动作节奏，每个周期打水与划水的配合时机要准确。移臂结束时目视池底，臀部升高。

4. 多腿蝶泳配合练习

教学目的：这是一个过渡练习，可降低蝶泳配合的难度，帮助练习者逐渐掌握正确的蝶泳配合节奏。

练习方法：两臂前伸呈流线形，俯卧，打水 3 次，第四次边打水边做蝶泳划水和吸气动作。也就是将蝶泳的配合节奏减慢，每划水 1 次打水 4 次。然后逐渐减少到划水 1 次打水 3 次，最后划水 1 次打水 2 次。

练习次数：25 m×(4～6)组。第一个 25 m 每划水 1 次打腿 4 次，第二个减少 1 次，第三个以后正常配合。

教学提示：重点是掌握第二次打水与手臂的配合时机；动作熟练后即转入完整配合练习。

5. 蝶泳完整配合练习

教学目的：体会完整配合技术，提高耐力。

练习方法：按照每划水 1 次、打腿 2 次、吸气 1 次的节奏进行蝶泳完整配合练习。

练习次数：25 m×(4～6)组。

教学提示：发现技术错误及时向学生指出；随着技术熟练程度的提高逐渐增加游距。

★ 练习扩展

(1) 先在陆上进行模仿练习，然后再下水。

(2) 尽量在学员中寻找动作较好的示范者，让学员感到蝶泳对他们来说并不是高不可攀的。

(3) 初学者最难掌握的是空中移臂动作。可以安排蝶泳打腿加上蛙泳长划臂的练习，体会划水加速的感觉；也可以降低动作难度，多做单臂分解配合练习，待熟练掌握动作节奏后再做完整配合。

(4) 水中练习时安排教法步骤的原则是：在保持打腿动作节奏的基础上增加划手动作。

（五）蝶泳完整配合错误及纠正归纳

1. 手脚配合时机不对

在手入水打第一次的时候，马上又打第二次腿，打完腿再划手，打腿和划手配合不上。手和头的配合常见错误是当头露出水面换完气之后马上低头，致使手臂不能经空中移臂，形成投降式空中移臂。正确的动作是当手臂移至肩平时再低头。在移臂时强调大臂前移，肘关节去碰头，这样移臂就能够把手伸直。改正方法就是加快划水的速度，也可以做多次打腿划一次手的配合练习使之熟练动作。

2. 呼吸的错误

在呼吸的时候常常把上身抬出水面很高，这样不仅会增大游进的阻力，同时也会使脚部下沉，最重要的是还会因为头部不能在第二个动作开始前恢复到原来的位置导致下一个动作无法完成。改正方法就是随着划水速度的加快，吐气的速度也加快，当嘴露出水面时用力地把气吐光并吸气。

课后习题

1. 试述蝶泳完整配合技术。
2. 对蝶泳的某一技术动作进行教学。
3. 列举蝶泳动作技术易犯错误。

第七节　出发技术及教学、练习

出发是竞技游泳比赛的开始，出发技术一直备受运动员与教练员的重视，尤其是在短距离游泳比赛中，出发成绩的比重占 50 m 比赛项目总成绩的 30%，同时占游泳最终成绩的 25%。优秀的出发技术可以帮助运动员取得较好的运动成绩，这是毋庸置疑的事情。目前，出发被分为六个阶段，分别是预备姿势阶段、离台阶段、腾空阶段、入水阶段、水下滑行阶段、出水阶段。其中，水下滑行阶段是整个出发技术中用时最长的。近些年，好多国外运动员依靠身体以及技术上的优势，在出发技术方面取得先发制人的领先优势，在心理上对运动员有较大的帮助，有助于取得整场比赛的主动权。

目前在游泳比赛中，台上出发技术最为常见的有抓台式出发、蹲踞式出发和摆臂式出发。个人单项比赛中运用最多的是蹲踞式出发，团体接力项目常采用摆臂式出发。

一、抓台式出发技术

抓台式出发是指，双手抓住出发台前沿等候出发信号，这时身体不能出现轻微以及大幅度的晃动以及摆动，借助手臂拉台的动作稳定住身体的重心，并在起跳时获得手臂拉台的动力。

（一）预备姿势阶段

在正式的竞技比赛中，当发令员发出较长的一声哨音后，运动员走上出发台，首先双脚分开大概与肩同宽，双脚脚趾勾住出发台前沿，之后身体自然慢慢弯曲，双手同时抓住出发台前沿，这时双手可以抓在两脚中间，也可以抓在双脚两侧，因人而异(图 2－168)。预备姿势完成之后，眼睛应注视前下方，身体重心不要向后移，而是微微向前移，靠着双手拉台的力量保持身体稳定性。在预备姿势准备好时，发令信号未响起，而运动员身体出现轻微的晃动以及摆动，即为犯规动作。

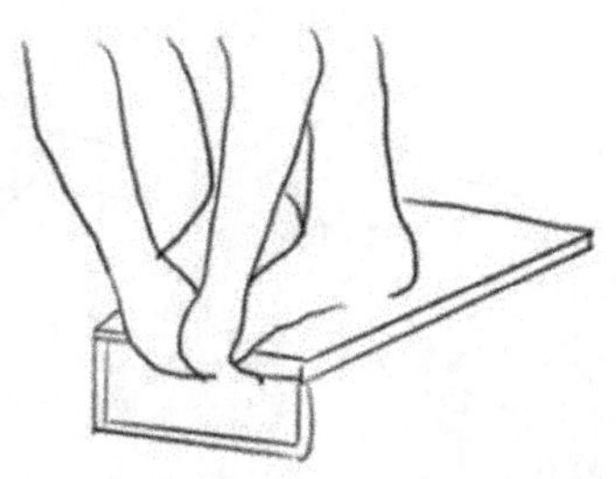

图 2－168

抓台式出发技术视频

（二）离台阶段

出发信号响起后，手臂用力向上拉出出发台，髋关节以及身体重心移向前下方，屈膝、屈髋，双腿用力蹬出出发台，手臂离开出发台时向前摆动，两臂沿着半圆形路线向前方伸展(图 2 - 169)，直到完全伸展开，两臂夹紧头部，双手叠加。

图 2 - 169

蹬离时，出发台与腿之间的夹角在 40°～50°，该角度可使运动员呈弧形腾空并远跳入水(图 2 - 170)。离开出发时，手臂在身体前方伸展开，眼睛向下方看，双腿并拢伸直。

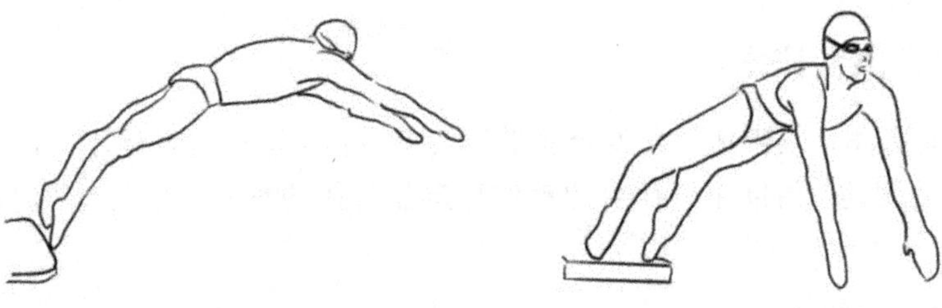

图 2 - 170

（三）腾空阶段

离开出发后，身体在空中滑行，这时身体慢慢伸展，呈斜直线准备入水。在入水时一定要控制身体的稳定性，双腿和两臂自然并拢保持身体的流线形，减小入水时身体的迎面阻力(图 2 - 171)。

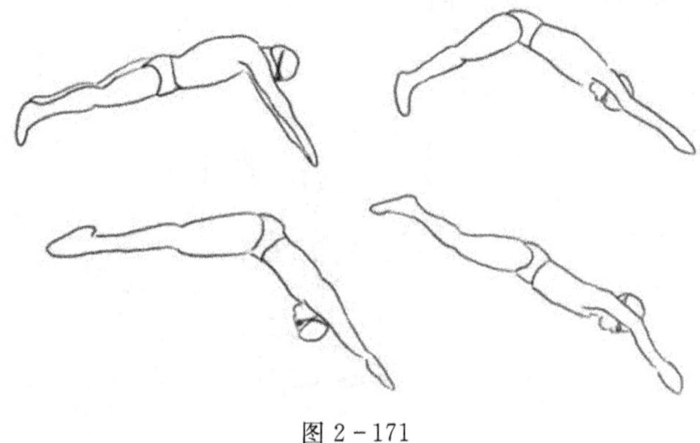

图 2 - 171

（四）入水阶段

入水时，身体呈流线形，双腿伸直并拢，躯干伸展，双臂夹紧位于头部后方，双手叠加。手部、头部、躯干、下肢依次进入水中(图 2 - 172)。入水时身体不要有放松的动作，不要破坏身体的流线形。

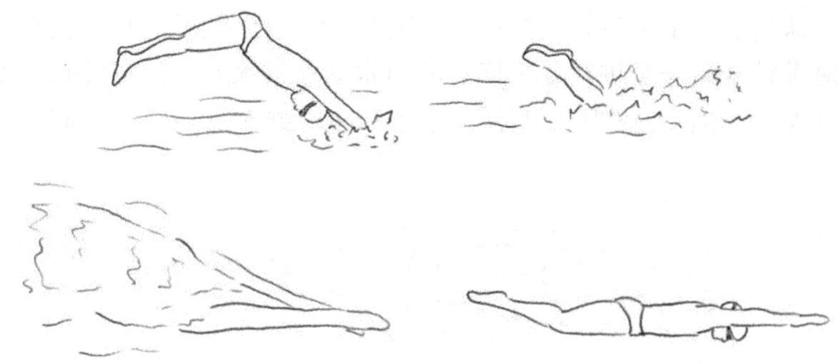

图 2－172

（五）水下滑行阶段

入水后，身体依旧要保持流线形，保证身体在水下滑行时阻力减小(图 2－173)。这个阶段是出发技术中用时最长的，也是最关键的。入水后，水下的行进速度是比较快的，速度可以达到 5 m/s。许多优秀的运动员依靠这个优势在水中进行“水下蝶泳腿”，打腿次数一般在 6～8 次，出水距离在 11～15 m，蛙泳除外。蛙泳在竞技比赛规则中，“水下蝶泳腿”只允许做 1 次，蝶泳、仰泳、自由泳(爬泳)对“水下蝶泳腿”次数没有明确规定，当水下速度下降到接近游进速度时，运动员就准备出水进行游进过程。

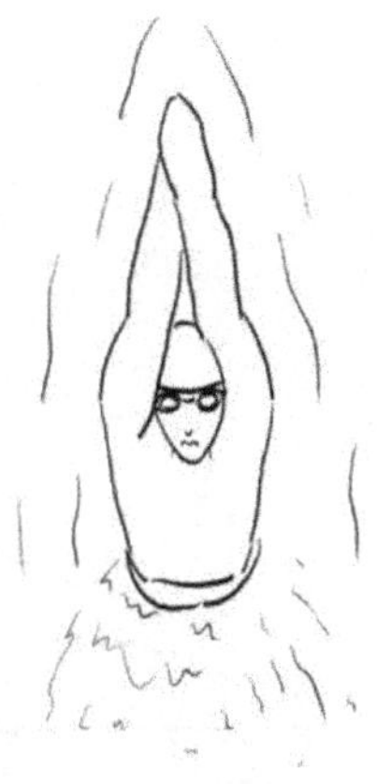

图 2－173

（六）出水阶段

出水时，不同泳姿的出水动作是不一样的。蛙泳滑行 1 次“水下蝶泳腿”后出水时需要做 1 次长划臂动作，两双分开手心向外，先向外上方划水，这个动作与蛙泳划水的向外划水动作相似。两手外划超过肩宽后，屈肘屈腕，手掌向后抓水，抓水两臂保持高肘姿势向内、向后、向下加速划水。划到胸下时，两手距离最近，同时肘关节屈至约 90°。此时，手臂向外上方转动，手臂向上、外、后方划水到大腿两侧(图 2－174)。此时，长划臂结束后，身体还应借助此次动作，再次滑行一段距离，当速度再次下降时开始划水进入游进过程。

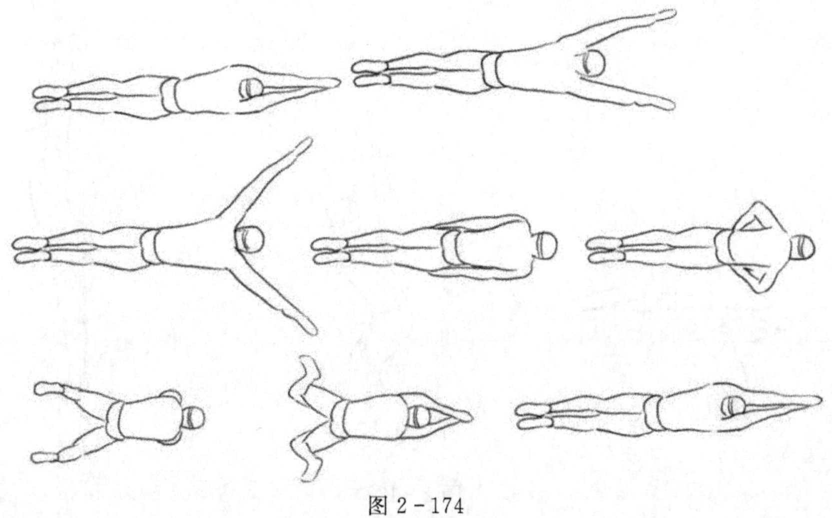

图 2－174

蝶泳、自由泳(爬泳)出发后，通常先做快速的“水下蝶泳腿”打腿，直至身体越来越接近水平面，这时手臂开始分开进行各个姿势的划水动作进入游进过程(图 2－175)。出水距离上，蝶泳、仰泳、自由泳出水时头部不得超过 15 m，蛙泳除外(图 2－176)。

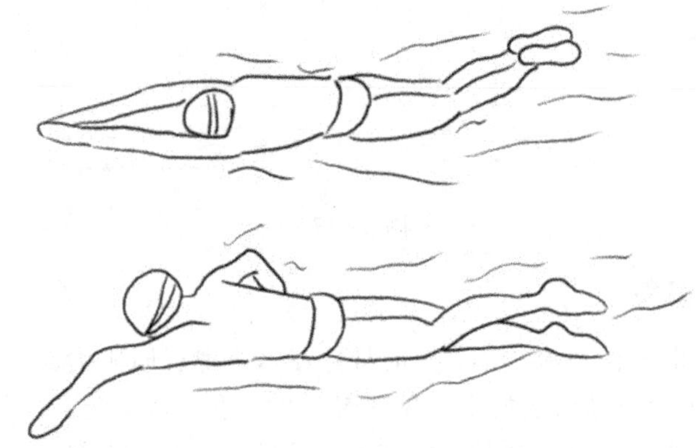

图 2－175

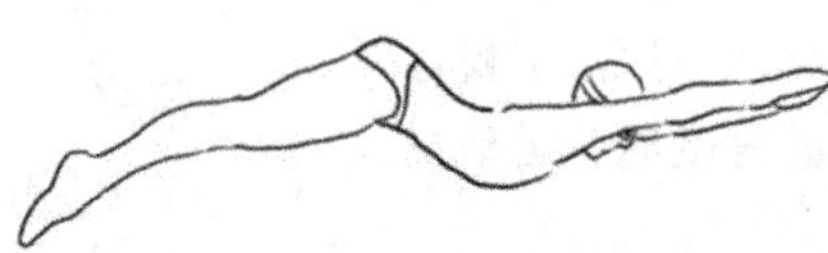

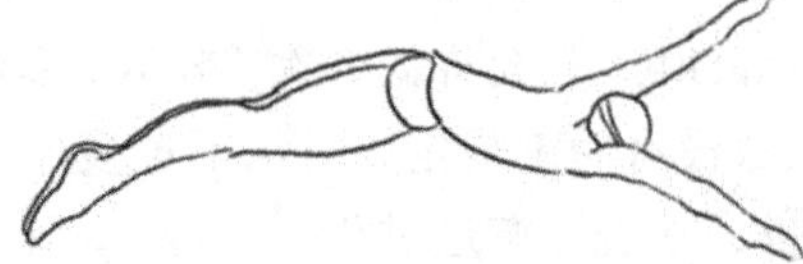

图 2－176

（七）练习方法

1. 陆上跳水练习

此练习需要在岸上练习完整的跳水动作，旨在帮助练习者找到出发起跳腿部发力的感觉，同时锻炼练习者下肢的力量与弹跳能力。首先练习者需要摆好准备姿势，包括手臂并拢夹头、挺胸。之后练习者向上方跳起，注意挺髋、双腿向上蹬直并拢(图 2－177)。

图 2－177

2. 坐姿跳水练习

此练习需要坐在游泳池边上练习跳水，旨在帮助练习者找到入水时身体各个部位入水的顺序。首先练习者要坐在池边上，这时手臂要并拢夹紧头部，肩关节充分伸展，躯干与手臂呈一条直线，然后身体慢慢进入水中，依次感受压头、指尖入水、髋关节打开以及蹬边，保持身体流线形(图 2－178)。

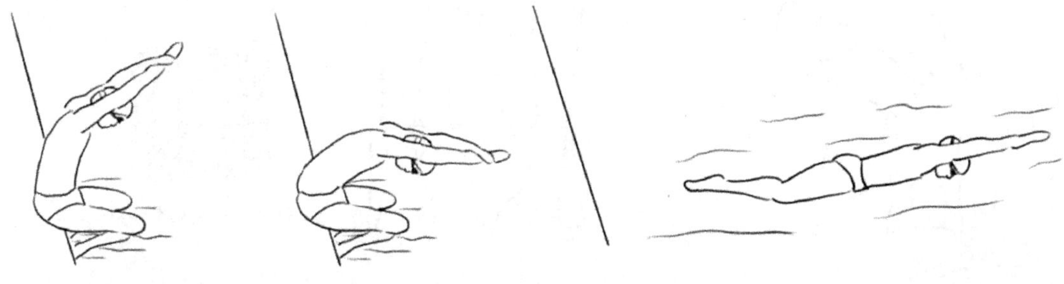

图 2－178

3. 蹬跳练习

蹬跳练习是下蹲后向前的蹬地出发练习，旨在帮助练习者正确地领悟抓台式出发技术。该练习着重锻炼的是腿从弯曲到蹬直并拢的熟练度，在练习的过程中一定要注意伸手夹头，保证指尖先入水。首先练习者站在池边上，手臂摆好姿势，然后开始下蹲，下蹲后立即向水池方向跳出，手臂一直保持并拢伸直的状态，身体保持充分伸展(图 2－179)。

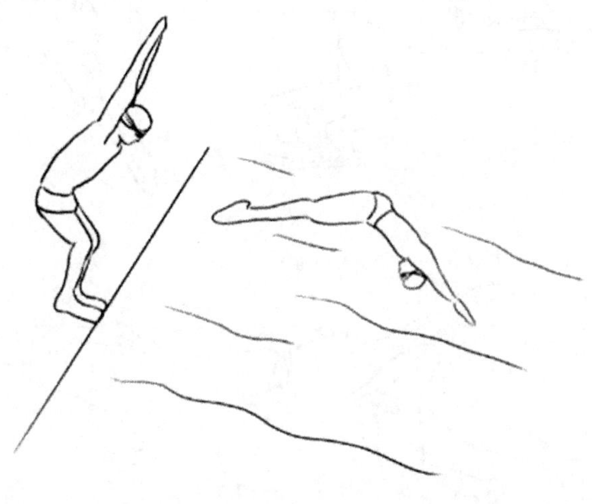

图 2－179

二、蹲踞式出发技术

蹲踞式出发与短跑项目中的蹲踞式起跑相似，预备姿势时，一个脚在前方，另一个脚在后方。目前蹲踞式出发运用广泛。蹲踞式出发优势明显，它的离台速度快，身体重心低，身体较为稳定，不容易抢跳犯规。

（一）预备姿势阶段

预备时，一只脚在出发台前沿，用脚尖勾住，另一只脚踩在出发台后面的斜坡上。低头，身体慢慢弯曲，双手抓住出发台前沿。身体可以向后倾斜也可向前倾斜，重心放在脚上(图 2－180)。

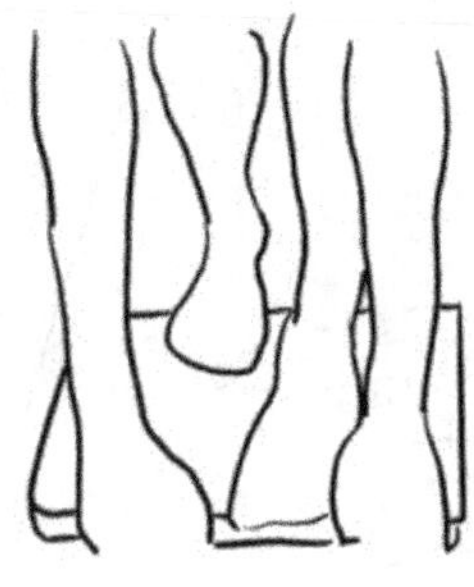

蹲踞式出发技术视频

图 2－180

（二）离台阶段

听到出发信号后，手臂拉动身体向前下移动，后脚先蹬离出发台，前脚随即蹬离，同时手臂向前摆动[(图 2－181(a)]。也存在部分运动员将手臂先向后摆动，再向前摆动，以增加手臂摆动的动量[(图 2－181(b)]。

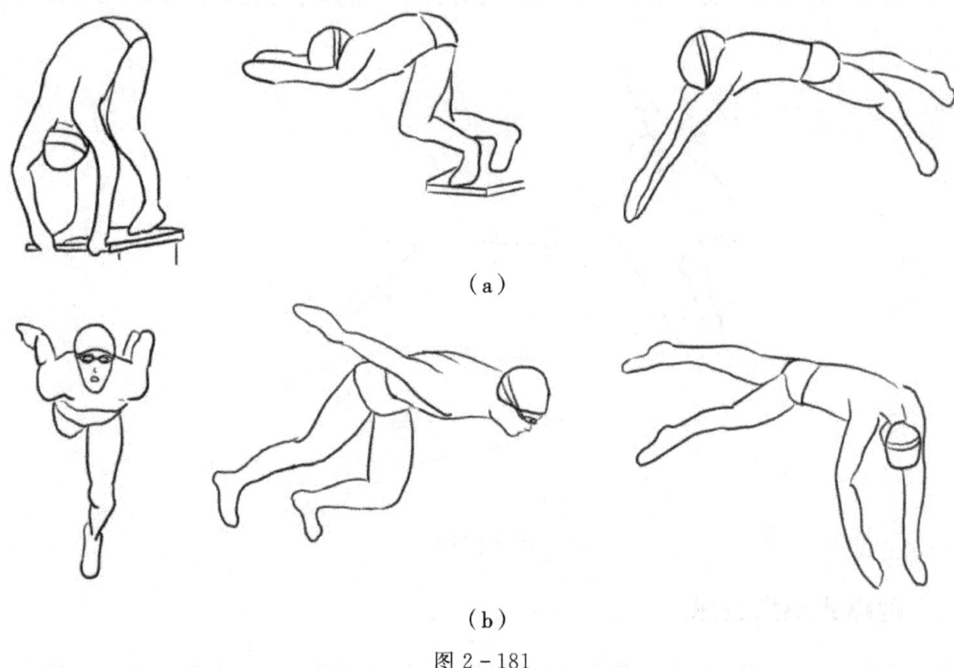

(a)

(b)

图 2－181

（三）腾空、入水、滑行、出水阶段

离台后，身体沿弧线腾空飞行。过去，人们认为蹲踞式出发飞行的弧线比抓台式出发

平一些，低一些，入水时难以形成洞式入水，但是现在的运动员下肢力量较大，腾空高度较高，空中身体核心力量较好，可形成洞式入水。入水后的滑行、出水阶段以及蛙泳的长划臂、“水下蝶泳腿”均与抓台式出发没有较大区别(图 2－182)。

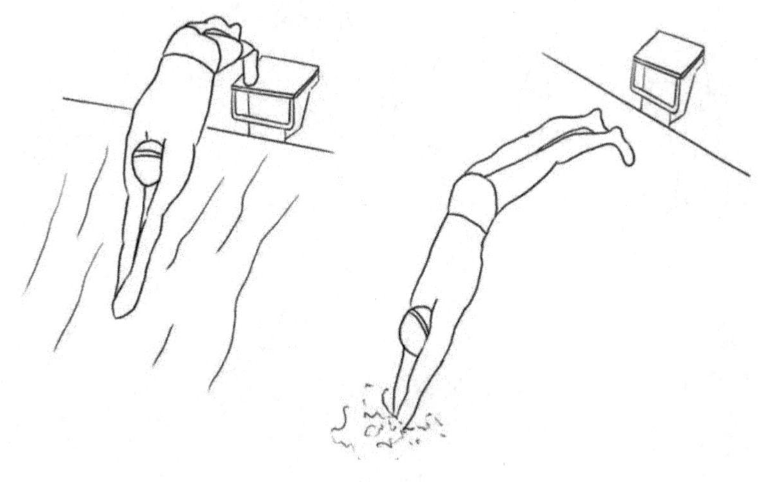

图 2－182

（四）练习方法

1. 陆地跳水练习

此练习方法是在陆地上进行的，旨在帮助练习者初步体会蹲踞式出发技术，以便更好地掌握此项技术。首先双脚一前一后身体慢慢下蹲，然后双腿发力向上跳起，跳起的一瞬间手臂要瞬间夹住头部，躯干伸展，两腿并拢，落地时需点脚尖保持 2 s(图 2－183)。

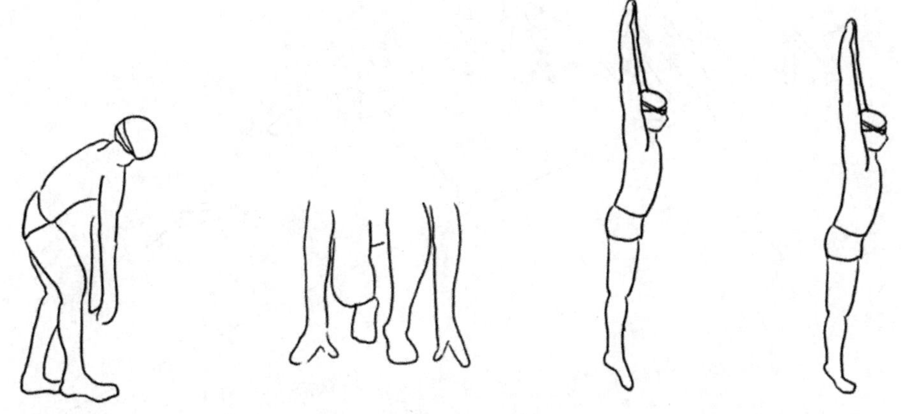

图 2－183

2. 池壁正面跳水练习

此练习方法是在池壁边进行正面跳水练习，旨在帮助练习者体会双脚发力的顺序。两脚与陆地练习一样，一脚在前一脚在后，前脚脚趾勾住池壁，后脚脚跟微微抬起，手臂并拢夹紧头部，肩关节向前伸展，身体向前倾斜，首先后腿蹬直，之后前腿蹬直，钻入水中形成洞式入水(图 2－184)。入水时要保证身体的流线形，手臂、腿一定不要弯曲，手指尖先入水。

图 2－184

3. 池壁侧面跳水练习

此练习是练习者站在池壁边上进行侧面跳水练习。这项练习是为了保证练习者在入水时手臂处于夹紧并拢的状态。首先双手在头部两侧，然后倾斜到后腿蹬直，随之在蹬前腿的同时手臂在空中夹头入水，两腿伸直夹紧并拢入水(图 2－185)。

图 2－185

4. 出发台跳水练习

此练习方法是练习者在正规的比赛出发台上练习。通过前面的练习，练习者需要到正规的出发台上练习，以便熟练地掌握跳水技术。这时双脚与之前的陆地与池壁练习一样，一脚在前，一脚在后，前脚脚趾勾住出发台前沿，后脚踩在出发台上的另一个倾斜台上。

为了防止泳镜脱落，跳水时要收下巴。入水的顺序是指尖、头部、躯干、腿部，最后是脚，在空中身体要绷紧(图 2－186)。

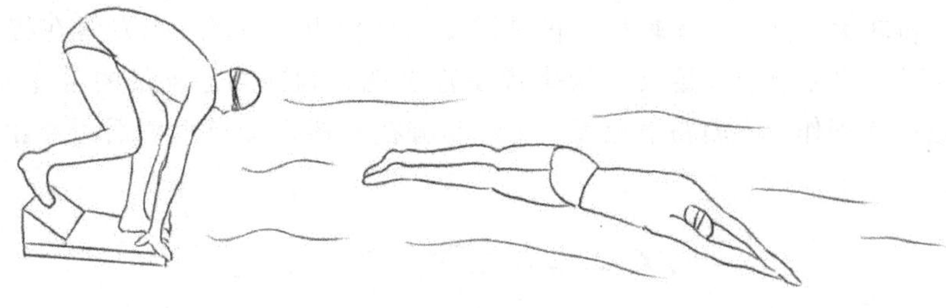

图 2－186

三、摆臂式出发技术

摆臂式出发技术常见于接力项目，虽然离台速度要慢一些，但由于蹬离力量较大，腾空距离较长，适合于配合娴熟的接力交接棒。

(一) 预备姿势阶段

预备时，双脚与肩同宽，脚趾勾住出发台前沿，双手可伸直放在身体前方，注意观察前一名运动员，并估算运动员触壁时间。

(二) 离台阶段

离台时，手臂向后再向前摆动，同时屈膝，身体重心前移，脚底后部先离开出发台。随着腿蹬伸，脚蹬离出发台(图 2－187)。

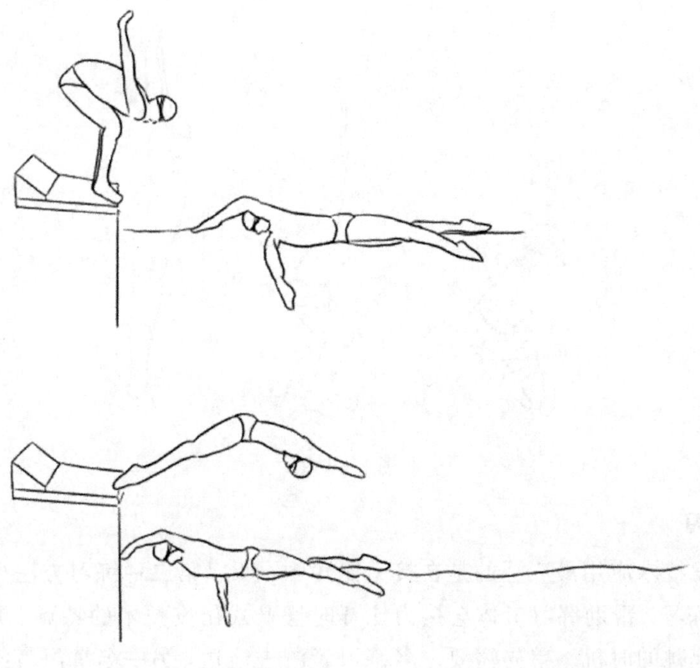

图 2－187

（三）腾空、入水、滑行、出水阶段

摆臂式出发在腾空、入水、滑行、出水阶段，与抓台式出发和蹲踞式出发技术相似，不同的是蹬离力量较大，腾空距离较长。正是因为这些优点，摆臂式出发常在接力比赛中使用，这时交接双方的配合十分重要。接棒者要善于观察和预测运动员的游速和到边时机，既可以提前做摆臂动作，增加腾空距离，又要使脚在交棒运动员触壁后蹬离出发台，避免抢跳犯规(图 2－188)。

图 2－188

（四）练习方法

1. 陆地跳水练习

摆臂式出发技术与抓台式出发技术相似，都是双脚同时发力蹬出出发台。第一种练习方法可以在陆地上进行，首先要做完整的跳水练习，双腿发力蹬直，手臂向上方摆动，在跳起的一瞬间手臂立即夹紧头部并拢(图 2－189)。

图 2－189

2. 实践练习

摆臂式出发技术应用最广泛的是在接力比赛中，所以第二种练习方法可以进行模仿接力比赛的实践练习，帮助练习者体会接力比赛时摆臂式出发技术的特点，并且帮助练习者学会找准出发起跳的时机。首先需要一名练习者游进池边，另一名练习者找准时机进行摆臂式出发技术练习。一定要注意不要抢跳(如图 2－190)。

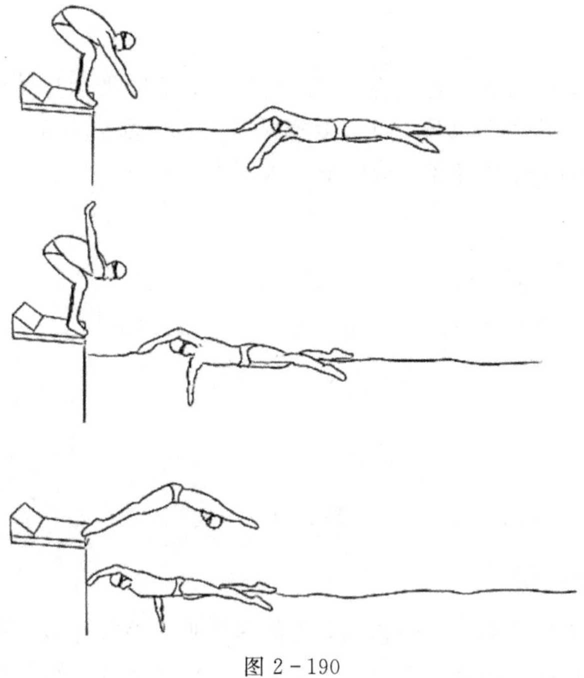

图 2-190

四、仰泳出发技术

仰泳出发技术与蝶泳、蛙泳、自由泳(爬泳)不同，仰泳出发技术是在水中进行的，运动员听到长哨音后跳入水中等待出发信号响起。目前，仰泳出发技术与规则也进行了改革，在水中的仰泳出发中，为运动员添加了仰泳专用的出发器，新的规则帮助运动员有效地提升了运动成绩。

(一) 预备阶段

在正式的竞技比赛中，裁判员需先将仰泳专用的出发器摆放在出发台上。运动员听到长哨音之后，即进入水中，在水中面对池壁，双手握住出发台上的握手器。双脚踩在出发器上。

发令员发出“各就各位”的命令后，运动员依靠手臂的力量将身体拉起来，有的运动员采用抬头挺胸式，有的运动员采用低头团身式，这时身体应该在水平面，双脚踩在水中的出发器上(图 2-191)。

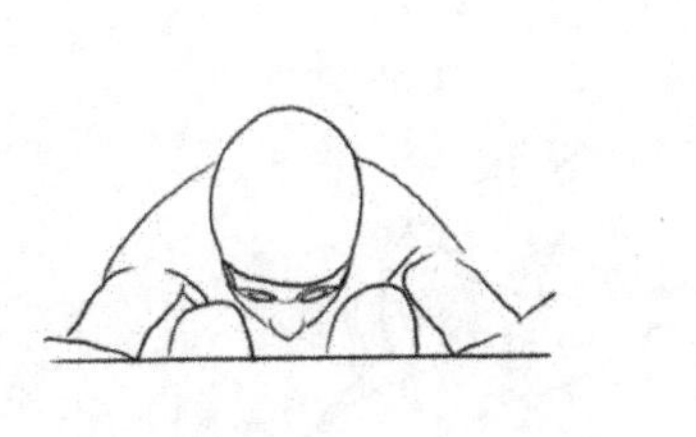

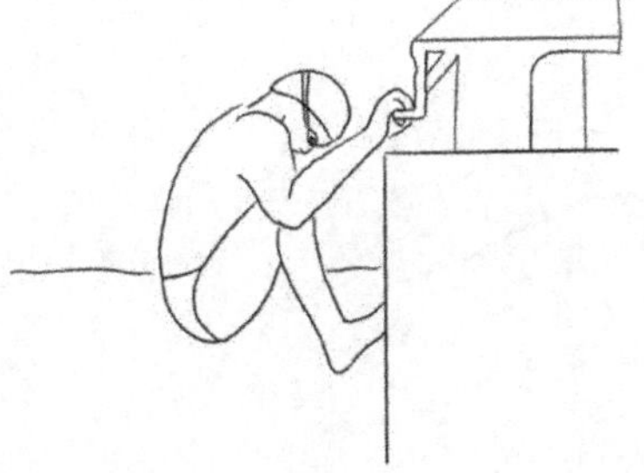

仰泳出发视频

图 2-191

（二）蹬离池壁阶段

出发信号响起后，运动员双腿发力，蹬出出发台，手臂带动身体向后前上方移动，眼睛看向上面。这时手臂应立即夹紧并拢，双臂贴紧头部，置于头部后方，双手叠加，双腿以及躯干快速伸展伸直，保持身体呈流线形进入水中(图 2 - 192)。

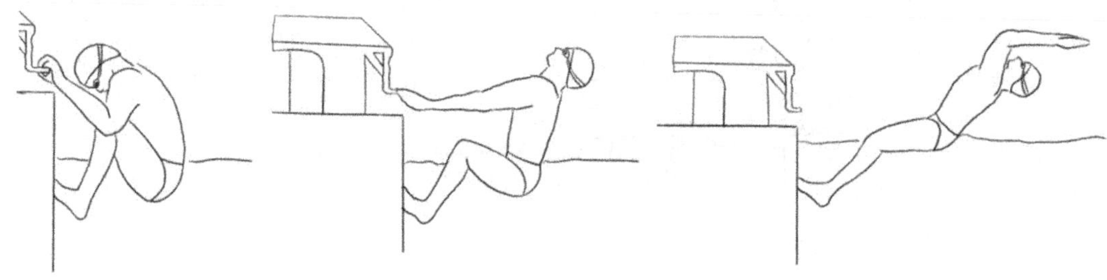

图 2 - 192

（三）腾空、入水阶段

蹬离池壁后，身体呈弓形在空中移动，头部向后仰，手臂伸展，腿部和脚也应充分伸展，保证身体呈一条直线。腾空过程中，身体尽量在水面上方滑行。由于脚在蹬离池壁后有拖在水中的趋势，因此，要做到身体完全腾空，是有一定难度的。但是，只要蹬离角度合适，躯干充分反弓，小腿和脚可以在腾空的大部分时间露出水面。

入水时，身体应该保持流线形，两臂前伸并拢夹紧位于头部下方，双腿和双脚保持充分的伸展，尽量使身体的各个部分从相同的一个点，即手和头入水的那一点入水(图 2 - 193)。一般的运动员身体腾空的高度较低，要做到这一点也是一个不小的挑战，但是优秀的仰泳专项的运动员腾空高度较高、时间较长，做到这一点是非常简单的。所以，臀部的入水点通常略在头入水点的后面。为了防止腿部拖入水中，在入水时可以略微向上抬腿，使之有一定的弯曲。

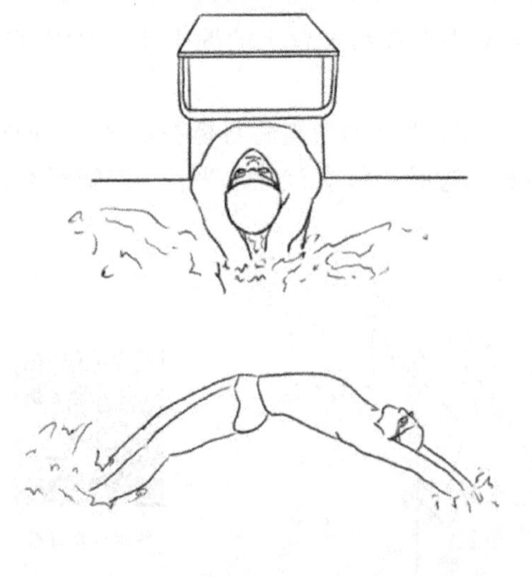

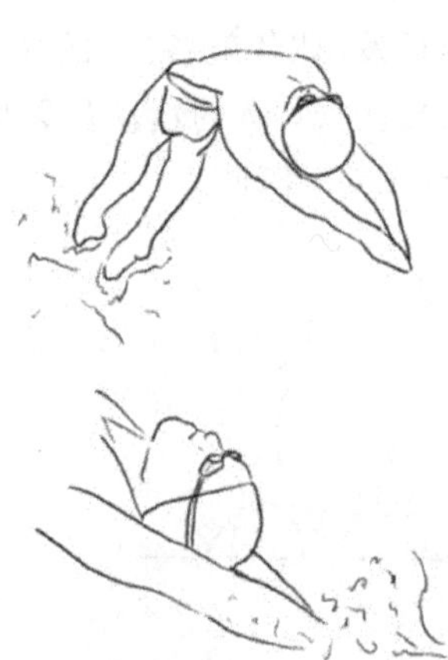

图 2 - 193

（四）水下滑行与出水阶段

身体入水后，应借助出发时较快的行进速度，立即进行“水下蝶泳腿”打腿动作。这时仰泳出发的“水下蝶泳腿”与蝶泳、蛙泳、自由泳的“水下蝶泳腿”不同，仰泳的“水下蝶泳腿”是仰卧进行的，身体充分伸展，手臂并拢，双腿和双脚并拢。与其他泳姿相比，仰泳出发中的“水下蝶泳腿”打腿方向是不同的(图 2－194)。

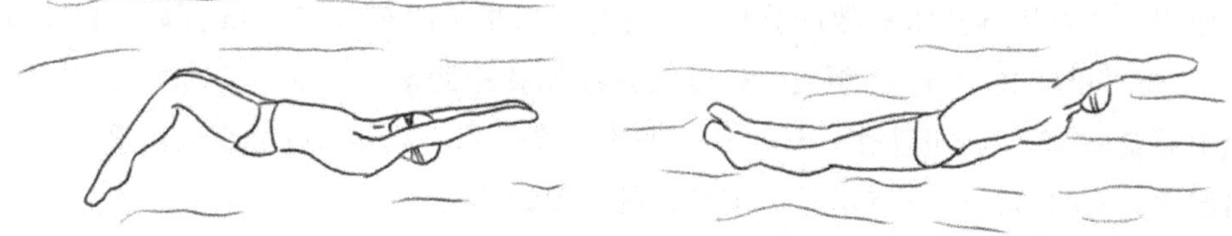

图 2－194

出水时的动作应该控制好，许多运动员在训练中会计算“水下蝶泳腿”打腿的次数，头部出水时正好到 15 m 的位置，但是不能超过 15 m，超过 15 m 即为犯规。在身体露出水面之前，不应该向上抬头，否则将破坏身体的流线形。身体一旦出水开始游进，应立即调整成适合的比赛频率。

（五）练习方法

1. 仰泳出发踢球练习

第一种练习方法是通过踢球找到正确的双腿位置，强调双腿在蹬边后的上扬动作，以加强腿部在空中的控制能力。首先练习者做好仰泳出发的准备，出发信号发出，运动员双腿发力蹬离池壁，双脚上扬，踢到由辅助练习者摆放于练习者垂直方向的气球，踢球的同时要保持腿部离开水面，避免双腿拖在水中的阻力，此外上摆后的双腿带动躯干，形成良好的身体流线形，最终形成良好的入水角度。

2. 仰泳出发抛球练习

此练习方法是进行仰泳出发时手部抛球的动作，通过抛球让上肢更好地伸展，而抛球动作本身使身体的肌肉绷紧，避免在腾空时身体松懈。首先将球放在出发台手部握住的位置，先启动身体，再松开双手抓球，接着抛球。球的运动方向沿着头部延长线，产生向前的力，使练习者除了控制身体位置外，还需控制身体的力量将球抛出。之后身体先动，调动双臂速度，使双臂加速后赶到身体前面，最后双臂夹紧并拢，身体保持流线形入水。这种练习方法在初期练习中，或许会出现抛不出球或跳歪的现象，这时可以根据球抛出后的轨迹和角度，判断出发时身体的方向和手臂展开的位置是否合适。

课后习题

1. 简述蹲踞式出发技术特点及练习方法。
2. 简述仰泳出发技术特点及练习方法。

第八节 转身技术及教学、练习

转身是比赛中极为重要的技术环节，游泳距离越长越能凸显转身技术的重要性。标准泳池中只有 50 m 比赛不需要转身，短池比赛中无论任何项目都需要转身，而且短池比赛中转身的次数是长池比赛的一倍，因此转身技术与出发技术一样，在比赛最终结果中起着重要的作用。在对比赛技术参数的分析中，转身一般指从距离池壁 5 m 开始，到转身后离开池壁 10 m 为止，共 15 m 的距离。以竞技游泳比赛中距离最长的 1 500 m 自由泳为例，在短池中需要做 29 次转身动作，与转身有关的距离达到 435 m，占总距离的 29%。因此，长距离游泳比赛项目的转身技术是决定胜负的重要因素之一。

一、爬泳的滚翻转身

国际泳联竞赛规则规定，自由泳(爬泳)转身和到边可以用身体的任何部位接触池壁，因此在正规的竞技游泳比赛中每一名自由泳(爬泳)项目的运动员一般都采用前滚翻转身，只需用脚触壁、蹬壁，从而节省转身所用的时间，提升运动成绩。

转身可分为游近池壁阶段(距离池壁 5 m 处)、滚翻转身阶段、蹬离阶段、水下滑行阶段、出水阶段等。

(一) 游近池壁阶段

当运动员游过距离池壁 5 m 池底的标志线后，运动员就需要开始调整动作频率、划水幅度，准备进行滚翻转身动作。注意，在游近池壁转身时，不要减慢游泳的游进速度，根据个人身材和速度的不同，在适当的时机完成最后一次划水动作。许多研究发现，大多数运动员在距离池壁 1.7～2 m 时开始做最后一次划水动作(图 2－195)。

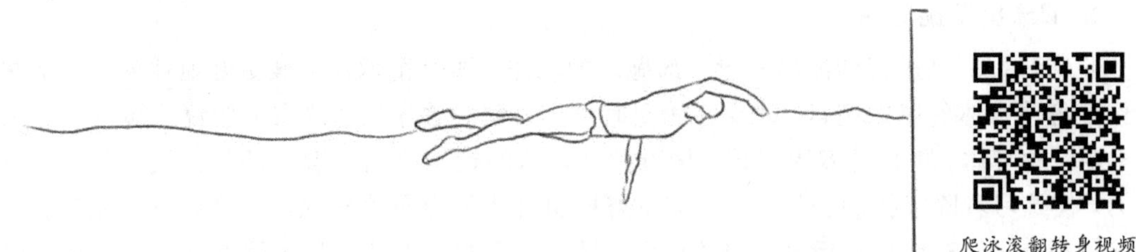

图 2－195

(二) 滚翻转身阶段

当运动员完成最后一次划水之后，双臂置于在身体两侧，两腿做一次蝶泳腿式打腿动作，为了帮助滚翻转身动作，提供一些惯性动能，同时低头团身，向前方翻滚，翻滚时注意保持身体的稳定性，保证身体不倾斜与晃动。边滚翻，两手边向头部方向伸展。滚翻后头向一侧转动，身体略微侧转，脚触壁时前脚掌朝侧上方(图 2－196)。

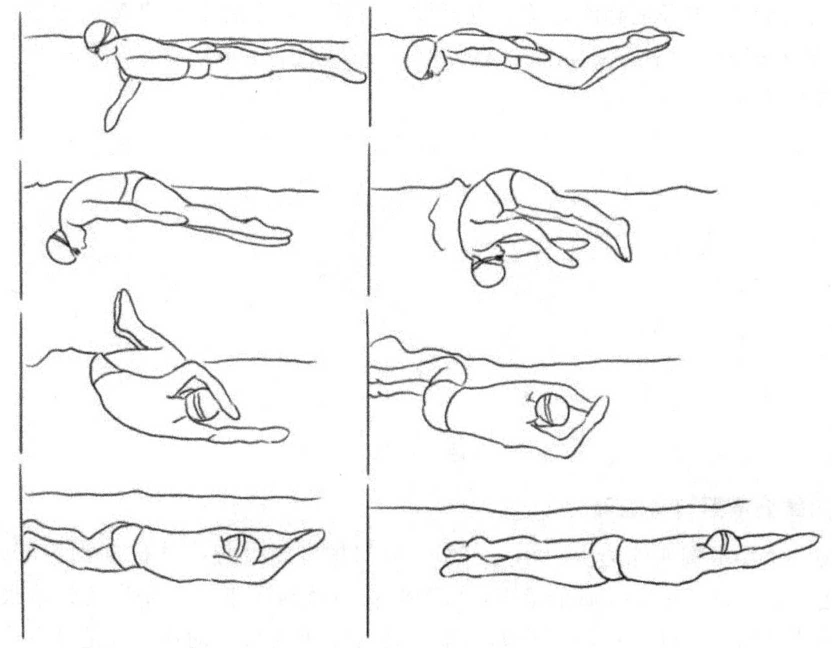

图 2-196

（三）蹬离、水下滑行、出水阶段

双脚触壁后立即蹬离池壁，此时身体处于向一侧卧且接近仰卧的姿势。身体蹬离池壁后，身体将慢慢地从侧卧的身体姿势变换到俯卧的身体姿势，开始进行与出发技术中水下滑行阶段一样的“水下蝶泳腿”。这时身体尽量处于泳道中间线的位置(图 2-197)。当今正式的游泳比赛中，在蹬离池壁后进入水下滑行阶段中，有的运动员采用侧卧的姿势进行“水下蝶泳腿”，有的运动员采用仰卧的姿势进行“水下蝶泳腿”(与仰泳转身后打“水下蝶泳腿”的方式一样)，每个运动员都有自己的技术风格，因人而异，都是为了提高最终的运动成绩。

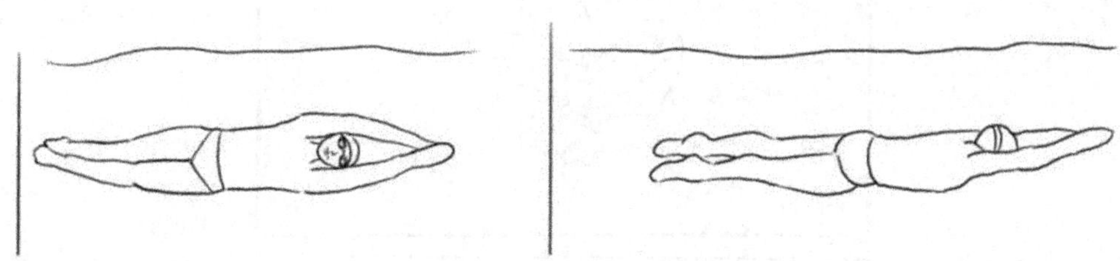

图 2-197

（四）练习方法

1. 水中原地练习法

此练习旨在帮助练习者迅速地找到在水中前滚翻的感觉。首先练习者在水中保持平衡，双手自然放在身体两侧，这时前后左右没有任何障碍物影响翻滚的动作。之后练习者需要深吸一口气，将头部慢慢向下方移动，这是两臂在身体两侧可以做一些小幅度的划水动作，为了帮助身体更好地翻滚过去，也可以保持不动，之后上半身弯曲团身，团身时膝关节弯曲(图 2－198)。注意在翻滚时练习者可以憋住气，也可以将气用鼻子向外呼出，以防止呛水情况发生。

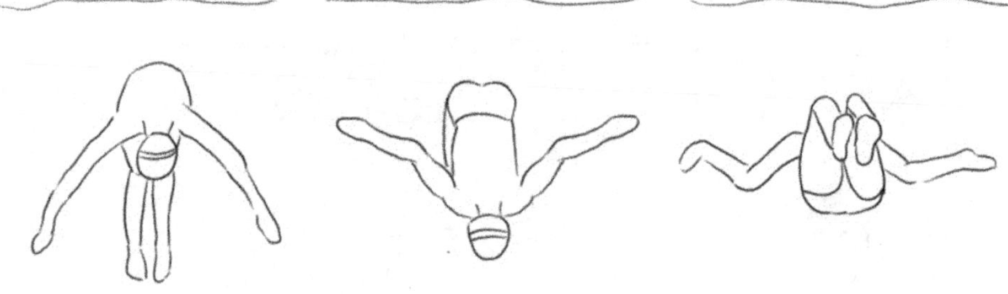

图 2－198

2. 池边蹲姿滚翻转身练习

首先用一个浮板搁在池边上探出一部分，以保护翻转过程中枕部和颈部不碰到池边。蹲到池壁边之后，深吸一口气做前滚翻(背着水)让身体滚入水中。注意身体落水时双臂处于向体前伸直的状态，这个动作就是仰泳滚翻转身完成的水下动作，也是自由泳滚翻转身完成的前部动作，即在水平方向上 180°前滚翻，仰面朝天(图 2－199)。

图 2－199

3. 池边滚翻转身练习

这个练习较前两个练习难度稍微加大，是指练习者通过做一次前滚翻动作入水。这个练习比前滚翻入水动作快。首先练习者两脚分开与肩同宽站在池边上，脚趾勾住池边，双手置于体侧略扶住大腿后上部，吸气向前起跳，迅速前空翻落入水中(图 2－200)。因为是在陆上做先吸气后翻转的动作，避免了直接在水中练习时鼻腔倒水的不适，保证了安全和健康，因为鼻腔倒水有可能诱发鼻窦炎。

图 2－200

二、爬泳的摆动式转身

这项转身技术适用于技术水平不高且难以熟练掌握自由泳(爬泳)前滚翻技术的练习者。练习者可以先从摆动式转身开始学习，再过渡到前滚翻转身，因为摆动式转身技术相对于前滚翻转身技术比较简单、容易掌握。

(一) 游近池壁阶段

游近池壁时，快速积极地完成最后一次划水动作，首先身体形成侧卧姿势，一只手臂前伸，另一只手臂伸直放在身体体侧，腿保持打腿动作，以保证身体能够保持一定的速度游进，直到前伸的一只手臂触及池壁。

(二) 转身阶段

在游进过程中，依靠向前的惯性，前伸的手臂触及池壁，之后触及池壁的手臂自然略微弯曲，身体慢慢靠近池壁。这时触及池壁的手臂需要用力将身体上半身推离池壁，之后两腿弯曲向池壁摆动，触及池壁的手臂与头和身体的上半身一起向反方向摆动。

(三) 蹬离阶段

当身体上半身摆动入水时，另一只手臂与前伸的手臂会合，两臂并拢夹紧头部，双手叠加，同时两脚接触到池壁，躯干进入水中，两脚用力蹬离池壁，这时注意要用双脚的前脚掌蹬离池壁，以更好地发力。蹬出之后身体充分伸展，呈流线形。

（四）水下滑行、出水阶段

蹬离池壁后，身体完全进入水中，身体也转为俯卧位。这时身体会慢慢地接近水面，之后腿部开始交替打水，身体到达水平面后开始第一次划水动作，进入游进过程中(图 2－201)。

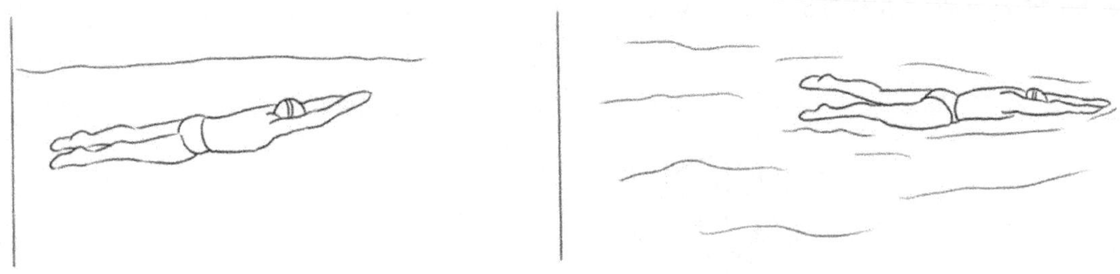

图 2－201

（五）练习方法

1. 陆地摆动式转身练习法

此练习是模仿在水中摆动式转身的练习方法，旨在帮助练习者找到手臂推动池壁、身体上半身摆动的感觉。首先练习者面对一面墙壁，身体上半身弯曲，呈弯腰状，一只手臂向前伸直，手臂大臂部位贴紧耳朵，另一只手臂则是伸直放在身体侧面，眼睛看向下方。之后双腿慢慢地向前方走动，向前伸直的手臂会触及墙壁。触及墙壁后，手臂自然弯曲，身体也慢慢靠近墙壁，这时前伸的手臂发力将身体上半身推离墙壁，然后触及墙壁的手臂与头和身体的上半身一起向反方向摆动。当身体摆动过来之后，另一只手臂与前伸手臂会合，夹紧并拢，双腿再慢慢地向摆动过来的方向移动。

2. 水中摆动式转身练习法

此练习方法是练习者在水中进行摆动式转身的练习方法，有助于练习者找到转身的恰当时机。练习者需要在浅水区，站立在距离池壁 5～7.5 m 的位置进行游进并练习。

三、仰泳转身

正式竞技游泳比赛规定，在仰泳项目的比赛中，进行转身动作时可以用身体的任何部位去触及池壁，这一点与自由泳(爬泳)转身动作一样。为了加快转身的速度，缩短转身的时间，许多运动员在正式的竞技游泳比赛中，仰泳转身动作均采用前滚翻式转身技术。仰泳的前滚翻转身技术与自由泳(爬泳)有很多相似之处，但是仰泳转身是目前在游泳比赛中较容易出现犯规动作的环节之一，常见的犯规动作是游近池壁时距离判断的失误，身体由仰卧位转换成俯卧位后不能在一次划水结束前进入前滚翻动作，从而犯规。因此，需要运动员熟练掌握从仰卧姿势转换为俯卧姿势的技巧与时机。

（一）游近池壁阶段

要想做好仰泳转身动作，首先应该尽可能地少做一些左顾右盼的动作，不要依靠左顾右盼去判断是否该进行姿势的转换。一旦运动员开始左顾右盼，身体的晃动幅度就会加大，影响游进的速度。运动员应将转身标志线作为转身距离的判断依据。转身标志线位于池底 5 m 标志线正上端，运动员在仰泳游进到 5 m 处，眼睛向上方可以清楚地看到由很多小旗子编织而成的标志线，然后通过划水的动作次数来确定自己的转身时间。

转身前最好不要看池壁。根据国际泳联规定，可以在距离池壁还有两次划水时开始做转身动作，因此可以较早地将身体从仰卧位转换为俯卧位，从而清楚地看到池壁，不需要担心手臂或者头部碰撞池壁。此外，就算对距离的判断有误差，也可以通过最后一次划水来调整。运动员要养成在看到眼睛上方的标志线后就开始数划水动作数的习惯，清楚自己到达标志线后多少次的划水可以将身体从仰卧位转换成俯卧位。

（二）身体从仰卧位转换成俯卧位阶段

在距离池壁还有两次划水时开始进行转身。第一次划水时身体还处于在仰卧位进行游进，在此次划水进行到一半时，身体应向一侧慢慢地转动，同时另一只手臂在空中进行正常的仰泳移臂动作。当第一次划水的手臂划到胸部以下时，身体应完全从仰卧位转换为俯卧位，此时另一只在空中移动的手臂正好进入水中，然后进行第二次向内和向下的划水、抱水、推水动作，两只手臂在身体侧面。两次划水的动作可以协助身体完成从仰卧位到俯卧位的转换。

（三）滚翻转身阶段

此时身体通过前面的划水动作正在慢慢靠近池壁。仰泳的前滚翻转身动作与自由泳（爬泳）前滚翻转身动作几乎一致，只是在蹬离时和蹬离后身体呈仰卧姿势。转身时，眼睛目视前方池壁，方便对前滚翻时进行必要的调整，双臂在身体两侧。头部向胸部下压，同时双腿做一次海豚式打腿动作，协助臀部上提，进行前滚翻动作。

前滚翻动作完成后，头部上升，脚部积极去触及池壁，在触及池壁前两臂应立即夹紧头部并拢，手臂和身体上半身呈一条直线，这样在脚触壁时，就可以立即蹬离。脚应该在水中触壁，注意不要露出水平面去触及池壁，同时身体应在水深 0.7～1 m 的位置，以便于协助“水下蝶泳腿”打腿。

（四）蹬离、水下滑行、出水阶段

当身体呈仰卧位蹬离池壁时，手臂和腿部同时伸展，蹬离时身体应向下倾斜，产生一个蹬离倾斜的角度，以有效地减小水平面上的波浪阻力，而且有助于在适当的深度位置做“水下蝶泳腿”。

在水下滑行过程中，身体应一直保持手臂并拢夹紧头部，双腿并拢，呈流线形的状态。经过蹬离池壁后短暂的滑行，接下来开始做“水下蝶泳腿”打腿，帮助保持较高的游进速度。如果个人的“水下蝶泳腿”效果好可以多做几次，“水下蝶泳腿”打腿效果较差者可以较早地结束水下滑行阶段，进入出水阶段。

在水下滑行阶段结束后，可以先做几次仰泳打腿，帮助身体升到水平面上。当身体几乎到达水平面时，开始进行第一次仰泳划水动作。随着这个动作的完成，身体已经完全到达水平面，这时应立即进入正常的仰泳划水节奏，不应该有丝毫的耽搁（图 2-202）。

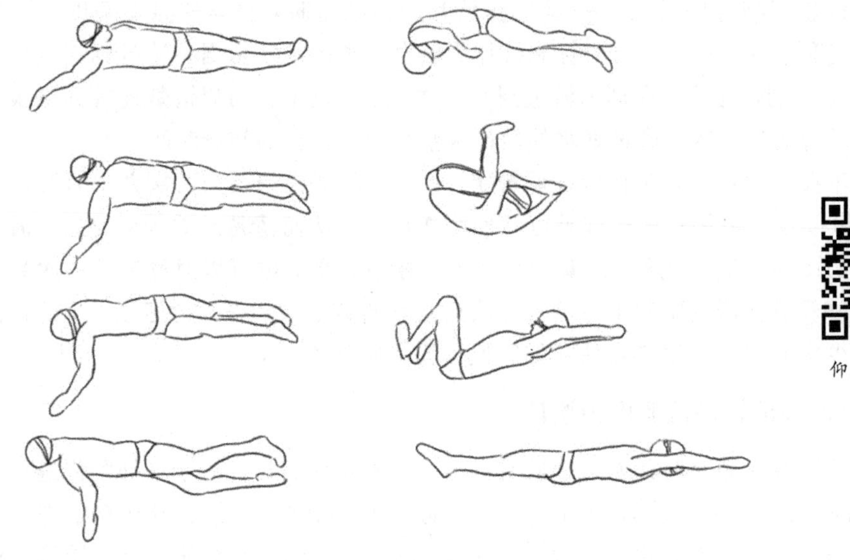

仰泳转身视频

图 2－202

（五）练习方法

1. 水中原地练习

因为仰泳前滚翻动作与自由泳（爬泳）前滚翻动作几乎一致，因此练习也是大同小异。练习者可以进行与自由泳前滚翻练习时相同的水中原地前滚翻练习，与自由泳前滚翻不同的是，当身体前滚翻动作完成后，身体是呈仰卧位蹬离池壁的。练习者在水中应保持平衡，双手自然放在身体两侧，前后左右没有任何障碍物影响翻滚的动作。之后练习者需要深吸一口气，将头部慢慢向下方移动，两臂在身体两侧可以做一些小幅度的划水动作，以帮助身体更好地翻滚过去，也可以保持不动，之后上半身弯曲团身，团身时膝关节弯曲，在头部向上时，眼睛可以看到正上方，身体上半身已经呈仰卧位时，腿部立即伸展（图 2－203）。此项练习有助于练习者在仰泳前滚翻转身后保证身体呈仰卧位蹬离池壁。在翻滚时，练习者可以憋住气，也可以将气用鼻子向外呼出，以防止呛水情况发生。

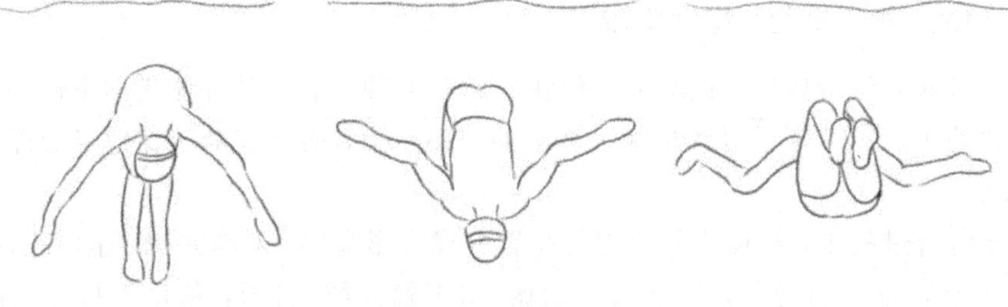

图 2－203

2. 水中仰泳前滚翻练习

此练习是让练习者做完整的仰泳转身练习，旨在帮助练习者找到合适的转身时机以及找到几次划水可以准确地到达转身的位置。每次练习时，练习者要到离池壁 5～7.5 m 的位置，之后开始进行游进与前滚翻转身动作以及蹬离、水下滑行、出水，游进过程中完全按照正规比赛的要求进行。

四、蝶泳与蛙泳转身

在正式的竞技游泳比赛中，蝶泳和蛙泳的转身动作，从触及池壁到水下滑行后的出水几乎没有什么区别，通常采用摆动式转身动作。但是蝶泳与蛙泳采用摆动式转身动作的不同在于，国际泳联规定，在正式的竞技游泳比赛中蝶泳与蛙泳必须要用双手触及池壁，不然视为犯规动作。

（一）游近池壁阶段

在游进池壁时眼睛目视前方，注意观察与池壁的距离，判断几次划水动作可以恰好触壁。根据距离和自身的划频与划幅的特点对动作进行调整。避免在游进时，动作调整不恰当，多做出半个划水动作。注意游近池壁时尽量不要减速，快速积极地完成最后一次划水动作，两手同时有力地触壁，依靠惯性使身体获得较大的转动动量(图 2－204)。

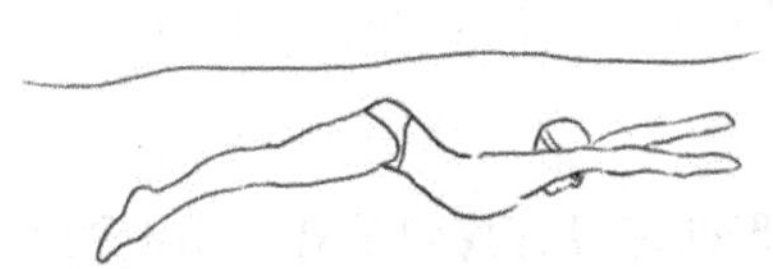

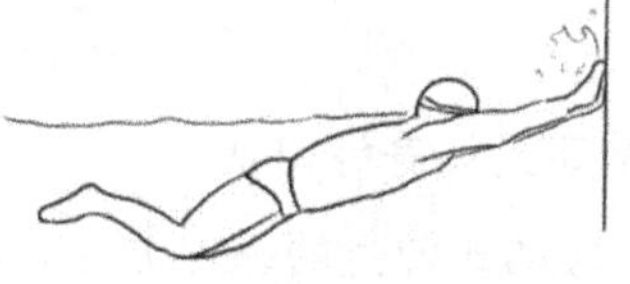

蝶泳转身视频

图 2－204

（二）转身阶段

触及池壁后，双手用力向外推出，身体侧向转体。如果转身时脸部朝向左侧，那么左手应迅速在水下肘部自然弯曲，手尖朝向蹬出方向，另一只手在上方迅速弯曲并随着身体转动。这时两腿向腹部收起向池壁方向摆动。之后随着身体完成转身动作时，两手会合叠加，双臂夹紧头部并拢，同时两脚前脚掌一上一下踩住池壁。这时身体应处于侧卧位，眼睛看向侧方(图 2－205)。

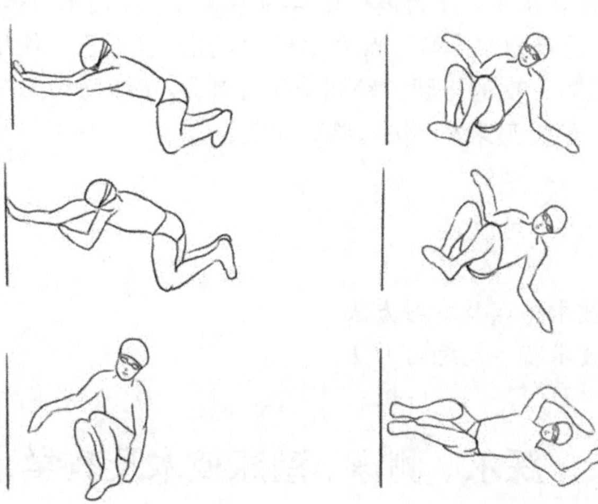

图 2－205

（三）蹬离、水下滑行和出水阶段

两脚前脚掌触壁后应迅速立即用力蹬离池壁，蹬离池壁后，身体充分伸展，全身绷紧，双臂并拢夹紧头部，腿部也夹紧并拢，呈流线形滑行。身体姿势由侧卧位随着滑行慢慢地转换为俯卧位。身体由侧卧位转换为俯卧位后，蝶泳项目的运动员可以进行快速的“水下蝶泳腿”保持较高的游进速度。而蛙泳项目的运动员，根据规定只允许做 1 次“水下蝶泳腿”和蛙泳大划臂。之后随着身体慢慢地接近水平面双手分开进行划水动作，开始进入正常的游泳节奏(图 2 - 206)。

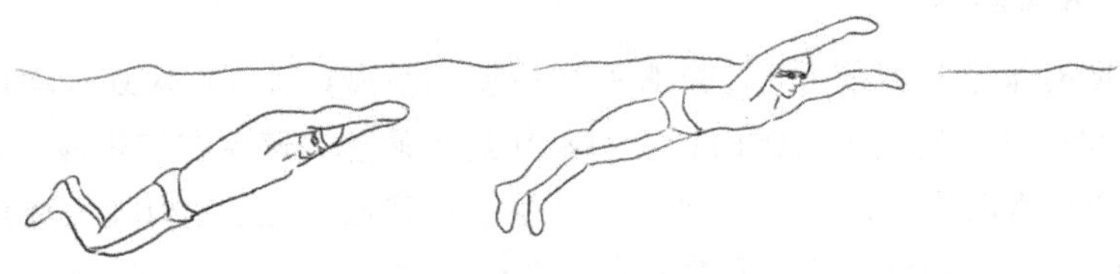

图 2 - 206

（四）练习方法

1. 陆地蝶泳与蛙泳摆动式转身练习法

此方法是模仿在水中摆动式转身的练习方法，旨在帮助练习者找到手臂推动池壁、身体上半身摆动的感觉。首先练习者面对一面墙壁，身体上半身弯曲，呈弯腰状，两臂先向前伸直，手臂大臂部位贴紧耳朵，眼睛看向下方。之后双腿慢慢地向前方走动，手臂做蝶泳与蛙泳的手臂模仿动作，向前慢慢触及墙壁后，手臂自然弯曲，身体也慢慢地靠近墙壁，这时手臂发力将身体上半身推离墙壁，然后触及墙壁的手臂与头和身体的上半身一起向反方向摆动。当身体摆动过来之后，另一只手臂与前伸手臂会合，夹紧并拢，双腿再慢慢地向摆动过来的方向走动。

2. 水中蝶泳与蛙泳转身练习法

此练习方法帮助练习者体会屈臂后迅速屈髋、屈膝团身的动作。首先身体在距离池壁 5～7.5 m 处俯卧位漂浮在水中，开始进行正常的蝶泳与蛙泳划水节奏。刚开始时，练习的动作节奏可以慢一些，计算划水次数。触及池壁后，用力推池边，借力屈髋、屈膝，使脚接近池壁。注意触壁前最后一次的打腿或蹬腿动作应有力，因为这次腿部动作产生冲量在蹬离池壁时起反弹作用，有助于身体更快地蹬离池壁。

课后习题

1. 简述仰泳转身技术特点及练习方法。
2. 简述蛙泳转身技术特点及练习方法。

第九节 踩水、侧泳、潜泳技术及教学、练习

踩水、侧泳、潜泳属于非竞技游泳但却具有实用价值的游泳技术。本节重点就踩水、

侧泳、潜泳三项技术进行阐述，以期学习者能了解和掌握其技术的特点和教学方法，在游泳时更好地掌握自救、互救、赴救及其他水中作业的知识和技能，以在实际应用中有效地发挥作用。

一、踩水

踩水技术动作较多，由于身体踩水时接近直立，位于水面角度较大，水下腿动作大多使用蛙泳和交替式螺旋腿两种。其动作特点是技术动作简单、方便、省力且持久，头露出水面，便于观察水面情况，可做前、后、左、右移动，实用性强。

（一）身体姿势

踩水时，身体直立于水中并稍前倾，头露出水面，稍收髋，两腿微屈勾脚，两臂胸前平屈，掌心向下类似蛙泳臂。

（二）腿的技术

1. 两腿交替蹬水

踩水时，身体在水中起伏不大，大腿动作幅度较小。做动作时先屈膝，小腿和脚向外翻，然后膝盖向里扣压，用脚掌和小腿内侧向侧下方蹬夹水，当腿尚未蹬直时往后上方收小腿，收腿的同时另一腿开始做蹬夹水的动作，两腿交替进行(图 2 - 207)。

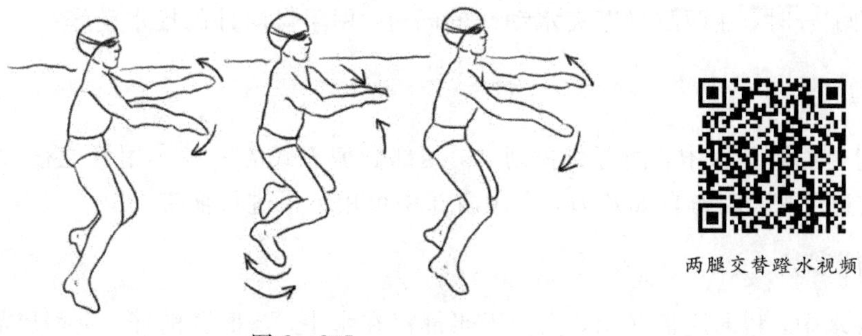

图 2 - 207

练习方法：

(1) 手垂直撑池边，双脚交替做踏踩动作；

(2) 身体直立，手扶水线，双脚交替做踏踩动作；

(3) 身体直立，手扶浮板，双脚交替做踏踩动作；

(4) 身体稍前倾，双手划水，双脚交替做踏踩动作。

2. 两腿同时蹬夹水

同蛙泳腿动作相似，但大腿动作的幅度较小。用小腿和脚内侧向侧下方蹬夹水，在两腿还未完全蹬直时收腿，动作要连贯(图 2 - 208)。

练习方法：

(1) 手扶水槽，双脚同时做蹬夹水动作；

(2) 手扶浮板，双脚同时做蹬夹水动作；

(3) 身体稍前倾，双手划水，双脚同时做蹬夹水动作。

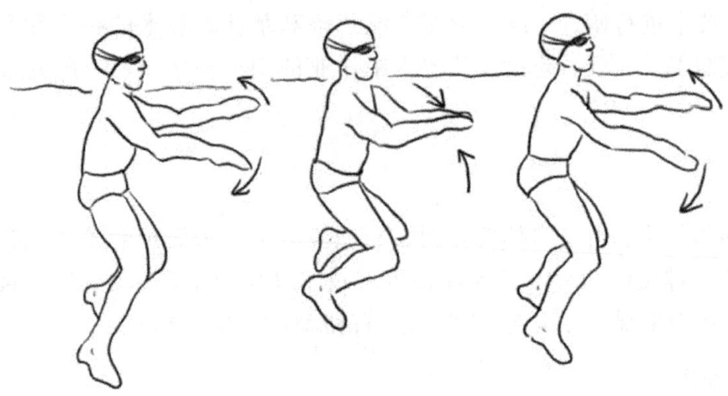

图 2-208

(三) 臂的技术

两臂弯曲，手和前臂在胸前做向外、向内的摸水动作，手臂动作不宜过大，向外摸水时掌心稍向外，向里摸水时掌心稍向内，手掌要有压水的感觉，两手摸水路线呈弧形。

(四) 腿和臂的配合技术

腿和臂的动作配合要连贯，一般是两腿各蹬夹一次，或两腿同时蹬夹一次，两手做一次摸水动作。采用两腿交替蹬夹水的配合时，通常是腿和手同时不停地进行；而采用两腿同时蹬夹水的配合时，在两腿做蹬夹水动作的同时，两手做向外的摸水动作。

二、侧泳

侧泳是身体侧卧于水中，两臂交替划水，腿部做剪刀式的一种实用价值很大的游泳技术，其特点是速度快，动作自如省力，实用游泳中可用单手进行拖带。

(一) 身体姿势

身体侧卧水中，稍向胸侧倾斜，头的下半部浸在水中，下面臂前伸，上面臂置于体侧，两臂并拢伸直，在游进时身体绕纵轴转动。

(二) 腿的技术

1. 收腿

上腿屈髋，提膝向前收，大腿与躯干成 90°，小腿与大腿成 45°～60°。下腿髋关节伸展，小腿向后收，膝关节尽量弯曲，足跟靠近臀部(图 2-209)。

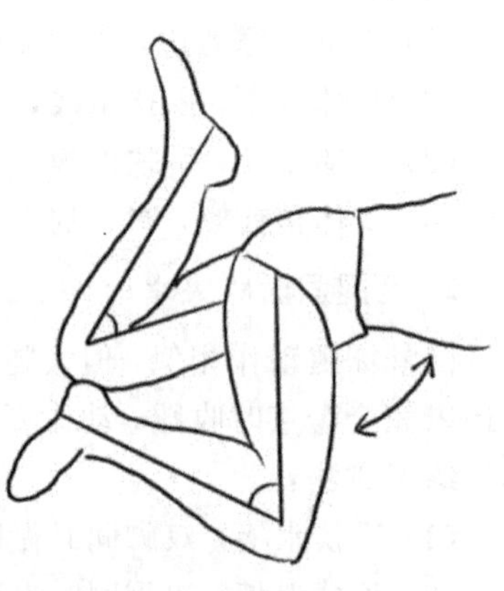

图 2-209

2. 翻脚

当完成收腿动作后，上腿勾脚掌，脚掌向后对准水；下腿将脚尖绷直，腿和小腿前面向后对准蹬水方向。

3. 蹬剪腿

上腿以髋关节发力，用大腿带动小腿稍往前伸，以脚掌对着蹬水方向，由体前侧后方加速蹬水；下腿以脚面和小腿对着蹬水方向，用力稍向下，再向后伸膝剪水，与上腿形成蹬剪水的动作。

（三）臂的技术

1. 上面臂

上面臂与爬泳臂划水动作相似，不同的是当上面臂前移时，上体绕纵轴略有转动，这样就使得两肩连线与垂直线之间的角度增大到 45°～50°(图 2－210)。

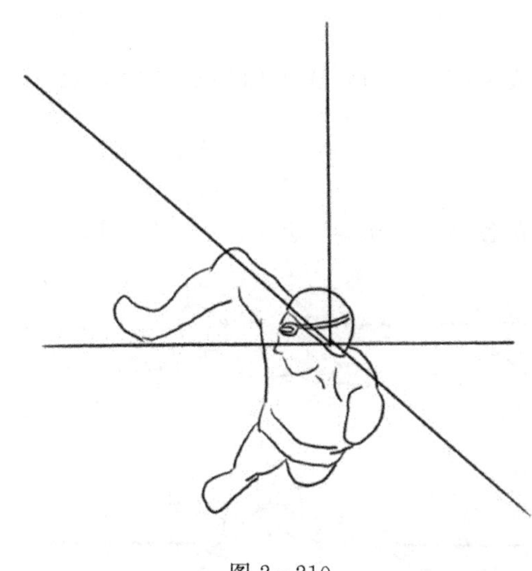

图 2－210

2. 下面臂

(1) 准备姿势：手臂前伸，掌心向下，手略高于肩。

(2) 划下：当臂划下与水面成 20°～25°时，稍勾手，屈臂，使手和前臂向后对准水，即过渡到划水动作(图 2－211)。

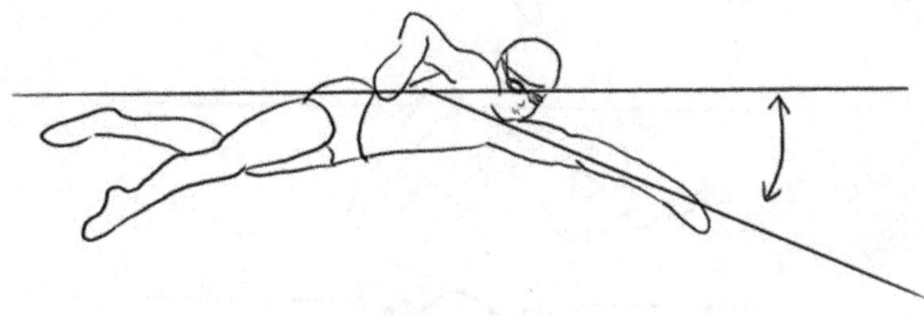

图 2－211

(3) 划水：下面臂的划水动作不是在肩下进行，而是在靠近胸侧斜下方进行的，划至腹下即结束。

(4) 臂前移：划水结束后，迅速收前臂，使手掌向上，并沿着腹胸向前移动，当手掌移至头前时，随臂向前伸直，手掌逐渐转向下方。

（四）两臂配合动作

下面臂开始划水，上面臂前移；上面臂开始划水，下面臂做前伸动作；两臂在胸前交叉；上面臂划水结束，下面臂开始滑下。

（五）臂、腿及呼吸的配合

1. 臂和腿的配合

在当上面臂入水后，下面臂开始前移并收腿，上面臂划到腹下开始做推水动作时，下面臂向前伸，同时腿用力向后做蹬剪水动作。

2. 臂和呼吸的配合

上面臂开始划水时，逐渐呼气，划到腹下做推水时转头吸气。移臂和入水时头还原，闭气。

3. 侧泳完整配合动作

两腿蹬剪水 1 次，两臂各划水 1 次，呼吸 1 次(图 2 - 212)。

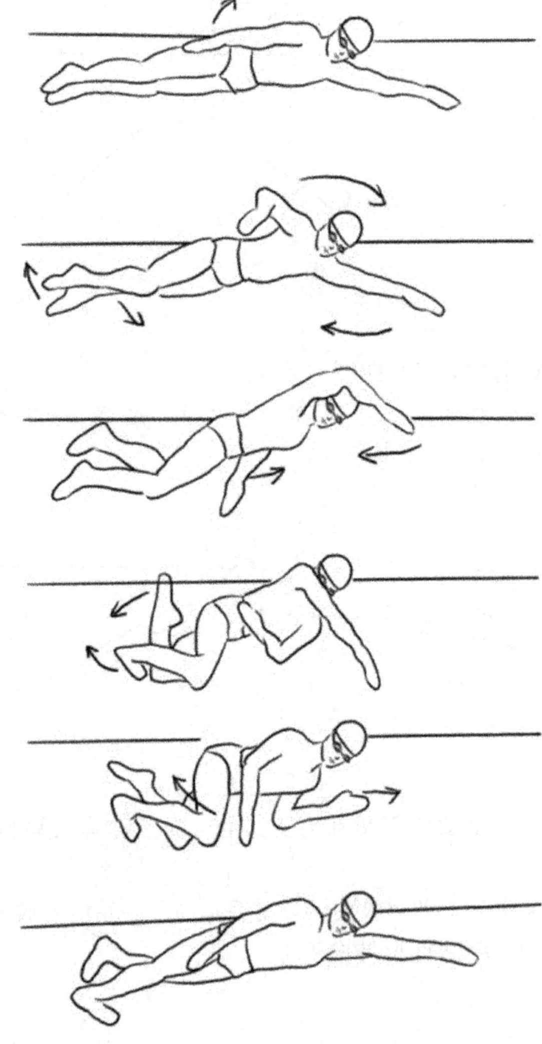

图 2 - 212

三、潜泳

潜泳是身体在水下不做呼吸的一种游泳技术，其特点是快速且可根据深度和远近进行相应的救护、打捞等作业，分为潜远和潜深技术。

（一）潜远技术

1. 蛙式潜泳

蛙式潜泳是在水下用蛙泳的方式游进的一种技术。它的动作基本上与水面“平蛙”相同。在游进中为了避免身体上浮，头的位置应稍低于蛙泳，头与躯干形成一条直线。臂划水的幅度要比蛙泳小，收腿时屈髋较小。配合动作与“平蛙”相同，只是滑行时间稍长。

2. 蛙式长划臂潜泳

1）躯干和头的姿势

躯干和头的姿势应完全呈水平姿势，只是在臂开始划水时头稍低一些，以防身体上浮。

2）臂的动作

两臂向前伸直开始，紧接做下划，手掌和前臂内旋，稍勾手腕，两手向前下方做抓水动作，臂划水开始时稍慢，然后两臂逐渐向后内屈臂用力划水，划水时两臂自然提肘，使手和前臂尽量与划水方向接近垂直，当手划至肩下方时，肘关节屈 90°～100°(图 2－213)，然后肘关节由外侧向躯干方向靠拢，上臂带动前臂向后推水。推水完毕，两臂几乎在大腿两侧伸直，手掌朝上(图 2－214)。划水结束后应稍有滑行阶段。移臂时两手外旋、屈肘，两手沿腹胸前伸，当手伸至额下时，手掌开始内旋，掌心转向下方，在头部前方伸直并拢，然后准备做下一次动作(图 2－215)。

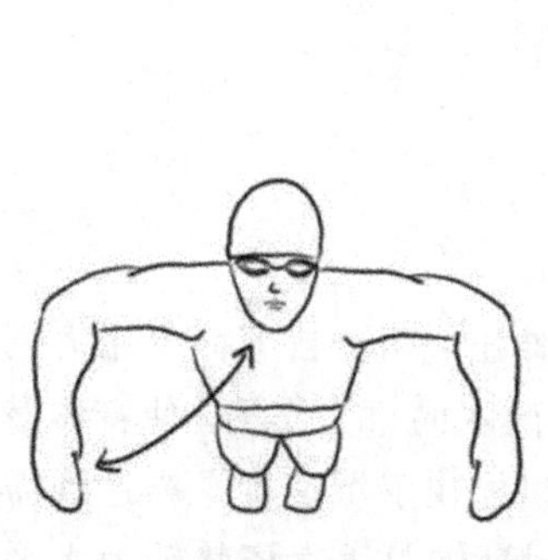

图 2－213

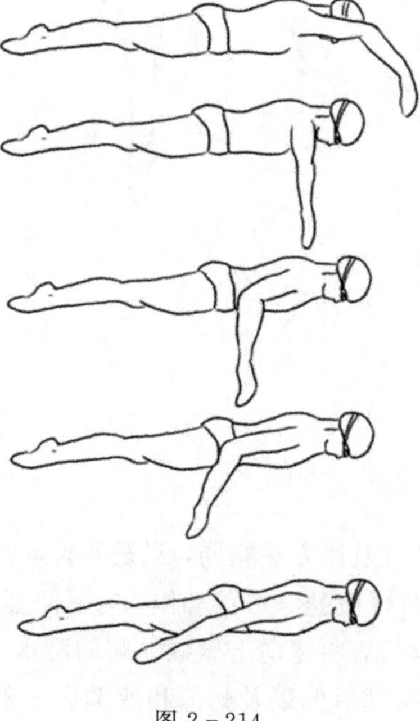

图 2－214

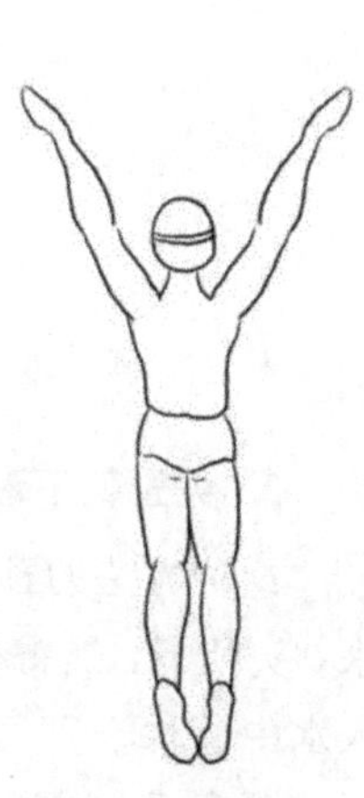

图 2－215

3）腿的动作

与蛙泳的区别是，收腿时髋关节屈得较小，双膝分开也较少，蹬水向正后方，以免身体上浮。

4）腿和臂动作配合

收腿与臂前伸的动作几乎同时开始，当臂前伸结束时收腿结束，臂向前伸直后用力蹬夹水，蹬腿结束，臂紧接着做划水动作。划水结束后，两腿伸直并拢，做滑行动作。

3. 爬式潜泳

这种潜泳的姿势是两臂向前伸直，手掌并拢，头在两臂之间，只用双腿做爬泳打腿动作向前游进。

（二）潜深技术

潜深的目的是向水下潜到一定深度，主要用于打捞或救生。

1. 两腿朝下潜深法

在潜入以前两臂前伸，屈腿，然后两臂用力向下撑水，与此同时，两腿做蛙泳的向下蹬水动作，使上体至腰部跃出水面，接着利用身体的重力，使身体向下，如用直体跳水的姿势潜入水中。入水后，两臂做自下而上的推水动作，以加快下沉的速度(图 2－216)。达到水底或预定的深度后，立即团身，将头转向所需要的方向游进。

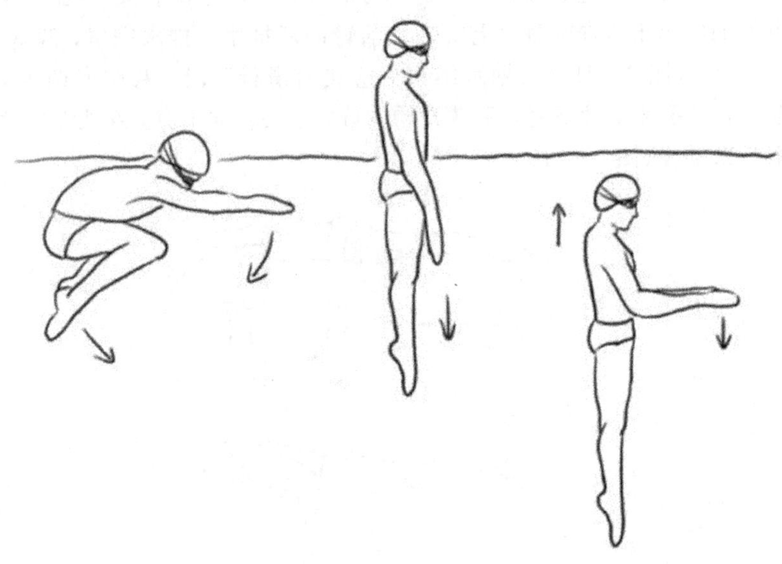

图 2－216

2. 头先朝下潜深法

这种方法的预备姿势与上述方法相同，只是两臂向后下方伸出，两臂自下而上用力划水，头朝下，提臀举腿，两臂做蛙泳伸臂动作，向下伸直，利用两腿的重力作用，使身体潜入水中(图 2－217)。入水后，两腿向上做蛙泳腿的蹬水动作，以加快下沉速度。当达到需要的深度后，通过两臂、头部后仰以及胸部和腰部后屈的动作，身体由垂直姿势转为水平姿势。

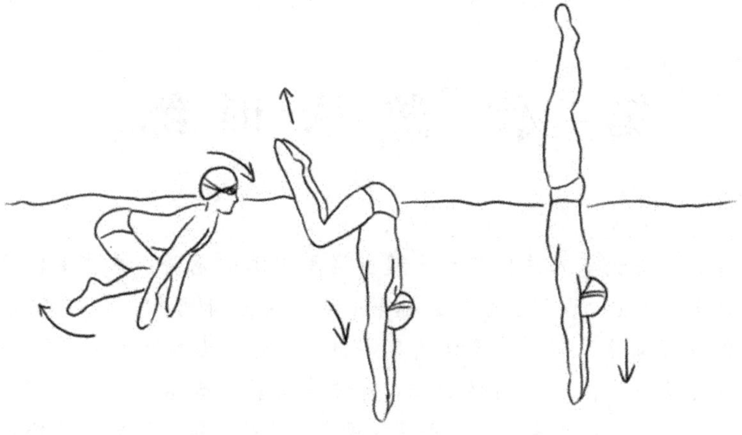

图 2-217

课后习题

简要描述踩水的实用价值。

第三章 游泳训练

现代竞技游泳训练理论与方法已经大大超出运动训练的范畴，运动生理学、运动生物化学、运动生物力学、运动心理学、运动选材等一切与竞技体育相关的学科全部作用于游泳训练的效果。游泳训练除了需要综合运用各学科知识外，其本身所含内容也是非常丰富的。游泳训练首先要重点关注运动员的身体，身体本身就包含如速度、力量、耐力、柔韧性、协调性等素质，同时要训练运动员的心理、意志、精神，甚至智能，另外，还要不断改进运动员的游泳技术，培养运动员的战术执行能力等。

那么，如何将多种学科的知识、理论、方法，以及运动员需要在不同阶段提高的素质能力整合到训练实践当中，如何平衡而又突出重点地规划运动员的训练，如何选择适当的训练方法，大家在看完这一章的内容后，都将找到答案。

第一节 竞技游泳技术及训练发展趋势

随着多年的积累和实践，多学科、高科技的介入，以及人们对于游泳训练认识的不断加深，竞技游泳运动进入了快速发展阶段。即便是2010年鲨鱼皮快速泳衣被禁用之后，游泳世界纪录也依旧被频频刷新。竞技游泳水平的持续提高，得益于游泳技术本身的优化与升级，同时也得益于游泳训练的创新与发展，本节将对近10年来竞技游泳技术变革特点和竞技游泳训练发展趋势进行梳理和总结。本节内容可使读者对当今世界竞技游泳技术特点、游泳训练特点及发展趋势有一个初步的认识，同时为游泳教练员和广大游泳爱好者了解当代游泳训练提供参考。

一、竞技游泳技术发展趋势

（一）重视产生推进力的动作

游泳技术的关键是减小阻力和增大推进力，以往的游泳技术除了关注增大推进力，对于不产生推进力的动作阶段也进行了较为详细的技术分析。但观察近年来世界游泳大赛发现，很多运动员更加注重产生推进力和产生阻力的动作阶段，而开始忽略不产生推进力也不产生阻力的动作阶段。从水下视频可以看出，运动员的划水路线更长，且划水过程中产生的气泡越来越少，划到了更多静水。反观不产生推进力的动作阶段，以爬泳为例，以往强调屈肘移臂，或标准的直臂移臂，而现在的爬泳移臂可谓是千姿百态，有屈肘，有直臂，还有介于二者之间的移臂方式，甚至有两臂动作不一致的移臂技术等，特别是短距离比赛中尤其明显。忽略不产生推进力也不产生阻力的动作阶段，体现出游泳技术的发展趋势和理念，即更加经济化、更加注重实效。

（二）爬泳髋关节围绕纵轴转动

以往的爬泳技术强调在游进中围绕身体纵轴进行转动，转动的主要部位是肩部，躯干也随身体转动。围绕身体纵轴进行转动的最佳幅度为40°～50°，这样有利于延长运动员手臂的划水路线，也有助于背阔肌参与划水，同时能够产生更多的升力推进力。观察近年来的世界级游泳比赛发现，运动员在比赛中除了肩部和躯干围绕身体纵轴进行转动以外，髋关节围绕纵轴转动的幅度有所增大，这是以前没有出现的。髋关节围绕纵轴转动的同时，其实双腿也出现了随髋关节围绕身体纵轴转动的现象，形成了全身各个部位均围绕纵轴转动的爬泳新技术。这一新技术的出现，改变了之前关于爬泳技术髋关节及以下相对稳定的观点。全身各个部位围绕纵轴转动的技术，使运动员的身体更加“完整”地进行游进，动作更加流畅，全身更趋向一个“整体”。同时该技术使身体的更多肌群参与工作，并且通过身体更大幅度的转动，减小了运动员在水中的外形姿态阻力(侧卧位外形姿态阻力小于平卧位)。

（三）中长距离运动员自由泳6次腿

随着比赛竞争的激烈程度不断增加，运动员的潜能被不断激发，运动员的专项能力也变得越来越强。从传统的观念和运动员在比赛中的表现来看，中长距离自由泳比赛中几乎全部运动员在大部分游程中都采用2次腿或4次腿技术，即从爬泳配合的2∶2∶1或4∶2∶1比例进行游进。但对近年来国际大赛和国内高水平运动员的比赛进行观察分析后发现，有一部分水平高、能力强的运动员已经采用全程6次打腿的技术，即以往短距离自由泳运动员采用的6∶2∶1技术。为了适应当代高水平比赛的竞争，运动员只有不断提高运动能力，才能在国际大赛中取得一席之地。随着科学训练与训练保障的不断增强，以往觉得不可能的事情(没有运动员能在中长距离、长距离比赛中全程采用6次腿技术)，也开始呈现在世人面前，这也正是竞技游泳训练原则的重要体现，即打破运动员的机体平衡，不断超越运动员的生理极限，也体现了“更高、更快、更强”的奥林匹克精神。

（四）蛙泳、蝶泳游进更加平稳

蛙泳和蝶泳在游进时，每一个动作周期身体始终处于动态变化的过程中，身体位置始终处于上下浮动的状态，目的是让躯干参与到动作过程中，通过运用更多的腰背及臀部肌肉，让身体拉高(抬高)后的前冲动作产生更大的推进力，使游进速度加快。在这一背景下，蛙泳技术从平航式蛙泳发展成波浪式蛙泳，蝶泳强调手臂入水时伸压肩并提高臀部位置。但近年来的游泳国际大赛上，越来越多的运动员降低了身体的起伏程度，身体在游进的过程中更加平稳。降低蛙泳和蝶泳游进过程中的身体起伏程度，一方面能够减小游进中产生的波浪阻力，符合当代游泳技术减小阻力的特点；另一方面，较小的身体起伏能够使一个动作周期的时间缩短，进而加快动作节奏和动作频率。要做到降低身体位置的起伏但不影响动作质量，除了改进技术之外，应该加强运动员的柔韧性训练，让运动员的肩、膝、踝关节的活动幅度增大、柔韧性增强，从而可以做出更大角度的动作，获取更大的推进力。

（五）手臂划水频率提升

传统的训练理念认为，提高上肢划水频率的前提是保证划水实效不降低，手臂划水频率的提高不能破坏划水效果，训练的重点在于增强划水实效，而非加快划水频率。但近年来的世界大赛却打破了这种传统的观念，运动员的上肢划水频率逐渐加快，尤其是在长距离自由泳和马拉松自由泳比赛中，更为明显。长距离自由泳由于距离长，能量消耗大，运动员在训练和比赛中都以降低能耗、增强划水效果为重点，只在比赛开始时和比赛最后冲刺阶段才加快划水频率。但当前长距离自由泳和马拉松游泳比赛中成绩优异的运动员，可以在比赛全程保持较高的划水频率，划水频率已经接近或等同于中短距离自由泳比赛。另外，以往认为以技术为主要驱动的蛙泳项目，也有加快上肢划水频率的趋势。英国著名的蛙泳名将亚当·皮蒂在 50 m 和 100 m 蛙泳比赛中的上肢划水频率明显快于其他选手。

二、竞技游泳训练发展趋势

（一）以技术驱动代替体能主导

以往我们单纯地认为游泳是体能主导类项目，属于速度性和耐力性项群的运动项目，竞技游泳训练也以发展运动员的专项运动能力为主要目的。但随着人们对游泳项目认识的不断加深，人们通过高科技手段对游泳训练进行深入研究后发现，游泳项目并非由体能主导，而是以游泳技术为主要驱动力。《美国国家游泳队的科技服务》一书中提出：美国对于竞技游泳运动的理解已经获得了共识，即游泳是一项以技术驱动的运动项目。技术训练是一切游泳训练的基础，技术训练可以有效地保障运动员竞技水平的稳定发挥。当前游泳训练的两大核心问题，即减小阻力、增大推进力，这也是依靠改进运动员的技术动作实现的。运动员技术的优化和改进，也从以往单纯的凭借经验来实施，转变为依靠现代高科技设备和技术来实施。

（二）精细化训练提升游泳成绩增长效率

精细化训练是游泳训练发展的必然结果，也是不断突破运动员生理、心理极限，始终向着“更高、更快、更强”奋斗的具体措施。在精细化训练的过程中，要遵循规范化、细致化、个性化三个原则。竞技游泳的精细化训练主要体现在两个方面，一是分工精细化，二是训练计划与安排精细化。

竞技游泳分工精细化，是指在游泳训练的各个方面进行明确的分工。以往的教练员负责训练全部工作的时代已经过去，现代的游泳训练都是团队协作的结果，一个团队中除了主教练以外，配备了各个领域的专业人士，如体能教练、康复医生、按摩师、营养师、技术监控人员、生理生化监控人员、信息搜集人员等。教练员主要负责制订训练计划和协调团队人员分工协作，让游泳训练各个模块由各领域的专业人士专人负责，大大提高了训练中每个模块的专业性，提高了游泳训练工作的质量。

竞技游泳训练安排精细化，是指各训练模块的内容和比例安排合理。训练计划包括水上与陆上、速度与耐力、技术与战术、主项与副项、打腿与划手、分解与配合等方方面面的训练。以往一堂训练课分成 3 个或 4 个部分，每个部分的负荷量较大，单个训练量的重复次数较多。如今的训练计划更加细致，单个训练量的重复数次减少，一堂训练课分成很多部分，通过不同的游距和重复数次组合的变化，实现游泳训练不断向更高层次的精细化迈进。这一改变是由于以往单个训练量重复次数过多，会给运动员造成生理及心理的疲劳和厌倦，如今通过将不同游进距离和重复次数的训练进行合理组合，让运动员能够达到教练设定的训练目标，又不至于产生更多的疲劳。

（三）比赛战术变化与升级

游泳比赛战术的最大特点是合理分配体力，比较常见的游泳战术包括以下几种：

第一，前冲后顶，即比赛前半程冲起来，后半程尽力顶住，这一战术要求运动员有良好的体能储备和较高的训练水平。

第二，平均速度，即比赛的前后半程差距不易过大，前半程相对保守，后半程尽量接近前半程。

第三，先发制人，即比赛的一开始便先发制人，占领主动位置，带乱对手节奏，后半程同样依靠良好的体能储备和竞技状态顶住比赛。

第四，占据有利的泳道位置。在半决赛或者决赛中占据有利的泳道，如决赛中在边道，在主要对手无法观察到的位置，发起突袭，打主要对手一个措手不及。

第五，先跟随后超越。这一般在长距离比赛中比较常见，指在比赛的大部分游程中，将自己的位置卡在对手的腰线部位，待比赛的最后阶段进行冲刺，完成逆袭超越。

以往的比赛战术只对比赛的全程进行总体规划，起到方向性的作用。但随着比赛激烈程度的不断加剧，运动员的差距越来越小，优秀运动员的战术设计也日趋完善，已有向更高水平、精细化发展的趋势。传统的观念认为，50 m 比赛不存在战术，比赛全程只有 20 多秒，比赛的战术只有一个字——冲，但随着优秀运动员越来越追求在比赛中的完美表现，50 m 比赛的战术也被一些优秀运动员更加细致地呈现出来。优秀的短距离游泳运动员，将 50 m 比赛细化到每一次划水动作每一个细节。虽然比赛只有 20 多秒，距离只有 50 m，但他们依然把比赛分成多个阶段，比赛的战术制订与执行非常精细。例如，对哪个阶段划水路线长、哪个阶段划臂频率快、哪个阶段划臂多少次、在游进到多少距离时进行换气等细节问题都考虑得十分清楚，可以精确到一个 50 m 的比赛总共划臂多少次，甚至可以精确到游到某个距离时划臂多少次。在实践的过程中，运动员根据自己的特点进行细致分析，然后做出战术规划，并在比赛中不断演练、修正，最终总结出多套适合不同情境的比赛战术，并随着自身的技术特点、体能水平、竞技状态的变化，对比赛战术进行极其细微的调整。

（四）小周期训练，参赛次数增加

传统的游泳训练将一年划分成两个周期，全年的训练围绕两次比赛进行，一个训练周期内各个训练阶段划分清晰，从恢复期、有氧训练期、无氧训练期到赛前训练期逐步过渡，训练周期安排相对粗犷。为了配合日益增多的比赛，达到以赛代练的目的，游泳训练的周期不断缩短，小周期训练应运而生。当前高水平的游泳训练，将一年分成 4 个或 5 个小周期，对应 4 次或 5 次比赛，但根据比赛的重要程度，又将这 4 个或 5 个周期进行重要程度评定。最重要的周期，在训练强度上要高于其他周期，赛前调整上也要倾注更多精力。除了年度周期划分与以往存在区别以外，最小一个等级的训练周期也被缩短，从以周为单位缩减至 2～3 天，即 2～3 天为一个小周期，在这个小周期中只有 1 堂或 2 堂主要训练课。此外，在小周期中还包含了体能训练和调整训练。小周期训练具有疲劳积累程度不深，主要训练课完成效果好等特点，可以持续提高运动员的训练水平，消除大周期训练中疲劳积累深、调整恢复时间长等弊端。

（五）高科技助力训练

近年来世界各国为了提高竞技游泳水平，加大了向更高水平科学训练的投入力度，研发了一系列游泳专项训练以及训练监控的高科技设备，使游泳训练的科学化水平更高，游泳训练的科技含量也越来越高。

目前游泳训练监控手段已超出运动员的生理学监控范畴，免疫学、计算机科学、流体工程学、军事科学等理论被大量运用到训练中。21世纪以来，3D计算机程序、水流诊断技术、精密技术分析仪、水下高速摄影技术、节奏器、数字微流体粒子图像分析技术等开始助力游泳训练。“低压游泳舱”为运动员模拟创造出不同氧气含量环境下的训练条件；“水槽”可以模拟出不同水流速度，使运动员感受游进中的速度变化，并对技术动作进行拍摄分析；出发技术监控系统可以分析运动员的出发反应，监控整个出发过程的身体姿态以及游速；游泳水中测力系统可以在运动员游进的同时测出每个动作周期、不同动作阶段的用力程度；水中肌电测试系统可以实时监测运动员肌肉放电水平；水中动作捕捉系统可以实时监控运动员游进全过程中的全身各关节角度；水下高清摄像机可以方便且更加清晰地拍摄运动员的技术动作，并通过一些专业的视频分析软件，对视频加以分析研究。这些训练监控手段的运用，增强了监控效果，为改进细节技术提供了极大的帮助，保障了游泳运动员技术训练的科学化。与此同时，越来越多的游泳专项力量训练器材、技术动作改进和固定工具等游泳专项训练器材的出现，也帮助游泳训练向更科学化的方向发展。

（六）体能训练替代传统力量训练

竞技游泳的主要推进力来自上肢，因此传统的陆上训练以提高运动员上肢力量为主，配合腰腹核心力量和全身综合力量训练。力量训练理念粗犷，练习方法单一，上肢力量训练多以不同动力类型的拉力训练为主要练习方式，腰腹力量训练以垫上腰腹训练为主。

所谓“体能”，是指通过力量、速度、耐力、协调性、柔韧性、灵敏性等运动素质表现出来的人体基本的运动能力，是运动员竞技能力的重要构成因素。从这一概念我们可以看出，游泳的陆上训练，不仅仅是为了提高运动员的力量素质，而是为了提高运动员全面的身体素质，但力量素质无疑是其中的关键所在。在游泳项目进行体能训练之前，通常会对运动员进行体能评估，了解其体能状况，进而制订有针对性的体能训练计划。体能评估包含了游泳效率和效能的评估(划频与划幅、与世界顶级运动员数据比较)和其他身体素质评估(核心肌群稳定性、肩部柔韧性、肩胛稳定性、肩旋转肌力量、垂直纵跳)。游泳专项体能训练可以分成热身与放松、基础体能训练、耐力训练、核心肌群稳定性训练、爆发力训练、伤病预防与康复训练等部分。体能训练计划通常是以运动员的体能评估结果为依据，配合该时期的总体训练目标，有计划、有针对性地做出的。

（七）强调身体激活的重要性

传统的陆上身体激活，多以简单的各关节拉伸为主要形式，且训练前和比赛前的身体激活主要来自水上活动部分。但随着人们对游泳运动的认识不断加深，对游泳运动本质的研究不断深入，越来越多的新理念和新方法不断出现。对于游泳运动员训练前和比赛前的身体激活方式，也由以水上激活为主，逐渐转变为注重陆上活动的身体激活。陆上激活采用主动、被动、对抗的牵拉、牵伸方法，能够比水中更加快速地激活肌肉，同时通过特定的方法能够对深层肌肉起到激活作用，与水上活动相比陆上活动更加快速、便捷。

目前比较常用的陆上激活方法为PNF拉伸法，即本体感觉神经肌肉促进法，这种训练方法利用主动牵伸肌肉群、被动牵伸肌肉群、协助外力、对抗保持后的肌肉放松等，使之能够形成一种对肌肉的反向牵伸，使肌肉扩张到最大程度，通过保持一定的时间，从而获得对肌肉进行快速激活的目的。人体肌肉与肌腱中拥有一种肌肉收缩感受器，能够对全身的中枢系统实施信号传导，通过刺激来实现对器官的训练。

(八) 营养补充与恢复尤为重要

游泳训练和竞赛常常给机体带来超负荷的刺激，造成肌肉和组织细胞损坏，体内大量营养元素下降，如不及时补充，运动员将难以完成后续的高强度比赛和训练任务。因此在训练、竞赛前后应及时给运动员补充所需营养元素，修复受损肌肉和组织细胞。及时的营养补充和恢复已经成为训练中必不可少的环节。

目前，游泳运动员的恢复受到越来越多优秀训练团队的高度重视，同时恢复也被看作是一种训练而被纳入整体训练计划当中，成为重要的训练环节，因为恢复效果的好坏将直接影响训练效果的好坏，影响各训练阶段或周期之间的衔接。如今，被动性、消极恢复已经被主动性、积极恢复所取代，将恢复纳入训练之中，安排一定比例的有助于身体恢复的训练，尽可能地加快运动员机体恢复速度，保证训练高质量进行。因此，运动员身体恢复已经成为与训练同等重要的环节。

(九) 主副项全面发展提升训练整体水平

近年来从国内和国际比赛中可以看到，很多运动员不再单纯参加一种泳式的比赛，而是参加两种或更多泳式的比赛，且成绩均位列前茅。运动员兼项或副项成绩表现优异，也揭示出一个游泳训练新的发展趋势，即副项并不影响主项成绩提高，反而可以促进主项水平的提升。

这是由于，虽然不同泳式之间存在一些技术差异，但游泳训练及竞技水平所需要具备的身体素质和专项能力都是相互促进、相互影响的。因此副项的训练，也能促进主项水平的提升。同时，随着大运动量中等强度和一味追求大强度的训练理念被科学合理地安排训练负荷的理念所取代，在训练中，教练员越来越强调突出训练的实际效果，既突出训练的质量和实效性，也让运动员得以在多种泳式中表现得更好。

课后习题

1. 说明当前爬泳(自由泳)技术的特点及发展趋势。
2. 说明当前蛙泳和蝶泳技术的特点及发展趋势。
3. 游泳战术最大的变革是什么?

第二节 四种泳姿及出发转身技术训练方法

技术训练是每一个运动项目都需要不断探索并结合自身的技术特点进行合理安排的，

使用技术训练方法需要了解运动员的技术特点。应针对个体差异及特点确定符合运动员的技术训练方法。本节所有技术都是基于当下时代游泳技术发展的成果，具有一定的时效性。随着运动员的身体心理发展，现代化设备的不断提高，技术训练手段也在持续更新和调整。因此，本节内容的学习目的是使读者了解并结合自身水平，选择适合自己的训练方法。

一、蛙泳技术训练方法

(一) 垂直蛙泳腿部练习(图 3－1)

练习目的:控制身体姿势，培养稳定的蛙泳腿部技术，防止过多使用臂部动作等问题。

练习方法：身体直立于水中，保持头部肩部在水面上，两臂放于胸前，做蛙泳腿部动作练习，根据自身情况控制练习时间。

注意事项：垂直腿部动作时，身体不要出现大幅度的上下起伏，尽可能保持在相同水平位置。

垂直蛙泳腿部练习视频

图 3－1

(二) 夹板蛙泳腿练习(图 3－2)

练习目的:纠正大腿收腿时外翻的错误姿势，从而减小阻力，增大推进力。

练习方法：将浮板放置于双腿内侧，大腿夹紧浮板，做蛙泳腿部动作。收翻动作时小腿以及踝关节应大幅度做收翻腿动作，使小腿脚踝更多地寻找发力感，手臂可放置于身体两侧。

注意事项：夹板收腿动作时大腿内侧需用力夹紧浮板，防止浮板滑落。

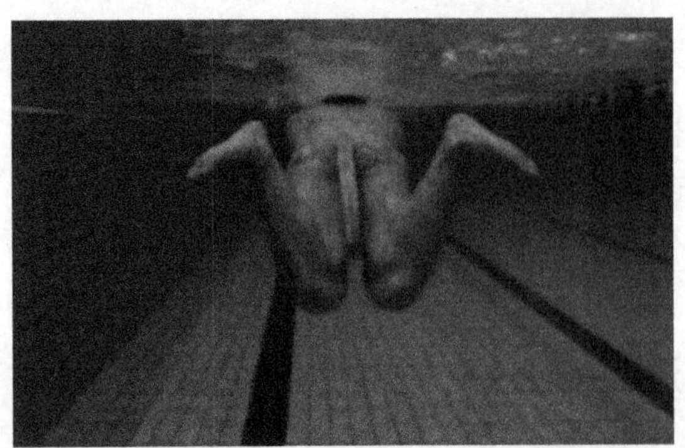

夹板蛙泳腿练习视频

图 3－2

（三）交替蛙泳腿练习（图 3-3）

练习目的：提高蛙泳腿蹬夹腿动作的发力感，以及脚部水感。

练习方法：使用浮板俯卧于水面，双臂伸直紧贴头部，双手放置于浮板之上，保持流线形动作，进行左右腿交替蛙泳腿动作。左右腿各进行 3 次单侧动作后，进行 1 次正常蛙泳腿动作。

注意事项：单侧收腿时，另一侧腿保持伸直动作。

交替蛙泳腿练习视频

图 3-3

（四）陆上弹力带腿部练习（图 3-4）

练习目的：提高臀部肌肉稳定性，促使蛙泳腿动作进步。

练习方法：站立位，弹力带放置膝关节以下位置，膝关节弯曲双腿与肩膀同宽，保持半蹲动作，一侧腿部向同侧迈出，当引导腿放到地面之后，再移动另一侧腿。

注意事项：弹力带放置在膝关节以下，可能会对膝关节附近的髌腱和韧带产生压力，如感觉不适可适当调节。

陆上弹力带腿部练习视频

图 3-4

（五）抬头蛙泳抱水练习（图 3-5）

练习目的：调整划水幅度过大的问题，提升快划水技术。

练习方法：使用蛙泳手臂技术，快速划水，头部需露出水面，稳定游进节奏。在整个游进过程中，头部保持于水面之上。

注意事项：相同距离记录动作次数，需要采用递减次数的方法进行练习。

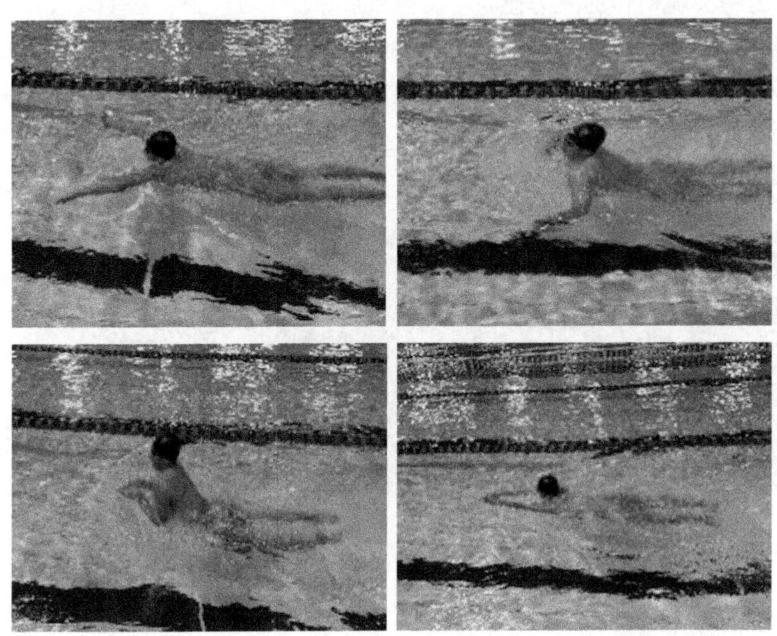

抬头蛙泳抱水练习视频

图 3－5

(六) 陆上蛙泳动作练习(图 3－6)

练习目的：练习核心肌肉，帮助蛙泳运动员感受拉起时身体的位置，更快地寻找拉起时的发力感。

练习方法：使用瑜伽球，上臂放在瑜伽球上支撑上半部分身体，膝关节支撑下半部分身体，稳定核心后缓慢向前滚动瑜伽球，手臂慢慢伸直，保持延伸动作静止 10～15 s 后，回到起始位置。

注意事项：向前推出瑜伽球时需要放慢速度缓慢向前，注意不要过快完成动作。

陆上蛙泳动作练习视频

图 3－6

(七) 蛙泳节奏练习(图 3－7)

练习目的：增强时机和姿态的意识，提高蛙泳需要的核心肌群和躯干动作。

练习方法：蛙泳划水动作前伸时，同时做一次蝶泳腿部动作，感受因蝶泳腿部动作产生的推进力。前伸时体会上半身向上、向前拉起时的力量感，蝶泳腿部动作结束后重复训练。

注意事项：前伸动作手臂尽可能向前伸直；保持身体位置，避免身体下沉。

蛙泳节奏练习视频

图 3-7

(八) 蛙泳节奏和时机练习(图 3-8)

练习目的：利用自由泳腿来调整蛙泳腿带来的发力惯性，明确划水时机。

练习方法：蹬池壁后，手臂伸直并拢，自由泳打腿，每 6 次或 8 次打腿，进行 1 次蛙泳划水动作，重复进行训练。

注意事项：完成蛙泳划臂动作时，不应出现较大的身体起伏，应保持身体平稳。

蛙泳节奏和时机练习视频

图 3-8

(九) 仰卧后撑练习(图 3-9)

练习目的：增强胸大肌以及肱三头肌力量，熟悉蛙泳夹肘动作的发力感。

练习方法：双手支撑在台阶(或长凳)上，双腿支撑在地面上，保持双臂与肩同宽，手臂发力使身体持平。呼气，两肩放松，两臂慢慢屈肘，身体尽量下沉(尤其要沉臀)，稍停2～3 s。然后吸气，用力伸两臂撑起身体还原。

注意事项：注意控制速度，防止速度过快，以免受伤。

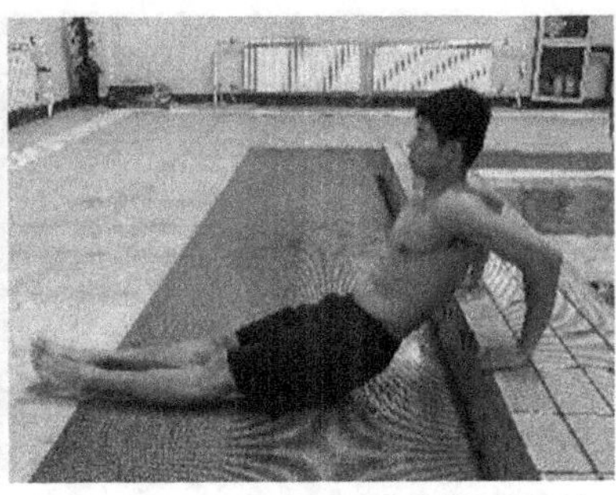

仰卧后撑练习视频

图 3-9

二、爬泳技术训练方法

(一) 陆上弓箭步练习(图 3-10)

练习目的：促进踢腿动作发力。

练习方法：哑铃放置于上背部，双脚与肩同宽，向前迈出，弯曲前腿膝关节直到大腿与地面平行，后腿膝关节避免触碰地面，完成后收回前腿，另一侧腿交替练习。

注意事项：哑铃应该放于上背部，避免放置在过高位置，挤压颈部肌肉。

陆上弓箭步练习视频

图 3-10

(二) 垂直腿练习(图 3-11)

练习目的：此项动作可以加快动作频率及提高腿部稳定性。

练习方法：可以使用脚蹼辅助完成动作。双臂置于头顶保持流线形，身体在水中保持直立，双腿做自由泳腿动作，保持头部、肩部位于水平面之上，腿部动作幅度不应过大，应使用小幅度快频率技术动作。

注意事项：不要出现左右晃动，保持身体在水中直立稳定；如果无法完成可降低难度，将手臂放置于胸前。

垂直腿练习视频

图 3－11

（三）无固定支撑腿练习(图 3－12)

练习目的：利用核心力量，提高身体稳定性。

练习方法：在自由泳腿部动作的基础之上，保持入水动作，双臂伸直保持稳定，头部保持在水面上。

注意事项：完成动作时身体、头部不可以出现上下、左右晃动，应保持身体在水中稳定的位置。

无固定支撑腿练习视频

图 3－12

（四）抬头入水点手臂练习(图 3－13)

练习目的：帮助培养平衡、节奏、划臂等方面的良好的动觉意识。

练习方法：抬头眼睛看入水点的位置，保持头部在水面上，双臂保持前伸，单侧手臂控制在离水平面 10～15 cm 左右，找到最远入水点后进行高肘抱水动作，直至完成整个推水动作。另一侧手臂交替进行练习。

注意事项：单侧手臂推水动作没有完成时，另一侧手臂保持前伸动作。

抬头入水点手臂练习视频

图 3-13

(五) 提肘手臂练习(图 3-14)

练习目的：此项训练有助于做出更好的空中移臂动作。

练习方法：游进过程中，保持稳定的打腿动作。推水动作结束时，空中移臂动作时手臂进行点位停顿训练，分别为臀部、肩部和头部三个位置，每个位置进行 3～5 s 停顿后重复。

注意事项：每个停顿点腿部动作不停顿，身体不要出现明显的下沉晃动。空气的阻力系数远低于水的阻力系数，意味着在水中的身体部分越多，需要被克服的阻力就越大。

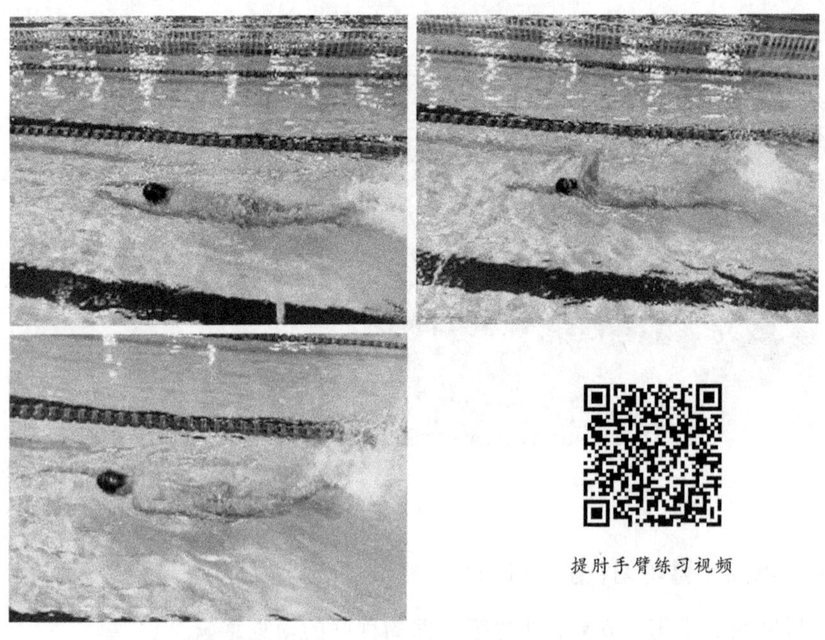

提肘手臂练习视频

图 3-14

(六) 陆上瑜伽球卧推练习(图 3-15)

练习目的：提高自由泳抱水动作以及转体动作的完成度。

练习方法：双手持哑铃，坐于瑜伽球上，身体向下滑动，双脚踩地与肩同宽，肩部保持在瑜伽球上的平衡，将哑铃从胸部水平位置向正上方推直双臂。由于只有肩部与脚部作为支撑点，所以对于躯干稳定性有了更高的要求。

注意事项：躯干和髋关节需要保持在一定的位置，使身体保持在同一条直线上。

陆上瑜伽球卧推练习视频

图 3－15

（七）核心旋转练习（图 3－16）

练习目的：控制好核心力量，将其作为旋转主要动力。

练习方法：使用浮标，将浮标放在脚踝位置，用脚踝内侧夹紧浮标。慢速，控制身体向前游进。臂、腿夹紧，浮于水面。意识专注于核心肌肉进行纵向转动身体。

注意事项：游进过程中应避免双腿左右摆动。

核心旋转练习视频

图 3－16

（八）爬泳节奏和时机练习（图 3－17）

练习目的：调整呼吸和身体姿态练习。

练习方法：蹬池壁，两臂交替完成 3 次动作，第 3 次动作推水结束时手臂贴紧身体，前侧手臂保持向前伸展，停留做 5 次打腿动作后，再进行 3 次打腿动作，重复练习。

注意事项：奇数的划臂次数要在不同的方向侧身打腿。

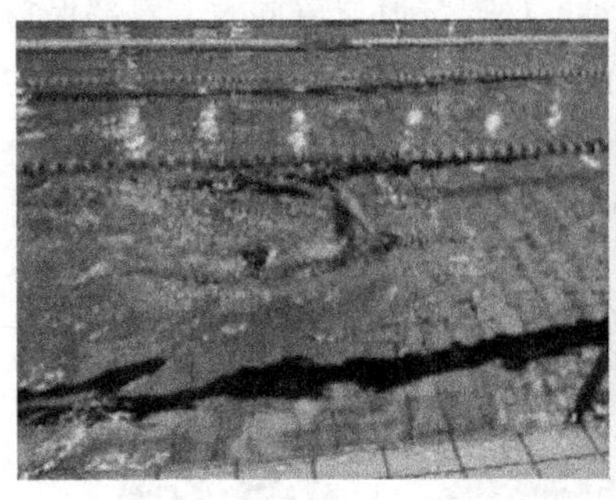

爬泳节奏和时机练习视频

图 3-17

三、仰泳技术训练方法

(一) 方向腿练习(图 3-18)

练习目的:纠正腿部左右摆动的问题。

练习方法:手臂位于身体两侧,紧贴身体,上半身纵向滚动打腿使一侧肩部露出水面,在此进行停留,肩部接近于身体中轴线位置,保持头部稳定。完成 6 次打腿后,交替到另一侧,继续进行另一侧方向腿部练习。

注意事项:上半身做滚动练习时,下半身保持稳定的打腿,不可左右晃动。

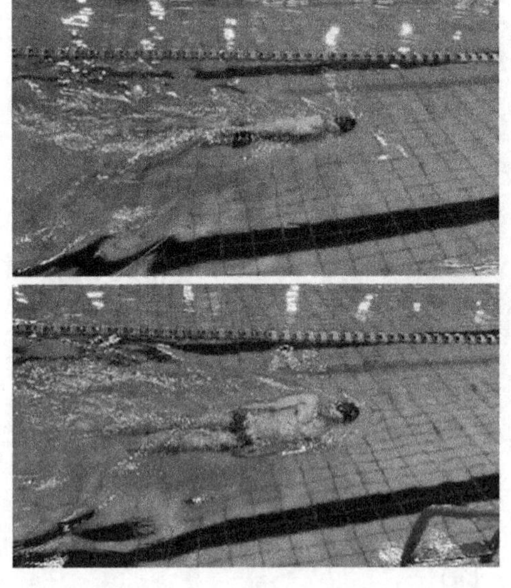

方向腿练习视频

图 3-18

(二) 陆上腿技术练习(图 3-19)

练习目的:加强仰泳腿部动作,强调打腿动作幅度,提高配合动作中的身体稳定性。

练习方法:呈仰卧姿势躺于垫上,将瑜伽球放置于小腿、脚部位置,身体离开地面,肩背部贴近地面,核心收紧,做仰泳腿部动作。

注意事项：打腿幅度不应该太大，瑜伽球不要左右晃动，尽可能保持瑜伽球的稳定。

陆上腿技术练习视频

图 3-19

(三) 负重停顿腿部练习(图 3-20)

练习目的:提高腿部的推进力和实效性，增强躯干的稳定支撑力。

练习方法：在仰泳腿部姿态的基础上，双臂抬离水面拿起负重(可选择在自己能力范围内的合适重量)，位于胸部正上方后保持身体稳定，小幅度快节奏踢腿，同时保持身体位置稳定。

注意事项：练习仰泳腿部动作，双臂抬离水面时身体不应大幅度左右晃动或沉于水中，如出现此类情况应及时调整负重或身体位置。

负重停顿腿部练习视频

图 3-20

(四) 陆上三角肌前举(图 3-21)

练习目的:三角肌前束肌肉对于仰泳空中移臂动作起着较为重要的作用，此练习有助于增强三角肌前束肌肉力量。

练习方法：站立位，双手各持哑铃，手臂垂直于身体两侧，掌心朝向打腿位置。轻弯曲肘部举起一侧哑铃，直到与肩关节水平位置，之后放回起始位置，用另一手交替练习。

注意事项：当单侧手举起时，保持身体不出现向另一侧摇摆，保持核心稳定。

陆上三角肌前举视频

图 3－21

（五）陆上抱水手臂练习(图 3－22)

练习目的：有助于解决明确抱水动作的时机等多个方面的技术问题。

练习方法：将弹力带固定于高位，保证高度和手臂能垂直伸直后做仰泳高肘抱水动作，只完成抱水动作即可，回到起始动作反复练习。

注意事项：应保持身体垂直稳定，弹力带高度应位于头顶上方一定的距离，从而借助弹力带力量，体会抱水发力感。

陆上抱水手臂练习视频

图 3－22

（六）转肩、空中练习(图 3－23)

练习目的：有助于髋部和肩部的顺利连接，以及增加核心肌群带动旋转动作的熟练度。

练习方法：保持仰卧打腿动作，单侧手臂放置于身体的侧面，另一侧手臂由肩部带动，向下颚方向转动，髋部同时转动。手臂做仰泳空中移臂、入水、抱水和推水动作。单侧手臂完成后回到身体侧面，另一侧手臂进行重复训练。

注意事项：此项练习并非手臂先发力带动肩部练习，而是肩部先发力带动手臂做旋转练习。

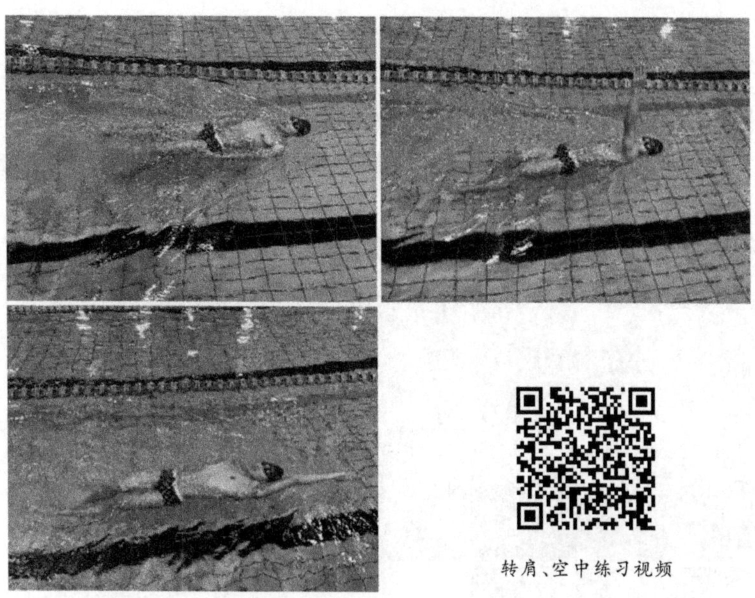

转肩、空中练习视频

图 3-23

(七) 配合练习(图 3-24)

练习目的:加快入水速度，增强推水和抱水发力感，促进手臂动作节奏。

练习方法：一侧手臂前伸至抱水位置，准备进行整个水下推水动作。另一侧手臂置于身体侧面，准备进行水下移臂动作。双臂同时进行技术动作，交替起始位置。腿部保持持续动作。

注意事项：两臂交替停留时间为 5 s、4 s，以此类推进行递减，直到动作变成顺畅的划臂动作后重复练习。

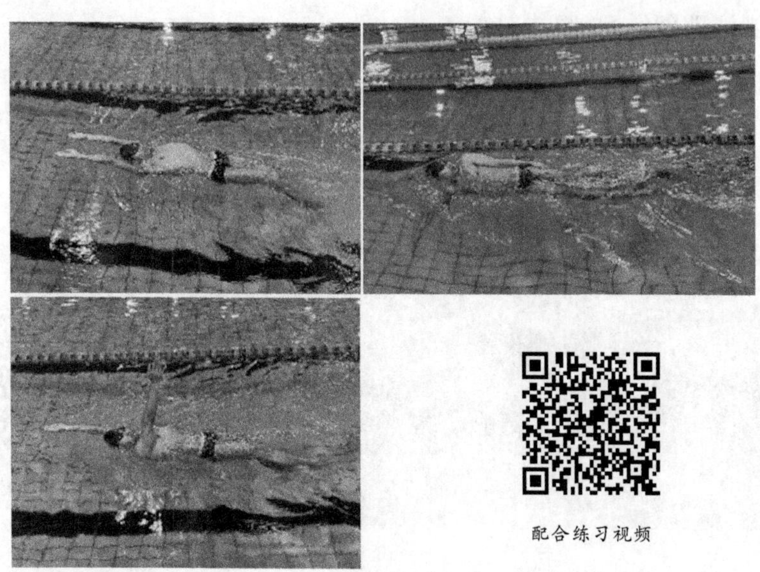

配合练习视频

图 3-24

(八) 仰泳节奏和时机练习(图 3－25)

练习目的:更流畅地衔接手腿动作。

练习方法：分解手腿动作，蹬离池壁后快速打腿，但同时手臂动作用慢速来完成，形成腿部动作 8～10 次手臂动作 2～4 次的动作周期。也可交替采用快速手臂动作、慢速腿部动作。

注意事项：快速打腿时手臂不能停顿，要保持动作流畅。

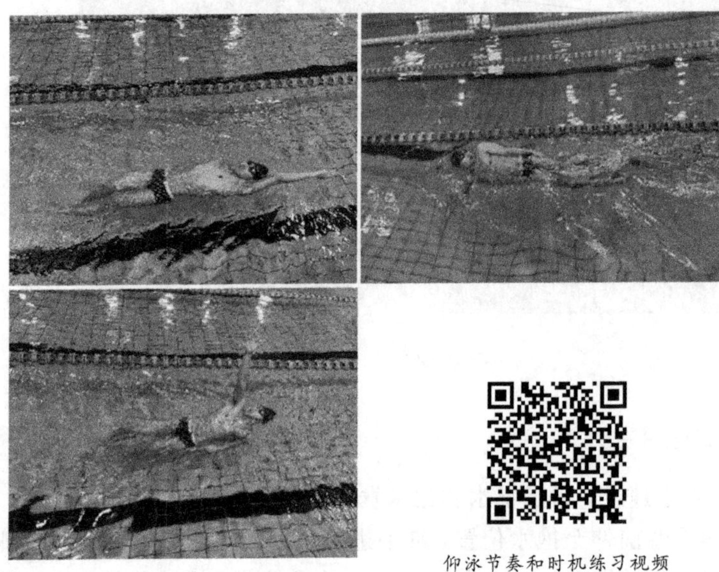

仰泳节奏和时机练习视频

图 3－25

四、蝶泳技术训练方法

(一) 陆上蝶泳腿部练习(图 3－26)

练习目的:提高蝶泳腿部核心稳定性。

练习方法：弹力带绑至高位，成俯卧姿势，肘部关节支撑于地面，双脚悬空后放置于弹力带中，做蝶泳腿下打动作。

注意事项：保持上半身稳定，核心收紧，身体充分摆动。

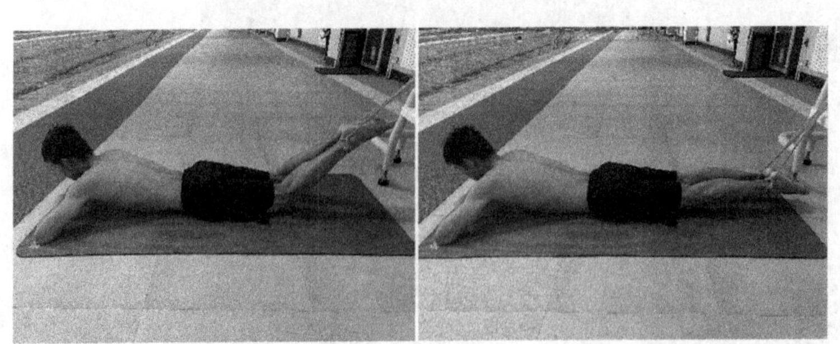

陆上蝶泳腿部练习视频

图 3－26

（二）进阶版陆上蝶泳腿部练习(图 3－27)

练习目的：增强腰、臀、腿及脚背的发力感觉。

练习方法：将垫子放置于靠墙位置，跪于垫上膝关节距离墙面 1～2 拳的位置，面向墙壁，脚背、腿部发力向上站起使身体完全直立，双手扶墙面借力完成动作。

注意事项：此动作需要有一定的专业基础，对于脚腕关节柔韧性有一定的要求，初学者需要在老师指导保护下完成。

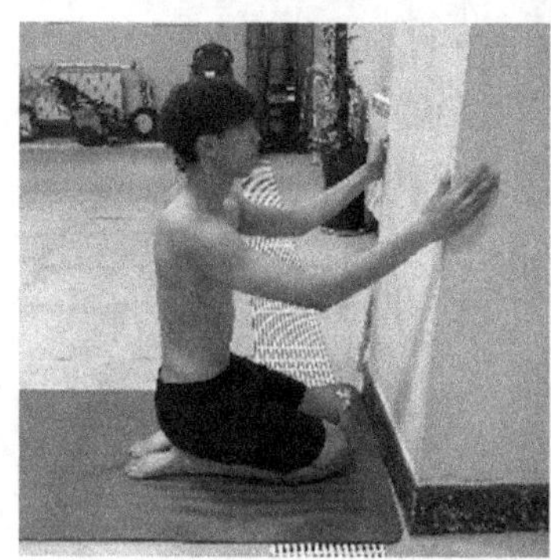

进阶版陆上蝶泳腿部练习视频

图 3－27

（三）陆上实心球传递(图 3－28)

练习目的：此动作与蝶泳转身时使用的肌肉相似，可帮助转身时吸收和重新分布动量。

练习方法：与同伴相对着站立，距离 2～3.5 m，将实心球放在胸前中线位置，用力伸直肘关节，将球抛向同伴胸前，两人交替抛出实心球。

注意事项：保证一直在胸前位置抛、接实心球，不应低于胸部。

陆上实心球传递视频

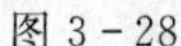

图 3－28

（四）流线形蝶泳腿部练习(图 3－29)

练习目的：提高蝶泳腿部动作频率。

练习方法：使用呼吸管、脚蹼。身体呈俯卧姿势蹬离池壁，手臂前伸保持流线形，从腰腹部开始发力带动膝部和脚部向下打腿，每次向下发力打腿时幅度不需要很大，开始时可以做慢速的动作，体会向下发力打腿的感觉，然后逐步加快速度。当速度加快后，打腿幅度变小，频率加快。

注意事项：从髋关节发力向下，而不是膝关节发力。

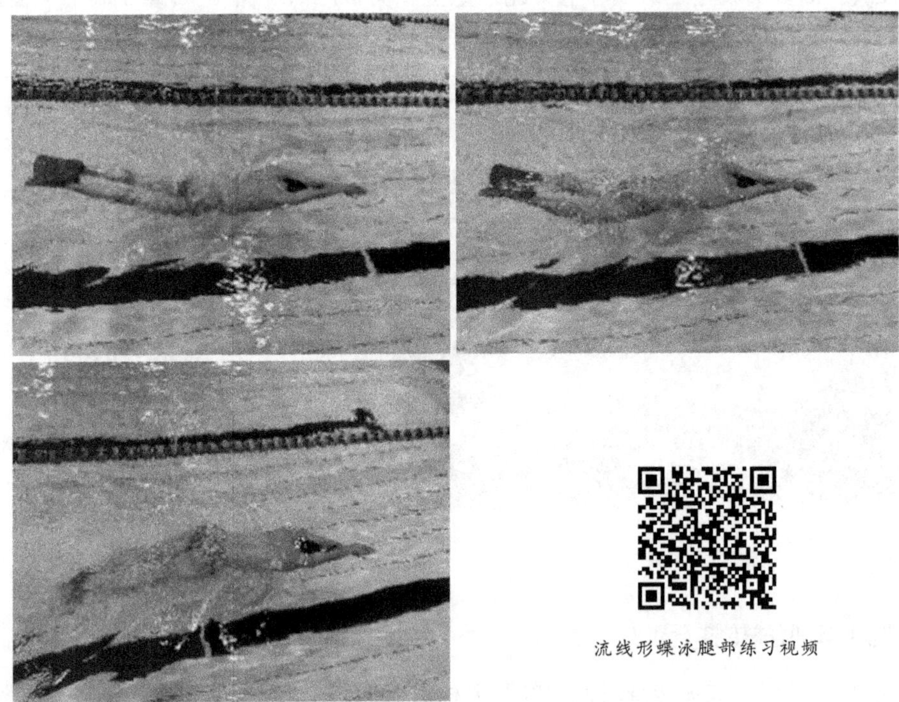

流线形蝶泳腿部练习视频

图 3 - 29

(五) 蝶泳手自由泳腿部练习(图 3 - 30)

练习目的：提升手臂划水实效，体会推水效果。

练习方法：首先双臂同时做一次划水动作，使用自由泳时的腿部技术，交替上下打腿，打腿幅度区别于正常自由泳时的打腿幅度，应该减小幅度，身体上下起伏程度也越小越好，专注于推水动作效果。

注意事项：控制身体幅度，用最慢的速度进行练习，但要尽可能保持动作流畅。

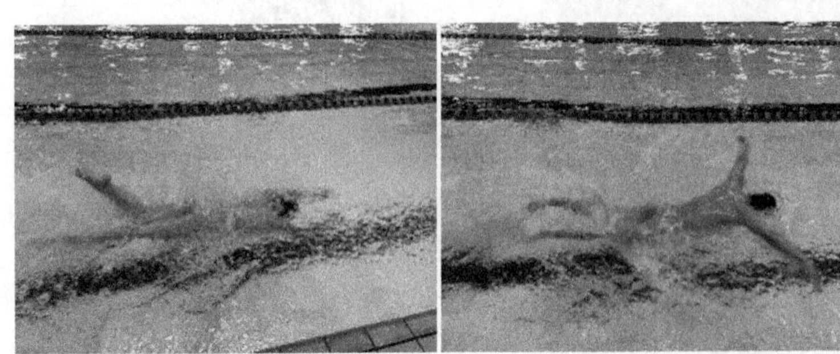

蝶泳手自由泳腿部练习视频

图 3 - 30

（六）手臂练习(图 3－31)

练习目的:降低身体起伏，有助于保持正确的身体姿势，减少不必要的动作幅度。

练习方法：使用呼吸管辅助训练，进行一次完整抱水和划水动作。结束划水动作后，两臂贴水面平移至最初姿势，进行空中移臂时，手臂保持伸直。

注意事项：手臂平移时，掌心向下尽可能紧贴水面。

手臂练习视频

图 3－31

（七）手腿配合协调练习(图 3－32)

练习目的:完成动作向完整动作转换。在完成动作过程中，应将注意力放在推水同时完成第二次腿部动作配合上。

练习方法：双臂同时划水即可。双臂完成空中移臂动作入水的同时完成一次腿部动作，推水的同时完成第二次腿部动作。可戴脚蹼进行练习，增强动作发力感。

注意事项：推水时重打第二次蝶泳腿。

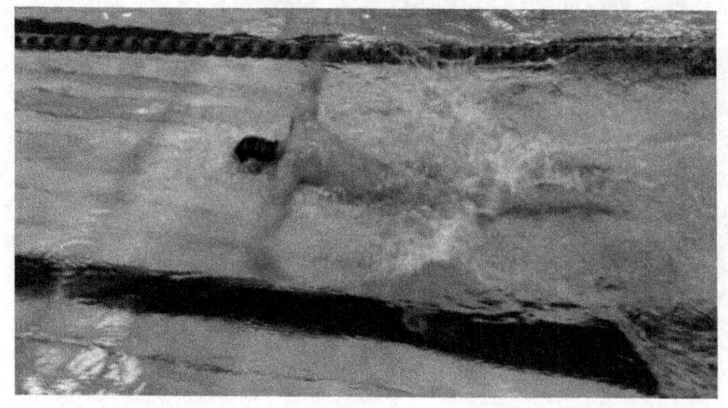

手腿配合协调练习视频

图 3－32

（八）蝶泳节奏练习(图 3－33)

练习目的:将注意力集中在划臂的节奏方面。

练习方法：此项训练包括蛙泳划臂和蝶泳划臂动作，首先做两次蛙泳划臂动作，完成后进行三次蝶泳划臂动作，划臂动作使用蝶泳时的打腿动作，在蛙泳划臂动作时进行呼吸。两种划臂动作交替进行练习，保持动作的节奏和起伏特征。

注意事项：蛙泳划臂动作不使用蛙泳时的腿部动作。整体技术动作，使用蝶泳时的腿部动作完成此项练习。

蝶泳节奏练习视频

图 3-33

五、出发技术的训练方法(蹲踞式出发)

(一) 原地蹲踞式出发练习(图 3-34)

练习目的：针对出发蹬离跳台动作所使用的肌肉，练习动作，模仿水中蹲踞式出发姿势。

练习方法：起始姿势，固定脚趾脚掌，双脚借用地面的支撑，用力的腿在前，后面支撑的腿弯曲、脚稍抬。向上起跳时，后腿前摆，前腿用力向上蹬直，充分蹬伸髋膝踝。

注意事项：固定核心肌群的结构在整个训练过程中始终保持夹紧状态。

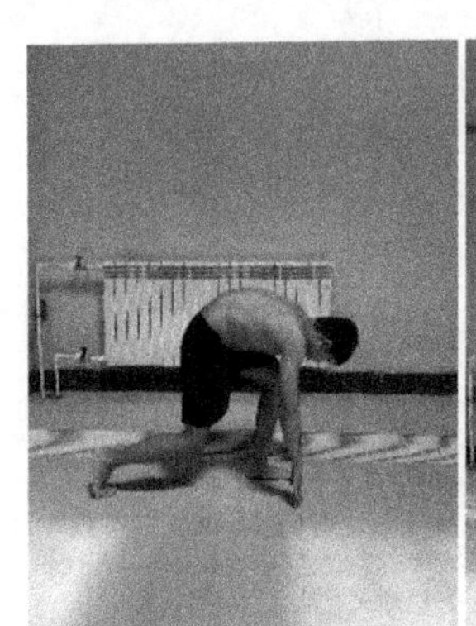

原地蹲踞式出发练习视频

图 3-34

(二) 陆地腰部练习(图 3-35)

练习目的：为提高离台后身体伸展流线形提供帮助。

练习方法：趴于岸边，面部向下，身体缓慢下降至半身悬空位置，停留 10～15 s 后缓慢抬起回到起始动作，重复进行练习。

注意事项：注意动作慢速完成，不过度超伸展，以减少损伤发生。

陆地腰部练习视频

图 3-35

(三) 水中练习 1(图 3-36)

练习目的:提高双手摆臂动作熟练度,解决空中身体形态等问题。

练习方法:位于蹲踞式出发起始位置,双手紧握辅助工具,可选择水瓶或浮板等辅助工具,双腿蹬离出发台后,双手用力向后抛出辅助工具。

注意事项:辅助工具最好有一定重量,使手臂更好地体会摆臂动作。

水中训练视频

图 3-36

(四) 水中练习 2

练习目的:体会哪种出发的发力方式最适合自己。

练习方法:选择方式包括左、右腿交替做支撑腿等,并在相同位置记录时间,进行测试,以确定哪种类型的出发方式最适合自己。

注意事项:体会多种姿势时应保持速度、距离的一致性,这样才能更准确地对比结果。

六、转身技术训练方法

(一) 陆地滑轮卷腹练习(图 3-37)

练习目的:此动作可以充分地模仿滚翻转身中腹直肌的动作。

练习方法:跪在滑轮拉力器前方地面,小臂位于耳朵两侧,双手在头的后方握住滑轮拉力器,保持臀、腿稳定,卷躯干向下,缓慢回到起始位置。

注意事项:注意臀部、腿部不过度代偿。

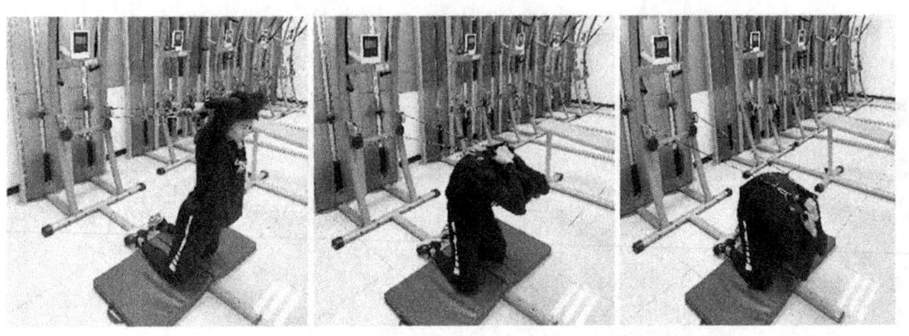

陆地滑轮卷腹练习视频

图 3-37

（二）触壁转身练习（图 3-38）

练习目的：帮助体会在双手触壁转身中如何交换动量。

练习方法：做漂浮动作，双臂前伸，双手距离池壁 1 m，原地保持。听见口令后，快速进行触壁转身动作。再次进行尝试训练，这次练习要增加一次划臂动作，直到能够更好地感觉到动作的效果，以及相对于池壁的位置。

注意事项：此项训练需要多次重复，以免在比赛中出现距离池壁过长或过短的问题。

触壁转身练习视频

图 3-38

（三）水中折返转身练习（图 3-39）

练习目的：加快转身速度以及转身水下腿的动作速度。

练习方法：准备姿势，听到口令后快速以滚翻动作绕过第一根水线，使用水下腿动作回到池边后，快速转身蹬离池壁，折返更远距离的水线，重复折返练习。

注意事项：折返过程中需要以水下腿动作游进，转身动作需要加速完成。

水中折返转身练习视频

图 3－39

课后习题

1. 列出三种蛙泳技术的训练方法。
2. 简述出发技术的训练方法。
3. 简述转身技术的训练方法。

第三节　游泳运动员体能训练方法

力量、速度、耐力、柔韧、协调能力训练是游泳运动员体能训练的重要环节，是决定游泳运动成绩的重要因素，一名成功的游泳运动员必须具备游泳过程中身体所需的各项素质。力量训练是重中之重，本节将重点介绍游泳力量训练的训练方法，以便展现全面、立体的游泳体能力量训练体系与方法；游泳速度主要体现在游进速度、动作速度、衔接速度三个方面，有哪些影响游泳速度的因素，怎样训练游泳运动员的速度素质，也将在本节展开讲解；游泳的耐力素质可以分为一般耐力和专项耐力，一般耐力属于有氧训练范畴，其训练以提高有氧供能系统的工作效率为目的，专项耐力属于乳酸负荷训练，以刺激无氧糖酵解供能系统，提高糖酵解供能能力和供应效率为主要目的，本节将重点介绍一般耐力和专项耐力水上训练方法；柔韧素质包括肌肉、肌腱、韧带等软组织的伸展性，关节活动幅度的大小，关节的灵活性，游泳柔韧素质训练分为一般柔韧性、专项柔韧性或主动柔韧性、被动柔韧性，本节将阐述影响游泳柔韧素质训练的因素以及如何进行游泳运动员的柔韧训练；游泳协调能力可以分为一般协调能力和专项协调能力，本节将介绍游泳运动员协调素质的训练方法。

通过本节学习，学生可了解游泳运动中五大基本素质训练的基本原理，掌握各种素质的训练方法，具备基础的游泳训练执教能力。

一、力量训练

竞技游泳运动所处的水环境密度大大高于空气密度，根据流体力学原理，在水中随着运动速度的加快，运动中的阻力是成倍增加的，为此运动员必须以更大的力量来克服阻力而获取更快的速度。由此可见，力量素质是游泳运动员必须具备的素质，是能够游得更快的决定性因素，同时，力量训练也是游泳训练的重要内容之一。

（一）陆上力量训练

由于需要借助陆地上的器械和器材进行力量训练，因此陆上力量训练是游泳运动员力量训练的主要训练方法，是游泳运动员提高力量素质的有效途径。通常我们把游泳陆上力量训练分为两大类，一类是陆上一般力量训练，另一类是陆上专项力量训练。但需要注意的是，游泳运动员的陆上力量训练要围绕游泳运动特点进行，尽量选择与游泳运动身体姿势、发力特点等相近的练习方法。

1. 陆上一般力量训练

游泳项目中的陆上一般力量训练应围绕着游泳运动的特点，发展符合游泳专项要求并有助于游泳运动员专项力量训练水平提高的肌肉力量。在练习过程中的动作方式、练习重量、练习重复次数、练习组数等因素的选择、安排上，应综合考虑游泳技术动作和各环节技术对运动员肌肉力量的要求。

陆上一般力量训练通常采用更加全面的、全身所有肌群均参与运动的综合性力量练习，较常用的方法为循环力量训练法，即对游泳过程中参与运动的全身各部分肌群进行有针对性的训练。练习器械通常采用联合力量训练器、发展不同肌群的单项训练器、哑铃、杠铃等，以及克服自身体重等负重练习方法所需器械。

2. 陆上专项力量训练

游泳的陆上专项力量训练必须与游泳技术动作结构和完成动作的主要工作肌群用力相似才能获得最佳效果。游泳陆上专项力量训练主要采用在运动学和动作节奏上与游泳动作相似的练习方式进行训练，这类练习不仅可以发展游泳时承担主要负荷的肌群，还可使各肌群开始投入工作和结束工作的顺序与游泳动作的实际要求吻合。

陆上专项力量训练通常采用橡皮拉力、等动拉力、滑轮拉力、弹簧杠杆拉力等器械。为使练习动作与游泳四种泳姿的划水动作结合紧密，运动员通常可采用卧、坐、立等姿势练习，以发展专项需要的最大力量、速度力量和力量耐力。

1）最大力量训练

最大力量是指运动员在进行力量训练时肌肉通过最大随意收缩克服阻力所表现出来的最高力值。最大力量训练是短距离游泳运动员力量训练的主要内容，能够提高肌肉收缩的刺激强度，增加肌纤维的募集率，动员更多肌纤维参与工作。

2）快速力量训练

快速力量是指肌肉快速发挥力量的能力，是力量与速度的有机结合。快速力量拉力训练练习的是动作速度。

3）力量耐力训练

力量耐力是指肌肉长时间克服阻力的能力，是中长距离游泳运动员需要具备的主要力量素质。力量耐力拉力训练负荷的特点是练习重量较轻，练习时间或练习次数相对较长、较多。

在以动力性专项拉力力量训练为主的前提下，可适当采用与游泳主要推进力相似的典型动作或关键动作（抱水动作、屈臂高肘动作）和发展原动肌、弱肌群为主的静力力量训练。因为静力力量训练能够有效地强化动作，提升动作控制肌群的神经冲动，提高对肌肉的刺激强度。

（二）核心力量训练

核心力量是目前游泳训练中使用比较频繁的技术术语，是由美国游泳体能训练专家在20世纪90年代末期提出并传入中国的一种训练论点。核心力量训练的重点是强调游泳动作的发力应以身体的重心——腰和臀部的发力为起点，延长划水路线、提升划水效果。游泳时，腰至臀部的位置是整个身体的中心地带，它控制着连接上下肢的协调用力，对全身的运动起着桥梁和纽带的作用，同时，中心地带还控制着呼吸时身体的纵轴转动，因此，其作用不容忽视。如果教练员只注重发展运动员的上肢和下肢力量，而忽略发展运动员的核心力量，其结果只能是使运动员身体的上下肢各自为政，技术脱节，效果较差。因此，控制和发展运动员的核心力量是保障运动员技术发展的重要因素。

近年来由于核心力量在游泳训练中的作用被深入认识，发展游泳运动员核心力量的方法也随之丰富起来，除传统的垫上腰腹部肌群训练外，实心球、瑞士球、悬吊训练器等方法也应运而生，这些训练器械的使用除丰富了核心部位力量练习方法外，更提升了训练效果。

发展核心力量较常采用0.5～5 kg的实心球，通过传、抛、推等动作进行练习，发展力量素质，尤其能够提高身体协调用力的能力，即提高身体核心部分力量。

二、速度训练

速度训练指训练运动员快速运动动作的能力，这种训练建立在运动员力量基础之上，并取决于运动员神经系统的反应。游泳运动员速度素质包括快速完成动作的能力、对外界信号刺激的快速反应能力及身体快速位移的能力。

（一）游泳速度的训练特点及影响因素

1. 游泳速度的训练特点

游泳比赛的结构决定了游泳速度的特点，游泳速度的特点体现在游进速度、动作速度、衔接速度三个方面。运动员的游进速度受划距与划频的影响，其中划水效果(划距)是决定游进速度的关键因素，其原因在于运动员提高划频相对更困难。动作速度包括出发、转身等的动作速度，其最大特点是身体关节的运动，而身体关节动作速度的快慢取决于动作的角速度，反应快、动作熟练是运动员快速完成动作的保证。衔接速度能够决定运动员在游泳比赛结构中各环节速度的过渡转换是否连贯。流畅的动作、平稳的速度及不出现停顿是保证快速衔接的基础，这就需要运动员具备较强的速度感和动作转换的技巧。

2. 影响游泳速度训练的因素

游泳的速度训练受练习结构的影响，具体表现为以下几点：

1）练习方式

速度练习以专项手段和比赛动作的练习方法为主。结合运动员游泳技术动作进行速度练习是发展速度、提高技术的有效方法。教练员针对比赛的速度结构，采用分解或完整的方法发现运动员比赛项目各环节的速度，在各种速度练习中设计动作的练习频率，可有效提升运动员的速度能力。

2）练习距离

速度训练主要发展运动员的 ATP－CP 系统供能能力，速度练习距离的长短是影响速度练习效果的主要因素。发展速度能力的练习常采用的距离为 25～50 m，而发展绝对速度常采用的练习距离为 10～25 m。

3）练习强度

速度练习的绝对强度较大，一般采用运动员的极限强度进行练习，例如 90％～95％、100％～110％的强度练习。

4）练习重复次数

速度练习的重复次数或组数，要以运动员能够持续保持较高的工作能力为前提，可根据运动员的实际状态进行练习。但重复次数不宜过多。

5）间歇时间与性质

速度练习的间歇时间与性质，要以能够保证运动员练习效果为基础，尽量采用积极性间歇方式，每次练习后要在运动员身体完全恢复后再进行下一次练习，通常的练习间歇比为 1∶2、1∶3。

除此之外，运动员神经系统的灵活性和协调性、肌纤维类型的百分比组成、专项身体训练水平、技术动作的熟练程度、运动员所处的训练状态、运动员年龄及生长发育特点等因素也直接影响着游泳的速度训练，因此在实践操作中要多加注意。

（二）游泳速度素质练习方法

通常情况下，游泳速度练习与游泳技术训练是紧密结合的，游进速度训练是游泳速度练习的重点。

1. 短冲练习

短冲练习以发展游泳运动员绝对速度为目的，提高运动员的无氧代谢能力、磷酸原供能系统工作能力。练习距离通常采用 15～25 m，重复 4～8 次，间歇 30～60 s。

2. 动作频率练习

在保证技术动作效果不变的前提下，运动员在游进中的动作频率决定了游进速度。动作频率练习的前提条件为划水效果不变。动作频率练习常用的方法为最佳频率练习和频率节奏练习。最佳频率练习的核心是通过计算运动员游进过程中划频、划距、速度三者的关系，找到三者间的最佳组合。合理的动作频率节奏是保持速度、合理分配体力的保证。因此教练员为每个运动员找到合理的分段频率，能够对运动员提高成绩起到一定作用。

3. 动作速度练习

游泳的动作速度主要体现在出发起跳、转身技术两方面。游泳的动作速度训练与提高技术水平关系密切。出发起跳动作速度练习通常以从运动员听到出发信号到游至 10 m 或 15 m 的距离为评价指标。运动员从出发到游至 15 m，中间包含出发反应速度、起跳动作、水下滑行、起动游，以及这些动作之间的衔接。转身动作速度练习包括游近池壁、转身动作、蹬壁滑行、起游四个部分，以转身前 7.5 m 至转身后 7.5 m 作为评价转身技术质量的指标。练习形式分为专门转身动作速度练习和综合转身动作速度练习。

4. 牵引练习

游泳训练牵引练习属于非传统的练习方法，是运动员在附加外力（牵力）或导游装置诱导下，最大限度提高动作速度，突破自身游进时的速度极限，达到预定目标，获得自身游进时无法感受的速度感的练习。运动员在进行牵引练习前，教练员要先研究和设计施加给运动员的牵引力与导游的速度，以保证运动员能够在练习中发挥最快速度。牵引练习距离较短，重复次数也相对较少。练习速度通常控制在本人最快速度的100％～120％，同时要避免牵引速度过快给运动员造成拖拽感，进而失去速度感。

三、耐力训练

耐力素质是指运动员有机体能够长时间运动的能力。运动员要在比赛全过程保持特定的动作质量和运动强度，就必须具备良好的耐力素质，必须具备在持续运动过程中同不断积累和加深的疲劳作斗争的能力。游泳作为相对体能主导类项目，耐力素质的发展水平对运动员的专项竞技水平起相对主导作用。依据耐力素质对运动员专项的影响，可以将耐力素质分为一般耐力和专项耐力。

（一）一般耐力训练

一般耐力属于有氧训练范畴，是游泳运动员的重要素质之一，其核心是最经济、最有效地利用已有的机能潜力，其效果取决于有氧工作的能力水平、输氧系统的工作效率、利用身体各种素质的程度、技术动作的效果、呼吸的效率以及肌肉协调的工作能力。

一般耐力训练以提高有氧供能系统的工作效率为目的，通常采用一般有氧训练、无氧阈训练及最大摄氧量训练。

1. 一般有氧训练

一般有氧训练以提高运动员有氧基础能力、一般耐力训练水平为目的，采用长距离持续游、各种形式变速游、慢速间歇游等练习方式。

2. 无氧阈训练

无氧阈训练是有氧训练的主要手段。游泳运动员有氧训练水平和有氧系统工作能力的差异，造成运动员的无氧阈水平各不相同，因此在训练中应以运动员个体乳酸阈的水平来控制练习强度。无氧阈训练中通常以运动员血乳酸浓度急剧上升的开始起点（通常为4 mmol/L）时的游进速度为训练强度。判断运动员无氧阈速度的提高情况，主要依据“血乳酸—强度曲线”的右移程度。无氧阈训练中运动员心率在140～180次/分钟之间为宜，以包干训练和间歇训练为主要练习方式。

3. 最大摄氧量训练

最大摄氧量训练属有氧训练范畴，是指人体在进行有大量肌群参与的长时间运动中，当心肺功能和肌肉利用氧的能力达到极限水平时，单位时间内所能摄取的氧量。虽然最大摄氧量训练时血乳酸值可达到8 mmol/L，但这种训练方式被普遍认为是发展有氧能力最好的训练手段。

少年儿童时期是发展有氧能力的最佳阶段，运动训练负荷应保持与运动员生长发育水平相适应这一特点。一般耐力训练对提高运动员心血管系统机能和呼吸系统功能十分有利，同时为以后发展有氧和无氧耐力打下良好基础。耐力训练是一项相对艰苦的工作，运动员的意志品质和顽强拼搏精神是影响耐力训练效果的关键因素。同时，耐力训练可磨炼运动员的意志，对提升运动员的心理素质有很大的帮助。此外，在发展不同专项运动员的一般耐力时，应遵循个体差异原则，以适应每一位运动员的特点。

（二）专项耐力训练

专项耐力是指运动员持续维持高速度、高强度，完成高质量游泳动作的能力。游泳运动员的专项耐力主要依靠机体糖酵解供能，血乳酸浓度是反映这一供能系统的主要指标。对于不同练习距离，专项耐力供能特征也有所区别或偏重。因此安排游泳运动员专项耐力训练时，教练员应区分不同耐力的供能特征，选择有效的训练手段，以发展游泳运动员的专项耐力。

1. 游泳专项耐力特点及影响因素

游泳专项耐力水平是肌肉力量耐力水平的表现，取决于运动员每次划水效果的保持能力，简单来说就是一种保持速度的能力。专项耐力指数＝平均速度/绝对速度。绝对速度是指标准距离的速度，如 100 m 的标准距离为 25 m，200 m 的标准距离为 50 m，400 m 的标准距离为 100 m。

专项耐力训练与一般耐力训练相比，对运动员机体承受负荷能力要求更高，教练员在训练的把握上难度更大。在训练实践中，专项耐力训练效果主要受到以下因素的影响：

首先，专项耐力肌肉工作主要依靠糖元酵解供能，凡是制约糖酵解能力的因素都会影响专项耐力水平的发展和提高，因此乳酸峰值和乳酸耐受水平决定了游泳运动员专项耐力的训练效果。

其次，专项耐力涉及两个以上的供能系统，发展专项耐力比发展绝对速度和一般耐力更复杂；同时，发展专项耐力要求较高的负荷强度，对机体生理影响大且持久，容易引起运动员的过度疲劳，对训练把握要求较高。

再次，运动员的力量训练水平对保持高速度游进极为重要，较强的力量素质是保证合理技术的基础，因此要注重发展运动员的力量素质。

最后，要根据运动员的年龄特征及生长发育特点进行训练安排。少年儿童早期训练应着重发展一般耐力和速度素质，着重发展有氧运动能力和绝对速度，随着年龄的增长、生长发育的成熟，逐步增加专项速度耐力训练。

2. 游泳专项耐力训练方法

发展游泳专项耐力主要采用间歇训练法和重复训练法。

游泳专项耐力训练属于乳酸负荷训练，以刺激无氧糖酵解供能系统，提高糖酵解供能能力和供应效率为主要目的，其最明显的特征是总负荷水平高，心率、血乳酸水平高。训练负荷强度、练习数量、重复次数、练习组数、练习距离、练习间歇时间等因素直接影响着训练效果及负荷的作用方向。

1）乳酸耐受训练

乳酸耐受训练要求运动员血乳酸浓度在 8～12 mmol/L，并通过重复训练维持在这一水平上，以刺激机体对这一血乳酸水平的适应，提高缓冲疲劳的能力和肌肉中乳酸脱氢酶的活性。乳酸耐受训练通常采用高于最大摄氧量训练时血乳酸水平的负荷强度，其核心在于训练的重复次数、组数与间歇时间。一次乳酸耐受训练的负荷量不宜超过 2000 m，训练分段距离通常为 100～200 m，负荷强度在 90％以上，心率达到个人最大心率。

2）乳酸峰值训练

乳酸峰值训练是指提高运动员最大乳酸水平和乳酸最高水平游进速度的训练方法，目的是使运动员机体糖酵解供能能力达到最高水平。乳酸峰值训练的最佳练习距离为100～200 m，练习强度可到95%以上，练习后即刻心率达到个人的最大心率，从而达到机体生成乳酸的最大能力，血乳酸浓度为12～20 mmol/L。乳酸峰值训练的最大负荷量不宜超过1000 m，每周不超过3次，要给运动员的机体留有充分清除乳酸的时间。乳酸峰值训练对运动员机体刺激性强，潜在的危险较大，容易造成过度训练，每增加100 m的无氧训练，都会使运动员生理付出极大的代价，因此训练控制的难度非常大。

四、柔韧性训练

柔韧性指人体关节活动幅度的大小以及肌肉、肌腱、韧带、皮肤以及其他组织的弹性和伸展能力。“柔”指肌肉、韧带的拉长范围，“韧”指肌肉韧带发挥的力量，控制关节不受损伤的最大活动幅度。柔韧训练其一是肌肉、肌腱、韧带等软组织的伸展性训练，其二是关节活动幅度的大小训练，其三是关节灵活性训练。柔韧素质对游泳运动有特殊的作用，不仅影响完成动作的幅度，更影响完成动作的效果。因此发展具有游泳专项特征的柔韧素质是游泳训练的重要组成部分。

（一）游泳柔韧性特征及分类

游泳手臂划水动作的质量受肩关节柔韧性和灵活性的影响，脚掌外翻和踝关节弯曲程度直接影响运动员腿部技术动作的效果。因此，游泳运动员专项柔韧素质直接影响着游泳动作的幅度、效果，进而影响运动员游进的速度。放松的动作能够影响游泳专项柔韧素质的发挥。游泳对踝关节柔韧性及灵活性的高要求体现在鞭状打水动作的要求上，鞭状动作的最大特点是各关节动作放松，产生力的传导、加速过程快，使末端脚背产生最大的加速度，并最终形成良好的对水面。

根据不同特征，柔韧性可分为一般柔韧性、专项柔韧性，以及主动柔韧性、被动柔韧性。一般柔韧性指在不考虑专项特点的情形下，身体做屈、伸、弯曲和转体等动作时各个关节活动的幅度与灵活性。专项柔韧性，反映为比赛动作特点和要求的关节活动幅度、灵活性及肌肉、韧带的伸展程度。主动（动态）柔韧性指运动活动过程中关节的运动范围，需要自身肌肉参与活动，即运动员本人通过肌肉用力完成动作的幅度。被动（静态）柔韧性是指关节及周围肌肉在被动活动时的运动范围，即在外力作用下的拉伸能力，不需要自身肌肉活动的参与。被动柔韧性大于主动柔韧性。

（二）影响柔韧素质的因素

1. 关节结构

关节结构决定其活动范围。关节类型、关节面形状以及周围软组织等，也会影响关节的活动范围。例如：肩关节属球窝关节，可以在任何解剖平面活动，在所有关节中活动范围最大。

2. 结缔组织

肌腱、韧带、筋膜、关节囊、皮肤都可能限制关节活动范围。结缔组织的弹性（被动拉长后回到原来长度的能力）和牵张性（被动拉长的能力）也是影响柔韧性的因素。

3. 肌肉

大负荷、高强度练习会导致运动员部分肌纤维损伤，肌肉中微纤维增多，进而影响柔韧性。同时，肌肉体积增大会限制关节的活动范围，影响运动员的柔韧素质。此外，肌肉在活动中的收缩和放松的协调能力也是影响柔韧素质的重要因素。

4. 练习方式与间隔时间

柔韧性练习应每天进行，依据训练周期和项目特点安排练习数量。通常情况下，游泳运动员每次训练前后都会做一定的柔韧、拉伸练习。

5. 温度

适宜的温度可使肌肉处于放松状态，提高肌肉弹性、关节韧带伸展程度，使关节囊更加润滑，在此基础上发展柔韧素质效果更佳。温度过低则使肌肉处于紧张状态，关节僵硬，不利于发展柔韧素质。

（三）柔韧性练习方法

（1）发展柔韧性的特点是在完成动作过程中，使动作幅度达到个人的极限，肌肉和韧带在不受损伤的前提下被尽可能拉长到最大限度。柔韧练习的主要形式和方法包括静力拉伸和动力拉伸，以及主动拉伸和被动拉伸。在练习过程中可以根据练习的要求，单独或组合运用柔韧性练习，提高练习质量与效果。

静力拉伸指在定位中拉伸肌肉、韧带，即一般柔韧性练习。

动力拉伸指在活动中拉伸肌肉、韧带，即专项柔韧性练习。

主动拉伸指自己进行练习的拉伸方法。

被动拉伸指在同伴帮助下练习的拉伸方法。

（2）关节柔韧性与关节灵活性是紧密联系的，但不能互相替代。关节柔韧性虽然增大了关节的活动幅度，但不能提高关节灵活性。关节灵活性取决于关节活动时参与工作肌群的紧张与放松的协调一致性，以及关节活动的频率，即关节活动频率高、关节灵活性好。游泳运动对肩、踝、膝、腰部关节的灵活性要求较高。

游泳运动员柔韧练习应与发展关节灵活性练习相结合，充分利用关节柔韧性的优势，增加关节活动范围，提高关节活动的灵活性。关节灵活性练习包括关节转动、旋转、摆动、绕环等动作，而游泳专项关节灵活性练习应着重发展肩、膝、踝、脊柱和髋关节。实践中，应通过改变速度、频率、幅度、方向等练习因素，提高各关节灵活性的强度和频度。

五、协调能力训练

协调能力是运动员形成与掌握运动技术的重要基础，反映运动员是否能够快速、准确、有效地完成各种动作，并符合特定训练目标的能力。游泳是运动员在水中无固定支撑的不稳定状态下保持身体平衡的运动项目，它主要依靠自身协调发力和控制身体相对稳定的能力，由于人在水中控制身体、动作的过程相对复杂，因此对运动员的协调能力也有特殊要求，同时协调能力对于学习和掌握游泳技术至关重要。游泳技术与其他陆上运动相比，其最大特点是身体在水中呈平卧姿势并完成技术动作。动作效果取决于用力过程中动作面的形成和保持。臂腿配合动作也与陆上臂腿配合动作有较大差异，具有非同步性特征，即不像陆上臂腿左右交替的动作配合节奏与方式。因此，运动员在学习和掌握游泳技术的过程中，协调能力的发展必须符合游泳技术动作的基本特点。

（一）协调能力的类型与练习方法

协调能力的发展程度取决于竞技专项的特点，游泳协调能力可以分为一般协调能力和专项协调能力。

1. 一般协调能力

一般协调能力支配着各种运动技能的形成与发展，是专项协调能力的基础。运动员通过陆上游泳技术动作模仿、手腿配合动作及陆上其他运动技能等练习，提升基本协调能力，为发展游泳技能奠定基础。

2. 专项协调能力

专项协调能力反映了运动员迅速、省力、准确、流畅地完成专项运动各种动作的能力，包括各运动专项特殊要求的协调性。游泳专项协调能力的发展首先要同水环境相结合，一方面在技术训练中通过分解、动作组合等方法发展游泳运动员的动作控制能力；另一方面通过水上其他运动，如水球、花样游泳、水中健身操、蹼泳、水中游戏，或专门设计的水上协调动作练习等发展协调性。专项动作控制能力和水上运动技巧有助于发展和提升游泳运动员的协调能力，提升运动员的技术水平和动作效果。

（二）协调能力训练的特点与方法

1. 协调能力训练特点

协调能力训练主要解决运动员的三个问题，即克服肌肉不合理紧张、保持身体稳定性、完善空间感觉和动作的空间准确性。通常可以将协调能力的训练方法分成如下三种类型：

第一，改变已经习惯的运动行动的某些特点或整个形式，增加动作协调的难度；

第二，在不习惯的组合中完成已习惯的动作；

第三，使用不同的外部条件，迫使已习惯的动作协调形式改变。

其中的每一个练习方法都可以通过局部性的方法实现。

2. 协调能力练习方法

在日常训练中，可以运用不同种类的泳式相互配合练习（例如：蛙泳手、蝶泳腿，蛙泳手、自由泳腿）或者改变以往习惯的速度和节奏练习（例如：15 m 快游，15 m 慢游）来提升运动员身体的控制能力和协调用力能力，也可以采用陆上徒手练习和持球练习（持球转体和手抛接球，俯卧传球和仰卧起坐传球）来发展运动员的协调性。

3. 协调能力练习的注意事项

发展游泳运动员的协调能力首先要保证与游泳基本技术练习紧密结合，通过各种练习方法和手段进行技术训练，提升运动员的协调能力和技术质量。其次要将协调训练与其他素质训练相结合，在专项技术训练中发展协调能力。协调能力训练的安排要时常进行，在训练初期应主要发展运动员基础协调能力，随着训练的深入逐渐加大专项协调性练习比例，提升专项协调能力。最后，由于水感在很大程度上决定了运动员控制技术动作稳定性的能力，因此发展协调能力要与水感练习相结合。

课后习题

1. 游泳陆上、水上力量训练的方法有哪些？
2. 如何增强游泳运动员的核心力量？
3. 游泳的速度可以分为哪些类型？如何训练运动员不同类型的速度能力？
4. 游泳耐力的类型有哪些？不同类型耐力素质应该如何训练？
5. 如何安排游泳运动员的柔韧性与协调能力训练？

第四节　游泳训练相关器材及用法

游泳训练器材是辅助游泳训练的最佳方式，利用游泳训练器材可增加陆地训练、柔韧性训练、测力训练、负重游泳和阻力训练。尽管本节的目的不是给出所有训练计划的详细内容指南，但是可帮助人们了解一些游泳训练器材及其使用方法，进而帮助教练员设计训练方案。通过本节的学习，读者可对游泳训练器材有一个初步的认识和了解，以期在日后训练中主动提升自身专项能力，同时免受伤病困扰。

一、游泳陆上练习器材

(一) 弹力带或橡胶拉力带

橡胶拉力属于弹力拉力，弹力拉力带通常由天然乳胶或橡胶制成，称弹力带、橡胶拉力带或橡皮带。弹力带是一种模仿游泳划臂姿势的模仿性力量训练器材，负荷大小可随橡皮带绷紧程度、练习者与橡皮拉力的距离远近、橡皮拉力的粗细股数做随机调整。它可以有效改善肌力、身体活动能力和灵活性，有效提高运动成绩，是游泳运动员上肢专项力量训练最常用的训练工具。橡胶拉力带如图 3－40 所示。

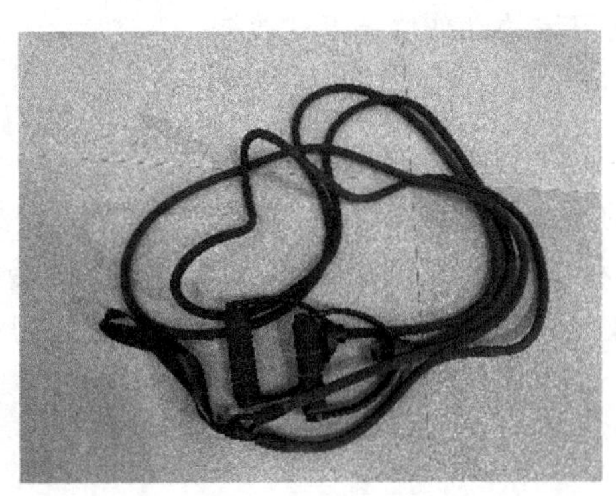

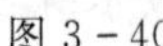

图 3－40

弹力带或橡胶拉力带视频

(二) 平卧式滑轮拉力器与等动拉力器

平卧式滑轮拉力器是练习者俯卧或仰卧在拉力凳上进行上肢专项力量训练的器械。滑轮形式采用定滑轮组合，负荷可随增减配重块进行调整。滑轮拉力属于重力拉力的一种，与游泳划臂动作过程相近，能够有效提升运动员的上肢力量，发展肱三头肌、肱二头肌、前臂各肌肉等，适用于竞技游泳四种泳式。平卧式滑轮拉力器如图 3-41 所示。

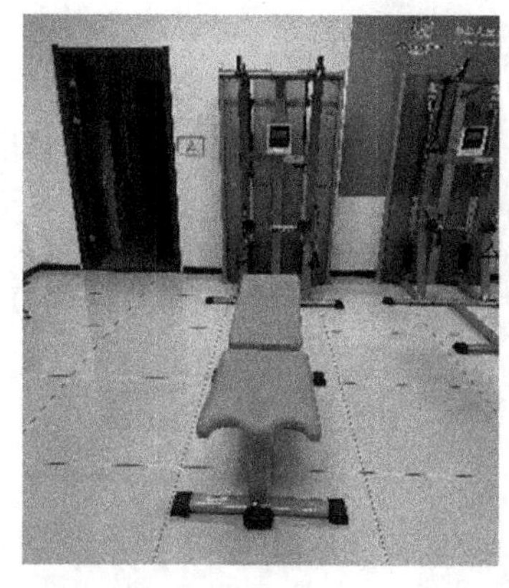

平卧式滑轮拉力器视频

图 3-41

等动拉力器由离心制动摩擦器与尼龙绳和把手组成。其动作与游泳划臂动作相似，即单一的牵拉动作。由于离心制动作用，如牵拉速度加快，阻力负荷也随之增大，给予参与做功的肌肉所承担的工作负荷也同步持续性增加。等动拉力器如图 3-42 所示。

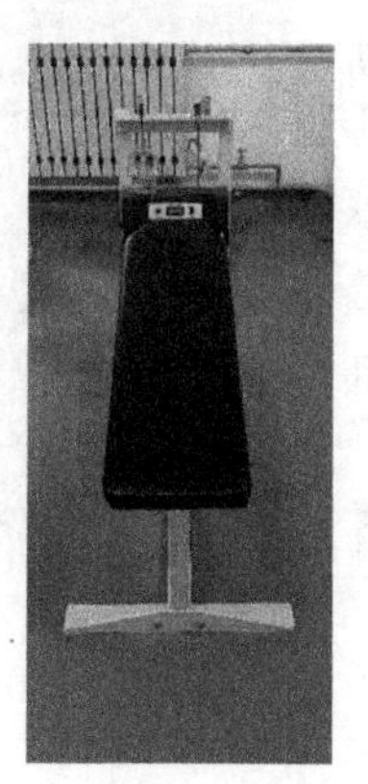

等动拉力器视频

图 3-42

（三）高位滑轮拉力器

1. 练习作用

这一锻炼针对的是肱三头肌，对于四种泳式都是有好处的。这一动作对于游泳上肢力量训练作用显著，因为它模拟了游进过程中的水下划水动作。在进行这一锻炼时应该保持身体直立，让肱三头肌得到更多的训练，同时对肘肌、腕屈肌和指屈肌也有显著的训练效果。高位滑轮拉力训练如图 3-43 所示。

2. 练习方法

(1) 面对有高位固定绳索的下拉器站立。在胸前抓握把手，掌心向下抓握，使双手间距略窄于肩宽。

（2）双肘夹紧体侧，伸展前臂直到肘部锁住。

（3）缓慢放松，使配重片下降，直至高于固定的配重片 2.5 cm，再重新回到起始姿势。

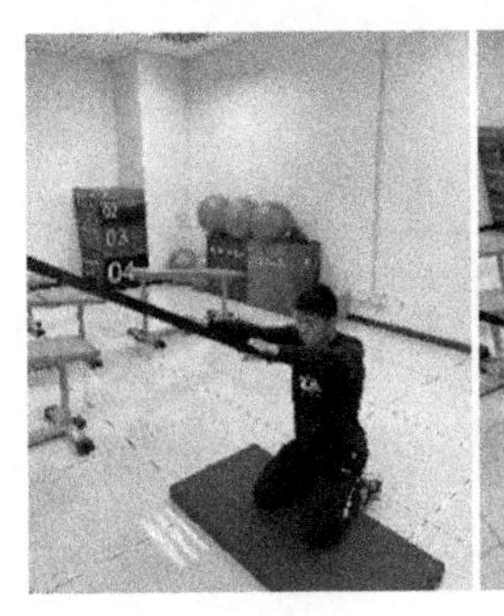

高位滑轮拉力器视频

图 3－43

（四）滚轮放松轴

1. 练习作用

滚轮放松轴又叫泡沫轴或瑜伽柱，一般由质量轻、富有缓冲弹性的泡沫材料制成。在游泳训练的速度训练、长距离训练后使用，能够有效缓解肌肉疲劳。在消除肌肉紧张的同时，还能够加强核心肌肉力量、灵活性，以锻炼身体的平衡性，在游泳训练中被普遍使用。泡沫轴不仅能延伸肌肉和肌腱，还能拆散软组织黏连和疤痕组织。可以用自身重量和泡沫轴进行自我按摩和肌筋膜放松，打破触发点，缓解紧张筋膜，同时增强血液的流动性和软组织循环。泡沫轴如图 3－44 所示。

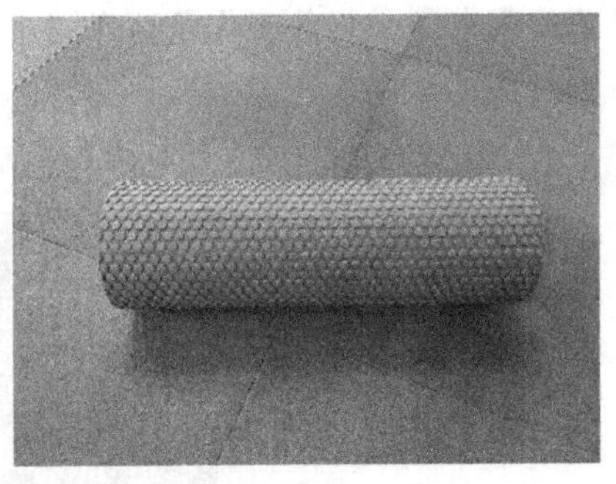

图 3－44

2. 练习方法

1）上背部练习（图 3－45）

（1）双腿屈膝，将泡沫轴放在背部下方仰卧，双手抱头，腹部稍用力收紧。

（2）双腿带动身体前后移动，使泡沫轴在上背部和肩关节的范围内来回滚动。

上背部练习视频

图 3－45

2）臀部练习（图 3－46）

（1）跷二郎腿坐在泡沫轴上，单臂支撑，腹部收紧。

（2）支撑腿和手用力带动身体移动，使泡沫轴在臀部范围来回滚动。

臀部练习视频

图 3－46

3）大腿外侧练习（图 3－47）

（1）手支撑，侧卧，将泡沫轴放在大腿外侧的下方，对侧肢体放在身体前侧辅助稳定身体。

（2）支撑侧肩关节以及对侧腿用力带动身体上下移动，使泡沫轴在膝关节和髋关节的范围内来回滚动。

大腿外侧练习视频

图 3－47

4）大腿前侧练习（股四头肌）（图 3－48）

（1）平板支撑，将泡沫轴放置于大腿前侧。

（2）肩关节用力带动身体上下移动，使泡沫轴在膝关节和髋关节的范围内来回滚动。

大腿前侧练习视频

图 3－48

5）大腿内侧肌群练习(图 3－49)

(1) 肘关节支撑，单腿外展俯卧，将泡沫轴放在大腿的内侧下方。

(2) 对侧腿用力带动身体左右移动，使泡沫轴在大腿内侧的区域来回滚动。

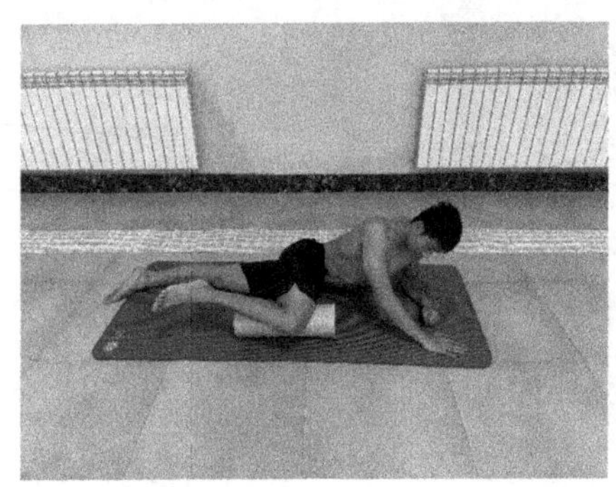

大腿内侧肌群练习视频

图 3－49

6）大腿后侧练习(腘绳肌)(图 3－50)

(1) 双腿伸直，将泡沫轴放在大腿下方，双手支撑，腹部收紧。

(2) 双手用力带动身体移动，使泡沫轴在膝关节到臀部的范围内来回滚动。

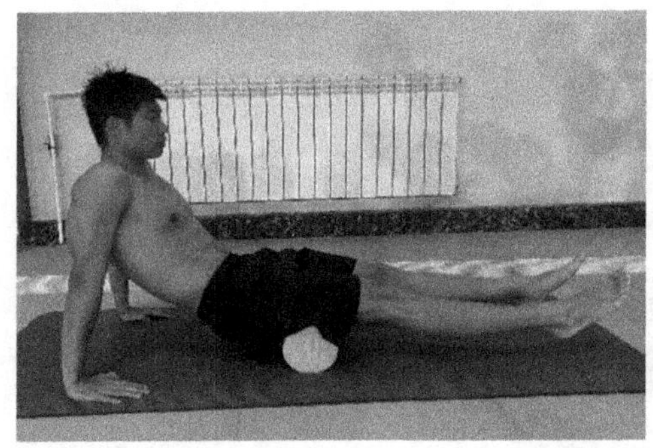

大腿后侧练习视频

图 3－50

7）小腿后侧练习(图 3－51)

(1) 坐姿单腿伸直放在泡沫轴上，双手支撑，腹部收紧。

(2) 通过双手用力带动身体移动，使泡沫轴在膝关节和脚踝的范围内来回滚动。

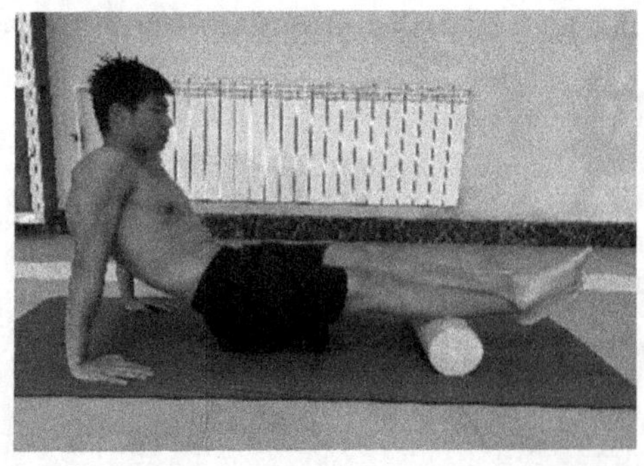

小腿后侧练习视频

图 3－51

二、水上训练器材

（一）划水掌

1. 练习作用

划水掌能够增大手掌的水平面，从而增强整个划水阶段的水感，并提升游泳运动员水中上肢专项力量。划臂时，划水掌有助于体验不同泳式划水阶段适当的划水角度。如果使用得当，划水掌对神经肌肉系统能力的提高会起到实质性作用。划水掌如图 3－52 所示。

图 3－52

2. 练习方法

划水掌对于提高短距离游泳速度和长距离游泳耐力效果显著，按照马格利索《游得更快、更快些》一书中的说法，一是增大阻力，二是增大推进力。划水掌的练习如图 4－53 所示。

划水掌视频

图 3－53

使用划水掌的建议：宁可使用小的划水掌，也不要使用大的，要使用比手掌略微大一点的划水掌；在数周时间内，缓慢地逐步延长划水掌的使用时间；使用划水掌时，要着重完善划水技术；要在热身后使用划水掌，当感到疲劳时，就不要再使用划水掌了。

（二）浮板

1. 练习作用

浮板通常适用于各个阶段的游泳练习者。专业游泳运动员通常用于游泳局部强化动作训练；日常游泳锻炼者可用浮板丰富训练内容；初学游泳者则通过浮板寻找水感。浮板如图 3－54 所示。

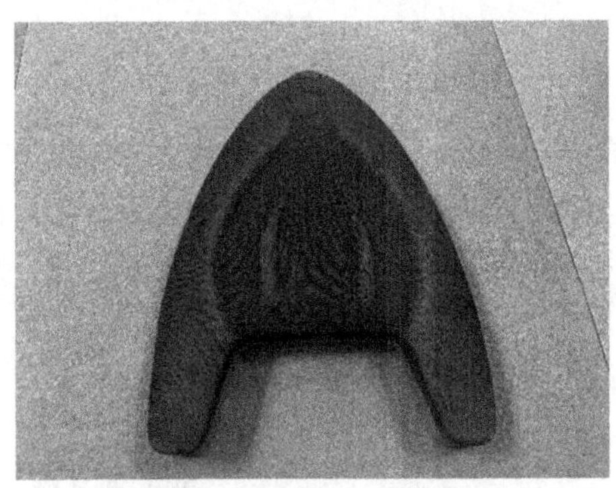

图 3－54

2. 练习方法

专业训练：提升游泳时身体局部动作，如用手抓住浮板，专注练习腿部动作；或者用腿夹住浮板，专注练习手臂划水动作。浮板使用如图 3－55 所示。

日常游泳：以爬泳（自由泳）为例，练习者可以手持浮板进行打腿练习 500 m，然后夹住浮板单独划水 500 m，最后完整配合动作 1000 m。

初学游泳：通过浮板增大的浮力，逐渐适应水中环境，摆脱对水的恐惧，直至找到水感。

图 3－55

浮板视频

（三）呼吸管

1. 练习作用

呼吸管可以专注于保持平稳的头部位置，可以提升游泳运动员的平衡能力，帮助运动员找到头部适当的位置，有助于找到手臂抓水与划水动作的正确路线，提高手臂划水频率，使运动员专注于身体围绕纵轴转动等。总之，呼吸管可以帮助运动员全心专注练习技术，而不用担心换气；经常使用游泳呼吸管还可以增强游泳者对二氧化碳的耐力，提升最大耗氧量临界值。呼吸管如图 3－56 所示。

图 3－56

呼吸管视频

2. 练习方法

口含着管子的软口部分，用牙齿扣着管子的头。开始使用时在空气中试着进行呼吸，熟悉了再在水中练习。口、鼻呼吸配合常有两种方式：口呼口吸；口吸鼻呼。

（1）口呼口吸。关闭鼻子，全部用口来呼吸。这种方式适用于刚开始使用呼吸管的练习者。

（2）口吸鼻呼。口吸时，关闭鼻子；呼气时只用鼻子完成。

（四）脚蹼

1. 练习作用

短脚蹼最适合自由泳和仰泳的打水，因为短脚蹼能够满足正常打水的频率。另外，踝关节的灵活性及其运动幅度对脚蹼的影响很大。相关测试表明，脚蹼练习也能提升关节柔韧性，运动员穿脚蹼训练一段时期后，踝关节的灵活性及运动幅度均显著提升，比普通运动员(不带脚蹼)踝关节的灵活性及运动幅度提升 25%～35%。脚蹼如图 3－57 所示。

图 3－57

当然，也可以将脚蹼用于蛙泳和蝶泳，或者用于学习波浪式蛙泳。根据流体力学原理，水的阻力与速度的平方成正比。这表明游速的变化对阻力的变化起重要作用。当我们加速游动时，阻力也随之加大。此时，我们就能部分感受到因加速引起的阻力。这样，我们就可以根据感受到的阻力大小来寻找最适宜的身体位置，并不断改进技术，尽可能减小阻力，增大推进力。

2. 练习方法

在使用脚蹼之前，游泳者须确定自己已经掌握正确的打腿技术；训练时，穿戴脚蹼的游距不宜过长，且使用之前一定做好充分的热身和准备活动，刚开始时发力要轻柔，否则可能导致肌肉痉挛；穿戴脚蹼会影响游泳者足部对水的感觉，解决办法是脱掉脚蹼后继续游上一段距离，寻找丢失的水感。脚蹼的使用如图 3-58 所示。

脚蹼视频

图 3-58

（五）橡皮拉力牵引

1. 练习作用

水中牵引游的目的是发展游泳运动员水中专项力量素质。游泳训练对游泳运动员专项力量素质要求很高，要发展游泳速度，必须增强每次划水动作的爆发力，因此必须加强运动员的专项力量素质。而陆上力量训练虽可较快提高力量素质，但运动员通过陆上训练所获得的力量素质往往不能很快地转化为游泳专项力量。相关研究结果表明，要使陆上力量训练转化为水中力量，一般要经过 6～8 周才能恢复到赛季开始时的水平，如果要使速度能力达到自己的最大值，则要通过 9～10 周。而水中牵引游的动作比较接近正常的游泳技术，所获得的力量能直接用于游泳动作，而不需要转化。橡皮拉力器如图 3-59 所示。

图 3-59

2. 练习方法

将橡皮拉力器的一端固定在腰上，另一端系在池边。当运动员游到一定程度时，橡皮拉力器不能再被拉长，持续一定的时间，即可达到增强运动员力量的目的。

这种牵引游(图 3－60)一般安排在课的结束部分，橡皮拉力器的长度和持续时间要根据场地、器材及运动员本身的力量水平来定。橡皮拉力牵引游的不足之处就是越向前游时拉得越紧，当运动员力量不足时，就会破坏技术动作。因此教练员对橡皮拉力器的牵引长度及持续时间都要有明确的规定。

橡皮拉力牵引视频

图 3－60

三、训练监控设备

(一) 出发反应时系统

目前国内使用的游泳比赛电子计时记分系统，在性能和外观等方面完全符合 FINA(国际游泳联合会)关于游泳比赛全自动计时设备的规范要求。设计时充分采纳了国内游泳界对游泳计时系统的建议，融合训练功能于产品，产品功能得以扩展，全中文操作界面，更适合国内用户的需求。系统整体设计简便，部署方便快捷，独有的容错设计避免了错误安装。系统能精确地记录下每位参赛运动员的比赛成绩，准确地判定名次并及时提供成绩清单，显示各比赛要素。该设备也可作为监视记录设备用于日常训练，是游泳竞赛必不可少的现代化高精度计时记分装备。在场地部署中，计时主机是双机热备，可以随时在主备机之间切换，确保了系统的稳定性；另外在主机上配备 UPS(Uninterruptible Power System，不间断电源)，即使场馆停电，比赛也不会中断；主机具备场馆大屏、电视直播、成绩处理、成绩发布等系统接口，可将比赛的实时状态发送至其他系统。

该系统由软件系统、主机系统、发令系统、计时终端、泳道控制器、盲表、扬声器、水下报趟器等模块组成，各个模块之间采用 CAN(Controller Area Network，控制器局域网络)总线方式通信。当全系统处于待命状态时，一旦有发令信号传入，主机即同时启动计时，与此同时发令信号通过扩音系统将发令声响同时传至每一个出发台，使参赛者同时听到发令信号。在每条泳道的两端池壁上，各装有一块 1 cm 厚的国际通用触板，这是一个压力传感器，当运动员到达并用大于 2 kg 力量触动它时，就产生一个触发信号，控制终端立即记录，经过编排系统运算处理，即得到该运动员的成绩和名次，这些数据很快由打印机打印出来，同时在主机显示屏和成绩公告显示牌上显示出运动员的成绩。

（二）水下动作捕捉系统

水下动作捕捉系统通常产品设计精巧，性能可靠，使用方便，坚固耐用，结合运动捕捉与分析软件，能进行水下和陆上两种模式的人体运动捕捉，广泛应用于运动医学、运动人体科学、运动生物力学研究、运动康复和运动训练中。

其产品具有以下特点：

（1）陆上/水下双模式测量。

（2）陆上测试无线传输，水下测量离线测量。

（3）体积小，重量轻。

（4）特殊防水设计，无须任何准备即可在水下测试。

（5）传感器单元内置三轴加速度、三轴角速度、三轴磁性传感器，测试数据精确、稳定、客观。

（6）传感器内置存储器，可存储 6 h 的数据。

（7）感应式充电设计，保证传感器单元密封。

（8）软件简单易用，内置多种测试协议，根据需求选择对应数量的传感器单元即可开始测试，并得出结果。

（9）测试结果动画显示，结果可以输出为文本、ASCII、Excel 等格式。

（10）自动生成 Word 版报告。

系统软件可以采集和分析人体运动参数，操作简单，无须进行复杂定标，即可开始测试。可以实现陆上无线实时运动捕捉和水下离线运动捕捉，有多种测试协议，选用不同数量的传感器完成人体关节、环节和全身的动作捕捉，以文本和 Excel 格式输出。

（三）水中肌电测试系统

水中肌电测试系统中的探测器通常经过防水层覆盖处理，具有严密防水功能，能够有效测量水中 sEMG。sEMG 是通过表面电极引导，从皮肤表面采集和记录肌肉随意和非随意性活动时产生的生物电—时间变化信号。sEMG 可反映大脑运动皮层控制下的脊髓运动神经元的生物电活动，表现为众多外周运动单位电位在时间和空间上的总和。原始 sEMG 经过不同的分析转换得出的指标可以在一定程度上反映运动单位活动同步性、肌纤维密集、肌肉疲劳程度、肌肉激活顺序和激活时间等情况。

通过水中 sEMG 可客观分析水中运动时肌电活动和其他运动生理、生物力学指标的检测，对水中人体生理运动参数进行科学、定量、综合的分析和干预，为水中运动生理研究、水疗康复评估、游泳动作训练等提供重要研究工具，从而更好地发展和利用水中运动、水疗康复。

（四）水下三维动作捕捉摄像机

水下三维动作捕捉摄像机通常可以提供在室内外以及水下环境中使用的技术支持，捕捉与分析物体三维运动轨迹。水下三维动作捕捉摄像机将水下摄像机和常规摄像机组合使用，其游泳运动姿态解析系统可捕捉游泳受测者在水面以下和水面以上的完整游泳姿态和运动轨迹，并进行动作技术定量化分析，具备游泳受测者在水面以下和水面以上的速度、角度、加速度、角速度等的数据输出、三维模型建立、运动轨迹、空间位置、活动范围、结果报告打印等功能，可帮助教练员定量分析运动员的运动姿态和技术动作细节，修正不合理技术动作细节和习惯，有助于提高游泳运动员的技战术水平，促进游泳运动员成绩的提升。

课后习题

1. 列举三种陆上训练器材的练习方法和注意要点。
2. 列举三种水上训练器材的练习方法和注意要点。
3. 列举当下可进行实践应用的水下监控系统。

第五节　游泳训练计划制订与案例分析

运动训练计划就是在运动训练过程开始之前，对可能在运动过程中受到的影响因素预先做出预测，最终为了达到运动员最佳运动表现而做出具有科学性的理论计划。训练计划的设计与实施是运动员实现终极目标的必要途径，并且贯穿于教练员与运动员全部训练实践过程之中。根据不同的标准和要求，训练计划也有不同的类型，依照训练的阶段、时间的跨度对其进行分类，一般分为多年训练计划、年度训练计划、周期训练计划、周训练计划和课堂训练计划。

多年运动训练的实践与经验证明，没有哪个训练计划是完美无瑕且一成不变的，因为在训练过程中运动员的机能是不断变化的。对于优秀的教练员而言，想要提高运动员的运动表现，就需要时刻关注运动员的机体变化，并且正确评估运动员是否达到了预定的训练目标，在此基础上制订适合运动员的训练计划。并且训练计划在实施过程中与目标状态产生差异后，就要选择合理的方法和内容，调整自己的训练计划。

一、多年训练计划的制订

培养一名优秀的运动员是一个长期的过程，甚至覆盖运动员的整个职业生涯。在整个培养过程中，教练员应该对每一个训练阶段都做出细致的规划。在运动训练学中将多年训练过程定义为：运动员从开始参加运动训练到停止竞技训练活动的完整过程。但运动员在发展过程中会存在不同阶段的不同时期的训练目标，因此运动员的多年训练可以分为两个层次，即全程性的多年训练和区间性的多年训练。

（一）全程性多年训练计划

1. 全程性多年训练计划的阶段划分

全程性多年训练计划是指从运动员开始参与竞技训练，通过一系列系统训练达到个人运动成绩最顶峰，然后直至退役的整个过程，一般持续时间为10～20年。根据全程性多年训练计划时间长、连续性强的特点，将全程性多年训练计划阶段划分为基础训练阶段、专项提高阶段、最佳竞技阶段、竞技水平保持阶段。

1）基础训练阶段

运动员的专项竞技能力是建立在基础运动能力之上的，在基础训练中(包括启蒙初学阶段和基础专项提高阶段），其根本任务就是在顺应青少年儿童生长发育规律的前提下，发展运动员的多种运动能力，如基础耐力、力量、柔韧性、协调能力。同时训练负荷必须严格遵循循序渐进的原则，使运动员通过“负荷—适应—增加负荷—再适应”的过程逐步提升竞技水平。在此阶段主要形成对游泳项目的兴趣，以及熟练掌握四种泳姿。

2）专项提高阶段

在达到技术动作自动化后，开始加强各项运动能力表现。体能方面加入陆上力量训练，培养运动员有氧耐力、无氧耐力以及爆发力；技能方面进一步改善与提高，运动量逐渐增大，重点提升专项素质，确定运动员的专项技能，运动负荷逐渐增大，运动强度逐渐逼近极限；以竞赛培养比赛战术能力，同时开始进行运动员的知识水平训练和心理素质培养。在此阶段主要进一步提升运动员的游泳竞技水平。值得一提的是，有研究表明，国际高水平游泳运动员中，从基础训练阶段到专项提高阶段的训练年限中，女子运动员短于男子运动员。

3）最佳竞技阶段

在此阶段需要实现运动员的运动成绩和竞技表现达到最佳状态，在训练中应当加大运动强度，适当减少运动量，全面培养运动员专项技战术、专项运动素质、专项心理品质，以及训练理论知识。保证运动员足够的参赛机会，通过比赛积累经验，创造优异的运动成绩，同时避免运动损伤。

4）竞技水平保持阶段

针对运动员具体竞技表现，维持运动强度，逐渐减少运动量，提升运动员心理稳定性，尽可能保持竞技水平，延长运动员竞技寿命。

2. 全程性多年训练计划案例

以仰泳短距离女子游泳运动员为例，其全程性多年训练计划见表 3－1。

表 3－1

<table>
<tr><th>训练阶段</th><th>训 练 任 务</th><th>年龄/岁</th><th>训练年限</th><th>训练水平</th></tr>
<tr><td>基础训练阶段</td><td>1. 四项泳姿均衡发展，训练比例为 3∶3∶2∶2
2. 重点发展仰泳技术
3. 全面身体素质提升，掌握一般训练理论知识与心理素质培养</td><td>10～11</td><td>2</td><td>一级</td></tr>
<tr><td>专项提高阶段</td><td>1. 在全面体能基础上逐渐提升和发展仰泳专项竞技能力
2. 加强运动负荷和比赛负荷
3. 掌握专项训练理论
4. 专门培养心理素养，提高应对比赛的能力</td><td>12～16</td><td rowspan="2">4</td><td>健将</td></tr>
<tr><td>最佳竞技阶段</td><td>1. 稳定仰泳专项技术，保持专项体能训练
2. 运用专业训练理论指导训练和比赛</td><td rowspan="2">17～19＋</td><td rowspan="2">国际健将</td></tr>
<tr><td>竞技水平保持阶段</td><td>1. 培养优良稳定的心理素质
2. 积极应对成绩衰退和成绩下滑的消极因素</td><td>3＋</td></tr>
</table>

注：该表引自吴艳艳、江立航《优秀女子短距离仰泳运动员江立航全程性多年训练回顾》

（二）区间性多年训练计划

区间性多年训练计划是指全程性在多年训练过程中针对某项特定任务的多年训练过程，一般持续时间为2～6年。一般区间性多年计划都是根据某项重大赛事周期来制订的，例如两年计划与四年计划，就是针对性地为比赛周期为2年的世界游泳锦标赛和周期为4年的奥运会进行系统规划的计划。对于青少年运动员，可根据在读年限进行相应的多年计划安排，例如高中三年训练计划、大学四年训练计划等。

制订区间性多年计划是为了运动员在重大赛事中能发挥出最佳竞技水平，一般在赛期重点发展有氧和无氧肌肉耐力，训练强度和训练量增大；而在非赛期则重点发展耐力和速度能力，以熟练掌握游泳技术以及增强肌肉力量为主。

二、周期训练计划的制订

"周期训练"的概念最早是由苏联运动理论专家提出的，周期代表循环往复、周而复始。运动训练过程中的周期性是指运动员的训练过程以循环往复、周而复始的方式进行，但是每一个循环不是简单地重复上一轮的训练，而是后一个训练在前一个训练的基础上，不断提高训练的要求，从而使运动员达到最佳运动表现。在制订周期计划的时候，最好是以"倒叙"的方式来进行，也就是说先确定本年度或者本赛季的比赛日期，然后再根据赛季安排来制订周期训练计划。制订出的周期计划需要不断调整，详尽地规划出每个周期所要实现的目标，根据运动员实际情况与水平进行个性化定制，例如长距离运动员与短距离运动员周期目标不同、女运动员与男运动员周期具体计划不同等。

（一）周期训练计划的类型

周期训练的理论基础是建立在运动员竞技状态的周期变化基础上的，同时，周期训练的安排也是围绕竞赛进行的，它们之间有着密切的联系。训练学根据训练周期划分理论和训练周期持续时间的长短，将训练周期分为大周期、中周期和小周期。

小周期的持续时间可以为1周，也可以是2～10周，是周期训练计划中最小的单位。其目的是引起运动员高度疲劳，同时发展运动员的爆发力，促进其技能发展等。在小周期内要明确训练目标，合理安排整体运动负荷。随着现在游泳比赛机会越来越多，尤其是年龄组游泳比赛间隔时间较短，给训练安排造成一定的困难，因此在两个赛季期间合理安排小周期训练就更为妥当。

中周期训练计划是周期训练计划中第二长的训练计划，是多个小周期训练计划的总和，如果小周期计划的持续时长为1周，那么中周期训练计划的持续时长为2～8周。中周期训练计划多用于特定的训练计划，尤其要对运动员提升某一方面运动能力做出训练计划，例如赛前准备期、或者基础训练中周期等。在每个训练阶段都可以设置中周期训练计划，以达到特定的训练目标。

大周期的特征是训练持续时间较长，但没有固定的持续时长，通常是指一个完整的游泳赛季，其目标是让运动员在大周期内特定的比赛项目中达到至少一次最佳竞技水平。大周期的训练计划也可以包含多个中周期计划。

总体来说，训练课的组合形成一个小的训练周期，小训练周期的总和形成各个训练阶段的中周期训练计划，而中周期训练计划的安排形成一个大周期，通常代表一个赛季的安排，所以各个训练周期的安排是相辅相成、密不可分的。在每个阶段中教练员都要准确记录该阶段运动员的运动成绩与运动表现，以便后期不断调整周期训练安排。同时在每个周期内应合理安排休息期，让运动员在周期训练内既有高强度训练，也有至少 1 次的休息恢复期。

(二) 周期训练计划的阶段划分

在整个周期计划中，尤其是中大周期的训练计划，常常需要运动员在一个周期内达到不同的阶段目标，由此根据游泳运动的特点，一般将周期训练计划划分为 4 个训练阶段，以便教练员根据不同的阶段目标达到周期化训练的最终目标。

阶段一——准备阶段。

在每个周期计划实施的开始，需要运动员投入大量的时间与运动量，为之后的大强度训练做好准备。在此阶段首先要提高耐力、速度、力量和柔韧性，尤其是核心目标肌群；其次需要通过发展呼吸系统和循环系统对训练的适应度来提高水中基础有氧耐力；然后逐渐加大运动量，在水中和陆上进行不同类型的基础耐力训练，增强肌纤维的最大耗氧能力，重新掌握或恢复水感，对于短距离运动员来说这是整个周期训练计划中少有的有氧锻炼阶段，是为了给后期发展速度与爆发力提前准备，但要注意持续时间的把控；最后注重各项泳姿的出发技术、游进技术、转身技术、到边技术的改进。

在此阶段，运动员可以充分提升自己的主副项弱势部分，多次进行包干重复训练。陆上训练全面提升运动员肌肉力量，可进行多组重复次数适中的负重训练，长距离运动员可以更多的用水中训练来代替陆上训练。

准备阶段需要评价的几个指标是：① 最大摄氧量；② 有氧和无氧阈；③ 血乳酸峰值；④ 游速。

阶段二——训练阶段。

训练阶段的重点是集中发展基础耐力、有氧和无氧肌肉耐力、肌肉力量和速度能力。要让运动员在小、中周期内达到较高的力量水平，为提升中短游泳距离的爆发力以及长距离游泳的耐力打下基础。由于本阶段训练量过大，长期的训练容易导致过度训练，所以持续理想时长为 6～8 周。同时根据运动员主攻专项的不同进行合理的特殊训练，如短距离游泳运动员要在此阶段培养爆发力以及无氧能力。运动员是否能在周期训练中获得最佳竞技水平，关键就在此训练阶段的计划安排。

中长距离运动员应该加强超负荷耐力训练，以提升快肌纤维的耗氧和乳酸消除能力；短距离运动员应该集中进行乳酸训练，以提升速度能力以及爆发力。

训练阶段需要评估的指标有：① 最大摄氧量；② 有氧和无氧阈；③ 血乳酸峰值；④ 冲刺速度；⑤ 模拟比赛条件，记录划频划幅；⑥ 肌肉群力量变化；⑦ 水中力量训练；⑧ 关节活动幅度。

阶段三——比赛阶段。

比赛阶段是整个周期计划的关键，重点是将所有训练方法转化为具体水中运动表现，为即将到来的比赛做准备。此阶段的训练强度是最大的，较为理想的时长为4～8周，长于8周的训练会导致过度训练，从而影响竞赛水平的发挥。一般而言，短距离游泳运动员发展爆发力需要增加训练强度而减少训练量，并加强爆发性力量练习，在陆上可利用负重跑跳进行，在水中可多使用助力牵引进行；而中长距离游泳运动员需要重复大量的中到大负荷强度的专项游泳练习来发展肌肉耐力。

由于比赛阶段的训练强度较大，训练安排较为密集，所以需要为运动员安排合理的恢复训练，帮助机体更好地适应训练强度以在比赛时刻达到最佳竞技水平，同时还需注重营养的及时补充。但是不代表可以完全停下来恢复，有研究发现，停止训练1周就可能会发生训练效果的下降，游泳运动员保持巅峰状态的最长时间为3周，之后运动表现能力就会下降，因此要根据赛季时间，合理安排比赛阶段的恢复训练计划与营养补充。在这期间应该进行比赛的节奏和战术安排，同时注重心理状态的调节。

比赛阶段需要评估的指标有：① 最大摄氧量；② 有氧和无氧阈；③ 血乳酸峰值；④ 模拟比赛条件，优化划频与划幅关系；⑤ 水中游进速度；⑥ 陆上力量；⑦ 水中力量；⑧ 特殊关节的活动范围。

阶段四——过渡阶段。

过渡阶段一般是在赛季结束后，其目的是调节运动员的身心，恢复运动员体能，持续时间为2～3周，不要超过4周，因为此阶段持续时间越长，运动员的体能水平下降越多。在此阶段的运动量明显下降，但不是完全放松不参与训练，可以适当进行跨项训练，增强运动员训练的积极性，同时应当保持全身核心和稳定肌群的训练，以便在更短的时间内进行下一周期的训练。

（三）周期训练计划的步骤

(1) 确定本赛季的比赛日期与时间安排，从后向前进行计划。确定比赛以及赛前准备期。

(2) 安排好调整恢复期，确保运动员有充分时间进行机体的恢复，尤其在每次赛季结束后。

(3) 在休息调整期后进行准备阶段的时间安排，包括陆上训练以及水中训练，让运动员开始适应调整，积极投入训练。

(4) 从发展基础体能逐渐过渡到游泳专项体能训练，如果周期时间充裕，可以延长这一部分的持续时间。

(5) 确定本周期的比赛阶段，且持续时长至少为4周。

(6) 细化每个阶段的目标，确保每个阶段都有训练的重点。时刻根据运动员是否完成本阶段训练目标，对训练计划进行调整。

（四）周期训练计划的案例

以短距离游泳运动员为例，其大周期训练安排见表3-2。

表 3-2

训练阶段	主要训练任务	持续时长/周
准备期	使运动员机体和心理状态逐渐步入正规训练的轨道。逐渐提高训练负荷，使机体产生初步的适应性反应，为进入正常的训练做好准备	2～6
基础周期	发展运动员一般身体素质、动作技术，以及恢复运动员专项训练	2～4
专项提高周期	注重运动员无氧耐力和肌肉耐力水平，以及短距离运动员所需要的无氧耐力和速度力量水平，提升专项战术能力	2～5
赛前周期	完善训练要素要求，使运动员通过前面准备阶段的训练向更高水平发展	1～4
比赛期	通过对运动员体力、心理、技术、战术的细致调节，使其顺利参加比赛，完成比赛任务	1
过渡期	从大负荷中尽快恢复，为进入下阶段训练做好准备	1～4

注：该表引自何新中《我国优秀游泳运动员余贺新多年训练负荷特征研究》

三、周训练计划的制订

(一) 周训练计划的基本类型

周训练计划是整个训练计划中最为重要的基本单位，也可以称小周期训练计划。周训练计划的目标主要根据大周期的训练目标安排来确定。根据训练周任务及内容的不同，可以将周训练计划分为如图 3-61 所示的五种基本类型。

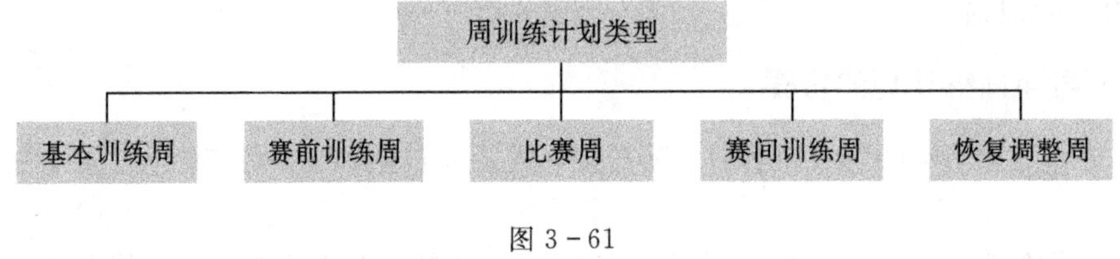

图 3-61

(二) 周训练计划的原则

(1) 除恢复调整和比赛周外，一个周训练计划中至少要有两次峰值训练，且确定每次峰值训练的类型重点。

(2) 两个大强度训练时间间隔至少为 24～72 小时。

(3) 将一周内的重点训练内容在运动员机体条件最好的时候进行。

(4) 确保每堂课都有基础耐力训练以及恢复放松训练。

(三) 周训练计划的案例

在确定周训练计划的类型后，需要通过不同的训练手段安排具体训练内容，既要保证运动员在本周的训练中达到预想的目标，同时也要保障运动员有充分的休息调整时间。以短距离自由泳运动员为例，其赛前训练周计划安排见表 3-3。

表 3－3

	周一	周二	周三	周四	周五	周六	周日
上午	陆上： 1. 柔韧性训练 2. 体能训练 水上： 1. 2000 m 技术游 2. 放松	陆上： 核心力量训练 水上： 1. 1000 m 准备活动 2. 4×25 m 主项冲刺训练 3. 800 m 技术游 4. 放松	陆上： 打篮球/打羽毛球 水上： 放松调整	陆上： 1. 柔韧性训练 2. 体能训练	水上： 1. 1000 m 准备 2. 12×50 m 主项手腿训练 3. 1000(50＋100＋150＋200)m 交替技术游 4. 600 m 交替技术游 5. 2×50 m 冲刺 6. 放松	陆上： 柔韧性、协调性、灵敏性训练 水上： 1. 800 m 准备 2. 6×50 m 水下腿技术训练 3. 12×50 m 技术游 4. 3×4×300 m(100 m 全力＋200 m 技术) 5. 15×100 m 主副交替训练 6. 4×50 m 主项训练 7. 放松	陆上： 体能训练
下午	水上： 1. 800 m 热身准备 2. 10×50 m 主项技术游 3. 24×50 m 四项交替游 4. 10×200 m 主项加速游 5. 800 m 技术游 6. 放松	水上： 1. 1000 m 准备 2. 10×50 m 主项技术 3. 200 m 技术游＋4×200 m 腿训练＋4×50 m腿＋放松 4. 400 m 技术游＋4×200 m 手＋4×50 m 手＋放松 5. 10×50 m 主副项交替包干游 6. 25 m 冲刺出发练习 7. 放松	陆上： 核心力量训练 水上： 1. 800 m 准备 2. 20×50 m 主项技术游 3. 2×1500 m 自变速游 4. 8×50 m 副项训练 5. 放松	水上： 1. 600 m 准备 2. 10×100 m 主项技术游 3. 8×200 m 自变速游 4. 8×200 m 四项交替技术游 5. 8×200 m 主项变速游 6. 8×100 m 腿训练 7. 8×25 m 冲刺速度递增训练 8. 放松	陆上： 核心力量训练 水上： 1. 800 m 准备 2. 1 000 m 技术游(400 m 腿＋600 m 手) 3. 12×50 m(35 m－25 m－15 m)冲刺技术游 4. 3×4×50 m 主项冲刺游 5. 出发、到边技术游 6. 放松	水上： 1. 800 m 准备 2. 6×100 m 四项训练 3. 400 m 腿训练 4. 200 m 技术游 5. 4×50 m＋4×100 m 包干游 6. 1000 m 技术游	停训

四、课堂训练计划的制订

课堂训练计划也叫作日训练计划，在确定了周训练计划后，就要开始细致地安排每堂课的训练计划。

（一）课堂训练计划的基本类型

运动员竞技能力中体能、技能、战术、心理、训练知识的培养是体现在每一堂训练课中的，大部分教练员在课堂训练计划中会以其中某一项或者两项竞技能力作为训练重点，所以根据训练课的不同训练任务，可以将每堂课训练计划分为不同的类型，如图 3－62 所示。

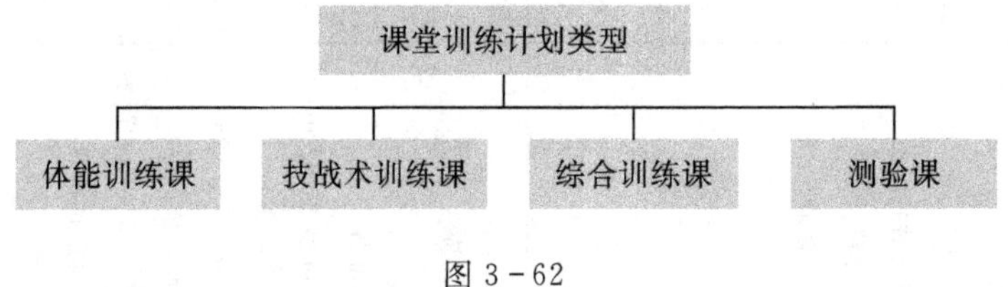

图 3－62

（二）课堂训练计划制订的基本原则

（1）每节课应以热身活动开始，恢复放松活动结束。

（2）上午的训练强度要低于下午的训练强度。

（3）陆上训练尽量安排在水中训练的前面，以保证陆上训练效果的最大化。

（4）技术训练安排在主要训练内容的前半部分。

（5）主要训练内容一般安排在临近课程结束的时候，尤其是需要安排强度较大、练习耗时较长的计划时。

（6）在每个强度训练的间歇适当穿插恢复训练。

（三）课堂训练计划的结构

课堂训练计划通常需要细化到各个部分，并且合理安排各个部分的完成顺序，一般将一节课分为三个部分。

1. 热身活动部分

热身活动是保障运动员完成今日份训练的关键因素，可以调整运动员心态，以及积极调动机体各机能部分逐渐进入运动状态。不同训练水平的运动员在这部分需要的时长各不相同，例如优秀运动员可以在短时间内完成热身准备，随即投入基本训练。

热身活动分为一般性准备活动和专门性准备活动。一般性准备活动以有氧运动开始，逐渐加强运动负荷，可使心率达到 130～140 次/分，且受众面较广，练习手段多样，以陆上训练为主，常见的有徒手操、慢跑、蛙跳等。专门性准备活动是指结合本门课程的主要练习目标，来设计特定的准备活动，常以水中训练为主。专门热身活动是直接与基本训练内容衔接的，为了使机体更好地适应基本训练内容，专门性准备活动的强度可以接近基本训练部分内容的强度。

2. 基本训练部分

基本训练部分是课堂训练计划的主要部分，具体内容的安排根据课堂训练计划的目标来定。基本训练部分的内容安排和持续时长与本堂课的训练类型息息相关，例如在体能训练课堂中，基本部分内容以水中或陆上力量练习为主，训练任务明确单一，持续时间长；但如果是在综合训练课堂中，则本部分内容需要考虑竞技能力培养的先后顺序，且需要训练的内容丰富多样，以保证达到综合训练的目标。

3. 放松部分

这部分作为整堂训练课的结束部分，其主要目的是缓解和调解本堂课所产生的心理及生理紧张状态。这部分作为课堂训练计划中不可缺少的部分，虽然不可能让运动员完全消除疲劳感，但可以让运动员有一个缓冲调节期，对机体的恢复过程起着积极的促进作用。常见的水中训练手段是可以在水中低强度技术游，或者在水桶里进行短时间冰水刺激，陆上放松训练手段可以通过拉伸、调解呼吸等方式进行，被动放松手段是可以进行身体按摩。

(四) 课堂训练计划的案例

以短距离运动员水中训练课为例，其课堂计划安排见表 3－4。

表 3－4

<table>
<tr><th>训练结构</th><th colspan="2">训 练 内 容</th><th>负荷强度</th><th>训练量</th></tr>
<tr><td rowspan="4">热身活动部分</td><td colspan="2">200 m 技术游</td><td>A1</td><td rowspan="4">400 m</td></tr>
<tr><td colspan="2">4×100 m 自由泳＋混合泳交替</td><td>A2</td></tr>
<tr><td colspan="2">4×100 m 主项腿训练</td><td>A2</td></tr>
<tr><td colspan="2">4×100 m(25 m 快＋75 m 慢)包干技术游</td><td>EN1</td></tr>
<tr><td rowspan="4">基本训练部分</td><td colspan="2">2×500 m 自由泳划手掌包干技术游</td><td>EN2</td><td rowspan="4">3200 m</td></tr>
<tr><td rowspan="3">12×50 m
(3 次)</td><td>4×50 m 全力 1 分钟包干技术游</td><td>EN3</td></tr>
<tr><td>4×50 m(25 m 快＋25 m 慢)主项交替冲刺游</td><td>SP2</td></tr>
<tr><td>4×50 m 速度递增训练</td><td>SP2</td></tr>
<tr><td rowspan="3">放松部分</td><td colspan="2">200 m 放松调整</td><td>REC</td><td rowspan="3">400 m</td></tr>
<tr><td colspan="2">2×8×25 m 爆发力冲刺训练</td><td>SP3</td></tr>
<tr><td colspan="2">400 m 放松游</td><td>REC</td></tr>
<tr><td>总量</td><td colspan="4">5 000 m</td></tr>
</table>

注：A1＝热身练习；A2＝低速持续游；EN1＝低强度有氧练习；EN2＝无氧阈水平耐力练习；SP2＝乳酸峰值训练；REC＝放松游；SP3＝爆发力训练。

课后习题

1. 多年训练计划分为哪些类型？它们有什么区别？
2. 周期训练计划有哪些阶段？
3. 制订周训练计划和课堂训练计划应该遵循哪些原则？
4. 根据自身游泳水平，制订一份周训练计划。

第四章　游泳相关知识

本章作为本书的知识拓展部分，旨在通过水中救生技术与防溺水，竞技游泳竞赛介绍，游泳竞赛规则、裁判工作，水中健身运动，水中康复练习方法，游泳科研理论与方法，冬泳，公开水域游泳以及相关数据，使学习者对游泳有一个全方位的认识和理解，让学习者拓宽知识面，开阔研究思路。

第一节　水中救生技术与防溺水

水上安全救生是集现场应对水中救生、游泳技能和医疗急救等知识于一体的综合技术。其目的在于拯救生命，减少损失，保护施救者安全。会游泳者不一定会救生，能救生者不一定会急救，需经过专门培训，加上科学施救，团体协作，才能自救救人，化险为夷。

一、基本救生(间接赴救)

基本救生的主要目的有二，其一为减少灾害的损失，其二为避免灾情扩大。维护施救者的安全，为达成救援目标的首要工作。施救者在岸边或者以限制性的涉水方式施救，统称为“基本救生”，亦为最快速、最安全的救生方法。不需要特别的水上救生训练，只需要具备正确的救生概念，经过简单的练习即可做到。

(一) 借物救援

运用任何可以延伸或者抛掷的物品，给予救援。

1. 延伸法

依现场地形地物，首先确认自己的站立地点以及姿势是否稳固，利用可使用的延伸物，如树枝、木棍、竹竿、汽车天线、绳子等硬质延伸物，或衣服、长毛巾、消防水管等软质延伸物，伸向溺水者给予救援。伸出时要注意尖硬对象会造成溺水者伤害的因素，应由溺水者身侧横向移动交给溺水者，不可直接伸向溺水者，以防刺伤(图 4－1)。

图 4－1

状况紧急又无法找到可供利用的施救物品时，溺水者位置在伸手可及之处，才可伸手，否则原则上最好不要直接伸手救援。

2. 抛掷法

1）用绳索施救

将绳索前段打结(增加质量，抛掷更远)，抓在绳子另一端，直接抛向溺水者，绳索应越过其头部[图 4-2(a)]。

2）用浮具连接绳子施救

将救生圈绑在绳子一端，手抓住绳子的另一端(不得缠绕在手腕上或固定在身上)抛给溺水者，拖其回岸或用绳子连接其他浮具抛给溺水者[图 4-2(b)]。

3）用救生抛绳袋施救

将浮水救生绳装入布袋内，握住绳子的一端(不得缠绕在手腕上或固定在身上)，直接抛向溺水者(越过其头部)，拖其回岸[图 4-2(c)]。

(a)　(b)　(c)

图 4-2

4）用随手可得的漂浮物施救

可直接将漂浮物，如空书包(拉锁扣紧)、空纸盒、冰桶、球类、塑料袋(充气)等，抛向溺水者，使其能借物漂浮水面，等待救援(图 4-3)。

图 4-3

(二) 徒手救援

无法借物救援时，才可使用徒手救援。

1. 手援

如溺水者落水处距离岸边很近，救援者可趴俯岸边，抓住岸边固定物，另一手抓住溺水者，拖其上岸(图 4-4)。

2. 脚援

在手援达不到的距离，用脚去施救，如此可增加施救距离。施救者用手部抓住岸边固定物，将身体伸展，待溺水者抓住施救者脚部时，立刻拖溺水者回岸(图 4－5)。

图 4－4

图 4－5

二、水中救生(直接赴救)

水中救生(直接赴救)是指救生员在不能采用间接赴救技术的前提下，所采用的赴救技术。直接赴救包括入水、接近、拖带、解脱、上岸、运送、心肺复苏等 7 项技术。

(一) 入水

入水是指救生员发现溺水事故时，从岸上进入水中的方法，要做到迅速、安全、实用。救生入水方法与竞赛跳水、游泳有相当大的差异性。救生入水时保持注视目标最为重要。

1. 静入式(图 4－6)

静入式为建立安全入水观念的一种入水方式，在不了解水中情况下走近水边，以试探的方式一步一步地缓慢走入水中。入水后，头部保持在水面，游向目标。

图 4－6

2. 跨步式(图 4－7)

在距离水面高度不超过 1 m，水深超过 1.5 m 且救生员距离目标溺水者较近的情况下，可采用此项技术。入水前自然站立于岸边，目视溺水者，一脚前跨，另一脚趾紧扣池边，并用力蹬池壁，在空中两腿一前一后呈弓步，上身含胸前倾，双臂平举，肘部自然弯曲，掌心向前下方。入水时，双手向前下方抱压水，同时两脚做剪水动作，形成向上的合力，使救生员头部始终保持在水面上，眼睛始终不离开溺水者。

跨步式视频

图 4－7

3. 蛙腿式(图 4－8)

蛙腿式入水与跨步式入水适用的范围相同。目视溺水者，单腿或双腿蹬离池岸，跃起时双腿做蛙泳腿收腿动作，含胸收腹，双臂平举，肘部自然弯曲，掌心向前下方。入水时双腿向下做蛙泳腿蹬夹。同时两手臂向下抱压水，形成向上合力，使救生员头部始终保持在水面上，眼睛始终不离开溺水者。

蛙腿式视频

图 4－8

4. 鱼跃式(图 4－9)

水清澈并且救生员与溺水者距离较远时，可采用鱼跃式入水。注视目标溺水者的方向，可根据具体情况选择救生台、岸边或者在跑动中起跳。起跳是靠腿蹬离岸边，起跳后摆臂、挺身、跃起，入水时双手并拢、双臂夹耳、双腿并拢、挺身斜插入水中。要求入水浅而平，出水快而远，出水后立刻锁定赴救目标。

鱼跃式视频

图 4－9

5. 直立式(图 4－10)

直入式又称“高跳式”，用于距离水面 1 m 以上、安全高度 5 m 以下的深水区。救生员在较高的观察台上时，可采用直立式入水的方式进行施救。入水时，全身与水面保持垂直，脚先入水，一手捏鼻、一手置于胸前、抱紧上臂、双脚并拢、脚尖向下跃入水中。入水后，双手及时向下压水，双脚做蹬夹动作，力求尽快上浮捕捉施救目标。

直立式视频

图 4－10

(二) 接近

接近是指救生员及时靠近并有效控制溺水者的一项专门技术。救生员可根据现场情况采取以下接近技术。

1. 预备姿势

救生员游至距离溺水者 1～2 m 处，双臂向前拨水停游，身体侧转，双腿呈侧泳分腿姿势，双手平划，维持平衡，漂浮水面并观察溺水者，依据临场判断，选择最佳行动方式接近溺水者。进行施救时，发现不利因素，立即手向前拨水，双腿向前夹水后退，离开溺水者(图 4－11)。

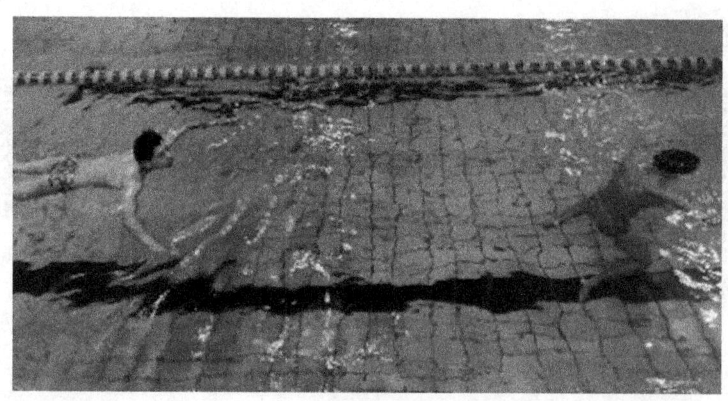

图 4－11

2. 背面接近

背面接近是救生员接近溺水者最常用的一种技术，一般情况下救生员应尽可能采用此方法。救援有意识的溺水者时，必须使用背面接近，救生员以预备姿势接近溺水者。用双手或单手掌心，向内虎口，向上托住溺水者腋下，将其拖出水面(图 4－12)。

图 4－12

3. 侧面接近

侧面接近救生技术是在溺水者尚未下沉、双手在水面上挥舞挣扎时采用的接近技术。

救生员在距溺水者 3 m 处，转向溺水者侧面游进，看准并果断用右手抓住溺水者近侧手腕部，将溺水者背身拉向自己胸前，用左手夹胸或双手托腋下(图 4－13)。

侧面接近视频

图 4－13

4. 正面接近

正面接近技术是在无法采用背面接近和侧面接近的情况下采用的接近技术。救生员入水后游至离溺水者 3 m 左右急停，下潜至溺水者髋部以下，双手扶溺水者髋部，将溺水者身体转 180°，然后右手托腋下，另一手夹胸或双手托腋下(图 4－14)。

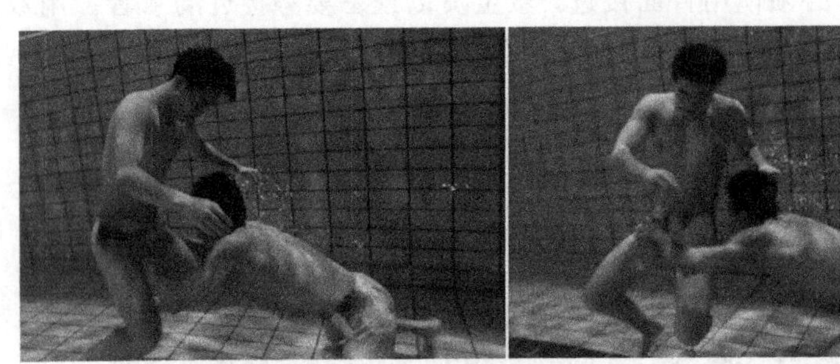

正面接近视频

图 4－14

5. 溺水者沉底

溺水者沉底时，救生员可直接下潜至溺水者身旁，双手托腋，脚蹬池底，将溺水者拖出水面，然后，一手托腋，另一手夹胸拖带，或双手托腋下拖带(图 4－15)。当拉起溺水者时，不可向上猛拉，要以较小的角度斜行缓慢上升，以免伤害到溺水者脊椎。

溺水者沉底视频

图 4－15

（三）拖带

拖带技术是指救生员在水中采用侧泳、反蛙泳等各种不同的游泳技术将溺水者拖带到池边的一种技术。使用拖带法在水中拖带时，应视溺水者具体的情况而定，常用的方法有5种。

1. 托腋拖带

托腋拖带是常用的一种拖带技术，比较省力，易于控制溺水者。救生员双手托住溺水者的双腋下，用反蛙泳腿技术进行拖带(图4－16)。

托腋拖带视频

图4－16

2. 夹胸拖带

夹胸拖带技术适用于身材高大的救生员拖带较小的溺水者，以右臂为例，救生员右臂由溺水者的右肩上穿过，上臂和肘紧贴溺水者胸部，右腋紧贴溺水者右肩，右手插于溺水者的左腋下，并以此为拖带的用力点。在运送的过程中，救生员可用右髋顶住溺水者的腰背部，使溺水者保持水平位置，便于拖带。救生员可根据自己的技术特长，采用蛙泳腿或侧泳腿技术(图4－17)。

夹胸拖带视频

图4－17

3. 托颌拖带

救生员双手托住溺水者下颌骨两侧，使溺水者的口鼻始终保持在水面上，用反蛙泳技术游进。此项拖带技术不适用于疑似颈部受伤者(图 4－18)。

拖颌拖带视频

图 4－18

4. 抓腕拖带

抓腕拖带适合近距离使用。溺水者已丧失意识时，救援者正面接近溺水者，抓住手腕后，直接将其拖带至岸边(图 4－19)。

抓腕拖带视频

图 4－19

5. 双人拖带

溺水者(游泳者)体力丧失，无法独立游回岸边或毫无慌张意识请求救援时，两名救生员首先用语言及肢体动作使其镇定、放松，并教导其呈仰泳姿势，然后用靠近溺水者一侧的手臂托住溺水者的腋下用侧泳技术游进，拖带溺水者回岸(图 4－20)。

双人拖带视频

图 4－20

（四）解脱

溺水者失去理智在水中慌乱挣扎，是一种人类求生存的本能表现，有任何的不智之举，救生员都应保持宽容的态度，并尽最大的能力去施救。在水中被溺水者纠缠时，救生员不得做出伤害溺水者的行为，应使用解脱法脱离。

溺水者在水中抓住任何漂浮水面的人或物，其目的是要让自己的头能露出水面呼吸，因此想在水面将溺水者推开，几乎是不可能的。如果将溺水者赖以求生的漂浮物沉入水中，甚至将溺水者同时拖下水，溺水者为求呼吸，必然会离开下沉物，向水面挣扎，因此在做解脱动作之前，必须先完成吸气、收下颚、主动下沉三个步骤，才能顺利解脱。

1. 抓腕解脱

溺水者抓住救生员手腕时，救生员另一只手伸入溺水者双臂中间，可转腕外翻下压，并用另一只手及时抓住溺水者手腕向后拉出(图 4－21)。

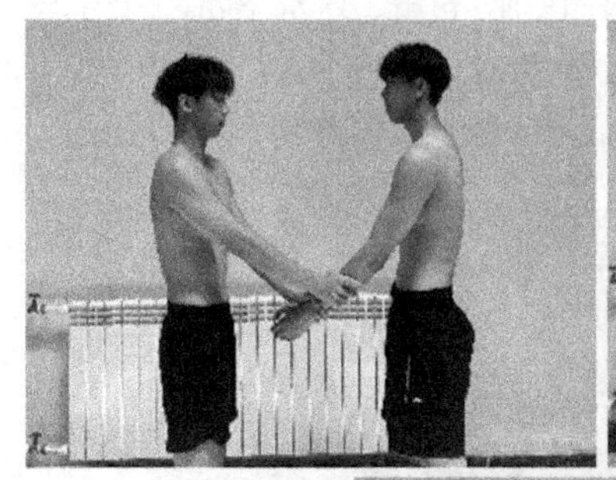

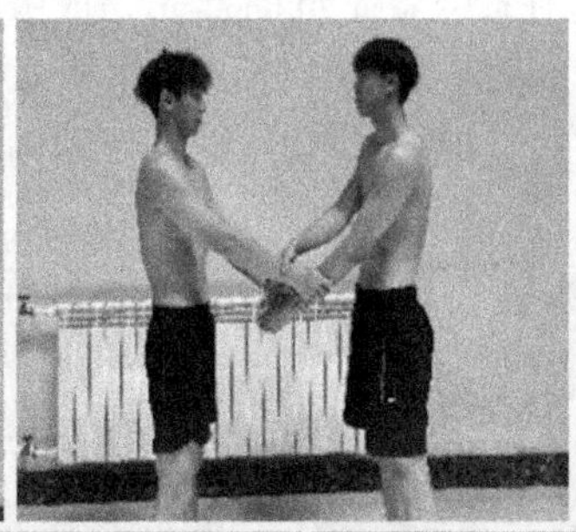

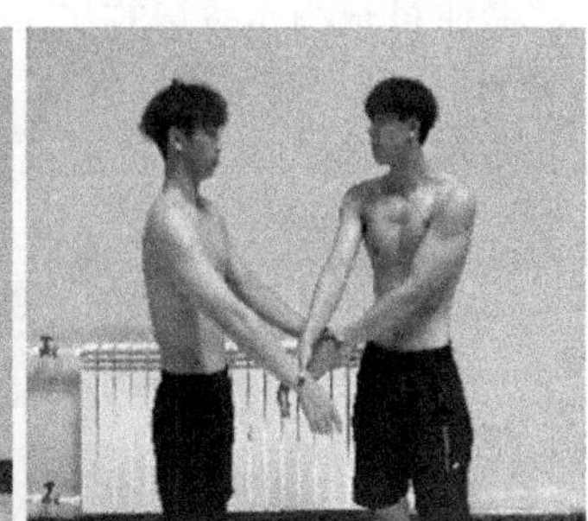

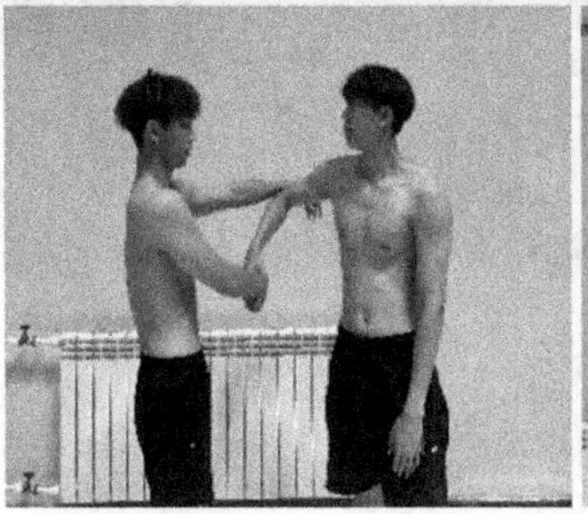

图 4－21

2. 正面推肘

溺水者由前方抱住救生员时，救生员先吸一口气，然后脸转向侧面、收下颚、划水下沉，两手掌心向上，虎口向后，双手分别托住溺水者的双肘上臂部位，用力将溺水者推向水面，自己反向下沉，同时仰头、挺腹、双腿夹水向后拖离溺水者。此时仍观察溺水者动向，并给予适当救援(图 4－22)。

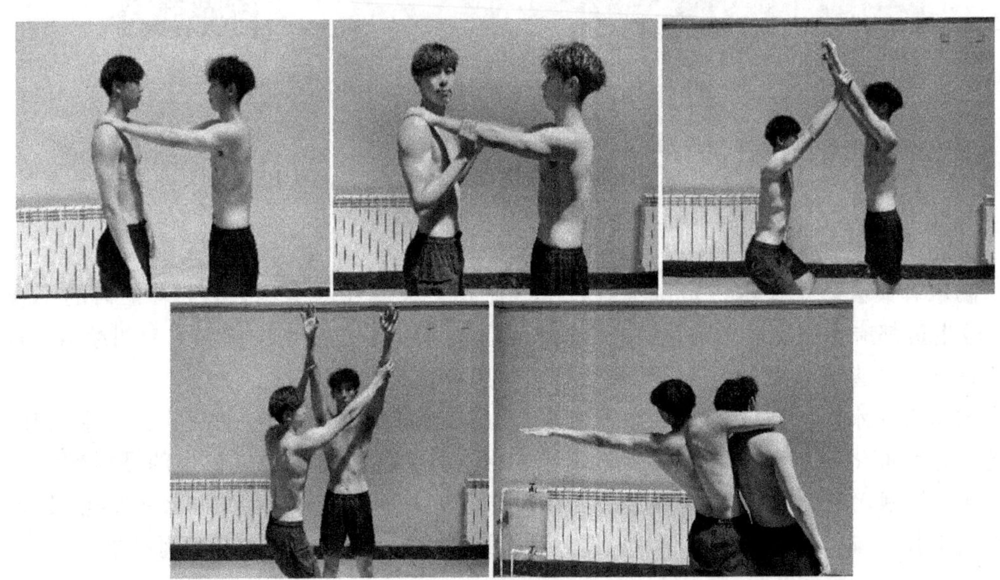

图 4－22

3. 背面推肘

救生员被溺水者由背后抱住时，救生员同样先完成吸气、收下颚、划水下沉三个步骤。双臂屈肘，两手掌心向上，虎口向后，双掌分别托住溺水者的双肘上臂部位，用力向上向后撑开溺水者，自己潜泳脱离。此时仍应观察溺水者动向，并给予适当救援(图 4－23)。

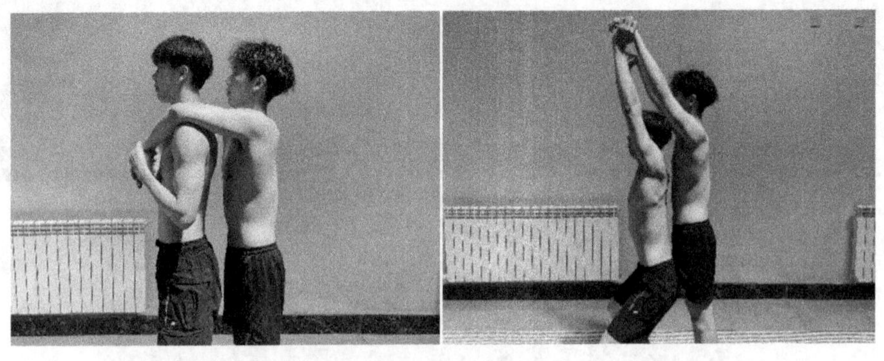

图 4－23

(五) 上岸

上岸是指救生员将溺水者从水中送上池岸的一种救助技术。由于泳池的建筑结构、开放性水域地形结构以及溺水者的受伤情况不同，上岸的技术也各有区别。

1. 浅水上岸

1）拖拉式

溺水者背靠在救生员的胸肩部。救生员双手环抱溺水者胸腹部，站在水底，向后拖拉行进，在泳池浅水区或开放性水域浅水区，可节省体力(图 4－24)。

图 4－24

2）马鞍式

溺水者被拖拉到水深至腰间，改用马鞍式搬运，先将溺水者仰漂水面，救生员一手抱住溺水者的腰间，用右(左)手抓住溺水者的右(左)手腕，左(右)手抱腰，将其手腕向上拉，手肘部环套在救生员脖子上，左手移至溺水者头旁，托住其头部，然后弯腰再用右手扳住溺水者双膝窝处，溺水者侧弯俯卧在救生员背腰上(图 4－25)。马鞍式适用于开放性水域浅水区或泳池浅水区，适用于无意识的溺水者。

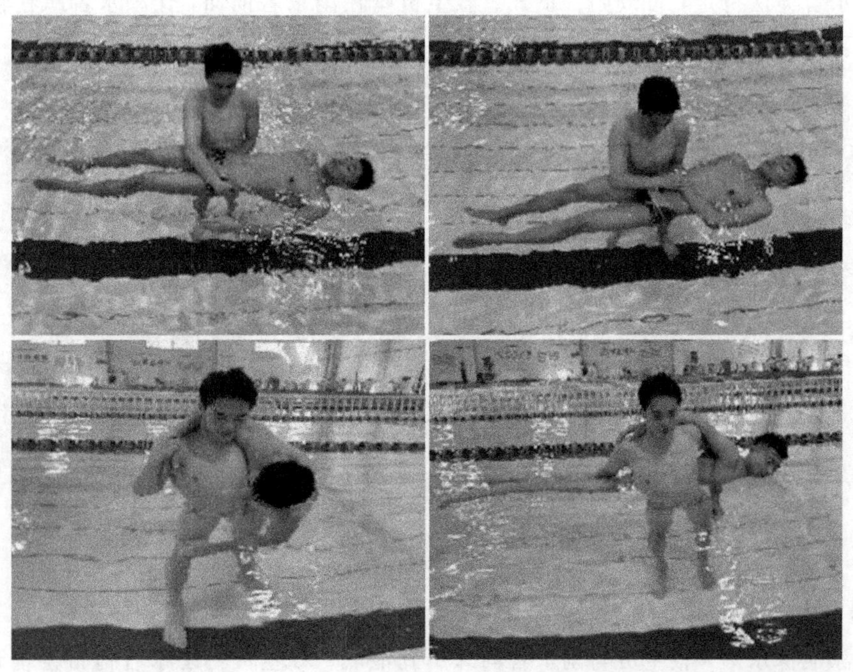

图 4－25

3）马镫式

马镫式用于帮助意识清醒的溺水者上岸。让溺水者双手扶住池边，双手掌托住溺水者的脚掌，双手上抬，将溺水者拖出水面，或以自己的大腿、肩膀为阶梯，让溺水者踩着阶梯上岸（图 4－26）。

图 4－26

4）搀扶式

当溺水者被救到浅水区时，意识仍然清醒，将溺水者手掌搭在救生员肩膀上，搀扶上岸，这样可节省救生员体力（图 4－27）。

5）背负式

如溺水者无法行走，可改用背负式。救生员蹲在溺水者前面，让溺水者趴在救生员的背上，双手由膝下穿过溺水者腿部，将背负上岸（图 4－28）。

图 4－27

图 4－28

2. 深水上岸

在游泳池深水区，救生员与溺水者均踩不到池底，救生员将溺水者拖带至池边时，可采用单人上岸技术，以左手到边为例（图 4－29）。

(1) 救生员将溺水者拖带至池边，先用左手抓池边定位，再将溺水者移动至池边。

(2) 救生员用右手将溺水者左手压在池边，然后左手压在溺水者的左手背上，腾出右手。

(3) 救生员用右手抓住溺水者的右手，移至与溺水者的左手重叠，并用右手将溺水者的双手紧压在池边，左手抓攀池边，从溺水者的左侧上岸。

(4) 救生员上岸后，右手不能离开溺水者重叠的双手并右转面对溺水者，然后救生员用左手紧抓溺水者左腕，右手抓握溺水者右腕。

(5) 救生员紧抓溺水者手腕，稍上提，使溺水者转体180°后背对池边。

(6) 救生员双脚开立，双手先将溺水者向上预提一下(利用水的浮力)，然后用力将溺水者往上提，使其臀部高于池面，之后将其移至池岸。

深水上岸视频

(7) 救生员右手紧抓溺水者右手上提，防止其倒下，脱出左手移至溺水者颈背部或腋下保护溺水者。

(8) 救生员用右手将溺水者的双腿在原地旋转180°，让溺水者呈仰卧姿态。

图 4-29

(六) 搬运

溺水者搬运方法及注意要点，依据伤员急救送医程序处理。

(七) 心肺复苏(CPR)

心肺复苏(CPR)是针对心跳、呼吸停止所采取的抢救措施，即用心脏按压或其他方法形成暂时的人工循环并恢复心脏自主搏动和血液循环，用人工呼吸代替自主呼吸并恢复自主呼吸，达到恢复苏醒和挽救生命的目的。心肺复苏技术的三大要素是口对口人工呼吸、胸外按压、体外除颤。游泳救生员现场心肺复苏流程见表4-1。

表 4-1

程 序	语言和动作	说 明
确认四周环境安全，检查溺水者有无意识	① 大声呼喊 ② 轻拍两肩膀	意识分四级：意识清醒、对叫有反应、对痛有反应、意识昏迷
求救，并摆正溺水者姿势	请人帮助打急救电话“120”或自己打	若没有旁人，先心肺复苏 1 min 后再打求救电话
打开呼吸道	① 仰头举颌法（非创伤溺水者） ② 推举下颚法（颈椎受伤溺水者）	以手掌按压前额，另一手食、中两指上抬颌骨，注意不要压到喉部
评估呼吸	耳朵靠近溺水者口鼻：看胸部起伏、听吐气声、感觉气流吹到脸上	① 检查时间不能超过 10 s ② 保持呼吸道打开姿势
人工呼吸	若无呼吸，检查呼吸道是否有异物，以拇、食两指捏住鼻子，口对口（鼻）或口对面罩，先给予两口气，若胸部无起伏，则重新打开呼吸道再尝试吹气	① 从发现溺水者到给予人工呼吸不能超过 20 s ② 每口气吹气时间约 1 s，吹气量以明显看到胸部起伏为原则
检查循环现象	① 摸颈动脉并观察有无搏动现象 ② 有无自发性呼吸、咳嗽，身体会不会动	检查时间不能超过 10 s（除低体温外）
胸部按压	① 手掌根置于胸骨下 1/3 段 ② 两手肘关节绷直 ③ 两膝靠近溺水者跪地，与肩同宽 ④ 以身体重量垂直下压，压力平稳 ⑤ 放松时手掌不要离开胸骨	按压胸骨下半段，下压速度为 100 次/min，深度为 4～5 cm
胸部按压与通气比率	单人或双人皆为 30：2	
再评估时间	5 周期后或 2 人以上每 2 分钟轮换	2 分钟后第 5 周期吹气
甲：再评估无循环现象	继续徒手做心肺复苏	从胸部按压开始
乙：再评估有无循环现象	检查呼吸： ① 没有呼吸→人工呼吸 ② 有呼吸→无意识 ③ 有呼吸→有意识	5 秒一次，12 次/min 检查身体，继续复苏 检查身体

三、救生工作流程

（一）救生工作基本原则

（1）岸上救生优于水中救生。
（2）器材救生优于徒手救生。
（3）团队救生优于个人救生。

(4) 先救有意识后救无意识。

(二) 救生工作基本流程

救生工作基本流程见表 4-2。

表 4-2

观察	有无危险性情况： ◎有 ◎无	◎无：继续观察 ◎有：重点观察
判断	确认溺水等级： ◎有意识呼救，可配合救援 ◎有意识呼救，无法配合救援 ◎有意识，但无法呼救，可配合救援 ◎有意识，但无法呼救，无法配合救援 ◎无意识溺水	根据溺水者情况快速决定救援人数： ◎多人协同救援 ◎单人救援 根据溺水者情况快速决定救援方式： ◎间接救援 ◎直接救援
行动	◎间接救援： 选择借物救援工具 ◎直接救援： 根据场地情况、溺水者情况，选择正确且安全的救援方式	溺水者上岸后判断是否有意识： ◎有意识→进行思想安慰，保持自我镇定及溺水者情绪稳定 ◎无意识→拨打 120，同时保持 CPR，直至溺水者苏醒或 120 救护人员到来

四、防溺水知识

(一) 溺水主要原因

1. 儿童缺乏照顾

孩子们天性喜好玩水，却又缺乏生存经验，稍有不慎即可能发生溺水事件，因此当儿童从事游泳活动时，应有完备的安全计划。负责看护的父母、教师、指导人员绝不能转移视线，因为意外随时会发生。

2. 开放水域尝试不足

平常在游泳池中水面平静，环境单纯，一旦到河川、湖泊、海洋等开放水域时，会遇到水流、水温、潮汐、海浪等复杂环境，可能由于常识不足而发生危险。

3. 水边湿滑

在河床、池塘边、海岸潮间带、湖泊、码头边缘等湿滑地带，稍有不慎就会失足落水而发生意外。

4. 年轻人好胜逞强

年轻人血气方刚，喜好炫耀自己的技能，时而在忘我冲动中发生意外。

5. 成年人过分自信

成年人生活经验丰富，对自身的环境适应能力充满了信心，乃至忽略了他人的意见，因而造成意外。成年人会因工作上劳累导致体力耗尽而不自觉，贸然从事耗费体能的运动，导致意外发生，尤其是在饱食、酒后，更易出现溺水事件。

（二）如何防止意外

(1) 注意自己的健康情况，定期检查身体，患有疾病不可入水(例如感冒、发烧、心血管疾病、耳疾、鼻喉疾病等)。病后初愈、用餐前后、运动疲劳等情况下均不适合游泳。

(2) 在设有警告标志、风浪过大、急流、特殊水流及水质不洁区域，均不应从事水上活动。

(3) 不论在游泳池或开放性水域游泳，在水中都必须随时观察周边环境，避开危险，不可盲目乱闯。

(4) 游泳时不可嬉笑打闹，发现同伴有异常现象，应立即给予适当的协助或求助。

(5) 救生工作是一项专业技术，未经训练及具备娴熟的救生技能者，不可贸然下水施救，以免造成更大的悲剧。

课后习题

1. 游泳馆、游泳池救生工作中，浅水区与深水区救生员观察是否有溺水者的区别有哪些?

2. 现场急救心肺复苏(CPR)的目的与原则是什么?

第二节　竞技游泳竞赛介绍

现代竞技游泳始于19世纪，主要包括自由泳、蛙泳、蝶泳和仰泳四种姿势。1896年第一届奥运会即将男子游泳列为比赛项目；1912年第五届奥运会时，女子游泳也正式加入了竞赛行列。竞技游泳在奥运会上赛项仅次于田径，所以历来是各家争夺的热点。在国际泳坛上，美国的男子项目、德国的女子项目占有绝对优势。通过本节的学习，读者可对国内外现代竞技游泳竞赛有初步的认识和了解。

一、国内竞技游泳

（一）国内游泳训练起源

国内游泳训练理论随着20世纪50年代末我国的竞技游泳在世界大赛中崭露头角而逐步形成，为我国游泳运动的发展做出了基础的理论铺垫。近年来，国内游泳训练的理论研究在游泳运动的发展过程中有停滞也有发展，国内游泳训练无论是理论研究还是实践活动，都处在不断发展与完善的过程中。

（二）国内人才培养方案

进入21世纪后，人才极其重要的观念深刻灌入各行各业，在竞技游泳发展中，人才培养成为影响我国竞技游泳水平的重要因素。通过观察国外竞技游泳体制，国外竞技游泳拥有完整的青训体系、健全的人才选拔机制以及高度的商业化模式，在国际赛场上涌现出大量的高水平运动员并取得优异的成绩。2019 年 9 月 2 日，国务院印发《体育强国建设纲要》，部署推动体育强国建设，充分发挥体育在全面建成社会主义现代化强国新征程中的重要作用，借此机会，国内竞技游泳迎来了新一轮全面发展。

现如今，虽然我国游泳运动员在国际各项游泳竞技比赛中取得较好的成绩，但与世界游泳竞技运动强国相比依然存在较大的差距。人们对竞技游泳认知度不高、推广度较低、竞技游泳运动员的发展空间小以及人才选拔渠道的多样性和培养方案的科学性不足等问题，成为阻碍国内竞技游泳达到世界领先水平的绊脚石。

（三）国内竞技游泳未来的发展方向

（1）完善国内竞技游泳市场化、商业化机制。

国内竞技游泳的发展必然会从推进职业体育发展、提升竞技游泳综合实力等方面入手，国外发达国家的竞技游泳赛事应用高度的商业化机制，通过运用品牌效应以及现代媒体手段推销比赛，使得比赛走向全国化和全球化。最新发布的《体育强国建设纲要》指出，需要从激发市场主体活力、加强体育市场监管等方面，加快发展体育产业，培育经济转型新动能。国内竞技游泳高度商业化，将会成为发展新型人才培养机制的重要保障，也是发展新型人才培养机制的经济保障。

（2）对标国际竞技游泳，引进国际人才，推动国内游泳高速发展。

《体育强国建设纲要》指出，要加强组织领导，加大政策支持力度，促进区域协调发展，加快体育人才培养和引进，推进体育领域法治和行业作风建设，加强体育政策规划制定。我国游泳运动员人才选拔培养缺乏技术方面的创新研究，一方面体现为人才选拔方面缺乏技术创新，不能有效利用网络信息技术来科学选拔游泳后备人才；另一方面，体现为我国教练员缺乏对竞技游泳运动员人才选拔培养的问题意识及破解对策。

在竞技游泳发展的道路上，学习发达国家竞技游泳模式是必不可少的环节，根据《体育强国建设纲要》领导，通过引进国际竞技游泳教练以及运动员，对标科学的人才培养方案。2008 年北京奥运会以来，将技术创新融入竞技游泳运动所带来的成效引起了世界各国运动员的广泛关注。科学技术成为影响当前竞技游泳运动员提升训练和比赛成绩的重要技术手段，例如，近年来欧美游泳教练员在培养竞技游泳后备人才实践中，通过科学技术手段研究出了流线形的快速游泳技能，这对提高游泳运动员速度起到显著的作用。

（四）国内大型游泳比赛设置

1. 全运会游泳比赛

中华人民共和国全国运动会简称全运会，是中国国内水平最高、规模最大的综合性运动会。第一届全运会举办于 1959 年 9 月，至今已开展了 14 届，其比赛项目除武术外基本与奥运会相同。举办全运会的初意是为国家的奥运战略锻炼新人，选拔人才。全运会每四年举办一次，一般在奥运会年前后举行。全运会游泳项目有游泳、花样游泳、水球、跳水及公开水域游泳比赛。2021 年在陕西西安举办的第 14 届全运会游泳比赛中，金牌数增至 39 枚（不含跳水、花样游泳、水球）。游泳比赛的金牌数列田径项目之后。

2. 全国游泳锦标赛

全国游泳锦标赛由国家体育总局游泳运动管理中心主办，每年举行一届，是全国游泳界最高水平的赛事，各省(市)自治区都会派出最强的专业阵容参赛，包括 38 名国家队队员。竞赛项目包括 50 m、100 m、200 m、400 m、800 m、1500 m 自由泳；50 m、100 m、200 m 仰泳；50 m、100 m、200 m 蛙泳；50 m、100 m、200 m 蝶泳；200 m、400 m 个人混合泳；4×100 m、4×200 m 自由泳接力；4×100 m 混合泳接力、男女 4×100 m 混合泳接力。

3. 全国游泳冠军赛

全国游泳冠军赛由国家体育总局游泳运动管理中心主办，全国各地方省市体育局轮流协办。从 2000 年开始，全国游泳冠军赛成为国内最高水平的游泳赛事之一，受到广泛关注。全国游泳冠军赛比赛时间一般在上半年，赛事基本采用世界游泳锦标赛日程，其设项与全运会稍有不同。全国游泳冠军赛含 34 个小项，各个地区的游泳队通过这项赛事让运动员积累大赛经验、促进运动员的成长，同时选拔人才，参加国际大赛。专业组参赛项目 50 m、100 m、200 m、400 m、800 m、1500 m 自由泳；50 m、100 m、200 m 仰泳；50 m、100 m、200 m 蛙泳；50 m、100 m、200 m 蝶泳；200 m、400 m 个人混合泳；4×100 m、4×200 m 自由泳接力；4×100 m 混合泳接力；男女 4×100 m 混合泳接力。少年组参赛组别分 13 岁组、14 岁组、15 岁组，项目有 50 m(蝶泳、仰泳、蛙泳、自由泳)、200 m(蝶泳、仰泳、蛙泳、自由泳、混合泳)。

4. 全国春季游泳锦标赛

全国春季游泳锦标赛是全国游泳界最高水平的赛事之一，每年举办一次，在游泳运动管理中心进行专业注册的运动队方可通过注册单位报名参赛。比赛由国家体育总局游泳运动管理中心主办。

5. 全国夏季游泳锦标赛

全国夏季游泳锦标赛由国家体育总局游泳运动管理中心主办，是国内游泳界最高水平的赛事之一。竞赛项目包括 50 m、100 m、200 m、400 m、800 m(限女子)、1500 m 自由泳(限男子)；50 m(限男子)、100 m、200 m 仰泳；50 m、100 m、200 m 蛙泳；100 m、200 m 蝶泳；200 m、400 m 个人混合泳。

6. 全国青少年 U 系列游泳比赛

全国青少年 U 系列游泳比赛是于 2018 年推出的最新全国青少年游泳赛事。根据国家体育总局关于青少年竞赛工作的要求，结合游泳项目青少年训练和竞赛的现状，以竞赛为杠杆，加大培养青少年游泳运动员的力度，积极推动游泳项目良性发展，以此项比赛替代目前国内的各类青少年游泳赛事。“U”是英文“UNDER”的简写，指以下的意思。如：U18 指参赛运动员年龄需要在 18 周岁以下。

比赛分组特点：16～18 岁的游泳运动员为一个年龄组；15 岁以下的游泳运动员，年龄每一岁分为一个年龄组，但最终参赛项目及比赛办法须执行当年中国游泳协会发布的 U 系列游泳比赛竞赛规程。

U 系列游泳比赛项目为游泳单项和游泳全能项目。单项比赛最长距离 400 m，最短距离 50 m，由自由泳、蝶泳、仰泳、蛙泳、个人混合泳以及混合泳接力、游泳基本技术比赛组成。

全能比赛项目有：4 种泳式全能比赛(10～13 组、男子 14 岁组)、混合泳全能比赛

(10～13 岁组、男子 14 岁组)、主项全能比赛(女子 14 岁组、15 岁组)、基本技术全能比赛(7～10 岁组)。

7. 全国马拉松游泳冠军赛

全国马拉松游泳冠军赛由总局游泳中心主办，省体育局承办，省游跳中心和水上中心协办。比赛分为男子、女子 10 km 马拉松团体赛和男子、女子 10 km 马拉松个人赛。

8. 全国少儿游泳锦标赛

全国少儿游泳锦标赛由国家体育总局游泳运动管理中心主办，每年举办一次。竞赛分为单项和全能两个大项共 17 个小项的比赛，包括自由泳、仰泳、蛙泳、蝶泳、混合泳、接力、全能等项目。全国少儿游泳锦标赛赛前，参赛小运动员还需参加语文、数学、英语和游泳项目知识四个科目的文化测试。

二、国际竞技游泳

竞技游泳比赛起源于 3000 多年前的埃及，后相继在地中海沿岸国家传播。1924 年奥运会才真正翻开了竞技游泳的历史，比赛首次在巴黎的图雷莱斯正规游泳池举行。截至目前，奥运会游泳比赛共设 32 个项目，是仅次于田径运动的金牌大户。

(一) 国际竞技游泳竞赛项目设置

1. 奥运会

奥运会游泳比赛有游泳、花样游泳、跳水、水球和公开水域 5 个项目。1896 年第 1 届奥运会，游泳就成为正式比赛项目，当时游泳只有 100 m、500 m 和 1200 m 自由泳三个比赛项目。随着游泳规则的修改、修定，游泳也从单一的爬泳，增至仰泳、蛙泳，再增设由蛙泳演变的蝶泳项目，自由泳距离从 50 m 至 1500 m，其他三种泳式从 100 m 至 200 m，以及由四种泳式组合的个人混合泳比赛、混合泳接力比赛。奥运会游泳项目从 1896 年的三块奖牌，发展至 2008 年，奖牌数已增至 34 枚，其中 32 枚在游泳池内争夺，另 2 枚为男女 10 km公开水域游泳比赛。2017 年在瑞士洛桑举行的国际奥委会执委会决定，2020 第 32 届在日本东京举行的奥运会增设男子 800 m、女子 1500 m 自由泳和男女混编 4×100 m 混合泳接力赛。游泳比赛奖牌数增至 37 枚。

奥运会游泳比赛是所有游泳比赛的顶级赛事，能够代表祖国参加奥运会是运动员一生的梦想，各国游泳运动员要想拿到参加奥运会游泳比赛的入场券，必须在国际大赛及国内资格赛事中通过层层筛选，只有在指定的时间段、指定的比赛中达到奥运参赛标准，才有资格代表本国参加奥运会游泳比赛。如参加 FINA 国际游泳联合会举办的游泳系列赛事，参加全国游泳冠军赛、全国游泳锦标赛等重大比赛而达标的运动员。因此奥运会游泳比赛是全世界优秀游泳运动员的盛会，他们会在奥运会中展示其最高竞技水平。

2. 世界游泳锦标赛

世界游泳锦标赛(FINA World Championships)是由国际泳联总会主办的最高级别的大型国际性游泳赛事，主办机构是国际泳联总会。第一届世界游泳锦标赛于 1973 年举行，1978 年至 1998 年间举办间隔年数屡有变化，从 1978 年到 1998 年，世锦赛每 4 年(在两届奥运会之间的年份)举行一次，自 2001 年起恢复每 2 年举行一届，比赛在单数年举行。世界游泳锦标赛项目包括：

(1) 仰泳：50 m(非奥项目)，100 m，200 m；

(2) 蛙泳：50 m(非奥项目)，100 m，200 m；

(3) 蝶泳：50 m(非奥项目)，100 m，200 m；

(4) 自由泳：50 m，100 m，200 m，400 m，800 m，1500 m；

(5) 个人混合泳：200 m，400 m；

(6) 自由泳接力：4×100 m(男女混合为非奥项目)，4×200 m；

(7) 混合泳接力：4×100 m(包含男女混合)；

(8) 公开水域游泳(6 项)；

(9) 5 km(非奥项目)、10 km、25 km(非奥项目)；

(10) 花样游泳(7 项)。

其中，

(1) 单人：技术自选，自由自选；

(2) 双人：技术自选，自由自选；

(3) 集体：技术自选，自由自选，自由自选组合。

3. 世界杯短池游泳系列赛

世界杯短池游泳系列赛(FINA Swimming World Cup)是一个国际系列短池(25 m)游泳比赛，由国际游泳联合会主办，参加成员是国际泳联会员。该系列比赛于 1989 年开始，项目分为蝶泳、仰泳、蛙泳、自由泳及混合泳 5 个单项，34 个小项的比赛，其中 50 m 蝶泳、仰泳、蛙泳和 100 m 混合泳为非奥运会比赛项目。为了方便泳联会员都能参加比赛，该系列比赛于 1989 年开始每年 8～11 月份在全球 6～7 个城市举行分站赛，最终获得前三名的运动员可以获得丰厚奖金。2014 年 12 月 2 日上午(多哈时间)在卡塔尔多哈举行的 2018 年世界短池游泳锦标赛申请大会上，杭州力挫群雄，获得国际泳联 2018 年世界短池游泳锦标赛及世界游泳大会的承办权。

世界杯短池游泳系列赛比赛项目如下：

(1) 自由泳：50 m、100 m、200 m、400 m、800 m(女)、1500 m(男)；

(2) 仰泳：50 m(非奥项目)、100 m、200 m；

(3) 蛙泳：50 m(非奥项目)、100 m、200 m；

(4) 蝶泳：50 m(非奥项目)、100 m、200 m；

(5) 个人混合泳：100 m(非奥项目)、200 m、400 m。

50 m、100 m、200 m 和 400 m 分预赛和决赛两个阶段进行。400 m 个人混合泳，800 m 和 1500 m 自由泳则在预赛与决赛之间适当延长间隔时间，分两天举行。

4. 国际泳联冠军游泳系列赛

国际泳联冠军游泳系列赛是 2019 国际泳联举办的一项世界级的全新赛事，赛事宗旨在于为高水平游泳运动员提供一个全新的世界级平台。比赛冠军将获得丰厚的奖金。比赛时间为一年的几个月内进行多站的比赛。如 2019 年第一届比赛时间地点为：第一站 4 月 27—28 日中国广州；第二站 5 月 11—12 日匈牙利布达佩斯；第三站 5 月 31—6 月 1 日美国印第安纳波利斯。赛事为邀请参赛制，受邀选手包括游泳奥运会冠军、游泳世界冠军、游泳世界纪录保持者及各项目世界排名第一的泳将等。比赛在 50 m 泳池举行，项目设置为 50 m、100 m、200 m 的自由泳、仰泳、蛙泳和蝶泳比赛，200 m 和 400 m 的个人混合泳以及男女混合的接力比赛。根据赛程规定，每个单项直接进行决赛，每个决赛只有 4 位选手参加。

(二) 国外人才培养(以北美俱乐部为特点)

(1) 没有门槛，任何适龄的孩子都可以参加。

(2) 训练次数、时长按照年龄循序渐进。

大多数俱乐部招收 6～10 岁的儿童。训练次数从每周 2～3 次，每次 30 min 开始逐渐增多加长。到了发育后期(14 岁之后)，高水平运动员的训练时间可以延长到每周 25 h 以上。

(3) 小年龄段以 25 m 或 25 码短池训练比赛为主。

在北美，绝大多数公共健身场所只配备 25 m(在美国是 25 码)6 道的短池。游泳俱乐部会在周中下午时段租用这些游泳池进行训练。短池训练对小年龄的运动员有很多益处，比如方便教练管理，每游 25 m 就可以有休息和教练讲解时间，转身多，可以更好地培养运动员转身、水下等技术。

(4) 随着年龄增长，运动员逐渐转为长池训练比赛。

到了 12 岁以后，运动员 70%以上的训练量在长池完成。但同时，短池训练比赛也仍旧在持续，每年前几个月的比赛几乎都在短池举行，而之后的重大比赛转为长池。

(5) 小年龄组不设定专项。

对于青少年运动员来说，随着身体发育和技术提高，个人的强项经常会发生改变，因此这种不分专项的训练可以适应这种变化，随时找到最终适合于这个运动员的项目。另外由于个人混合泳要求四种泳姿没有特别的弱项，因此不分专项的训练也可以造就大量适合游混合泳的运动员。

(三) 国内外训练差异

1. 技术训练差异

美国的体育专项科研人员曾经对奥运会中进入竞技游泳决赛和非决赛的选手进行了长期的研究，经过研究表明，进入游泳决赛与未进入决赛的选手在力量方面没有太大的差异，继续调查后发现，其差异在于运动员在水中的阻力和游泳时所发挥出的技术效率。由此看出，竞技游泳运动以技术作为主要的比赛支持手段，所以对于游泳技术的专业训练也应该作为训练的主体，至少在训练时间与训练强度上，要与体能与爆发力训练的时间相同。随着近年来国内竞技游泳教练对技术重要性的认识逐步加深，大多数教练员将技术训练的时间和强度渐渐地进行了延长和提高，其效果也非常显著，运动员的游泳技术与比赛成绩也随之提高，由此可见游泳技术对于经济游泳比赛的重要性。目前在国内，竞技游泳技术训练的时间约占总训练时间的 20%，而国外普遍的游泳技术训练时间约占总训练时间的 37%，其中的差异和对于游泳技术的重视程度显而易见。

2. 力量训练差异

力量的大小和对力量的运用是影响游泳比赛的关键，力量控制影响在水中整体的动作幅度和动作速度，力量只有准确应用才能在水中做最有效的动力推进，能做到以最小的力气取得最大的推力，所以在游泳比赛项目中力量转换成为必修的训练课程。我国竞技游泳力量训练存在的最大问题与技术训练问题相同，同样是缺少训练时间与训练方法，竞技游泳比赛的力量运用和力量技巧几乎都是在水中进行，但国内大部分教练在进行训练时，把大部分时间用在了陆地训练，水上训练的比重约为训练总量的25%，而陆地训练的总量占43%。虽然在陆地上训练对于力量的增强非常有效，但是游泳比赛并不需要绝对的力量来支撑，最主要的还是熟悉力量发挥的技巧，所以在水中的力量训练更为重要。

课后习题

1. 列举两项国内竞技游泳赛事。
2. 列举两项国际竞技游泳赛事。

第三节　游泳竞赛规则、裁判工作及竞赛组织

游泳比赛的顺利进行，依赖于规范的竞赛规则和公正的裁判方法。本节以四项内容为重点，分别对各项泳式的比赛规定、各岗位裁判员的职责、裁判临场工作流程以及游泳竞赛的组织进行详细介绍。其中，“各项泳式的比赛规定”依据为中国游泳协会审定出版的《游泳竞赛规则2019—2022》；裁判员职责及裁判临场工作流程主要介绍各岗位裁判员职责与岗位分工临场工作的流程与配合；游泳竞赛的组织包括竞赛前的筹备、竞赛期间的工作及竞赛结束后的工作。受篇幅所限，本节中没有介绍到的裁判具体工作方法以及竞赛规则中的其余内容，将会在参考文献中推荐给读者，以便于指导今后的裁判工作。

一、各项泳式的比赛规定

（一）自由泳

（1）在自由泳比赛中，可采用任何泳式。但在个人混合泳及混合泳接力比赛中，自由泳是指除蝶泳、仰泳、蛙泳以外的泳式。

（2）每次转身和到达终点时，运动员身体的某一部分必须触及池壁。

（3）在整个游程中，运动员身体的某一部分必须露出水面。在出发和每次转身时，允许运动员身体完全没入水中。出发和每次转身后，在15 m前(含15 m)运动员头的一部分必须露出水面。

（二）仰泳

（1）在“出发信号”发出前，运动员应在水中面对出发端，两手抓住出发握手器。禁止两脚蹬在水槽里、水槽上或脚趾勾在水槽沿上。当使用仰泳出发器出发时，两脚脚趾必须与池壁或触板接触；严禁脚趾勾在触板上沿。

（2）出发时和每次转身后，运动员应以仰卧姿势蹬离池壁并在整个游程中保持仰卧姿势，允许身体做转动动作，但在水平面的最大转动幅度不得超过90°。头部位置不受此限。

（3）在整个游程中，运动员身体的某一部分必须露出水面。在出发和转身时，允许运动员身体完全没入水中。出发和每次转身后，在 15 m 前(含 15 m)运动员头的一部分必须露出水面。

（4）在转身过程中，运动员必须在各自泳道内用身体的某一部分触壁。转身过程中允许肩的转动超过垂直面至俯卧姿势，之后立即做 1 次连贯的单臂划水或双臂同时划水动作，并以此动作作为转身动作的开始。

（5）运动员到达终点时，必须在各自泳道内以仰卧姿势触壁。

（三）蛙泳

（1）在出发和每次转身后，运动员身体可没入水中并可做 1 次手臂充分向后划至腿部的动作。出发和每次转身后，在第 1 次蛙泳蹬腿动作之前，允许做 1 次蝶泳打腿动作。在第 2 次划臂两手至最宽点开始向内划水前，头的一部分必须露出水面。

（2）从出发和每次转身后的第 1 次手臂动作开始，身体应保持俯卧，除转身动作外，任何时候都不允许身体呈仰卧姿势。只要身体呈俯卧姿势蹬离池壁，允许运动员在触壁后用任何方式转身。在出发后的整个游程中，动作周期必须是以 1 次划臂和 1 次蹬腿的顺序完成。两臂的所有动作应同时并在同一水平面上进行，不得有交替动作。

（3）两手应同时在水面、水下或水上由胸前伸出。除转身前的最后一次划水动作、转身过程中及抵达终点前的最后一次划水动作外，肘部不得露出水面。两手应在水面或水下向后划水。除出发和每次转身后的第 1 次划水动作外，两手向后划水不得超过臀线。

（4）在每个完整动作周期内，运动员头的一部分必须露出水面。两腿的所有动作应同时并在同一水平面上进行，不得有交替动作。

（5）在蹬腿过程中，两脚必须做外翻动作。不允许做交替打腿或向下的蝶泳打腿动作。只要不接着做向下的蝶泳打腿动作，允许两脚露出水面。

（6）在每次转身和到达终点时，两手应分开在水面、水上或水下同时触壁。转身和到达终点前的最后一次手臂动作后可不接蹬腿动作。在触壁前的最后一次划水动作结束后，头可以没入水中。但在触壁前最后一个完整或不完整的动作周期中，头的一部分必须露出水面。

（四）蝶泳

（1）从出发和每次转身后的第 1 次手臂动作开始，身体应保持俯卧。除触壁后的转身动作外，任何时候都不允许呈仰卧姿势。只要身体呈俯卧姿势蹬离池壁，允许运动员在触壁后用任何方式转身。

（2）在整个游程中，两臂应在水面上同时向前摆动，并在水下同时向后划水。

（3）所有腿部的上下打腿动作应同时进行。两腿或两脚可不在同一水平面上，但不允许有交替动作，不允许蹬蛙泳腿。

（4）在每次转身和到达终点时，两手应分开在水面、水上或水下同时触壁。具体操作如图 4－30 所示。

（5）在出发和每次转身后，允许运动员在水下做一次或多次打腿动作和一次划水动作，这次划水动作应使身体升至水面。在 15 m 前(含 15 m)运动员头的一部分必须露出水面。运动员应使身体保持在水面上，直至下次转身或到达终点。

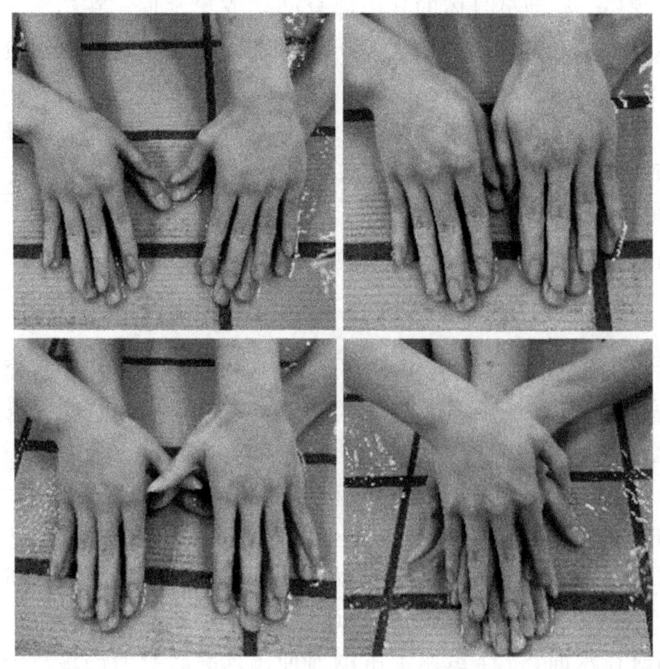

图 4-30

(五) 混合泳

(1) 个人混合泳必须按照蝶泳、仰泳、蛙泳、自由泳的顺序进行比赛。每种泳式必须完成赛程四分之一的距离。

(2) 在自由泳段,除做转身动作外,身体须保持俯卧。转身后,身体在做任何打腿或划水动作前必须恢复成俯卧姿势。

(3) 混合泳接力必须按照仰泳、蛙泳、蝶泳、自由泳的顺序进行比赛。每种泳式必须完成赛程四分之一的距离。

(4) 在个人混合泳和混合泳接力项目的比赛中,每一泳式都必须符合对应泳式的有关规定。

二、裁判员职责

目前,国际、国内重大游泳比赛的裁判工作都是实行技术代表负责制;执行总裁判在技术代表的领导下具体负责裁判工作的实施。严格来讲,技术代表不属于裁判员,但为了方便说明其与执行总裁判的关系,使读者更清楚地了解其职能,故将其与所有裁判组统一介绍。

(一) 技术代表的职责

(1) 在组织委员会的直接领导下,代表主办单位对比赛进行技术指导和监督,保证竞赛规程、规则得以正确执行。

(2) 主持竞赛工作,负责裁判员管理。分配执行总裁判的工作,决定规则未授权于执行总裁判的一切事宜。

(3) 组织检查竞赛场地设施,监督竞赛设施的运行,处理一切与比赛有关的技术性问题。

(4) 组织对比赛中申诉情况的调查,召集仲裁委员对申诉进行复议并做出最终裁决。

(5) 每场比赛开始前接收和审核(或授权相关部门)各代表队递交的接力棒次表。

(二) 执行总裁判的职责

(1) 执行总裁判在组织委员会和技术代表领导下，负责由技术代表分配的工作，明确各自分管工作的职责和任务，在所执裁的场次全面主持当场裁判工作。

(2) 执行总裁判应严格执行竞赛规程和竞赛规则，解决比赛中的有关问题，并可决定规则中未详尽或没有明文规定的事项，但不能修改规程和规则。

(3) 每场比赛男、女项目各设 1 名执行总裁判。当场执行总裁判可随时干预比赛，裁定比赛过程中的各种异议，以保证规程和规则得以执行。

(4) 当终点裁判员判定的名次与计时员计取的成绩不一致时，由当场执行总裁判决定名次。

(5) 当场执行总裁判为保证竞赛顺利进行，可随时指派替补裁判员上岗工作，必要时有权撤换不称职的裁判员。

(6) 当场执行总裁判根据自己的观察或其他裁判员的报告，有权取消犯规运动员的比赛资格或录取资格，但出发抢跳犯规必须由发令员和当场执行总裁判同时观察并确认。

(7) 技术代表授权的执行总裁判应于比赛前检查场地、器材是否符合规则的规定。

(8) 在每项、每组比赛开始时，执行总裁判应用连续的短哨声示意运动员脱掉外衣；然后用长哨声示意运动员站到各自的出发台上(仰泳项目和混合泳接力项目第 1 棒的运动员应立即下水，在执行总裁判发出第 2 声长哨时，应迅速游回池端做好出发准备)。当所有运动员和裁判员都做好准备时，执行总裁判用向外伸展手臂的动作示意发令员准备发令，待发令结束后执行总裁判再收回手势。

(9) 各项、各组的比赛成绩须经当场执行总裁判签名确认。

(10) 执行总裁判有权取消任何泳装或身体符号不符合《游泳竞赛规则 2019—2022》规定的运动员的比赛资格或录取资格。

(三) 编排记录长、副编排记录长与编排记录员的职责

(1) 编排记录长负责领导和分配编排记录员的工作，负责检查和核对每项比赛成绩、名次，并提请执行总裁判在成绩单上签名。副编排记录长协助编排记录长工作。

(2) 编排记录员在比赛前，应根据规程、规则、报名单、竞赛日程及有关材料，编排竞赛秩序，印制裁判工作所需的各种表格。

(3) 编排记录员在比赛中，准确地记录和及时公布每组、每项比赛成绩，及时统计和公布新创纪录、团体总分等。预赛、半决赛后，按成绩编排半决赛、决赛秩序。

(4) 编排记录员在比赛结束后，应尽快编制成绩册，经所有执行总裁判审核签名后送交组织委员会(竞赛委员会)。

(5) 如果受技术代表委托，则在每场比赛前接收该场接力项目的“棒次表”。

(四) 检录长、副检录长与检录员的职责

(1) 检录长负责领导与分配检录员的工作。副检录长协助检录长工作。

(2) 检录员负责布置检录室(处)，赛前核对运动员竞赛卡片(人工计时)。

(3) 检录员负责检查运动员泳装是否符合规定、广告标识是否符合组织委员会的要求。

(4) 检录员在每组比赛前负责点名，并带领运动员入场。及时向检录长和执行总裁判报告未参加检录的运动员名单。比赛完毕后，带领运动员离场。

(5) 有颁奖时，在决赛后负责召集和引导获奖运动员参加颁奖仪式。有兴奋剂检测时，协助检测人员确认相关运动员。

(五) 发令员的职责

(1) 发令员应站在游泳池的侧面，离出发端 5 m 以内处发令。发令时能使运动员和计时员听到或看到出发信号。

(2) 发令员负责管理由执行总裁判发出手势信号后至比赛开始的运动员。

(3) 发令员有权判定运动员出发时是否犯规，但最终判决须由执行总裁判决定。

(4) 发令员发现运动员延误比赛、蓄意不服从命令或在出发时有任何其他犯规行为时，应向执行总裁判报告，由执行总裁判决定是否取消该运动员的比赛资格。

(六) 技术检查员的职责

(1) 技术检查员位于游泳池两侧，在执行总裁判直接领导下进行工作。

(2) 技术检查员负责检查运动员在游进中的泳式和动作是否符合规则，协助两端转身检查员检查运动员转身和到达终点的动作是否符合规则。

(3) 技术检查员发现运动员犯规，应及时报告并填写检查表交执行总裁判。

(4) 技术检查员兼管召回线。当听到召回信号后，应迅速放下召回线，将运动员召回。

(七) 转身检查长与转身检查员的职责

(1) 转身检查长负责领导和分配本端转身检查员的工作，确保每位转身检查员履行工作职责。

(2) 每条泳道两端各设 1 名转身检查员，负责检查运动员从触壁前最后一次手臂动作开始至转身后第 1 次(蛙泳为第 2 次)手臂动作结束的整个转身动作是否符合规则。

(3) 出发端的转身检查员还要负责检查运动员从“出发信号”发出后至第 1 次(蛙泳为第 2 次)手臂动作结束的动作是否符合规则。在接力项目比赛中检查出发运动员是否在前一名运动员触及池壁后离开出发台。使用仰泳出发器时，出发端的转身检查员负责安装并在运动员出发后拆卸该装置。

(4) 两端的转身检查员在 800 m 和 1500 m 项目中负责记录本泳道运动员完成的趟数；转身端的转身检查员还要用报趟牌向本泳道运动员显示所剩趟数(奇数)。可以使用电子设备，包括水下显示设备。

(5) 出发端的转身检查员还要负责检查运动员到达终点的动作是否符合规则，可兼做计时员的工作。在 800 m 和 1500 m 项目中，当运动员距终点还剩两趟加 5 m 时，应用铃声或哨声向运动员发出信号，信号持续至运动员转身后到达泳道线上的 5 m 标志处。

(6) 转身检查员在发现运动员犯规后立即示意转身检查长，转身检查长及时转告执行总裁判，转身检查员随即到执行总裁判处报告犯规运动员的项目、泳道号及犯规详细情况，填写犯规检查表，签名后交执行总裁判。

(八) 自动计时长与自动计时员的职责

(1) 自动计时长负责领导和分配自动计时员的工作。比赛前参与检查和调试设备，比赛时负责监督自动计时装备的运行情况，整理自动计时的成绩记录单。

(2) 自动计时员协助专业技术人员安装、调试全部自动计时装置，比赛时协助、监督专业技术人员操作主机及有关设备，向自动计时长提交自动计时成绩记录单。

(3) 在某项、某组比赛结束后，如发现自动计时装置失灵，自动计时长应及时报告执行总裁判，并按有关规定处理。

(4) 接力比赛时，如发现自动计时装置提示有交接棒抢跳犯规，自动计时长应及时报告执行总裁判。

(5) 自动计时员与编排记录组配合，准确记录运动员的成绩、弃权及犯规等情况。

(九) 人工计时长、副计时长与计时员的职责

(1) 人工计时长负责领导和分配计时员的工作，副计时长协助计时长工作。

(2) 人工计时长应于比赛前检查计时表是否准确可用。

(3) 人工计时长和计时员在发令员发出“出发信号”后立即按动计时表，在运动员抵达终点后立即按停计时表。人工计时长计取的成绩可作为检查、核对和补充之用。

(4) 每组比赛完毕，人工计时长收集各泳道的竞赛卡片，必要时查看计时员的计时表，核对比赛成绩。当设置终点裁判时，人工计时长须与终点裁判长核对名次。随后，将竞赛卡片交执行总裁判审核。

(5) 计时员负责计取运动员在比赛中的成绩及计取 100 m 以上距离项目的分段成绩，并将成绩登记在竞赛卡片上交人工计时长。如人工计时长要求查看计时表成绩，应将计时表出示受检。在执行总裁判组织下一组比赛发出短哨声信号时回表。

(6) 使用半自动计时装置时，计时员还要负责计取本泳道的半自动计时成绩。

(7) 当每条泳道仅有 1 名计时员时，应设 1 名替补计时员。此时，人工计时长必须计取每组最快运动员的成绩。

(十) 宣告员的职责

(1) 宣告员在执行总裁判领导下，负责向观众介绍比赛项目和进行情况，并宣布经执行总裁判确认的比赛成绩。

(2) 有颁奖时，宣告员须与竞赛部门配合，组织好颁奖仪式。

注：目前，在国际国内重大游泳比赛中，为了活跃赛场气氛，宣告工作通常由一个专门的体育展示团队来承担。在这种情况下，组织委员会须预先制订详细的《每日竞赛活动日程》(Daily Competition Activity Schedule，简称 DCAS)，体育展示团队在此基础上再设计出按分、秒设置的具体“运行脚本”，针对在各种情况下需要播报的内容准备好相关文字材料、音乐等。比赛中，各项活动的进程由体育展示团队严格按预定时间掌控，执行总裁判则根据体育展示团队播音员的引导来组织比赛。

(十一) 竞赛问题受理台裁判员的职责

(1) 接受竞赛问题的咨询，必要时约请技术代表、执行总裁判解答或处理。

(2) 接受代表队的抗议和申诉。

(3) 接受预赛、半决赛后在规定时间内允许的弃权。

(4) 召集相关代表队运动员或教练员商定重赛事宜。

(5) 处理技术代表、执行总裁判交办的其他事宜。

(十二) 热身监督的职责

负责管理比赛池赛前热身练习。运动员在热身练习时，不允许穿戴划手掌、脚蹼等，除冲刺泳道外不允许从出发台上跳水，冲刺泳道不得逆向游进。

如中间各条泳道为循环游进泳道，禁止跳水，继而在中间各条泳道两端的出发台上放置“循环游进，禁止跳水”的指示牌。泳池两侧各一条泳道为冲刺泳道，允许从出发台上跳水，但只能单向冲刺，不得逆向游进。可在两侧泳道的允许跳水端池边放置“冲刺泳道，单向游进”的指示牌，在另一端的出发台上放置“禁止入池”的指示牌。

(十三) 替补裁判员的职责

在比赛中，替补裁判员根据执行总裁判、相关裁判长的指令，随时替补指定岗位。

三、裁判临场工作流程

(一) 赛前各时间节点工作流程

(1) 每场比赛开始至少 1 h 前，技术代表、执行总裁判、检录组、自动计时组、宣告员、编排记录组要到达赛场，开始赛前的准备。技术代表或其授权的部门接收各队递交本场接力棒次表；执行总裁判检查有关赛前的准备工作，接收分段成绩创纪录申请(人工计时)，处理比赛的有关问题。

(2) 每场比赛前 1 h，宣告员启动宣告程序，提醒各队交接力棒次表。

(3) 每场比赛前 40 min，其他裁判员到达赛场，开始赛前的准备。

(4) 每场比赛前 30 min，全体裁判员集中开准备会(检录、自动计时、编排记录、宣告等裁判组派代表参加)，本场男、女执行总裁判分别介绍本场比赛项目特点，提出工作要求和注意事项。会后，各裁判组分头做好各自的赛前准备工作。

(5) 每场比赛前 20 min，检录组开始第 1 项的检录。

(6) 每场比赛前 15 min，宣告员宣布“请在比赛池做准备活动的运动员起水”，随后向观众介绍本场比赛项目。自动计时组再次检查触板、盲表和电笛等设备。发令、技术检查、转身检查、人工计时、终点等裁判组检查各自的相关器材并摆好座椅。

(7) 每场比赛前 10 min，全体入场裁判员到指定地点集合，执行总裁判整理队伍。

(8) 赛前 3～5 min，执行总裁判举手示意，宣告员宣布“××××游泳比赛第××场现在开始，请裁判员入场”并播放入场音乐，全体裁判员在执行总裁判带领下以整齐的步伐入场，走到各自的岗位前立定并转为面向泳池站好。宣告员介绍本场执行总裁判、发令员和技术代表后，男子项目执行总裁判用手势示意统一就座(有的比赛要求裁判员在决赛场全程站立)。

(二) 赛中工作流程

(1) 每场第 1 项(组)比赛开始前，执行总裁判察看全场，在确认各组裁判员已做好准备时，开始组织比赛。

① 如果第 1 项第 1 组是预赛，执行总裁判举手示意检录员将运动员带入场(如采用人工计时，检录员应提前将该组竞赛卡片交副计时长)，运动员就座后，执行总裁判先示意宣告员宣布“现在进行××××(项目)预赛第 1 组”，然后开始组织出发。运动员出发后，宣告员再介绍运动员。后续各预赛组，若为 50 m 项目，检录员在运动员出发后(衣箱搬移后)即引导下一组运动员入场；若为 100 m 及以上距离项目，检录员在前一组最后一名运动员最后 50 米折返后，即引导下一组运动员入场。

② 如果第 1 项是决赛或半决赛，执行总裁判示意后，宣告员宣布“现在进行××××(项目)决赛(半决赛第××组)，请运动员入场”，并逐道介绍运动员(队)。介绍完毕，执行总裁判再开始组织出发。

③ 比赛使用仰泳出发器时，在仰泳和混合泳接力项目比赛开始前由出发端转身检查员负责安装仰泳出发器，出发后负责拆卸仰泳出发器。

(2) 每组比赛开始，执行总裁判鸣连续短哨声时，人工计时员回表；计时员(长)、技术检查员、转身检查员(长)同时起立，进入工作状态。执行总裁判鸣长哨声时(仰泳出发为第 1 声长哨)，两端转身检查员都应上前站立在出发台侧后方；运动员出发后，出发端转身检查员立即向前上步站到出发台一侧的池端，观察运动员出发入水至第 1 次划水(蛙泳为第 2 次划水)结束的动作完成是否符合规则。如比赛使用仰泳出发器，在仰泳和混合泳接力项目开始，执行总裁判鸣第 2 声长哨时，出发端转身检查员应站到出发平台上，观察运动员脚的一部分是否触及池壁(或触板)，如果不符合要求应及时提醒。

(3) 比赛进行中，各组裁判员按要求进行工作，执行总裁判在池边全面观察比赛情况。

(4) 每组最后一名运动员达到终点后，执行总裁判即与技术检查员及转身检查长联系，各技术检查员和两端转身检查长以预先约定的某种方式(手势或眼神等)向执行总裁判示意是否有犯规。然后，执行总裁判向自动计时长示意。如无犯规则成绩确认，电子公告板切换到成绩确认板；如发现犯规情况，技术检查员或两端检查长应立即通过对讲机向执行总裁判报告，替补裁判员立即顶岗执裁，发现犯规的裁判员立即前往执行总裁判处报告犯规情况。如果执行总裁判确认犯规，发现犯规的裁判员应立即填写“犯规检查表”交执行总裁判。执行总裁判处理完犯规再确认成绩。

(5) 每组运动员全部到达终点后，如采用人工计时，计时长收集竞赛卡片；如果设了终点裁判，则与终点裁判长核对名次后，连同“终点名次报告单”一起交控制室监督；控制室监督审核竞赛卡片并处理名次交叉问题，如为决赛则填入名次，签名后将竞赛卡片交宣告员，隔组宣布成绩。成绩宣布后，将竞赛卡片交编排记录组。如采用自动计时，自动计时员将成绩记录单交控制室监督(自动计时长)审核。有电子公告板时，宣告员根据公告板宣布当组成绩；无电子公告板时，控制室监督(自动计时长)将成绩记录单交宣告员宣布当组成绩。

(6) 最后一项(组)比赛结束，宣布成绩后(如果是预赛或半决赛则宣布半决赛、决赛名单后)，执行总裁判示意宣告员宣布“××××游泳比赛第××场到此结束，请裁判员退场”，全体场上裁判员按执行总裁判的手势，同时起立退场。

(7) 一场比赛结束后，全体裁判员集中，由本场执行总裁判小结比赛情况，分析存在的问题，提出改进意见。

四、游泳竞赛的组织

随着游泳运动的发展和我国游泳竞技水平的不断提高，游泳竞赛也随之增多。要使游泳竞赛顺利进行并达到预期效果，就必须精心计划，周密组织，以科学的态度做好赛事的计划、方案并认真落实。

游泳竞赛一般可以分为两大类：一类是级别高、竞技性强的赛事。该类比赛分主办单位和承办单位，由主办单位提出基础方案，包括大会名称、竞赛规程、竞赛日程、技术官员的选派、经费来源等，承办单位负责具体计划和组织比赛。另一类是基层的游泳比赛。此类比赛一般不分主办单位和承办单位，往往主办单位就是承办单位。主要由本单位的主管领导统一指挥，由本单位各职能部门的人员组成相应的竞赛组织机构，完成从竞赛规程的制订到竞赛的组织等一系列工作。不管是组织哪种类型的游泳竞赛，都要贯彻执行国家有关体育运动竞赛的方针政策和体育竞赛赛区工作条例，按照规程、规则和有关规定，有组织、有计划地进行。

游泳竞赛的组织工作可分为竞赛的筹备、竞赛期间的工作和竞赛后的工作三大部分。

（一）游泳竞赛的筹备

游泳竞赛筹备工作的充分与否将直接决定竞赛能否顺利进行，包括八个方面。

1. 成立领导机构，确定组织方案

组织游泳竞赛，首先由主办单位（承办单位）主要领导及有关部门的负责人组成组织委员会。组织委员会是比赛大会的最高领导机构，负责整个竞赛的组织领导工作。组织委员会首先应研究决定运动会的组织方案，制订竞赛规程和工作计划等。

组织方案应根据上级主管部门（或本单位）的竞赛工作计划和竞赛的目的来确定，内容包括竞赛名称、目的、任务，竞赛规模，竞赛时间、地点，竞赛组织机构、人员，经费预算等。

2. 设立组织机构，明确分工

组织游泳竞赛时，一般应在组织委员会的领导下，根据比赛的规模、级别等具体情况，设立必要的组织机构。规模较大的比赛，其组织机构可包括秘书处、竞赛处、新闻宣传处、后勤保障处、场地器材处、安全保卫处等部门，并需确定技术代表、设立仲裁委员会（图 4－31）。

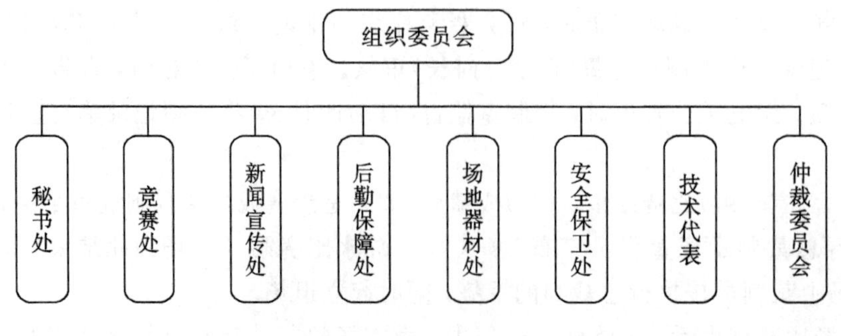

图 4－31

3. 制订竞赛规程

游泳竞赛规程是举办游泳竞赛的指导性文件，是组织者和所有参加者为保证比赛公平、公正所必须共同遵守的章程，是整个游泳竞赛工作的重要依据。

竞赛规程由主办单位(或组织委员会)根据举办比赛的目的、任务及具体条件而制订。制订竞赛规程要遵循可行性、公平性和稳定性的原则，文句要具体明确，避免模棱两可，并及早发给有关单位(全国大型比赛，至少要在半年前下达竞赛规程；基层的小型比赛也应尽量提前印发)，以便各单位提前做好工作，及时报名和参赛。游泳竞赛规程一般包括下列内容：

(1) 运动会名称。

(2) 竞赛日期和地点。

(3) 参加单位。

(4) 竞赛项目。

(5) 参赛办法。包括运动员报名条件，每单位男、女运动员可报人数，每人限报项数，每项每单位限报人数，领队、教练员、工作人员限报人数等。

(6) 竞赛办法。明确规定比赛采用的竞赛规则以及根据比赛的实际情况而制订的具体竞赛办法，如预赛、半决赛、决赛的规定，弃权、犯规的处罚规定等。

(7) 录取名次与奖励办法。规定各单项、接力和团体录取名额、计分办法及奖励办法，团体总分计分办法和奖励办法，创纪录的加分办法等。

(8) 报名时间和报名办法。

(9) 报到时间和地点。

(10) 技术代表、仲裁、执行总裁判、发令员、编排长、裁判员的选派、报到时间及要求。

(11) 其他(比赛经费、解释权归属等)。

上述内容，可根据赛会的具体情况取舍与补充。

4. 编排竞赛日程

编排游泳竞赛日程就是按日、按场合理地排定各项目的比赛顺序。竞赛日程应根据游泳竞赛规程规定的时间(天数、场数)、比赛项目、竞赛办法、参赛人数等进行编排，并应考虑运动员兼项及合理分配体力的问题，以利于运动员在比赛中创造优异成绩。

重大比赛的竞赛日程一般应预先编制并随竞赛规程一起发给各参赛单位，作为报名及训练的参考。基层比赛则通常在报名后再编排竞赛日程。编排竞赛日程需要考虑以下内容：

(1) 一般一天安排两场比赛，上午一场，晚上一场(如无灯光设备或受到其他因素的限制，不能在晚上比赛的则安排在下午)。

(2) 每场应有不同组别、不同性别、不同泳式和不同距离的项目，并应交错安排。

(3) 尽量不要把可能有运动员兼项的项目编排在同一场进行，同一泳式的不同距离项目要尽量隔开。

(4) 同项目预赛、决赛不要安排在同一场，但也不宜间隔太长，最好在同一天完成。上午场一般安排预赛，晚上(下午)场主要安排决赛。要进行预赛、半决赛和决赛的项目，一般第 1 天上午安排预赛，晚上(下午)安排半决赛，第 2 天晚上(下午)安排决赛。

(5) 上午场次时间可稍长，下午或晚上场次时间可稍短，各场的时间长短不宜差别过大。

(6) 自由泳项目最多，应优先考虑自由泳项目。

(7) 接力项目涉及人数多，竞争激烈，通常分散安排在各场的最后几项。

按日期、场次、项次的顺序，整理成竞赛日程，以 20××年全国游泳冠军赛竞赛日程(节选)为例，见表 4-3。

表 4-3

5 月 12 日	
9:00	18:00
1. 男子 200 m 自由泳预赛	1. 男子 200 m 自由泳决赛
2. 女子 400 m 自由泳预赛	2. 女子 400 m 自由泳决赛
3. 男子 100 m 仰泳预赛	3. 男子 100 m 仰泳决赛
4. 女子 100 m 蛙泳预赛	4. 女子 100 m 蛙泳决赛
5. 男子 200 m 蝶泳预赛	5. 男子 200 m 蝶泳决赛
6. 女子 4×100 m 自由泳接力预赛	6. 女子 4×100 m 自由泳接力决赛
5 月 13 日	
9:00	18:00
1. 女子 50 m 蝶泳预赛	1. 女子 50 m 蝶泳决赛
2. 男子 50 m 仰泳预赛	2. 男子 50 m 仰泳决赛
3. 女子 100 m 自由泳预赛	3. 女子 100 m 自由泳决赛
4. 男子 200 m 个人混合泳预赛	4. 男子 200 m 个人混合泳决赛
5. 女子 200 m 蛙泳预赛	5. 女子 200 m 蛙泳决赛
6. 男子 4×200 m 自由泳接力预赛	6. 男子 4×200 m 自由泳接力决赛
……	
5 月 17 日	
9:00	18:00
1. 女子 50 m 自由泳预赛	1. 女子 50 m 自由泳决赛
2. 男子 50 m 蛙泳预赛	2. 男子 50 m 蛙泳决赛
3. 女子 200 m 仰泳预赛	3. 女子 200 m 仰泳决赛
4. 男子 1500 m 自由泳决赛慢组	4. 男子 1500 m 自由泳决赛快组
5. 女子 200 m 个人混合泳预赛	5. 女子 200 m 个人混合泳决赛
6. 男子 4×100 m 混合泳接力预赛	6. 男子 4×100 m 混合泳接力决赛

5. 组织报名

组织报名时，应将竞赛规程、竞赛日程和报名表一起尽早发送给参赛单位。报名表应根据比赛的具体情况来设计，通常采用 Excel 表格式，包括性别、组别、姓名、出生日期、注册证号、报名项目等栏目。参赛单位应按要求认真填写报名表，并通过电子邮件报名；有条件时可采用网上报名系统进行报名。一般要求同时打印纸质报名表一式三份，自留一份，另两份分别寄送主办单位和承办单位。报名一般在赛前 20 天左右截止。游泳比赛报名表见表 4-4。

表 4-4

单位(盖章)：

<table>
<tr><td rowspan="2">序号</td><td colspan="7">基本信息</td><td rowspan="2">报名项目</td><td rowspan="2">报名成绩</td><td rowspan="2">测验</td></tr>
<tr><td>身份</td><td>性别</td><td>组别</td><td>姓名</td><td>姓名全拼</td><td>出生日期</td><td>注册证号</td></tr>
<tr><td></td><td></td><td></td><td></td><td></td><td></td><td></td><td></td><td></td><td></td><td></td></tr>
<tr><td></td><td></td><td></td><td></td><td></td><td></td><td></td><td></td><td></td><td></td><td></td></tr>
<tr><td></td><td></td><td></td><td></td><td></td><td></td><td></td><td></td><td></td><td></td><td></td></tr>
<tr><td></td><td></td><td></td><td></td><td></td><td></td><td></td><td></td><td></td><td></td><td></td></tr>
<tr><td></td><td></td><td></td><td></td><td></td><td></td><td></td><td></td><td></td><td></td><td></td></tr>
<tr><td></td><td></td><td></td><td></td><td></td><td></td><td></td><td></td><td></td><td></td><td></td></tr>
<tr><td></td><td></td><td></td><td></td><td></td><td></td><td></td><td></td><td></td><td></td><td></td></tr>
<tr><td></td><td></td><td></td><td></td><td></td><td></td><td></td><td></td><td></td><td></td><td></td></tr>
<tr><td></td><td></td><td></td><td></td><td></td><td></td><td></td><td></td><td></td><td></td><td></td></tr>
<tr><td></td><td></td><td></td><td></td><td></td><td></td><td></td><td></td><td></td><td></td><td></td></tr>
<tr><td>说明</td><td colspan="10">1. 基本信息部分，身份分为领队、教练、医生、工作人员、运动员、代表队；运动员的各列内容不得缺漏；出生日期格式为 YYYY-MM-DD。
2. 在报名项目列填写参加比赛的项目(单项或全能)。
3. 在报名成绩列填写参加项目的报名成绩，格式为 00：00.00。对全能项目，此列空白。
4. 接力项目按代表队填报，其基本信息部分只需填写身份、性别、组别。
5. 若为测验，则在测验列打“√ ”。
6. 一行填报一项，一人(队)可用多行。行不够时，可插入任意数量行。
7. 请使用电脑填报，手写无效。报名表的电子版必须在规定时间内提交，否则不予编排</td></tr>
</table>

报名联系人：　　　电话：　　　电子邮箱：　　　填报日期：　年　月　日

随着科技不断融入体育比赛，现如今全国大型游泳比赛都实现了电子化报名和竞赛，采用专门设计的网上报名系统(或报名系统客户端)进行报名，使报名工作更加规范和便捷。

大会竞赛处收到各参赛单位的报名表后，应按竞赛规程的要求，严格审查。对不符合竞赛规程、竞赛规则的情况，应及时与有关单位联系并予以纠正。

6. 选聘技术代表、仲裁、执行总裁判、发令员、编排长和裁判员

技术代表、仲裁、裁判员是竞赛工作不可缺少的组成部分，赛前必须做好这些人员的选聘工作。通常，技术代表、仲裁、执行总裁判和部分骨干裁判员由主办单位选派，其他裁判员则由承办单位选派补足。裁判员的级别和人数要与赛会的规模、水平相应。全国游泳冠军赛、锦标赛以上的赛事以及奥运会、世锦赛的选拔赛，执行总裁判(至少有 1 名)应为现任的国际级(FINA)裁判，其他各主要岗位裁判应为国家级以上裁判。全国性其他比赛应保证至少有 5 名国家级和 15～30 名一级裁判员担任裁判工作。应选派精通游泳竞赛规则和裁判方法，工作作风正派，不徇私情，坚持原则，能严肃、认真、公正、准确执行任务的裁判员。裁判员不得兼任领队、教练员或工作人员。

7. 编印《秩序册》

《秩序册》是运动会竞赛的基本文件，是大会竞赛工作的重要依据。《秩序册》应在赛前编印好，并分发给各参赛单位和有关部门。

《秩序册》的内容一般包括：封面；目录；竞赛规程及有关补充通知；组织委员会及工作机构人员名单；技术代表及仲裁委员会名单；裁判员名单；各代表队名单；大会日程；竞赛日程；各代表队人数统计表；有关纪录表；比赛场地平面图。

8. 准备比赛场地器材设备

比赛场地确定以后，场地器材处和竞赛处有关人员要认真检查，确保场地、设备符合竞赛规则的要求，并要预先准备好裁判工作所需的器材。游泳比赛的场地应根据比赛的需要进行布置。大型游泳比赛，其场地及场上工作台、椅的布置可参考图 4－32。

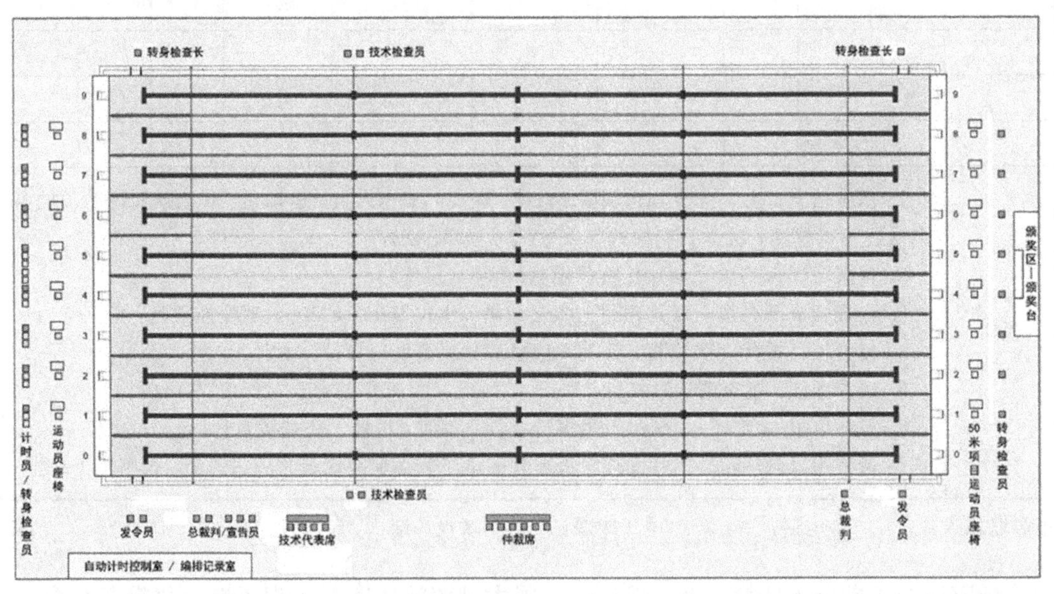

图 4－32

预赛时，参赛运动员的座椅位于计时员(转身检查员)座椅的后面；决赛时，参赛运动员的座椅位于计时员(转身检查员)座椅的前面。

在赛前训练和比赛时都必须配备救生员，尤其对于基层比赛，场地内必须配有救生圈、救生杆和急救板等救生器具，以防意外事故发生。大型比赛的赛前训练还需要安排热身监督员，用以监督运动员赛前热身的安全。

游泳比赛裁判工作所需的器材设备可参考表 4－5，并根据比赛的实际需要来配备。

表 4－5　游泳竞赛裁判工作器材设备清单

序号	器材名称	数量	使用部门	备　注
1	自动计时装置	1 套	自动计时	国际泳联或中国游泳协会认可
2	仰泳转身标志线	2 条	场地	参照规则规定
3	仰泳转身标志线杆	4 根	场地	高 1.80 m 以上
4	召回线	2 条	场地	参照规则规定
5	召回线杆	4 根	场地	高 1.20 m 以上
6	泳道游进警示牌	20 块	场地	冲刺泳道，禁止跳水，循环游进，禁用划手掌、脚蹼、呼吸管等
7	水温测量表	1 个	场地	
8	席签	3 个	场地	技术代表、仲裁委员会、竞赛问题受理台
9	发令台	2 张	发令	泳池两端
10	发令枪	2 把	发令	应急备用
11	子弹	100 发	发令	应急备用
12	发令烟屏	1 个	发令	应急备用
13	数字秒表	32 块	人工计时	精确至 1/100 s
14	报趟牌	8～10 套	转身检查	
15	铃铛	8～10 个	转身检查	
16	终点裁判台	1 个	终点	设终点裁判时用
17	无线对讲机	14 台	有关裁判长	
18	口哨	7 只	总裁判、发令	
19	多功能排插	6 个	自动计时、编排记录	
20	台式电脑	3 台	编排记录	
21	集线器与网络线	1 套	编排记录	建局域网
22	激光打印机	2 台	编排记录	
23	备用炭粉盒	2 个	编排记录	
24	针式打印机	1 台	编排记录	打印证书专用
25	高速复印机	2 台	编排记录	最好带自动分拣装订功能
26	A4 打印纸	2 箱	编排记录	
27	订书机	4 个	编排记录	
28	订书钉	10 盒	编排记录	
29	回形针	10 盒	编排记录	
30	小号凤尾夹	100 个	编排记录	
31	裁纸小刀	2 把	编排记录	

续表

序号	器材名称	数量	使用部门	备　注
32	档案袋	70 个	编排记录	装存档材料、各队证书等
33	信息箱	60 个	编排记录	放各代表队竞赛信息
34	双面胶	10 卷	编排记录 9、检录 1	
35	大白板	3 块	编排记录 2、检录 1	公告栏、检录信息栏
36	白板笔(黑色)	6 支	编排记录 1、检录 5	
37	手提扩音器	2 部	检录	
38	电子挂钟	1 台	检录	
39	衣物框(1～8 号)	4 组×8 个	检录	参赛运动员放置衣物
40	号码贴(1～8 号)	12 套	检录	衣物箱、检录及候赛椅
41	水桶	2 个	检录	涮游泳镜
42	电视显示器	1 个	宣告	
43	分屏器及信号线	1 套	宣告	
44	麦克风	2 个	宣告	
45	音响控制台	1 套	宣告	
46	笔记本电脑	1 台	宣告	音乐播放
47	文件袋	80 个	各裁判组、仲裁	根据裁判人数定
48	笔记本	80 本	各裁判组、仲裁	根据裁判人数定
49	记录笔	80 支	各裁判组、仲裁	根据裁判人数定
50	记录夹板	40 个	各裁判组	
51	双人桌	20	各工作台	
52	单人椅	220 张	裁判员、运动员等	
53	遮阳和防雨器具	若干	裁判员、运动员等	室外比赛时需要

（二）竞赛期间的工作

竞赛期间的工作，包括赛前准备、组织开幕式、组织比赛和组织闭幕式。在基层比赛中，一般不需要开幕式或闭幕式，但应做好充分的赛前准备工作(如裁判员会议及实习)。具体工作如下。

1. 赛前准备

(1) 根据大会报到日期，做好技术代表、仲裁、裁判员、各参赛队及有关人员的报到接待工作。

(2) 召开裁判员动员大会。裁判员报到后，竞赛处应及时召开全体裁判员动员大会，由主办单位领导和承办单位领导进行动员，通报有关情况，提出对裁判工作的要求。而后由技术代表、执行总裁判领导和组织全体裁判员进行学习和实习。

(3) 根据裁判实习的需要，竞赛处应预先与有关单位联系，组织好供裁判员实习的运动员队伍，并保证他们按要求准时到达实习赛场。

（4）竞赛处要预先安排好赛前训练场地，在各代表队报到时即通知到位，以保证赛前训练有序进行，避免各代表队之间发生冲突。

（5）召开组织委员会会议。大会一般在比赛前一天召开组织委员会会议。参加组织委员会会议的人员有主办单位和承办单位的领导、各代表队的领队、技术代表和执行总裁判等。会议的主要内容包括：

① 承办单位致欢迎辞，介绍比赛大会的筹备情况；

② 主办单位对竞赛规程及补充通知做必要的说明；

③ 宣布大会开幕式、闭幕式的有关要求及颁奖办法；

④ 商定有关竞赛的其他问题。

（6）召开技术会议。技术会议一般紧接在组织委员会会议之后召开，由技术代表、执行总裁判、编排记录长、参赛队领队、教练员参加。技术会议一般由技术代表主持，主要内容包括：

① 执行总裁判对执行规则和裁判工作方法及与本次比赛相关的特殊问题进行必要的说明(预先形成文字材料，印发给各代表队)。

② 代表队确认报名信息，交回由领队签名的报名信息汇总表。必要时，编排记录长可就有关报名的情况做说明。报名如有疏漏、错误须当场提出，符合有关规定的准予更正。技术会议后，一般不再受理报名信息的修改。

2. 组织开幕式

开幕式的程序一般为：

（1）承办单位领导致欢迎辞；

（2）主办单位领导致辞；

（3）运动员代表宣誓；

（4）裁判员代表宣誓；

（5）宣布比赛开幕。

3. 组织比赛

按竞赛日程和竞赛秩序组织比赛，及时准确地公布比赛成绩并组织颁奖。在比赛期间，大会各部门应经常与裁判员及各参赛队联系，深入赛场和住地听取意见，不断改进工作，保证比赛顺利进行。

4. 组织闭幕式(颁奖仪式)

闭幕式的程序一般为：

（1）承办单位领导对赛事做简要总结；

（2）主办单位领导讲话；

（3）宣布获奖代表队、运动员、裁判员名单；

（4）执行总裁判宣布比赛成绩；

（5）颁发团体奖；

（6）宣布大会闭幕。

(三) 竞赛后的工作

1. 印制和分发成绩册

比赛结束后，编排记录组应及时整理成绩资料，将有关材料汇总上交主办单位存档，并迅速编制好成绩册交给竞赛处。竞赛处一般应迅速印制成绩册并在离会前分发到各代表队。近年来通常将成绩册的电子版公布在相关网站或信息平台上，由各队自行查询。

2. 离会工作

比赛结束后，承办单位要及时安排并办理好组委会人员、技术代表、仲裁、裁判员、工作人员和各代表队离会的有关事宜。

3. 总结工作

比赛结束后，各部门及组委会要及时做好工作总结，必要时将总结情况及时报告主办单位。

课后习题

1. 简述裁判员岗位职责。
2. 简述裁判临场工作流程。

第四节 水中健身运动

本节主要包括水中健身运动简介与准备工作，水中健身运动的基本练习方法和如何制订水中健身运动训练计划，使读者更多地了解在水中除了游泳之外的运动练习方法。

近年来，人们对个人健康及身材管理越来越重视，健身行业蓬勃发展。水中健身运动也因其独有的魅力逐渐普及开来，并且深受大众喜爱。水中健身运动属于大众游泳中的一部分，是将水域环境特殊的物理特性与运动生理学、运动医学、运动生物力学等理论相结合，指导人们达到促进健康、增强体质、伤病康复、塑造体形和休闲娱乐等目的的锻炼活动。

一、水中健身运动简介及准备工作

(一) 水中健身运动简介

水中健身运动包括水中健身操、水中康复训练、水中体能性训练、水中体适能训练和其他活动等内容。这些水中健身运动多数是基于陆地运动项目与水域环境交互而来。水的浮力可减缓各种力对关节的损耗，起到保护关节的作用。体重基数大的人群更适合在水中活动。水的阻力可以增大身体额外负荷，运动强度远远高于相同频率的陆地运动，能够有效地增强肌肉力量。水的散热力能够加速热量消耗，在接触到低于体温的水介质后，身体需要消耗更多的热量来保持体温，对于呼吸、内分泌、神经及心血管等系统均能起到促进作用。

1. 水中健身活动形式

水中健身操是在1.3～1.6 m深的水域环境中，结合不同人群的需要，伴随各式各样风格的音乐进行肢体动作操化的有氧健身形式。例如，水中舞蹈、水中芭蕾和水中体操等。一节完整的水中健身操通常由陆地热身活动、池边准备活动、水中健身操、水中伸展活动等环节组成。水中健身操种类多样，足以迎合各年龄段、各种身体状况的人群。长期坚持水中健身操运动，能增强摄氧量、肺活量，提升肢体力量及灵活性。水的浮力还大大减少了运动过程中不必要的身体关节损伤。

水中康复训练是充分利用水的自然特性与水中运动的生理生化基础知识对练习对象进行治疗、训练，以达到练习者缩短康复治疗期，尽早恢复生活、劳动能力的一种锻炼方法。通常情况下，水中力量和康复训练可以治疗腰背疼痛、关节炎和其他身体疾病。尤其对于特殊人群，例如小儿麻痹、发展迟缓、肌肉萎缩症甚至一些有心理疾病的患者十分友好且运动康复成效显著。目前，我国已有公司设计研发出术中运动康复训练专用水池或综合训练台。水中康复训练的内容多样，例如，水中的走、跑、跳等活动，游泳，水中器械、水中游戏等。然而水中康复训练的具体训练计划也是极具针对性的，需要在专业人士指导下进行练习。

体能是人体对环境适应过程所表现出来的综合能力。体能包括两个层次：健康体能和竞技运动体能。健康体能以增进健康和提升基本活动能力为目标，竞技运动体能以追求在竞技比赛中创造优异运动成绩所需体能为目标。水中体能训练指的是在水域环境中进行专门性训练来提升力量、耐力、速度、灵敏和柔韧等基本身体素质。世界卫生组织对“体适能”的定义是：身体有足够的精力和体力进行日常事务，而不会有过度疲倦，并且有足够的精力享受休闲活动和有应对突发事件的能力。水中体适能训练则是借助水的物理特性，进行减脂、减重、增强肌肉力量等体质训练。相较于水中体能训练，体适能训练涵盖面更广，它分为健康体适能和技能体适能。在进行水中体能训练时，多采取游泳、水中徒手或持器械的抗阻训练。在进行水中体适能训练时，多采取水中或半水中的健身动作来提升生理和心理上对外界环境的适应能力。

自水中健身运动普及以来，各种水中运动形式得以开发和应用。具有不同运动专项特长的人群开始将自身已有技能与水中运动相交互，试图在水域环境中冲破项目壁垒，追寻更安全有效的训练方式。于是，水中走、跑、跳等不同节奏的肢体动作，水中韵律操，水中瑜伽，水中太极等项目应时而生。这些运动训练形式受众群体广泛。在不同运动负荷的加持下，不但适合老人、幼儿和孕妇等弱势群体进行体质健康提升，还适合青少年和运动员进行竞技体能提升。

2. 国内外水中健身活动开展现状

从古至今，水中的健身娱乐活动都备受欢迎。我国水中娱乐健身活动的雏形可追溯到距今约2300年前。古代皇亲贵胄会建造专门的场地进行水中娱乐健身活动，例如，唐代皇家池苑——太液池。古罗马也很早就存在大型浴场供人们进行洗浴、健身等活动。例如，位于巴斯城中心的卡拉卡拉大浴场，位于德国特里尔的凯撒浴场、芭芭拉浴场等。

国内水中健身活动在全国范围内推广和普及，极大地满足了群众对于水中健身系列运动的需求。但出于场地限制、专业教练员匮乏以及大众认知度较低等原因，水中健身活动开展受限。2001年，国家体育总局游泳运动管理中心开始每年举办1～2期水中健身教练员培训班，水中健身教练员的队伍趋于壮大和专业化，大大地改善了国内水中健身活动开展现状。受过专业培训的教练员通过多种途径向大众普及水中健身活动的特点与长处。我国多所高校也开展了水中健身运动课程，让学生在提升体质的同时化身为水中健身活动的发扬者、宣传者和实践者。将自己喜欢的陆地与水域环境交互，在丰富练习方法、社交娱乐的同时达到更好的健身效果。

20世纪，水中康复、健身和训练技术已经在欧洲迅速发展起来。人们发现水中运动的效果和肢体安全性远远高于陆地运动，但是水中运动也具有一定的危险性。因此，水中运动健身教练以及水中康复训练师等职业应运而生。据统计，美国全国的水中健身行业从业人数已经超过18 000人，约有600万美国人定期从事水中健身活动。在日本、德国等地，水中健身运动也备受关注并针对不同层面受众群体衍生出许多训练形式，例如，水中健身操、水中体操、水中瑜伽等。除了划水掌、浮力棒等辅助器械，还有相关机构开发出了水中综合训练平台。

水中健身运动有着十分可观的发展前景，如能充分了解水域环境特性，把握水中健身运动规律，打破场地限制，探索水中训练途径，加大水中健身运动的宣传力度，水中健身运动定能为更多人的身体健康及经济水平服务。

（二）水中健身运动的准备工作

水域环境不同于陆地环境，在进行水中健身运动前首先需要了解水环境的特殊性，树立风险意识，学习在水环境中的安全常识，学会自救与互救。

1. 场地安全及注意事项

水中健身场所的日常维护可成立专门的日常维护小组。重点检查场地安全防护制度、救生设施配备、救助人员配备、水质安全等内容，并逐一检查游泳场所的救生员人数和在岗情况、证照上墙、水质净化剂使用和安全存放等情况。

2. 水中运动注意事项

充分了解自己的身体状况，确保身体状态良好。进行水中运动时不宜单独进行，尤其是初次接触水中健身活动的人，应尽可能地通过各种方式手段明确水的高度，完成熟悉水性等基础练习。

为了避免在水中发生意外，要做好充分的热身运动，不宜突然下水。如果出现不适，要及时休息。

3. 装备配置

基本装备有泳装、泳帽等。如需完成速度、力量或柔韧等专项练习，还会用到补充装备，例如，浮板、健身棒、杠铃等。及时检查装备配置是否齐全、质量是否过关，也是前期准备工作的重要环节。

4. 调整心理状态

重视参与前做好在陌生环境运动的心理建设。通过准备活动进行充分的热身准备，选择合适的运动负荷，采用循序渐进的方法参与到水中健身的圈子。对于老、弱、病、残、孕等弱势群体，在参加水中健身运动之前应详细地检查身体，听从医生或其他专业人士建议的运动强度进行训练。最好身边有熟悉水性的朋友或家人陪同。

在进行水中训练之前，应采取多种方式充分热身，以减轻肌体在低温散热环境中产生的应激反应。训练过后，应采取放松与拉伸活动，减轻肌肉疲劳感，缓解心肺收缩紧张程度，增强身体柔韧性。

二、水中健身运动的基本练习方法

根据美国运动医学会和美国心脏协会的建议，成年人应该进行至少 30 min 的中等强度有氧运动。每周运动 5 天或进行 3 天的剧烈活动。然而，每周进行两次、每次 50 min 的水中有氧运动，为期 12 周，有助于提高爆发力，尤其是上肢的爆发力。此外，它还能减少体内脂肪量和收缩压。在现实生活中，自发性的水中健身运动通常是在低强度负荷下进行的。因此，专业人士和研究人员的介入显得愈发重要。水中训练应按一定规律进行，并以足够的强度来优化刺激，尤其是力量训练。为了更好地确定所实施的练习方法的效果，并优化这种体育活动的效益，应该进一步进行具有生态效度的高质量研究。

（一）水中有氧运动练习

水中健美操、韵律操舞蹈等体育活动可以促进心肺健康。从输出结果来看，水中健美操、韵律操舞蹈的前测、后测结果对心肺健康有显著影响。根据测试数据显示，水中有氧舞蹈比其他水中有氧运动能够更加有效地促进心肺健康。

水中健美操通常在 1.3～1.6 m 深的水中搭配节奏感强的音乐进行，水越深，难度越大。水中有氧练习方式见表 4-6。

表 4-6　水中有氧练习方式

动作名称	动作方法	技术要点
水中多方位吸腿踏步	原地左右脚交替做踏步动作后过渡到移动踏步及转体踏步	核心收紧，抬腿时大腿与身体垂直，胯微收，动作速度适中。落地时，由脚尖过渡到脚跟着地，两臂自然前后摆动
水中走步、一字步、V字步等	一脚迈出，另一脚随之迈出呈一条线	两脚距离略比肩宽，两膝自然弯曲。步伐均匀
水中迈步：并步、迈步点地、迈步屈腿、迈步吸腿、迈步弹腿、侧交叉步	一脚迈出，另一脚跟步向前做点地、吸腿、弹腿等动作	随着动作调整身体重心变化。增强专注力，保持身体平衡
水中起跳：迈步跳，双脚跳，单腿跳	屈膝起跳，做出开合跳或单脚吸腿跳等动作	注意起跳高度，尽量保证动作质量，落地注意保持平衡
水中拧转，侧展	双脚开立与肩同宽，腰部做出拧转、侧展等动作	保持身体中轴线位置不变，做对称动作。双脚踩实地面
水中上肢动作：左右划水，前后摆臂，上举下按	双手五指并拢，向不同方向划水，掌心朝向划水方向	划水时，手腕绷紧，双手不露出水面。收紧核心

使用水中运动辅助器械进行有氧运动练习也能很好地达到练习效果。接下来介绍几个使用辅助器械进行练习的动作。

(1) 从水上行走开始。在大约腰部高的水中，穿过游泳池摆动手臂，就像在陆地上行走时一样。避免踮起脚尖走路，保持背部挺直。收紧腹部肌肉，避免向前或向侧面倾斜太远(图 4－33)。

图 4－33

(2) 水中行走练习熟练后，可以尝试深水行走或慢跑，还可以尝试使用手网及泡沫条增大阻力进行练习(图 4－34)。

图 4－34

(3) 使用手蹼进行手臂练习。戴着手蹼，站在齐腰高的水中，双臂向下，手掌朝前，肘部靠近身体。将前臂抬高到水面，保持肘部靠近身体，手腕伸直。然后切换方向，把手向下推，直到双臂再次伸直(图 4－35)。每组重复 12～15 次。

图 4－35

（4）使用哑铃进行上肢练习。从双臂放在两侧开始，握住哑铃，手掌朝上。将前臂抬高到水面，保持肘部靠近身体，手腕伸直。然后将哑铃翻过来，使手掌朝向池底。把手往下推，直到胳膊再次伸直(图 4－36)。每组重复 12～15 次。

图 4－36

（5）使用浮板进行阻力练习。双腿开立，收紧腹部。伸出右臂，将浮板固定在两端。保持左肘靠近身体，将浮板向身体中心移动(图 4－37)。回到起始位置，重复 12～15 次。然后伸出左臂，在另一侧重复锻炼。

图 4－37

（6）使用泡沫条进行腿部练习。将泡沫条绑在脚或水鞋上，背靠池侧站在齐腰高的水中，将手臂放在池边以保持稳定。伸直右腿，然后将膝盖弯曲到大约 90°的位置(图 4－38)。回到起始位置，重复 12～15 次。然后用另一条腿重复。

图 4－38

（二）水中肌肉力量运动练习

在水中进行肌肉力量训练实际上比在陆地上进行重金属练习更有效，其在增强肌肉力量和耐力的同时还提升核心稳定性和平衡性，减少肌肉酸痛，降低关节损耗。水上训练也被认为是最有效的交叉训练之一，其最重要的原因之一就是水的浮力特性对关节的影响。在水中做一些传统的力量练习和动作也可以大大改善髋部、脊柱和肩膀的关节灵活性。以下为一些水中肌肉力量练习的动作，可以用来参考。

（1）水中推板练习。通过推板两侧的手柄握把握住推板，将推板浸入水中，使推板的平面与身体平行，弯曲膝盖，支撑核心肌群，然后开始用快速有力地将推板在水中推拉(图 4－39)。

（2）带推桶的跳跃深蹲练习。抓住推桶，通过其两个手柄握把，将它放在躯干前面，伸出手臂，肘部略微弯曲。吸气，然后跳跃并将头部浸入水下，进入蹲姿，保持手臂伸直。抓住推桶起身时与水的阻力相抗衡(图 4－40)。

图 4－39

图 4－40

（3）壶铃摆动练习。双脚分开与肩同宽，膝盖略微弯曲；将壶铃通过腿部中间进行摆动，然后将其向前驱动并将其举过头顶来进行传统的壶铃摆动(图 4－41)。

（4）旋转推板练习。双脚分开，宽度超过肩宽，膝盖略微弯曲；将手臂直接伸到身体前方，浸入推板；将推板从一边来回平移到另一边(图 4－42)。

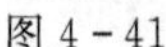

图 4－41

图 4－42

（三）水中柔韧与拉伸运动练习

水中柔韧与拉伸练习能够起到放松身心，增强肌力、肌耐力和心肺功能的作用。水中瑜伽对于水中身体柔韧与拉伸具有很好的练习效果。水中瑜伽可以在保证动作质量的前提下一定程度上缓解陆地瑜伽体位中筋腱拉伸的酸痛感。

(1) 水中天鹅式。两脚并拢，在水中呈站立的姿势，初学者可以扶着池边随后展开双臂维持平衡，左手叉腰，头是在水上的，吸气，右手勾住大脚趾，在呼气时慢慢向前伸直，向侧面打开，保持四肢伸直和身体的平衡，再换另一边做这个动作(图 4-43)。

(2) 水中滑翔式。站在水中，两腿弯曲并拢，挺直腰背，吸气，两手放在膝盖窝，呼气，抬脚小腿平行，脚尖绷起，吸气，双臂侧平举，呼气，还原动作(图 4-44)。

图 4-43

图 4-44

(3) 水中祁阳式。双腿与肩同宽，站立于水中，吸气双手合十缓缓向上伸展，保持 2 min左右，呼气，再放回原来的位置。

三、水中健身运动如何制订练习计划

训练计划是对未来完成有目的性的训练过程预先做出的理论依据。在进行水中健身运动前也需要学会制订练习计划。

（一）身体健康诊断

在制订练习计划前，首先要对自身的体质健康程度进行量化判断，从而有针对性地调整运动练习计划。SRHMS 为自评量表，用于 14 岁以上各类人群(尤其是普通人群)的健康测量，它从定量化的角度，较为直观、全面、准确地反映了个体的健康状况，且易于管理和操作(Suchman，1958)。因此，我们采用 SRHMS 量表的生理健康子量表对自身的体质健康程度进行判断。

SRHMS 量表的生理健康子量表由 18 个问题组成，每个问题下面有一个划分为 10 个刻度的标尺，测评时根据自己认为适当的程度逐条进行打分(0 至 10 程度依次增强)，具体见表 4-7。

表 4－7

序号	问 题	评 分 规 则
1	您的视力怎么样？	非常差 0～10 非常好
2	您的听力怎么样？	非常差 0 10 非常好
3	您的食欲怎么样？	非常差 0～10 非常好
4	您的胃肠部经常不适(如腹胀、拉肚子、便秘等)吗？	一直有 0～10 从来没有
5	您容易感到累吗？	非常容易 0～10 非常不容易
6	您的睡眠怎么样？	非常差 0～10 非常好
7	您的身体有不同程度的疼痛吗？	非常疼痛 0～10 根本不疼痛
8	您自己穿衣服有困难吗？	根本不能 0～10 无任何困难
9	您自己梳理有困难吗？	根本不能 0～10 无任何困难
10	您承担日常的家务劳动有困难吗？	根本不能 0～10 无任何困难
11	您能独自上街购买一般物品吗？	根本不能 0～10 无任何困难
12	您自己吃饭有困难吗？	根本不能 0～10 无任何困难
13	您弯腰、屈膝有困难吗？	根本不能 0～10 无任何困难
14	您上下楼梯(至少 1 层楼梯)有困难吗？	根本不能 0～10 无任何困难
15	您步行半里路①有困难吗？	根本不能 0～10 无任何困难
16	您步行 3 里路有困难吗？	根本不能 0～10 无任何困难
17	您参加能量消耗较大的活动(如剧烈的体育锻炼、田间体力劳动、搬重物移动等)有困难吗？	根本不能 0～10 无任何困难
18	与您的同龄人相比，从总体上说，您认为自己的身体健康状况如何？	非常差 0～10 非常好

评分标准：将每题所得分数相加，得分高于 120 分说明健康程度良好，可以进行持续时间在 45 min 以上的中等强度的水中有氧健身练习。得分在 60～120 分说明健康程度为中等，可以进行持续时间为 30 min 以下的中低强度水中健身训练，练习中可根据需要稍加休息。得分在 60 分以下的说明健康程度较低，需选择低强度的练习，逐渐增强体质。

（二）机能体能水平测定

适度的训练强度会对身体健康及柔韧性产生有益的影响，但需考虑不同个体在给定运动强度下对运动生理反应的个体间差异。在运动训练中，经常使用主观运动强度(RPE)测定表来判断运动强度，其定义在进行运动训练期间，运动者对于吃力、紧张、不适或疲劳程度的主观感受。有研究表明，在水中训练过程中，RPE 量表评分和峰值摄氧量之间存在显著关系，因此我们可以使用 RPE 量表来对运动者的机能体能水平进行测定，作为机体疲劳监测指标，从而辅助制订及动态调整练习计划。主观运动强度(RPE)测定表见表 4－8。

① 1 里＝500 m。

表 4-8

<table>
<tr><th>等级</th><th>主观运动感觉</th><th>运动强度分类</th><th>最大心率百分比(参考)</th></tr>
<tr><td>6</td><td>安静，不费力</td><td>静息</td><td>—</td></tr>
<tr><td>7</td><td rowspan="2">极其轻松</td><td rowspan="3">非常低</td><td rowspan="3"><50</td></tr>
<tr><td>8</td></tr>
<tr><td>9</td><td>很轻松</td></tr>
<tr><td>10</td><td rowspan="2">轻松</td><td rowspan="2">低强度</td><td rowspan="2">~63</td></tr>
<tr><td>11</td></tr>
<tr><td>12</td><td rowspan="2">有点吃力</td><td rowspan="2">中等强度</td><td rowspan="2">~76</td></tr>
<tr><td>13</td></tr>
<tr><td>14</td><td rowspan="3">吃力</td><td rowspan="3">高强度</td><td rowspan="3">~93</td></tr>
<tr><td>15</td></tr>
<tr><td>16</td></tr>
<tr><td>17</td><td rowspan="2">非常吃力</td><td rowspan="3">超高强度</td><td rowspan="3">≥94</td></tr>
<tr><td>18</td></tr>
<tr><td>19</td><td>极其吃力</td></tr>
<tr><td>20</td><td>精疲力竭</td><td>最高强度</td><td>100</td></tr>
</table>

建议经常参加运动锻炼的人群保持等级在 12~15 级之间，中老年人运动感觉以 11~13 级为参考等级。

(三) 制订练习计划

当通过身体健康诊断和体能水平测定后，就需要根据评估结果制订详细的练习计划。在制订练习计划时首先要设定练习周期。从时间上看，练习周期包含年度训练计划、训练月计划、训练周计划和训练日计划。由于体质变化的灵活性和不确定性，通常建议首先制订训练月计划、训练周计划和训练日计划。在制订练习计划前，结合练习目标，还需要考虑以下几个影响因素：饮食营养配比，运动时注意事项，运动前热身，运动时间控制，运动后的拉伸与放松，充足的休息时间，运动中的循序渐进原则，良好心理的心理状态以及调节性辅助运动。

在完成每个周期的练习计划后，需要定时检测训练效果，根据检测结果随时调整练习计划。

课后习题

1. 简述水中健身运动的基本概念与分类。
2. 试一试为初次参加水中健身运动的人制订一份练习计划。

第五节 水中康复练习

自古以来人们都会利用泉水、沐浴和池水等缓解身体疼痛，但一直未作为一种常规的治疗手段，其以浸泡、喷淋等被动治疗为主，并且对于这种缓解、镇痛的方法未做命名。直到20世纪末，“水中康复”一词正式出现，此时人们才开始利用水环境以“浸入水”的方式来进行一系列恢复身体功能及生理活动的治疗，同时对参与者心理转化产生影响，这揭示了水中康复迈入新的阶段。

目前水中康复治疗已经作为一种基于循证医学的常用物理治疗手段得到广泛运用。有别于早期方法，现阶段水中康复通常由受过专业培训的物理治疗师，在恒温水池中充分利用水的自然特性并结合水中运动的生理、生化基础知识对参与者进行有针对性的治疗、训练，以达到缩短康复治疗周期，尽早恢复或提高生活、劳动、运动等能力等目的。水中康复是一种水中锻炼方法，同时也是一种可以让参与者在水中感受到安全感、有趣、有尊严的治疗方式。由于水中康复是在特殊介质——水中进行的，其运动场景、训练方法、器材使用、适宜疾病等多个方面都有别于陆地上的康复训练。

本节根据水中康复的基本原理并结合适宜进行水中康复的相关疾病，对水中康复练习进行解析。通过本节内容的学习，读者将初步了解和基本掌握水中康复治疗技术的基本原理、适宜病症、训练方法等相关知识。

一、水中康复的主要目的

充分了解水中康复的主要目的是更好地开展水中康复。在实际操作过程中，一切的康复练习都要围绕主要目的进行。

水中康复的主要目的包括：

(1) 提升或维持参与者的机体功能。

(2) 提升或维持参与者的有氧代谢能力和耐受度。

(3) 提升或维持参与者的平衡性、协调性和敏捷性。

(4) 提升或维持参与者的身体机能和姿势稳定性。

(5) 提升或维持参与者的柔韧性和关节活动度。

(6) 提升或维持参与者的步态与运动能力。

(7) 提升或维持参与者的肌肉强度、力量和耐受力。

(8) 使参与者全身放松、缓解肌肉痉挛和减轻疼痛。

二、水中康复的适应证和禁忌证

水中康复治疗作为一种运动康复的有效手段，近年来受到业内人士的广泛关注，并且在医疗康复和运动康复中都有良好的表现。但并非所有的病症都适合采用水中康复，所以在进行水中康复前根据病症判断对方是否适宜水中康复，也是至关重要的一个步骤，不可或缺。

(一) 水中康复的适应证

(1) 骨骼肌肉系统疾病：骨损伤、脊柱侧弯、慢性疼痛、扭伤和拉伤、腰肌劳损、腰椎间盘突出症、肌腱炎、滑囊炎、肌营养不良等。

（2）关节疾病：关节炎、特发性关节疼痛、骨关节炎、风湿性关节炎等。

（3）骨科手术后康复：关节镜术后康复、关节重建术后康复、关节置换术后康复等。

（4）神经肌肉系统疾病：中风后肢体功能障碍、脑瘫、平衡失调、帕金森病、多发性硬化、脊髓损伤、创伤性脑损伤、肌萎缩性侧索硬化症等。

（5）精神心理障碍：自闭症、抑郁症、焦虑症、睡眠障碍、应激状态等。

（6）老年科：预防跌倒、慢性疼痛。

（7）心肺系统疾病康复。

（8）儿童康复治疗与成长发育促进。

（9）运动康复与训练。

（10）产后康复。

以上病症为水中康复常见病症，需要注意的是，会游泳并不是接受水中康复的先决条件。但水中康复治疗必须在接受过专业训练的物理治疗师的指导和保护下进行，并且需要根据参与者与病症的实际情况制订科学的康复计划，包括对水深度的把握和对水温的调节等。在必要的情况下，参与者可以穿戴浮漂设备进行康复练习。但是，患有恐水症的患者不推荐进行水中康复治疗。

（二）水中康复的禁忌证

1. 绝对禁忌证

（1）有癫痫病史或近期有癫痫病发作的频发严重癫痫病。

（2）身体存在开放性伤口。

（3）重要脏器功能存在严重障碍。

（4）患有皮肤及严重呼吸道传染性疾病。

2. 相对禁忌证

（1）血压过高或过低。

（2）大小便失禁者。

虽然水中康复适应于绝大部分病症，但存在以上绝对禁忌证的参与者不适合进行水中康复。存在以上相对禁忌证的参与者可根据实际情况进行水中康复的计划安排及实施，但在康复练习过程中需要物理治疗师对其进行重点关注及时沟通，以避免意外的发生。所以在进行水中康复前，对参与者的身体情况及其既往病史进行深入了解就显得尤为重要。

三、水的特性在水中康复治疗中的重要作用

水中康复治疗最重要的就是充分利用水的自然特性和天然属性，因为水良好的自然特性可以在很大程度上缓解损伤部位的疼痛程度，并且人体在水中时会处于失重状态，身体各个部位以及关节所承受的压力和负荷相较于处于陆地时会大大减轻，水的不稳定性会提高人体的激活反应。因为在水中不存在跌倒风险，同时参与者的思考时间与反应时间相较陆地上更长，活动的趣味性也相对变得更高，可以使参与者持续保持较高的活跃度。同时配合科学、合理的训练方案，可以帮助练习对象早日恢复生活、运动能力。

1. 浮力

由于水的浮力特点，水中康复运动不会像其他陆地运动一样对下肢关节产生较大压力，更适合一些年老以及在疾病或受伤早期不能保持直立体位的已经有损伤人群。当参与者浸入水中达到颈部时，仅8%的体重落在他们的双脚。水的浮力能够减轻参与者的体重负担，帮助参与者更加轻松地进行移动，并且有效地减轻移动时所产生的疼痛感。在浮力作用下，体重对于参与者关节的压力也会减少，关节活动范围随之增大。

2. 阻力

水的阻力是空气的600～700倍，因此参与者在水中参与康复练习可以比在陆地上更加有效地增强肌肉的力量。

3. 静水压力

静水压力有一定的临床意义，它可以压迫胸部、腹部，使呼吸有某种困难的感觉，使参与者不得不用力呼吸作为代偿，从而加强呼吸运动；静水压力还作用于血液循环，提高心血管系统的工作效率。通过压迫体表血管和淋巴管，体液回流量增加，引起体内的液体再分配，并减轻四肢肿胀的现象。同时静水压力能够促进参与者的感觉输出，提高本体感受，增强参与者对于身体位置的控制力和调节能力以及协调性。

4. 涡流

水的涡流是水在受到扰动时所产生的随机运动，这种运动对于患处有按摩和减轻疼痛的作用。涡流这一特性还能够为治疗提供不同级别的阻力，根据伯努利原理，水流速度加快，压力也会相应减小。

5. 温度

对于紧张酸痛的肌肉，温水能够加强患处的血供，帮助参与者放松。水中康复治疗中，水温通常会控制在30 ℃～33 ℃，这样适宜的温度能够有效地减轻神经损伤造成的肌肉痉挛，对于运动后的乳酸堆积也是一种较好的放松活动，可以减少疼痛发生，减轻疼痛程度。

四、水中康复的相关准备

因为水中康复的参与者大多是患病或身体功能受限人群，所以治疗师需要在整个康复治疗过程中做好相应的准备工作，以避免对参与者造成伤害或使其产生不适感。

（一）前期调查评估

前期调查评估的主要内容包括：

（1）参与者基本情况。

（2）参与者疾病诊断和相关评定。

（3）参与者并发症情况。

（4）参与者心肺功能评定。

（5）参与者运动功能评定。

（6）参与者感觉功能评定。

（7）参与者皮肤是否有损伤。

（8）参与者是否有传染病。

(9) 参与者是否大小便失禁。

在进行水中康复治疗前，治疗师需要严格按照以上内容一一对参与者进行详细调查询问并做评估，在确认参与者目前状况适合进行水中康复后方可进行下一步工作。

(二) 治疗师工作流程

(1) 事先检查好水温、室温、室内换气情况和水中游离氯含量。

(2) 准备合适于参与者使用的器具。

(3) 了解参与者是否初次入水、是否恐水、是否具备游泳能力。

(4) 确保参与者与就餐时间相隔足够 1～2 h。

(5) 入水前让参与者排空大小便。

(6) 对于肺活量在 1500 mL 以下的参与者，康复活动不宜在深水中进行。

(7) 对不能自主入水的参与者设计好入水与出水方法，以便于处理紧急情况时及时救助。

(8) 让参与者入水前、后进行淋浴，以保持池水清洁。

(9) 根据参与者情况决定是否佩戴耳塞、鼻夹等辅助器具。

治疗师作为整个康复工作中的主要负责人，需要严格按照以上工作流程进行操作，因进行水中康复的参与者年龄跨度大、涉及病症广，对于环境、安全等多个方面需更为严谨地对待。

五、水中康复技术及方法

(一) 水中康复技术

1. Halliwick 技术

Halliwick 技术是一种用来教授所有人，尤其是那些有运动功能或学习能力障碍的残疾人，使人学会水中活动并且达到最终能够在水中独立运动及游泳的技术体系及治疗理念。现代 Halliwick 技术主要由两大系统组成，即十点程序和水中特殊疗法，也可称之为 Halliwick 基础课程和高级课程。

治疗师通过分析参与者的恢复潜能和限制条件来运用十点程序或水中特殊疗法帮助参与者获得稳定的姿势控制，提高功能和独立性。十点程序主要用于教授游泳技能，水中特殊疗法由前者拓展而来，侧重于治疗身体结构缺陷和功能障碍。两者间无严格界限，在应用时互为补充。很多参与者，特别是之前不会游泳的参与者在初次入水时都会非常紧张，利用十点程序中的心理调适能够很快让参与者的身心得到放松，利用平衡控制训练能够使参与者在水中很快地获得独立，从而在水中更加安全，并获得自信。

Halliwick 技术具有扎实的理论基础和丰富的实践技术，并能很好地与《国际功能、残疾和健康分类》关联。其作为重要的水中运动疗法技术，对水中康复影响深远。至今，Halliwick 技术已形成一系列独特的分析、评定、治疗、记录及回顾流程，被广泛应用于儿童康复、神经康复及骨科康复等领域。相关临床研究显示，Halliwick 技术所提倡的趣味性水中活动对参与者躯体功能、精神状态、人格形成、娱乐休闲及社会交往等多方面的学习及康复训练有正向的促进作用。

2. 拉格斯环技术

拉格斯环(BRRM)是一种用于水中康复和促进感觉、神经、肌肉(PNF)体系的技术。拉格斯环最初由瑞士拉格斯地区的物理治疗师研究开发，是一种使用水的物理特性，加强和调动水中浮力与阻力，并结合人体运动的治疗方法。拉格斯环中的“环”是指一种相对独特的辅助器械，被用于支持参与者在水上漂浮与活动。拉格斯环结合水疗的早期技术，由德国医生 Knupfer 在 20 世纪 30 年代开发，又由美国神经生理学家赫尔曼·卡巴特(Herman·Kabat)和他的助手在 20 世纪的 50 年代和 60 年代融入其开发的 PNF 技术。该方法使用水的各种属性进行治疗介入，尤其是浮力、湍流和阻力，以恢复关节和肌肉中的功能性障碍，也结合了解剖学、生物学和运动科学。拉格斯环提供了颈部、骨盆、手臂和腿部的额外浮力，以提供更稳定的支撑，便于参与者在水中维持仰卧姿势。而康复师站立在水池中，髋关节和膝关节略屈，并对参与者进行具体的动作练习指导。这种技法的重点在于增加关节活动度，增强神经及肌组织的敏感性，并改善肌肉功能。

3. Clinical Ai Chi 技术

Clinical Ai Chi 是一种依靠在水中的放松与舒展来加强康复效果的疗法，它于 1993 年作为一个练习初现于日本横滨的水中动力研究所，后来逐渐演变为一种严肃而科学的独立疗法。Clinical Ai Chi 的操作需要站立于与肩同深的水中，并由水中康复师对参与者进行单独指导。最初，Clinical Ai Chi 十分专注于深呼吸的运用，这种对于呼吸技术的关注也在其后续发展中得以保留。在 Clinical Ai Chi 的操作过程中，呼吸技术通常搭配着轻柔的动作，运动缓慢而延续。恰恰因为这种平和，Clinical Ai Chi 也更容易让参与者产生良好的心理感受。

Clinical Ai Chi 技术融合了运动娱乐、休闲、健身和身体康复等多种元素，相对于其他手段来说，Clinical Ai Chi 拥有更好的灵活性。从本质上讲，Clinical Ai Chi 是使用水中的呼吸技巧和阻力训练来进行水中康复，同时还在其中加入了放松、冥想与太极拳的元素。Clinical Ai Chi 不仅可以训练参与者的姿势控制，还可以训练参与者的呼吸控制，使患者的呼吸变得更有节律、更加平缓。同时，应用 Clinical Ai Chi 技术还可以进行预防老年人跌倒的训练。大量研究表明，在水环境中进行姿势训练对于有平衡、稳定、协调障碍的老人有积极作用。

4. Aqua - T - Relax 技术

Aqua - T - Relax 技术被称为水中放松技术，该技术要求患者在热水中保持放松，并通过节律性的轻柔摇摆动作，结合重复的躯干旋转和躯干牵伸动作，帮助参与者降低肌张力，提高关节活动度。浸入水中放松对人的身心活动有明显影响，在训练中参与者的心率和呼吸频率都会下降，同时呼吸深度增加，肌张力降低。其原理在矿物质研究领域和 REST(限制环境刺激疗法)相关出版物中都有详细介绍。这项技术包括了对肌肉、脊柱以及外周神经的动态牵伸，其作用原理曾在 Melzack 于 1999 年提出的神经母细胞框架中提及。

(二) 水中康复方法

水中康复目前在我国的普及程度不高，在医疗康复领域和运动员康复领域都处于起步阶段。但水中康复在国外经过多年的发展，已经根据不同病症的需求发展出了相应的技术和方法。因水中康复涉及病症较为广泛，使用的器材种类繁多，无法一一列举，本小节针对常见的康复方法及器械进行着重介绍。

1. 水中步行练习

在水中进行步行练习，对于在陆地上进行步行练习有一定难度的参与者尤为合适，如下肢肌肉力量较弱者、骨关节病患者、下肢骨折康复期的患者等。

需要用到的器械有浮板、救生圈、弹力带。

2. 水中平衡性练习

参与者站立于水中，水深以参与者能够站立稳定为准，康复师通过改变水流或向参与者推水，破坏在水中进行站立、行走等练习的参与者的平衡，让参与者通过自身的努力保持新的平衡。

需要用到的器械有水中平衡杆。

3. 水中协调性练习

该练习通过让参与者学习和掌握游泳技术，以达到训练参与者协调性的目的。如自由泳配合、蛙泳配合。

需要用到的器械有浮板、背漂。

4. 手臂练习

参与者站立于水中，水深以参与者能够站立稳定为准，双腿开立半蹲，肩部以下沉于水中，双手在水中向前做推水动作。

需要用到的器械有蛙手套。

5. 肘关节及盂肱关节练习

参与者直立于齐肩的水中，做上肢的屈、伸、内收、外展、内旋、外旋等动作。速度与动作幅度视个体情况而定。

需要用到的器械有水中哑铃、弹力带。

6. 肩部练习

参与者站立于水中，水深以参与者能够站立稳定为准，双腿开立半蹲，肩部以下沉于水中，双臂在水中做侧平举、前平举动作。

需要用到的器械有水中哑铃。

7. 髋关节练习

参与者以仰卧位平躺于水中，康复师握住患者足后跟外侧，令患者双足跟向下外方用力蹬腿。当患者在水中向治疗师靠近时，躯干后仰，做髋关节屈伸训练。

需要用到的器械有水中漂浮腰带、水中漂浮棒。

8. 深水区域练习

深水区域的练习主要针对脊柱损伤及髋部以下关节损伤者进行。参与者在深水区域借助浮具使头部浮于水面之上，以保证顺畅呼吸。下肢离地，在水中做跑步动作。下肢的蹬伸动作均与陆地运动时相仿，一腿前抬迈步，一腿向后蹬伸，交替进行。

需要用到的器械有水中漂浮腰带、救生圈。

9. 水中专项模仿练习

现在的水中康复绝不只是简单的浸泡、减轻重力、抗阻训练，适应者也远不止骨科术后患者，同样适用于因伤病无法进行正常训练的各项目运动员。在确保不加重病情的前提下，合理进行水中专项模仿练习不仅可以使有关专项神经肌肉活动类型得以保持，而且与专项有关的运动素质也可以得到维持。如在水中模仿跨栏步技术、水中模仿网球挥拍技术等。由于水中的阻力作用，动作速度减慢，感觉反应的时间会相应延长，会使动作反馈更加充分，神经对肌肉及动作的控制更加稳定，可以保证在受损关节冲击力减弱的情况下，对机体进行良好的恢复和保持。

课后习题

1. 水中康复的主要适用人群有哪些？
2. 水中康复的特点及优势是什么？
3. 如何根据参与者个人情况选择池水深度？
4. 以加强呼吸功能为主要目的的参与者需要没入水中的身体部位有哪些？
5. 根据个人运动专项设计一个水中专项模仿动作练习。

第六节　游泳科研相关理论与方法

本节内容主要包括游泳科学研究的主要程序、游泳科研常用研究方法、如何撰写游泳科研论文三个部分。通过学习本章，读者能对游泳科研有一个整体认识，为日后从事科研工作打下基础。

一、游泳科学研究的主要程序

游泳科学研究程序一般如下：

(一) 选题(确定研究问题和对象)

选题是进行科学研究的第一步，是科学研究的起点，对整个科学研究进程起启动、制约的作用。游泳科研题目一般可以通过查阅文献、在训练中体会、教师指导或个人兴趣关注中获取。选题的基本程序为发现问题并提出问题、筛选问题并提出初步设想(形成科学假说)、假说验证(课题设想的初步验证)、形成较为严谨的课题研究方案、课题论证、课题确定六个环节。

(二) 查阅有关文献资料

查阅资料时，阅读相关领域的书籍，在此基础上阅读专题文献。阅读文献时应做好笔记，及时整理。资料的查阅和整理收集是科研工作者最基本的工作之一，通过积累和掌握资料，将直接影响科学研究工作的进展。应多查阅资料，多了解科研动态，在其中发现问题并提出问题，了解自己所要研究课题的现状和当前的问题。尽可能多掌握资料，了解更多，考虑得就会更加全面，从而明确研究方向。对各种有关资料进行深入分析，再加上自己的研究，才会有新发现。还可以查阅国内外运动专业刊物，如游泳专著、游泳季刊、各体育院校学报、科学情报机关按科学门类或技术项目编写的各种期刊论文索引、文摘、专集，以及国内外可提供的游泳情报信息网站。另一方面，自己每年教学工作总结、针对运动员的成绩记录和分析也是极为有用的资料。

（三）提出科学假设

在确定研究题目后，通过深入的思考、分析、推理，对未知的现象做出假定的说明或推理性的说明。提出假设是认识事物发展过程中的主要环节，是反映客观规律、建立新的科学理论的重要途径。科学问题的假设产生和形成需要一段过程，假设是认识问题的初级阶段，主要依据来源于文献资料。在对问题提出多种大胆假设之后，就必须根据现有资料对假设进行严格的推理和求证，从而得到较为合理的解决办法。根据体育科学研究方法，一般将从问题的产生到假设的形成过程分为产生怀疑—问题提出—做出假设三个阶段。

（四）制订研究计划，确定研究方法

科学研究计划是使科研工作有条不紊地进行的依据，当选定了科研题目后，就应制订科研工作计划。制订科研工作计划时要周密、细致地考虑各个方面的问题，一旦完成后不宜随便改动。科学研究中，正确的方法确保研究过程获取正确、可靠的资料，有了周密详细的研究计划，才能确保体育科学研究有目的、有组织、有计划、高效地进行。

一般的科学研究计划应包括以下几个方面：

（1）题目名称；

（2）选题依据；

（3）研究目的或任务；

（4）研究的对象与范围；

（5）研究方法；

（6）工作日程；

（7）经费预算。

（五）按计划进行科研工作

完成以上工作后，应按照计划进行观察、测量、调查研究或实验，搜集和整理数据资料。此阶段的工作比较烦琐、乏味，也是研究工作中最困难的环节，需要科研工作者仔细认真地完成。

（六）分析资料和数据，得出结论和提出建议

通过对研究对象的研究，将研究资料进行整理归类，对获得的数据进行处理，对材料和结果进行分析，最后得出结论与提出建议。

（七）撰写论文

前期的研究工作完成了，最后的工作就是撰写论文。论文是研究工作中最重要、最能直观表达科学研究成果的方式，是科学研究工作的书面表达形式，也是对科学研究工作的书面总结。

二、游泳科研常用研究方法

（一）文献研究法

1. 文献资料法的意义与作用

文献资料法是指通过阅读大量相关文献，将文献中的各种观点加以整合，最后形成自己的观点。文献研究法一般是在确定科研题目之后，进行大量阅读，为后续写作奠定基础。文献资料法是科学研究中必须使用的方法。用于文献研究的论文分为前言、主体部分、结论、参考文献四个部分，前言总括文章全部内容，主体部分进行问题说明，结论处再对主体部分的问题加以分析研究，提出自己的见解。前言首先说明有关问题的现状或争论焦点。主体部分通过分析、比较各种不同观点及其依据说明问题，其内容和所引用的材料必须反映出该问题的理论发展阶段。结论是对主要部分的内容加以分析，提出总结性见解。

2. 文献资料搜集的方法

文献资料搜集的方法一般有三种：检索工具查找法、参考文献查找法和循环查找法。其中，现在最常用的是检索工具查找法。它是指利用已有检索工具查找文献资料的方法。检索工具一般分为手工检索工具和计算机检索工具。随着计算机在图书情报领域的广泛应用，计算机检索工具更多替代了手工检索工具。目前国内外使用较多的计算机检索工具有图书馆综合管理系统中的目录检索子系统、学术期刊光盘检索系统以及互联网上的文献检索。

1）图书馆目录检索子系统

在图书馆目录检索子系统中，人们可以根据计算机的提示，或通过作者的名称，查阅所需的图书标题。只要有关于这本书的某种信息，就可以被参考。

2）学术期刊光盘检索系统

目前，我国使用的学术期刊光盘检索系统是清华大学研制的中国学术期刊(光盘版)全文检索管理系统。它可以进行整刊检索、分类检索、篇名检索、关键词检索、分类号检索、作者检索、机构检索、中文摘要检索、英文摘要检索、引文检索、基金检索、全文检索、蕴含检索(输入一个词，可以检索出所有在任一处出现该词或属于含义范畴词的文章)和关联检索(输入一个词，可检索出所有在任一处出现该词或该词同义词的文章)。

3）互联网上的文献检索

网络搜索工具的检索途径多，在检索窗口按一定规则发出检索命令后，即可得到检索结果。通常搜索的结果比较局限。

3. 文献综述的撰写

文献综述是在阅读大量文献后，对某一特定主题的各种材料进行全面分析后撰写的一篇文章。文献综述的结构一般包括六个部分：前言、研究历史、状态分析、趋势预测、结论建议、参考文献。

（二）调查研究法

调查研究法是指研究已经发生或正在发生的人的行为或行为属性，或了解事物发展的历史、现状和相关情况，从而获取信息的一种研究方法。其一般形式为访问、问卷调查等。调查研究法是社会科学研究中最有效的基础方法，被广泛应用于体育科学研究，特别是体育人文科学研究和社会科学研究中。

调查研究法按调查对象的范围可分为普遍调查、典型调查、抽样调查等，按调查的时序和性质可分为现场调查、前瞻性调查、回顾调查和追踪性调查，按调查的时间可分为一次性调查、经常性调查和追踪调查，按调查的方法和手段可分为访问调查法、问卷调查法和专家调查法。这里具体介绍两种搜集资料的调查方法。

1. 访问调查法

访问调查法，又称访谈法，是指通过访问者与被访问者之间面对面的接触，有目的地谈话，从而搜集资料的一种调查方法。访问调查法的主要种类有集体访问法和个别访问法。

1）集体访问法

集体访问法，又称座谈调查法，是指调查者邀请若干被调查者，通过集体座谈的方式，以获得所需资料的一种调查法。通过座谈的形式，调查人员邀请一些受访者通过讨论获得所需的信息。集体访问方法简单易用，可通过讨论的形式，进行头脑风暴，并在短时间内获得更完整的信息。但是，它容易受到专家和权威人士的影响，并抑制了某些观点的客观反映。

2）个别访问法

个别访问法，又称面谈调查法。它是通过访问者与被访问者个别接触，有目的地谈话，以获得所需资料的一种调查方法。个人访问法采取两种形式：第一种是结构化访问调查方法，调查人员根据拟议的访问大纲提出问题，并在现场记录对话。该方法便于统计处理，主要用于样本调查和大样本量的综合调查。第二种是非结构化访问调查方法。调查人员与被调查者自由交谈。这种谈话方法是不受约束的，主要用于小样本量的典型调查。个别访问法避免了集体访问法造成的各种压力和干扰，可以真实反映个人观点，但工作量较大。

2. 问卷调查法

问卷调查法又称问卷法或函调法，是调查者运用统一设计的问卷向被调查者了解情况，从而收集资料的一种调查方法。问卷的回答有三种方式，分别是开放型、封闭型和混合型(半封闭式或半开放式)。

1）开放型回答

开放型回答是指对问题的回答不提供任何具体答案，而由被访问者自由回答。开放型回答的优点是有高度灵活性，可以搜集更多的信息。缺点是标准化程度低，不便于统计；回答问卷花费时间多，问卷回收率低。

例如：你认为游泳教学中游泳者学习自由泳的难点在哪?

2）封闭型回答

封闭型回答是指将问题的答案列出，让被调查者在此范围内选择回答的方式。封闭型回答的优点在于回答简便，问卷回收率高；问卷标准化程度高，便于统计。主要缺点在于问卷设计比较困难。其回答具体方式如：

◎是非题：要求被调查者对所提问题回答“是”或“否”。

例：你是否曾经学过游泳?

是　　　否　　　(用“√”表示)

◎选择题：由被调查者在多项答案中选择一项正确答案或多项正确答案。

例：必须要双手触壁后转身，否则将被判犯规的泳姿是(　　)。

A. 蝶泳　　B. 仰泳　　C. 蛙泳　　D. 自由泳

◎填空题：在问题后直接做答即可。

例如：主项（　　）副项（　　）年纪（　　）骨龄（　　）

◎排序题：列出若干答案，根据答案的重要程度等客观条件排列出先后顺序的回答方式。

例如：在游泳馆中救人时，更倾向于哪种器械？将字母按顺序排列于空白处。

A. 救生圈（球）　B. 救生竿　C. 救生浮标　D. 救生假人

E. 颈托　F. 急救板　G. 急救包　H. 其他

◎量表题：列出不同答案，根据自身感受进行评定，常用于难以用文字或精确数字回答的问题。

例如：游泳教师上课教学进度安排合理。

非常同意　　同意　　一般　　不同意　　很不同意

（　　）　（　　）（　　）（　　）　（　　）

3）半封闭式或半开放式

◎半封闭式问卷

你认为游泳场馆的工作人员数量通常是（　　）。

A. 10 人　B. 15 人　C. 20 人　D. 30 人　E. 其他

◎半开放式问卷

例如：运动员是否需要心理医生对其疏导沟通？

A. 有需求（　　）　B. 不确定（　　）　C. 不需要（　　）

为什么？（主要原因）

（三）测量与实验研究法

测量与实验研究法是研究者在自然或不受干扰的情况下，提出设计，运用仪器来获取信息，然后通过统计处理和分析，最后得出结论的一种研究方法。

按照不同的分类标准，测量与实验研究法有多种不同的分类。按实验结果的性质可分为定性实验法和定量研究法，按实验的目的可分为研究性实验法和应用性实验法，按实验研究的因果关系可分为析因性（因果关系）实验法和探索性（从果推因）实验法，按实验的功能和形式可分为模型实验法和模拟实验法等。下面介绍游泳科研中常用的实验类型。

1. 按实验的组织形式可分为单组实验法、两组对照实验法、多组对照实验法等

1）单组实验法

以单组实验为基准，不施加额外因素，通过实验活动前后实验对象的相对变化来判断实验结论。

2）对比实验法

分为参照组和实验组，参照组在实验过程中保持静态发展，对实验组施加客观因素的影响，在整个实验中对两个组进行比较从而得出实验结论。如提高游泳者自由泳的水平，可以将一个班级分成两个小组，一组进行陆上自由泳手臂模仿练习，另一组不进行陆上自由泳手臂模仿练习，经过一个阶段的训练后，对两组学生的自由泳手臂技术进行比较，得出实验结论。

3）多组比较实验法

分为若干实验组别，分别施以不同客观因素影响，在实验过程中及结束后进行对比，从而得出实验结论。多组比较实验法可操控各种中介变量，设计多重实验用以说明施加因素所带来的影响。

2. 实验的基本要素

1）实验对象

实验对象应具有代表性、客观性。一般 30 例以下是小样本，超过 30 例为大样本。社会调查实验中 120 例为大样本。通常实验的样本量为大样本时，实验结果的可信度较高。

2）施加因素

施加因素是依据实验目的，由实验者经过选择，可以控制并施加于实验对象的刺激因素。如"陆上模仿练习对提高自由泳初学者手臂技术能力的影响"，其中陆上模仿练习就是施加因素。

3）效应指标

效应指标是指反映施加因素作用于实验对象而产生的效果的标准。效果反应是通过具体指标体现的。所以，选定科学、客观、有效的效应指标是非常重要的。

3. 实验设计

实验设计是整个实验过程至关重要的环节。实验工作必须预先进行周密的设计，以保证实验结果的有效性和客观性。实验设计的基本内容包括：

(1) 实验题目；

(2) 实验的目的、意义；

(3) 施加因素；

(4) 非施加因素的控制；

(5) 实验对象和样本量；

(6) 实验步骤和具体方法；

(7) 指标测试内容；

(8) 数据处理方法；

(9) 实验时间；

(10) 结果的预测；

(11) 经费预算；

(12) 场地、设备、仪器等其他内容。

(四) 数理统计法

数理统计法是收集数据、整理数据、分析数据，帮助人们从杂乱无章的数据中找寻客观规律，以概率论为基础运用统计学的方法对数据进行分析、研究从而导出其概念规律性的一种方法，是体育科研的一种重要方法。

(五) 观察法

观察法是指在自然条件下，通过感官或借助仪器对研究领域内的现象和过程，有目的、有计划地进行观察，从而获得经验事实的一种研究方法。

1. 观察法的基本要求

使用观察法时，一定要坚持观察的客观性，坚持实事求是的态度，一切从实际出发，这样才能保证观察所获得经验事实的真实性与可靠性，才能保证科学研究结论的正确性。不能只注意观察和记载那些与自己预期结果相同的事实，要避免主观臆断或被假象所迷惑。

2. 按观察的方式分为直接观察和间接观察两种类型

1）直接观察

直接观察是观察者自己的感官通过第一信号系统直接去感知和描述各项事物的方法。研究体育教师和教练员在体育教学、训练、比赛等活动中的方法和能力，学生和运动员的学习训练态度及行为表现，多采用该种方法。

2）间接观察

间接观察是利用科学仪器对研究对象进行细致观察的一种方法。如利用高速摄像机拍摄游泳出发技术，了解出发技术的运动轨迹和出发时人体各关节点的运动特征等，这些细致的现象与特征是直接观察法无法获取的。

3. 观察法的一般程序

观察法的一般程序包括观察准备、实施观察和整理观察材料三个阶段。

1）观察准备

观察准备包括制订观察计划和观察前的准备工作两个方面。观察计划是组织进行观察的依据，可以保证观察工作顺利进行。观察计划的内容包括观察的目的与任务，观察对象，观察指标，观察的具体方法及要求，观察记录等。制订观察计划后，应做好观察前的准备工作，这是顺利进行观察和获得可靠观察资料的前提。

2）实施观察

实施观察阶段包括观察和记录两个方面。

现场观察：在观察过程中原则上应按照预定的观察计划有步骤地进行，若遇到意外变化应及时统一调整，保证圆满完成观察任务。

及时记录：观察中的记录要及时、准确、清楚、简要等。

3）整理观察材料

观察记录只是对客观事实的现象进行描述的一种形式，为了从观察记录中找出客观事物的发展和变化规律，必须对观察记录的材料进行加工整理。必须全面审核观察记录，对材料进行校对、补遗，再根据不同研究任务的需要，以及不同观察指标的性质特征，对观察材料进行分类加工整理。

三、撰写游泳科研论文的基本要素

体育科研论文是科学研究的记录和总结，是指采用一定的标准及格式，以文字或图表的形式把全部体育科研工作和科研成果用文字形式表达出来的一种文体，科研论文的撰写是科研成果的关键体现，是科研工作的收尾，它对于总结科研成果和研究经验、开展学术交流具有重要作用。

体育科研论文由于其研究内容和研究方法的不同，在论文的基本结构上也有所不同，通常分为自然科学论文和人文社会科学论文。论文一般应包括论文标题、签名和工作单位、摘要和关键词、选题背景及价值(前言、引言)、研究方法与对象、研究结果与分析、结论与建议、参考文献，有的也有致谢或附件。

(一) 题目

题目是论文主题内容的高度总结，通常要求简明、精练，可准确充分反映文章的主题和研究的广度和深度，便于检索。题目应简明精练，一般不超过20个字，必要时可以加副标题。

(二) 署名及工作单位

署名及工作单位写在论文题目下。合作论文具有多位作者时，应按照成果中所作贡献进行前后排序。在研究过程中给予过帮助的人，可不列在作者之中，有些期刊可在文末或脚注中加以说明。

(三) 摘要、关键词

摘要作为论文的精华部分，通常分为中文摘要和英文摘要，其内容主要包括论文研究背景、目的、研究对象、研究方法、研究成果和结论等。关键词为贯穿全文且简明扼要代表文章的重点方向性词语。

(四) 选题背景及价值

选题背景也称引言、序等，通常位于文章的开头段落、正文之前，起抛砖引玉、吸引眼球的作用。内容上通常是简要说明研究议题的价值，目前国内外研究的现状和趋势，着重说明该课题研究在实践和理论上的意义和作用。

(五) 研究方法与对象

研究方法是论文所采用的主要方法和手段，应选择适合论文研究且作者具备可操作性的研究方法；研究对象通常指研究样本，例如具体人或事，通常以人为研究对象时应说明样本数量、组成和主要指标。

(六) 研究结果与分析

研究结果与分析是论文的重点部分，它将所获数据、调查资料，通过一系列图表和文字阐述出来。实证性论文再根据研究结果引用已有理论来分析和论证论文所提出的问题，验证假设，揭示事物的本质与规律，形成科学理论。

(七) 结论与建议

结论位于文末，是论文的高度概括和总结，是研究结果与分析后的理论升华，包括新认知、新结论、新思路、新原理，以及解决了哪些问题和揭示了哪些规律。最后提出一些研究的不足之处以及今后的研究方向。结论通常简明扼要、观点明确、客观准确，字数上主要以表述清楚为目的，根据论文研究方向各有不同。

(八) 参考文献

参考文献在论文末，方便了解前人成果并进行延伸研究，一般有固定的格式，主要包括作者姓名、文献名称、出版名称、文献代码、出版年月、卷号(期号)、起止页码等。

课后习题

1. 游泳科研常用方法有哪几个？分别是什么？
2. 游泳科研的步骤是什么？

第七节 冬 泳 运 动

本节从冬泳概述、冬泳健身机制、冬泳的锻炼方法及科学冬泳四个方面来阐述冬泳这项运动，帮助大众以科学的角度认识冬泳，以科学的态度对待冬泳，用科学的方法实施冬泳，提高冬泳的锻炼和生活质量，从而发挥冬泳健康身心的优越性。

一、冬泳概述

(一) 什么是冬泳

冬泳是集冷刺激与运动于一身的特殊体育运动，通常是在游泳运动的基础上，在室外低气温和低水温的自然环境下，以寒冷刺激为主的一种身体运动方式。冬泳是指冬季在室外水域(包括江、河、湖、海等自然水域，以及水库、室外游泳池等人工水域)自然水温下的游泳。冬泳是集冷水浴、空气浴和日光浴于一体的“三浴”，是亲近自然、挑战自我的一项运动。

(二) 冬泳的特点

1. 挑战冷水锻炼的最高形式

江、河、湖、海中丰富的矿物质与微量元素，空气中的负氧离子，日光浴中的紫外线对健身、供氧、预防骨质疏松等有益。冬泳是户外冷水锻炼的最高形式，由于要经受低气温、冷水的挑战，又要在水中进行活动，对人体刺激的强度非常大，稍有不慎就可能造成运动损伤，所以冬泳者需要勇气，且一定要充分了解，科学、安全冬泳。

2. 考验自我的意志力和耐力

冬泳过程中，寒冷的水对自身的意志力和耐力都是一种极大的考验。在水温20℃左右时游泳，开始稍微有点冷，游一会就不觉得冷了。水温在15℃～17℃时，刚入水会感到呼吸有些困难，手脚也有些不大自然，但游了3～5 min后，将会逐渐适应。在水温12℃～14℃游泳时，刚下水除了有上述反应外，有时头还有点胀痛和四肢有轻度发麻，皮肤转红，出水约5 min后出现颤抖，15 min左右可恢复正常。在水温7℃～12℃时游泳，刚下水皮肤有刺痛感，动作僵硬，不协调，呼吸困难，甚至有呛水现象；游了3～5 min后稍感适应，再游一段时间后四肢发麻，腹背部感到冷，皮肤发红；出水5～6 min后，会出现幅度较大的颤抖，约15 min后就逐渐恢复正常。在水温0℃～7℃时游泳，下水时手指和脚趾由麻木转为轻度的疼痛；出水后，反应有些迟钝，对动作的控制能力也较差，但不管风有多大，水有多冷，身上一点也不会感到冷；出水4～5 min后，会感到有点冷，身体大幅度抖动，等穿好衣服 20 min 后才逐渐恢复正常。上述生理反应的强弱因各人的具体情况，如冬泳者的体质、运动量、游泳时间等不同而不同。这些生理反应，加速了生理活动的过程，从而增强了神经、心血管和呼吸等系统的功能，增强温度调节能力，使人食欲增强，精神振奋，精力充沛。

3. 提升心理自信和克服恐惧

冬泳下水前，人的心理上会本能地产生恐惧，可通过热身、大声助威等方式提升自己的信心和胆量；结束后，自身信心大增，会获得满满的成就感，此后在面对人生的挑战和挫折时也能无所畏惧，对于提升自信心有着极大的作用。只要下定决心，不畏严寒，持之以恒，一定能成为“最勇敢的人”。

4. 颇具观赏性的激情运动

在室外温度低至 0℃以下时，冬泳者的入水过程，勇于忍耐、坚持及突破，以及上岸后水汽蒸发的“仙气飘飘”，让人无不为他们的行动与勇气高歌。

二、冬泳健身机制

（一）能增强神经系统的功能

经常参加冬泳的人因长期用冷水刺激身体，可形成条件反射，一遇寒冷大脑即可兴奋，调动全身各器官系统加强活动，产热以抵御寒冷，从而使全身各器官系统得到锻炼和增强。所以，经常冬泳的人神经活动的灵活性高，神经支配能力也强。经常冬泳还可促进人体体液的分泌，使脑垂体和肾上腺皮质系统的功能得到增强，从而提高人体对疾病的抵抗力和免疫力。

（二）能增强心血管系统的功能

身体接受冷水刺激后，皮肤血管急剧收缩，大量血液奔向心脏，其作用是不使体温（热量）过分散入水中，以保持人体的体温。接着在中枢神经支配下又可促动所有血液，包括平时不参加血液循环的肝、脾等“血库”中的血液，从内脏流向体表，其作用是抵抗寒冷，以保持人体恒温。血管这样一收一放、一缩一伸，使血液来了一次“大调动”，等于使全身内脏器官来了一次“总动员”，从而得到锻炼的效果，自然可以健身。所以，有人称此为“冷疗”。不少人通过坚持冬泳，减轻了心血管病症状。

另外，冬泳受冷水刺激能使骨髓的造血机能增强，据科学测定，坚持冬泳的人血液里的红血球和血色素都较高。所以经常参加冬泳的人大多脸色红润，精力充沛。

（三）增强呼吸系统的功能

经常参加冬泳的人，因受冷水刺激，会不由自主地做急促吸气，接着呼吸暂停几秒钟，然后转为深呼气，随后便恢复均匀的呼吸，且做到保持呼吸深畅有力。这种呼吸可减轻呼吸肌的工作，使肺组织的弹性提高，使那些平时得不到充分利用的肺泡也发挥作用，从而可以吸收相对更多的氧，呼出更多的二氧化碳。

（四）能增强消化系统的功能

水的传热比空气快 26～28 倍，人在 12℃的水里停留 4 min，所消耗的热量相当于平时空气中的 1 h 耗热量，迫使人体产热加强，经常冬泳能够促使呼吸加深，膈肌升降幅度加大，从而使腹腔血液循环旺盛起来，肠胃蠕动加强，无形中对邻近器官起到“按摩”作用，因而对防治内脏下垂、结石、慢性胃炎、胆囊炎、胰腺炎、肾炎、便秘和胃肠功能紊乱等有很大帮助。

（五）能通经活络

冬泳常在 2℃～3℃的冰水中进行，全身经络和穴位有如受到一次普遍针刺，可以使周身气血经络通畅无阻，这有助于防治各种慢性病，故亦有人称冬泳为“全身针灸疗法”。

（六）能保持皮肤清洁健康

经常参加冬泳的人，因为全身皮肤和肌肉都要受到水的冲击和按摩，皮肤血管强力舒缩，血液循环加强，所以皮肤红润光泽、富有弹性。

三、冬泳的锻炼方法

（一）冬泳锻炼的适应步骤

1. 冷气候适应

进行冬泳锻炼，要坚持循序渐进原则，应有一个对冷气候的适应过程，如每日进行一定时间的晨练或晚间散步。一般应尽量少穿衣服，使肌肉皮肤充分接触冷空气，尤其是利用一般风天、雨天进行户外锻炼，效果更好。

2. 冷水浴活动

使用冷水浴是冬泳过渡最有效的锻炼方法。冷水浴可从夏季开始，养成冷水浴习惯，坚持每天早、晚进行冷水浴，采用冷热交替的淋浴方法，如开始用热水喷淋，然后改为冷水淋，这样反复进行几次，使机体充分感受冷与热的变化，增强对冷热变化的适应能力。如果能浸入冷水浴盆中进行深呼吸则效果更好，因为浸泡在冷水中能使人体接触到类似户外冬泳的水环境。

3. 从夏秋分步骤进行过渡

分步骤的冬泳过渡方法，应根据个人的身体条件而定，以保证安全过渡，具体可划分为以下三种过渡方法。

1）一步到位

从夏季游泳进入秋季，坚持到冬季，逐步适应水温下降，不间断游泳。直到严冬继续游到春季、夏季，坚持全年游泳活动，以达到最佳的四季游泳锻炼效果。

2）二步到位

从夏季游泳进行到秋季，在气温、水温不断变凉、变冷的过程中，坚持到深秋及初冬。当感觉不适时，则可停止室外游泳，以冷水浴取而代之。第二年天气转暖时，可以继续坚持户外游泳，从夏季坚持到冬季。经过两年的户外适应后，可进行全年冬泳。

3）三步到位

经过两年过渡，在第三年坚持冬季游泳，是比较安全的过渡方法。当然，对体质较差的人来说，采用多年过渡，并辅以冷水浴，同样可以起到一定的保健效果。

（二）冬泳的具体操作

1. 充足的准备工作

除了夏季开始的渐进性水上训练外，还要适当做一些跑步、打球等身体锻炼，尤其是结冰前的20天左右，以增强体质和耐冷性。冬泳前要涂些防寒油或润肤霜，并准备好毛巾及上岸后的防寒服。每次下水前应认真做好准备活动，事先可穿好泳衣泳裤，在避风的地方进行徒手操、慢跑等活动，让身体感到暖和，体温上升，关节活动自如，促使人体由相对安静状态迅速过渡到适宜兴奋状态；然后休息 1～2 min，待心跳和呼吸恢复正常后再下水。先用四肢接触一下水，如双脚站在浅水中，用手泼点冷水拍拍胸、额头等，使身体适应冷水的刺激，然后慢慢全身下水。刚开始时，冬泳锻炼者最好不要把头一下子浸入水中，应先游抬头蛙泳，在身体各部分稍微适应后再游其他的头浸入水中的泳式。

冬泳水域选择要谨慎，不要到不熟悉的水域去活动，最好加入某个冬泳协会，以统一行动的形式参与冬泳，并准备好必要的救生设备。因为冬季水温低，游泳时极易发生肢体僵硬、失去控制力等情况，如果在自己不熟悉的环境，或者身旁没有其他人的帮助，是非常危险的。

2. 严格的距离控制

冬泳运动量要根据每个人的身体状况、游泳基础、技术水平以及锻炼时的气温、水温等条件来决定。当水温保持在 10℃～14℃时，一般人在水中游 100～500 m 最佳；而当水温低于 10℃时，游泳时间就应当受到非常严格的控制。对大多数人来说，水温在 1℃时，游 10 m 即可，当水温在 2℃时，游 20 m 最佳，以此类推。若不好掌握距离，可在 1℃游 1 min、2℃游 2 min、3℃游 3 min，以此类推。

同时，随着季节的变化，如从秋季到冬季，气温、水温逐渐下降，游的距离就应逐渐缩短，游速也应逐渐减慢；反之，从冬季过渡到春季，气温、水温逐渐上升，游泳的距离就要逐渐增加，速度也可逐渐加快。总之，要因人、因时、量力而行。隔天一次冬泳或每天进行一次冬泳均可。

3. 出水时机的良好把控

参加冬泳运动应严格注意安全，特别是在天然水域中进行锻炼，不可逞能好胜，适可而止，重在健体，预防抽筋及意外发生。酒后、饭后、病后、身体不适、运动后汗水未干等，不得下水，以免造成身体损伤。

要掌握好上岸的时机。冬泳时，要注意身体的反应，在水中出现第一次寒冷感（全身寒冷或手指尖发麻）就是回岸信号。第一次寒冷感消失后，游一会儿，再出现寒冷（第二次寒冷）的感觉时，应立即出水。上岸后，若全身起“鸡皮疙瘩”，出现打寒战之类的现象，就是运动过量的表现，此时最好喝碗姜糖水，有利于加速恢复正常。如果上岸后，全身皮肤发红或先白后红，迅速暖和，感觉轻松、愉快，就是“运动适量”的表现。

4. 出水后的妥善应对

冬游结束后，要用干毛巾擦干水珠，擦热身体，迅速穿衣，在原地做跳跃、慢跑等整理活动，直至身体发热。切忌在冬泳后马上进入高温的房间、烤火或者洗热水澡。因为在游泳的时候，体表温度、心率都处于“非正常”状态，如果立刻改变温度或周围环境会导致身体不适，出现受凉、身体疼痛、皮肤受损等有损健康的状况。因此，应该先通过轻松的运动使身体自然发热并恢复到正常体温和心率，再进行温水淋浴以清洁身体表面。

四、科学冬泳

（一）人体在不同水温下的反应

人体在不同水温下的反应见表 4－9。

表 4－9

水温	允许持续的时间	经过以下时间失去知觉	经过以下时间有死亡的可能
0℃	不能下水	15～30 min	15～90 min
10～12℃	10 min	30～60 min	1～2 h
13～15℃	20 min	120～240 min	6～8 h
16～18℃	30 min	2～5 h	无生命危险
19～20℃	40 min	3～7 h	无生命危险

（二）冬泳时间的科学估算

比较科学的冬泳水中停留时间为“一度一分”，即当水温为 1℃时，在水中停留时间不要超过 1 min，水温为 2℃时，在水中停留时间不超过 2 min，以此类推。为了安全起见，也可采取“水温度数×0.7”的估算方式。当水温为 10℃时，在水中停留时间为 7 min。对于年龄较大的游泳者，可采取“水温度数×0.5”或更短些的估算方式。

（三）冬泳的注意事项

冬泳虽然好处多多，但也并非人人皆宜。有三类人群不适合冬泳：16 岁以下的少年和 70 岁以上的老年人；精神不健全的患者；经医生检查，患有严重器质性疾病如心脏病、冠心病、肺结核、肝炎、胃病以及呼吸道疾病的人。为了保证冬泳顺利进行，还要注意以下几点。

（1）在江河湖泊冬泳，应选择容易下水、上岸的地点。

（2）入水前后切勿饮酒。若入水前饮酒，容易引起神经刺激或散热过快，在水中可能出现昏迷、窒息现象；出水后饮酒，会刺激心脏和血液循环，引起不良反应。

（3）开始冬泳时，身体往往会有一些不适的反应，如四肢发麻、头胀痛、呼吸困难、皮肤发白、肌肉僵硬、出水后全身颤抖、反应迟钝、动作控制能力下降等，但只要坚持下去，经过一段时间后，就会逐渐适应。

（4）进行冬泳锻炼，要有固定的时间，如安排在早晨、上午或下午，以使人体的体温调节功能建立起时间条件反射。

（5）破冰冬泳时，要选择冰下水流速度慢的水域进行。下水时不要猛跳，以防止冰凌割破皮肤；要时刻注意水面的碎冰情况；入水后也不要潜水，以免流入冰下。

（6）冬泳者应根据自己的锻炼水平、运动强度以及水温等实际情况，掌握好锻炼的时间，一般应在出现第二次冷感前起水。

（7）在水中活动的时间不宜过长，也不宜上岸后再下水，否则会导致散热过多，出现发抖和头痛的情况。冬泳后，特别是第二天如有不良反应，如心跳过快、心率不均、头部胀痛、食欲缺乏、恶心等，应立即就医，并暂停下水，待恢复后再继续冬泳。

课后习题

1. 冬泳运动具有哪些特点?
2. 冬泳有哪些健身价值?
3. 冬泳锻炼的适应步骤有哪些?

第八节　公开水域游泳

本节主要内容包括公开水域游泳运动的概念、特性和发展历史，在公开水域中进行游泳运动的安全事项、自救方法，以及公开水域游泳运动训练指导。希望读者能够知晓什么是公开水域游泳运动，了解其发展历程，掌握公开水域游泳运动的安全规范，熟悉自救方法，对公开水域游泳运动的技术、战术和训练有一定了解。

一、公开水域游泳运动发展历史

公开水域游泳运动有着悠久的历史，推动此项运动发展的源头是著名的横渡英吉利海峡事件。1875 年 8 月 24 日，英国人 Matthew Weber 成为第一个成功横渡者。在 1896 年第一届现代奥林匹克运动比赛当中，游泳比赛是在公开水域进行的，举办的地点是在希腊的比雷埃夫斯海岸附近的日尔湾海面，这种情况此后持续多年，直到 1908 年伦敦奥运会时比赛地点才由公开水域转移至游泳池。1985 年，公开水域游泳运动被国际泳联正式接纳，4 年后，国际泳联成立公开水域委员会，公开水域游泳运动也被正式列为世锦赛和世界杯的比赛项目。自 1990 年起，国际泳联每年会举办 10～16 站的公开水域游泳比赛，并且每隔两年会举办一届公开水域游泳锦标赛，项目分 5000 m、10 000 m 和 25 km 马拉松三个分项比赛。在 1991 年的世界游泳锦标赛上，公开水域游泳比赛第一次正式与世人见面。在 2000 年悉尼奥运会中，铁人三项运动员就需要进行 1.5 km 的公开水域游泳。2005 年 10 月 27 日，国际奥委会在瑞士洛桑举行执委会会议，决议公开水域游泳被正式列入 2008 年北京奥运会比赛项目，设立了男子 10 km 和女子 10 km 两个比赛小项。现今，公开水域游泳运动开展较好的国家有美国、英国、俄罗斯、澳大利亚等。

虽然我国的自然水域众多，但是我国的公开水域游泳运动开展起步较晚。1949 年以后，群众性的公开水域游泳受到政府的重视，取得了快速发展。2002 年，国家体育总局发文制定了 2002 年 304 号文件——《在自然水域开展游泳的管理办法》；同年，公开水域游泳被国家体育总局批准为全国第 98 个正式开展的体育项目。2001 年、2003 年我国曾多次组队参加亚洲公开水域游泳锦标赛。2004 年，国家组队参加了世界杯的比赛，同年中国游泳协会成立了公开水域游泳委员会。2006 年，公开水域 10 km 游泳项目被国家体育总局列为我国竞技体育正式的比赛项目，同年，我国正式举办了全国性公开水域比赛，首次组队前往英国参加世界杯赛站且取得了不错的成绩。2007 年至今，我国的竞技公开水域游泳国家队多次参加世界锦标赛和奥运会的比赛，整体上进步较大，虽然男子运动成绩与世界顶级水平还具有差距，但差距也在逐渐缩小；女子运动成绩则稳步提高，与世界顶级水平差距逐渐减小。2019 年，韩国光州举办的国际泳联游泳世锦赛中，我国运动员辛鑫开创了历史，以 1 小时 54 分 47 秒 20 的成绩夺得公开水域游泳女子 10 km 比赛的金牌，这是我国在世锦赛公开水域比赛中的首枚金牌。

目前，我国每年都会举办 1～2 次的国内外竞技公开水域游泳比赛，主要包括世界性的公开水域游泳世界杯、竞技公开水域游泳项目比赛的世界游泳锦标赛、邀请赛、国际抢渡挑战赛、横渡等赛事。每年也会举办 1～3 次针对国内的高水平竞技公开水域游泳赛事，主要包括全国体育大会、全国公开水域游泳锦标赛、横渡、抢渡等形式的比赛项目。

近年来，以张建为代表参加的公开水域游泳游渡活动，在我国不同地方也产生了影响。公开水域游泳这项运动是人们亲近自然、挑战自我的精神体现，有利于群众提高身体素质，磨炼意志，项目有广泛的群众基础，对于推动全民健身运动起着不可估量的作用。此外，公开水域游泳赛事对于水域所属地的经济发展和旅游发展同样具有积极的作用。公开水域游泳运动场地如图 4-45。

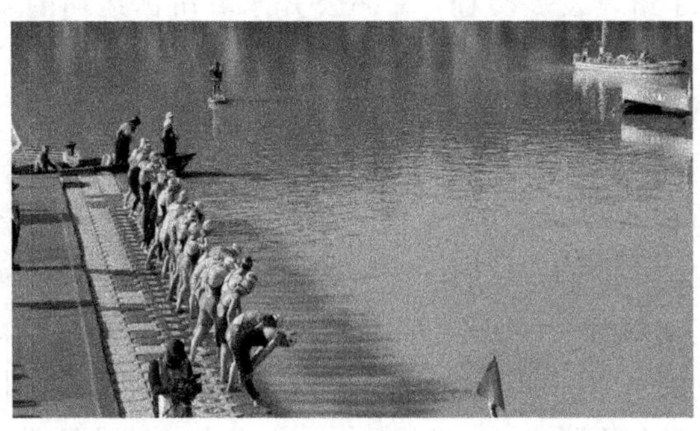

图 4-45

二、公开水域游泳运动的概念和特性

(一) 公开水域游泳运动的概念

广义层面，公开水域游泳运动是一项在天然水域(如海洋、河流、湖泊)等除人工修建游泳池之外的水域中开展的游泳运动。

(二) 公开水域游泳运动的特性

(1) 具有竞技性，是一项奥林匹克运动会项目。

(2) 具有群众性，适合不同大众群体参与，具有良好的群众基础。

(3) 具有不确定性，易受自然环境影响，具有偶然因素。

(4) 具有经济性，可深入发展相关体育产业。

(5) 具有观赏性，运动环境绿色环保。

三、公开水域游泳运动安全事项

公开水域游泳与一般的在泳池中游泳不同，它是在天然的水域环境中进行的，比其他的运动项目更具挑战性及刺激性，同样也存在许多未知的因素，具有危险性。对于人们来说，在公开水域中游泳，安全是最重要的。泳池的池水是静水，而公开水域游泳则需要游泳者在具有波浪、潮汐和水生物等复杂的自然水域中游进，身体长期处于一个开放的水域环境当中。天气的变化、水流速度的缓急、潮起潮落等不确定的自然因素，使公开水域游泳运动变得危险，严重时会威胁到参赛者的生命安全。无论游泳者有多么娴熟与高超的技术，当自然环境突发变化、危机来临时，在水中都是脆弱的，不经意间就提高了公开水域游泳运动安全事故的发生率。

在公开水域中进行游泳运动，思想上必须把安全意识放在第一位，充分做好准备工作，才能尽可能地在公开水域游泳中避免风险的发生，减少侵害，防止产生安全事故，使人们在安全进行公开水域游泳运动的同时享受运动的乐趣。运动者在进行公开水域运动之前必须了解其所面临的各种问题并提前做好应对准备，必要时要制订详尽的应急预案。

在公开水域游泳需注意以下几点：

(1) 在公开水域中游泳，游泳者必须要熟悉所在水域的环境、水温、设施等基本情况，明确游泳水域的方位及标志物，对水点的深浅、障碍物，水域中的礁石、暗流及生物情况要掌握明确，对于所在水域的天气情况也要进行提前了解，做到心中有数。

(2) 运动前对自身的身体状况要认真对待。心血管疾病患者不宜进行公开水域游泳，避免酒后游泳、饭后即刻游泳及空腹游泳。酒精容易降低人的判断能力和反应能力，影响神经系统的正常功能，酒后游泳易发生溺亡事故；饭后不宜马上进行游泳运动，可适当休息 1 h，待食物消化后再进行，饭后即刻进行游泳运动容易影响食物消化，游泳时水流压迫肠胃，会导致呕吐，而且容易使血液循环加快，血压升高，加重心肺负担而突发疾病；人体在饥饿时易引起血糖过低，加上运动时能量的消耗，容易使人出现低血糖，体能下降，再引发头晕、眼花，甚至昏厥的症状，造成事故。

(3) 游泳前要进行适当的热身活动。为防止肌肉痉挛、拉伤等运动损伤的出现，在下水前可以在陆上做徒手操、肌肉韧带的牵拉活动等提高神经系统兴奋性的热身运动，尤其是在季节交替和气温较低时，更应注意提前进行热身活动。

(4) 选择公开水域作为游泳场地，首先应确认自身的游泳技能及身体条件是否能够胜任在公开水域里游泳。在去公开水域游泳前，可先在泳池里训练一段时间，以便于熟悉自己的体能状况。公开水域进行游泳运动对体能的消耗较大，这就要求人们能够合理地安排自己的体能。水中运动一般以 1 个小时较为适宜。在运动过程中，要根据自己的实际情况，实事求是，量力而为，可适当补充能量和水分。

(5) 在进入公开水域游泳前必须熟练掌握至少 1 种泳姿，另外，选择 1 种备用泳姿也是必不可少的。由于环境的限制，公开水域中安全保障并不能像泳池中全面。泳池环境简单，游累了可以随时上岸休息，而在公开水域里可能就没有这个条件了，累了时使用别的泳姿来替换，有助于体力的恢复，所以掌握多种泳姿在公开水域里游泳是非常重要的。

(6) 下水之前要提前试水温，让身体处于能适应水温的状态。室内泳池的水一般是恒温的，而公开水域里的水温相对较低，倘若自己不能适应水温，万不可贸然下水，否则身体极易出现不良反应，比如抽筋，导致严重的后果。在条件允许下，游泳时可穿专业的连体泳衣，在一定程度上保持体温。

(7) 不要一个人去公开水域游泳，在尽可能靠近岸边的水域进行游泳运动，避免出现突发事故。若在水中出现体力不支、身体不适等情况或遇突发事故时，要保持冷静，向他人求助，并等待救援。

四、公开水域游泳运动自救指南

公开水域游泳，是在自然水域游泳，有的水域还是活动水，与游泳池不同，因为水温、气候、体能等情况复杂，容易出现危险。学会一些自救的方法、掌握自救知识，是遇到危险时极其重要的保障，有助于提升游泳者生存的可能性。

（一）水上漂浮休息法

1. 竖直漂浮休息法

这是一种耗费体力最小，同时能让游泳者安全地漂浮在水面上的基础泳姿，在自救或救人方面都具有重要的地位。

动作重点在于整个身体几乎垂直于水面，稍前倾，头部始终露在水面，下颌接近水面。踩水的腿部动作几乎和蛙泳腿一样，只是收蹬腿的幅度要小。收腿时，膝关节可外翻，蹬腿时膝关节向内扣压，同时小腿和脚内侧蹬夹，两腿尚未蹬直并拢即开始做第二次的收腿动作。两臂稍弯曲，在体侧前做向外、向内摸压水的动作，动作幅度不能太大。向外时，手掌心向外侧下，有分开水的感觉；向内时，手掌心向内侧下，有挤水的感觉。向内摸压至肩宽距离即分开，两手掌摸压水的路线呈双弧形。臂腿的动作配合要连贯、协调，一般是两腿做蹬夹水时，两臂向外做摸压水的动作，收腿时，则向内摸压，呼吸要跟随臂腿自然进行。蹬夹水(臂向外)时吸气，收腿(臂向内)时呼气。可以 1 个动作 1 次呼吸，也可以几个动作做 1 次呼吸。

2. 仰卧漂浮休息法

顾名思义，仰卧漂浮就是人体仰躺浮在水面的动作。仰卧漂浮的重点在于身体的脸部、口部、鼻子部分浮出水面，手臂弯曲，手掌放在脑后，跟做仰卧起坐时手的位置相同，再将手肘往后压一压，背部上弓，胸部往上抬，臀部上提，有助于整个身体上浮。弯曲膝盖，小腿在水下轻轻踢动，维持浮力。让身体放轻松，如果身体紧绷，就无法顺利使身体漂浮起来，待吸满气之后，头部慢慢后仰，避免身体重心集中在身体下部。注意呼吸节奏的控制，在吸气时，空气贮存在胸腔里，胸腔充满了空气才有办法让身体上浮，呼吸应快吐快吸。如果腿部下沉了，就加快脚踢动的频率；如果感觉上身有些不稳，就调整手掌和手臂的位置，将两只手臂往后伸，夹紧耳朵或放在身体两侧，手掌朝上；还可以通过抬高下巴和背部，让身体浮得更高些；若失去了平衡，可以重新回到漂浮的准备阶段。

（二）靠岸自救法

遭遇险情时，如果遇险者离岸边或者漂浮物很近的话，应尽快到达岸边，这样至少能快速脱离危险区，降低遇险风险。如果下肢不能进行踩水，可采用仰漂的方式。在上肢不能动的情况下，就需要靠打腿利用踩水技术向岸边靠拢，可边向岸边靠拢边呼救。自救的同时也应注意体力的保存，等待救援。

（三）利用水面漂浮物自救

游泳中遇到险情时可利用任何水面的漂浮物进行求生，如利用木头、密封袋、球类、防潮垫、充气枕、防水背包、空水壶等具有浮力的物体进行漂浮求生。

（四）抽筋时的自救方法

抽筋是运动中常见的伤害之一，水中遇到抽筋若处理不当，很容易发生致命的危险。抽筋时，对抽筋的部位进行按摩，将抽筋部位的肌肉轻轻拉长，可以有效地缓解症状。因此，掌握一些缓解运动时的抽筋的方法是必不可少的。

下面介绍一些常见抽筋部位的缓解方法：

（1）手指抽筋：可先用力握拳，而后迅速伸展张开，将手指往后压，或者十指指尖相抵往后压，如此重复多次，直至缓解为止。

（2）手掌抽筋：两手掌相合，手指交叉，掌心向外，手臂伸直，用力翻转。

（3）手腕抽筋：将手指上下屈伸，另一只手按捏即可。

（4）上臂抽筋：手握成拳状，然后屈肘，使前臂贴近上臂，然后用力伸直，多次重复此动作，直到恢复。

（5）小腿前面抽筋：按压脚趾，尽可能地往下压，重复多次，方可缓解。

（6）小腿后面抽筋：多数情况是发生在腓肠肌的部位。若是右腿抽筋，左手握住右腿的脚趾，手掌压住膝盖面，努力使抽筋小腿伸直，用力往后拉，直到抽筋缓解；左腿的话，反过来做对称的动作即可。

（7）大腿前面抽筋：多数发生在股四头肌部位。可用手抓住脚踝，将小腿向后弯曲，使大腿前面的肌肉拉直。

（8）大腿后面抽筋：尽量脸部往大腿方向靠近，身体往下弯的同时注意保持膝关节伸直，便于大腿后面肌肉伸展。

（9）足趾抽筋：深呼吸，尽可能地先放松下肢身体，钻入水中，可以用手握住抽筋脚的跟部和脚趾，或利用足后跟压迫足趾，将抽筋的足趾抵于另一只脚的跟部，用力往相反方向伸展，使脚趾最大程度地做屈和伸的动作，反复几次。

（10）腹部肌肉抽筋：这种情况相对少见，全身放松，使用漂浮技术浮在水面，将腹部拉长，将头部和腿部尽量向后伸挺，用手在腹部做顺时针的按摩，持续多次便可消除。

注意，在水中发生肌肉抽筋时，千万不要慌张，可先采用上述办法对抽筋的部位加以牵拉或按摩，进行自解。因抽筋后很可能会再次发生，所以应该适当休息，应出水到岸上按摩缓解再下水，或者就此结束游泳。

（五）游进中突然下沉的自救方法

在游泳进行过程中突然感到身体劳累无力，出现下沉趋势，此种情况的发生主要是因为体力分配不均或对自身体力估计不足，从而造成体能消耗过大且自身没有觉察。如果游泳过程当中突然遭遇这种情况，首先，一定要保持头脑沉着冷静，当身体下沉时需深吸气保持肺部充满空气并屏住呼吸，稍等片刻身体会自然上浮，而后并拢五指用手部向下按压划水，同时蹬腿，以小腿和脚踝由内向外划圈，逐渐过渡到自己擅长的泳姿。体力稍作恢复后，可借用水面漂浮物，或利用仰卧和竖直漂浮等办法进行休息。

五、公开水域游泳运动训练指导

相对于传统在泳池中的游泳竞赛，公开水域游泳竞赛是在自然水上进行的长距离游泳竞技项目，其运动训练过程和运动竞赛的技战术迥然不同。游泳者在公开水域游泳时面对的环境情况比泳池中面临的要复杂很多，对于游泳者的技术、体能、心理及意志品质都是一个不小的挑战。

（一）公开水域游泳技术

实战当中，公开水域游泳运动以爬泳为主，比赛当中进行能量补给时一般会采用仰泳和蛙泳技术。因公开水域的特殊性及复杂性，这里的爬泳技术又不同于在泳池中的游泳技术。根据比赛的三个阶段，可以划分起游技术、途中游泳技术和冲刺技术。

1. 起游技术

在比赛刚开始时尽量不要打腿，过多的打腿易使心率突然增高，难免会导致呼吸急促，进而影响到技术动作，打乱游泳比赛的节奏。开始时可先深呼吸，把头埋入水中让腿漂起来，依靠上肢力量前进，当找到一个较为舒适的节奏时再进行打腿，方可逐渐进入状态。

2. 途中游泳技术

在公开水域游进时应保持头部的位置略高于一般的爬泳技术，眼睛时刻注视前方，身体姿态保持稳定，划水则采用中前叉或中交叉的技术，打腿采用 2 次或者 4 次的技术。

途中游泳技术又分为以下几种：

1）抬头定位爬泳技术

在公开水域游泳时，两眼注视前方，爬泳抬头时不要晃动脑袋，注意保持身体位置，避免起伏过大。可以选择一系列显眼的标志物作为参考，如浮漂、高大建筑、出发台、其他明显物体或者任何可以做参考物的标志，这有利于游泳者在水中进行定位，及时纠正方向，游成直线，避免游进过程中游弯路。一般可采用划水 3～8 次再抬头定位 1 次，技术好的选手，或是当天风浪小，抬头定位次数可以相应减少。前臂划水时，顺势抬起头，眼睛露出水面，确保看到定位点即可，看完后转头换气，回到爬泳动作，同时可加快打腿的频率，维持身体平衡。

2）补给游泳技术

在公开水域进行超过 5 km 的游泳比赛当中，会安排中途补给，运动员可以自行进行补给或者接收人工补给。补给时多采用仰泳姿势，一只手进行补给或者利用工作人员提供的饮品进行补给，同时另一只手持续不停划水。补给结束后，运动员应将技术动作转为爬泳动作。

3）冲浪游进技术

当有浪冲过来时，游泳者应保持冷静，推荐采用爬泳姿势继续前进，同时将头部略微推高，迎着浪抱水，抱水完成时基本处在浪尖，当浪跌落时应顺势松手俯冲。切记，在遇到浪时不可使用蛙泳姿势或低头游进，这两种情况很容易被浪再次打回，阻碍前进。

4）对抗游进技术

受到人为因素干扰时，游泳者可把头抬高并采用爬泳技术，缩短动作时长，加快打腿频率和速度，动作做到刚劲有力，使水面溅起较大水花，从而快速甩开对手，随后以肢体动作或口头语言告知裁判员。此种技术动作可在遇到“威胁”时使用，便于使运动员在游进过程当中不受干扰。

因公开水域游泳易受风向、潮汐的影响，以及游进过程中容易受到旁人的干扰，面对这些情况，可采用冲浪游进技术和对抗游进技术。

3. 冲刺技术

眼睛朝前看，保持头部相对稳定，同时加快划水速度，保持肘部抬高向腹部划水，划到臀部即可。在整个动作过程中，注意保持快速而稳定的打腿速度和频率，以减轻手臂的负担。

（二）公开水域游泳比赛战术

竞技比赛中，高超的运动技术是运动员取得优异成绩的基础，而良好的战术运用对比赛的胜利同样有着至关重要的作用。在公开水域游泳竞赛当中，运动员有效地利用战术，可调节体力，减少不必要的能量消耗；队友之间默契配合，有助于消耗对手体力，起到压制对手的作用。

1. 跟游

跟游可以节省跟游者的能量消耗，在比赛中，这种战术十分常用。跟游一般分为两种，可分为正后方跟游和侧后方跟游。正后方跟游是一种相对传统的方式，跟游者要掌握好距离，避免打到、撞上前面的人或者被前面的人打到，以免游泳节奏变乱，影响成绩。侧后方跟游则需要离前方人的距离稍近点，跟游者的头和前面人的胸部大约在一条水平线上。这种战术对技术的要求相对较高，但是它更加有效，因为前面的人游过后会相对减小跟游者面前水的阻力。如果经验不足且实力欠缺，或者想节省体力，便可采用跟游战术，选择自己最舒服的集团或者个人跟下去。通常情况下，若没有足够的实力尽量不要在前面领游，这样极可能让自己因过度带节奏而提早消耗过多体力。

2. 双人或多人交替领游

在公开水域游泳比赛当中，队友之间相互的配合是必不可少的。当几人成绩相当时，可采取此战术，两人交替领游，一人在前领游，队友紧跟其后，当领游者速度减慢时换另一个人上去替换，如此循环。队友之间的这种配合便于拖垮或甩开对手，达到制胜的目的。某种情况下，当队伍需要成员获得较好成绩时，可以采取此种战术，多名运动员作为领游者和配速员保护某一实力较强的队友。

3. 夹击配合

比赛中，当有对手试图超越时，两人可迅速在对手两侧并排游进，进行夹击，阻止对手超越。运用时，一定要避免犯规，若对手因此有犯规动作时，可采取对抗游进技术进行回应。

4. 掩护配合

在公开水域游泳运动竞赛中，掩护配合战术常用于帮助实力较强的一名队员进行最后冲刺。为掩护队友更好地进行冲刺，掩护者为队友冲刺创造更好条件，把最好的路线让给队友，迅速向对手方向爬泳，干扰对手的游进节奏，同时也要避免犯规。

5. 匀速游战术

匀速游战术是最经济的战术，也是避免乳酸堆积的最佳手段。心率的稳定能够有效地提升呼吸系统的能力，匀速游可保持心率的相对稳定，使氧气的供应处在一个相对较为稳定的状态，乳酸会因氧气供应充足发生反应被及时排除，对速度的发挥影响较小。此战术更适合于熟悉自己的运动能力，有良好速度感的运动员。

任何战术都不是完美的，比赛中能够合理地运用战术配合技术是取得胜利的重要法宝。保持平和的心态，不急不躁，找准机会，也可能扭转乾坤，转败为胜。

（三）公开水域游泳训练概述

（1）对于准备公开水域游泳比赛的运动员来讲，最佳的训练场地当然是户外的自然水域，然而，因季节、环境、地域、气候、安全等因素的干扰，运动员在户外的自然水域训练并不能得到长久的保障，多数运动员长期的训练还是在泳池当中进行。

（2）公开水域游泳运动比赛项目的距离一般比较长，超过传统游泳池里最长距离的游泳比赛项目，属于体能主导类项目。其训练主要的一个特点就是量大，要比一般游泳项目的训练量大数倍，专业的公开水域游泳运动员每天的训练距离都要达数千米。

（3）根据项目的特性，公开水域游泳运动训练内容主要是耐力训练和技战术训练，耐力训练用于改善运动员的有氧耐力，增强心肺功能，一般可在泳池内进行长距离的有氧耐力训练，或者在自然水域中模拟实战化的长距离训练。技战术类的训练一般在泳池内进行，多是针对运动员的技术错误进行纠正性训练或者是进行队友之间的配合练习。

（4）公开水域游泳运动的训练方法以持续游练习法为主，间歇训练法和短冲训练法为辅。持续游练习法又分匀速持续游和变速持续游。匀速持续游主要是进行较低强度的长距离、长时间的有氧训练，其能量代谢以脂肪代谢为主；变速持续游主要是在进行较低强度的持续游中间穿插短距离的冲刺游，训练强度高于匀速持续游，能量代谢特点是以脂肪代谢为中心，短时间内增加糖质的代谢，产生乳酸，而后再转为脂肪类代谢的训练方法。间歇训练法主要是为加强训练强度，有效控制运动员训练强度所采取的一种训练方法，能够有效增强运动员的身体机能。虽说公开水域游泳运动是一项远距离的游泳项目，但进行必要的冲刺训练也是不可或缺的，短冲训练法主要是为了帮助运动员提高爆发力进行超越和冲刺，可有效提高运动员的糖酵解速率。

（5）在公开水域游泳比赛当中，运动员除了面临对手的挑战，还可能遭遇更多的挑战，如天气、方向、水温、潮汐、水生物、孤独等。对于公开水域游泳运动的运动员来讲，在特殊条件下的训练也是十分重要的，尽可能地在接近实战环境当中进行训练对于运动员成绩的提高具有重要意义。当然，模拟比赛环境也是训练的一部分，心理训练同样具有重要意义。在公开水域游泳比赛当中，心理因素比在泳池当中比赛扮演的角色更加重要，运动员面临的挑战考验着运动员的心理素质。

课后习题

1. 什么是公开水域游泳运动？其特点是什么？
2. 公开水域游泳运动的注意事项有哪些？
3. 水中抽筋有哪些自救方法？
4. 公开水域游泳战术主要有哪些？

附　录

附录1　游泳课程教学进度

(1) 36学时游泳课程教学进度

课程名称	游　泳					
课程类型	必修课	学时(学分)		32(2)		
授课对象	本科生	开课学期		第2学年第1学期		
教学目的与任务	1. 使学生了解游泳运动的基础理论知识。培养学生独立思考、发现问题、分析问题和解决问题的实际工作能力。 2. 使学生熟练掌握蛙泳技术以及蛙泳的出发、转身技术。 3. 使学生初步掌握自由泳腿技术。 4. 使学生初步掌握游泳教学原则及教学特点，基本掌握蛙泳教学方法，具备一定的蛙泳讲解、示范及纠正错误技术动作的能力					
周次	教 学 内 容	教学形式与学时分配				
		理论	实践	复习	机动	合计
一	游泳运动绪论、流体力学原理	2	2			4
二	熟悉水性、水中游戏		2			2
三	蛙泳理论与技术及教学理论与方法	2	10			12
四	游泳救生的现场急救		4			4
五	爬泳腿技术教学		2	2		4
六	蛙泳出发、转身、触壁技术教学		2			2
七	蛙泳技术复习			2		2
八	考核		2			2
合　计		4	24	4		32

（2）64 学时游泳课程教学进度

课程名称	游泳	所属教研室	游泳
课程类型	专业课	学时(学分)	64(4)
授课对象	本科生	开课学期	第 3 学年第 1 学期
教学目的 与任务	1. 使学生了解游泳运动的基础理论知识。 2. 使学生熟练掌握蛙泳技术、爬泳技术以及蛙泳技术及爬泳技术的出发、转身技术。 3. 掌握游泳池救生救护技术，了解仰泳、蝶泳泳式技术。 4. 使学生初步掌握游泳教学原则及教学特点，基本掌握蛙泳、自由泳教学方法，具备一定的蛙泳、爬泳讲解、示范及纠正错误技术动作的能力。 5. 使学生了解游泳竞赛规则和裁判法，初步具备游泳二级竞赛的组织和裁判的工作能力		

周次	教 学 内 容	教学形式与学时分配				
		讲授	实践	复习	机动	合计
一	游泳概论及蛙泳技术教学	4	2			6
二	蛙泳技术教学		12	4	2	18
三	爬泳技术教学		6	2		8
四	出发技术教学	1	2	2		5
五	转身技术教学	1	2	2		5
六	学习蛙泳技术教学方法 学习找错及纠错		2		2	4
七	游泳池救生与救护	2	2	2	2	8
八	游泳竞赛组织与裁判工作	2	2	2		6
九	复习		2		2	4
十	考核					
合　计		10	32	14	8	64

(3) 480 学时教学进度

第 1 学期教学任务分配表

学期	第 3 学期	学期学时	128	周学时	8
教学任务	1. 学习游泳运动基本知识，了解与游泳运动相关的流体力学知识。 2. 学习竞技游泳四种泳式及出发、转身的技术原理与方法。 3. 学习四种泳式的教学理论与方法				
目的要求	1. 掌握游泳运动的基础知识，掌握流体力学原理在游泳中的应用相关知识，了解水的自然特性与人体的漂浮能力，以及游泳的阻力和推进力，并熟悉什么是游泳技术的合理性。 2. 掌握竞技游泳四种泳式及出发、转身等技术环节，能够完成 200 m 混合泳考核。 3. 初步掌握游泳教学方法理论，能够初步完成蛙泳技术教学				

学期教学进度表

周次	教学内容	教学形式与学时分配				
		理论	实践	复习	机动	合计
一	游泳运动绪论、流体力学原理	4	2		2	8
二	熟悉水性、水中游戏	2	6			8
三	蛙泳理论与技术及教学理论与方法	2	6			8
四	蛙泳理论与技术及教学理论与方法		6	2		8
五	蛙泳理论与技术及教学理论与方法		8			8
六	爬泳理论与技术及教学理论与方法	2	6			8
七	爬泳理论与技术及教学理论与方法		6	2		8
八	爬泳理论与技术及教学理论与方法		8			8
九	仰泳理论与技术及教学理论与方法	2	6			8
十	仰泳理论与技术及教学理论与方法		6	2		8
十一	仰泳理论与技术及教学理论与方法		8			8
十二	蝶泳理论与技术及教学理论与方法	2	6			8
十三	蝶泳理论与技术及教学理论与方法		6	2		8
十四	蝶泳理论与技术及教学理论与方法		8			8
十五	出发、转身、触壁技术及教学理论与方法	2	6			8
十六	技术考核		4	2	2	8
合　计		16	98	10	4	128

第 2 学期教学任务分配表

<table>
<tr><td>学期</td><td>第 4 学期</td><td>学期学时</td><td>128</td><td>周学时</td><td colspan="2">8</td></tr>
<tr><td>教学任务</td><td colspan="6">1. 巩固竞技游泳技术，提高游进速度。
2. 学习游泳竞赛的组织与裁判法。
3. 学习实用游泳与水上救护</td></tr>
<tr><td>目的要求</td><td colspan="6">1. 巩固四种竞技游泳技术及出发、转身、终点触壁技术，重点提高中长距离自由泳水平。
2. 掌握游泳竞赛组织与裁判法相关理论，具备执裁基层游泳比赛的能力，通过游泳二级裁判员考试。
3. 掌握基本的实用游泳技术，初步掌握心肺复苏技术及水上救生与自我救护</td></tr>
<tr><td colspan="7">学期教学进度表</td></tr>
<tr><td rowspan="2">周次</td><td rowspan="2">教 学 内 容</td><td colspan="5">教学形式与学时分配</td></tr>
<tr><td>理论</td><td>实践</td><td>复习</td><td>机动</td><td>合计</td></tr>
<tr><td>一</td><td>巩固竞技游泳四种泳式及比赛细节技术</td><td></td><td>8</td><td></td><td></td><td>8</td></tr>
<tr><td>二</td><td>巩固竞技游泳四种泳式及比赛细节技术</td><td></td><td>6</td><td>2</td><td></td><td>8</td></tr>
<tr><td>三</td><td>巩固竞技游泳四种泳式及比赛细节技术</td><td></td><td>6</td><td></td><td>2</td><td>8</td></tr>
<tr><td>四</td><td>游泳竞赛的组织与裁判法</td><td>2</td><td>6</td><td></td><td></td><td>8</td></tr>
<tr><td>五</td><td>游泳竞赛的组织与裁判法</td><td>2</td><td>6</td><td></td><td></td><td>8</td></tr>
<tr><td>六</td><td>游泳竞赛的组织与裁判法</td><td>2</td><td>4</td><td></td><td>2</td><td>8</td></tr>
<tr><td>七</td><td>提高中长距离自由泳能力</td><td></td><td>8</td><td></td><td></td><td>8</td></tr>
<tr><td>八</td><td>提高中长距离自由泳能力</td><td></td><td>6</td><td>2</td><td></td><td>8</td></tr>
<tr><td>九</td><td>提高中长距离自由泳能力</td><td></td><td>6</td><td></td><td>2</td><td>8</td></tr>
<tr><td>十</td><td>实用游泳与水上救护</td><td>2</td><td>6</td><td></td><td></td><td>8</td></tr>
<tr><td>十一</td><td>实用游泳与水上救护</td><td>2</td><td>6</td><td></td><td></td><td>8</td></tr>
<tr><td>十二</td><td>实用游泳与水上救护</td><td>2</td><td>4</td><td></td><td>2</td><td>8</td></tr>
<tr><td>十三</td><td>提高中长距离自由泳能力</td><td></td><td>6</td><td>2</td><td></td><td>8</td></tr>
<tr><td>十四</td><td>提高中长距离自由泳能力</td><td></td><td>6</td><td>2</td><td></td><td>8</td></tr>
<tr><td>十五</td><td>竞赛组织与裁判法，实用游泳与水上救护</td><td>4</td><td>2</td><td>2</td><td></td><td>8</td></tr>
<tr><td>十六</td><td>技术考核</td><td></td><td>4</td><td>2</td><td>2</td><td>8</td></tr>
<tr><td colspan="2">合 计</td><td>16</td><td>90</td><td>12</td><td>10</td><td>128</td></tr>
</table>

第3学期教学任务分配表

<table>
<tr><td>学期</td><td>第5学期</td><td>学期学时</td><td colspan="2">128</td><td>周学时</td><td>8</td></tr>
<tr><td>教学任务</td><td colspan="6">1. 优化改进竞技游泳四种泳式技术。
2. 提升混合泳能力与水平。
3. 学习游泳训练理论与方法</td></tr>
<tr><td>目的要求</td><td colspan="6">1. 改进和优化游泳技术，使之科学、合理、经济。
2. 重点发展混合泳能力，完成400 m混合泳考核。
3. 掌握并能够初步运用游泳训练相关理论与方法</td></tr>
<tr><td colspan="7">学期教学进度表</td></tr>
<tr><td rowspan="2">周次</td><td rowspan="2">教 学 内 容</td><td colspan="5">教学形式与学时分配</td></tr>
<tr><td>理论</td><td>实践</td><td>复习</td><td>机动</td><td>合计</td></tr>
<tr><td>一</td><td>游泳训练理论与方法，改进游泳技术</td><td>2</td><td>6</td><td></td><td></td><td>8</td></tr>
<tr><td>二</td><td>低强度有氧训练，改进游泳技术</td><td></td><td>6</td><td>2</td><td></td><td>8</td></tr>
<tr><td>三</td><td>低强度有氧训练，改进游泳技术</td><td></td><td>6</td><td></td><td>2</td><td>8</td></tr>
<tr><td>四</td><td>游泳训练理论与方法，发展混合泳</td><td>2</td><td>6</td><td></td><td></td><td>8</td></tr>
<tr><td>五</td><td>无氧阈与最大摄氧量训练，发展混合泳</td><td></td><td>6</td><td>2</td><td></td><td>8</td></tr>
<tr><td>六</td><td>无氧阈与最大摄氧量训练，发展混合泳</td><td></td><td>6</td><td></td><td>2</td><td>8</td></tr>
<tr><td>七</td><td>游泳训练理论与方法，发展混合泳</td><td>2</td><td>6</td><td></td><td></td><td>8</td></tr>
<tr><td>八</td><td>无氧乳酸耐受训练，发展混合泳</td><td></td><td>6</td><td>2</td><td></td><td>8</td></tr>
<tr><td>九</td><td>无氧乳酸耐受训练，发展混合泳</td><td></td><td>6</td><td></td><td>2</td><td>8</td></tr>
<tr><td>十</td><td>游泳训练理论与方法，发展混合泳</td><td>2</td><td>6</td><td></td><td></td><td>8</td></tr>
<tr><td>十一</td><td>无氧乳酸峰值训练，发展混合泳</td><td></td><td>6</td><td>2</td><td></td><td>8</td></tr>
<tr><td>十二</td><td>无氧乳酸峰值训练，发展混合泳</td><td></td><td>6</td><td></td><td>2</td><td>8</td></tr>
<tr><td>十三</td><td>游泳训练理论与方法，发展混合泳</td><td>2</td><td>6</td><td></td><td></td><td>8</td></tr>
<tr><td>十四</td><td>赛前训练，发展混合泳</td><td>2</td><td>4</td><td>2</td><td></td><td>8</td></tr>
<tr><td>十五</td><td>赛前调整，发展混合泳</td><td>4</td><td>2</td><td>2</td><td></td><td>8</td></tr>
<tr><td>十六</td><td>技术考核</td><td></td><td>4</td><td>2</td><td>2</td><td>8</td></tr>
<tr><td colspan="2">合　计</td><td>16</td><td>88</td><td>14</td><td>10</td><td>128</td></tr>
</table>

第4学期教学任务分配表

<table>
<tr><td>学期</td><td>第6学期</td><td>学期学时</td><td>96</td><td>周学时</td><td colspan="2">6</td></tr>
<tr><td>教学任务</td><td colspan="6">1. 提高游泳技术水平，选定主项并提升主项能力。
2. 学习游泳运动员医务监督、游泳科研方法、大众游泳活动开展与指导、游泳场馆设施管理与水处理等相关理论。
3. 游泳一级裁判员培训与考核</td></tr>
<tr><td>目的要求</td><td colspan="6">1. 提高游泳技术水平，选定主项并发展主项能力，使大部分学生达到二级运动员标准。
2. 掌握游泳运动员医务监督、游泳科研方法、大众游泳活动开展与指导、游泳场馆设施管理与水处理等相关理论。
3. 掌握游泳裁判工作方法，具备执裁游泳比赛的能力，并通过游泳一级裁判员考试</td></tr>
<tr><td colspan="7">学期教学进度表</td></tr>
<tr><td rowspan="2">周次</td><td rowspan="2">教 学 内 容</td><td colspan="5">教学形式与学时分配</td></tr>
<tr><td>理论</td><td>实践</td><td>复习</td><td>机动</td><td>合计</td></tr>
<tr><td>一</td><td>游泳运动员的医务监督，改进游泳技术</td><td>2</td><td>2</td><td></td><td>2</td><td>6</td></tr>
<tr><td>二</td><td>提高游泳技术水平，发展主项能力</td><td></td><td>6</td><td></td><td></td><td>6</td></tr>
<tr><td>三</td><td>提高游泳技术水平，发展主项能力</td><td></td><td>6</td><td></td><td></td><td>6</td></tr>
<tr><td>四</td><td>提高游泳技术水平，发展主项能力</td><td></td><td>6</td><td></td><td></td><td>6</td></tr>
<tr><td>五</td><td>游泳的科研理论与方法，改进游泳技术</td><td>2</td><td>2</td><td></td><td>2</td><td>6</td></tr>
<tr><td>六</td><td>提高游泳技术水平，发展主项能力</td><td></td><td>6</td><td></td><td></td><td>6</td></tr>
<tr><td>七</td><td>提高游泳技术水平，发展主项能力</td><td></td><td>6</td><td></td><td></td><td>6</td></tr>
<tr><td>八</td><td>提高游泳技术水平，发展主项能力</td><td></td><td>6</td><td></td><td></td><td>6</td></tr>
<tr><td>九</td><td>游泳项目职业资格介绍，改进游泳技术</td><td>2</td><td>2</td><td></td><td>2</td><td>6</td></tr>
<tr><td>十</td><td>提高游泳技术水平，发展主项能力</td><td></td><td>6</td><td></td><td></td><td>6</td></tr>
<tr><td>十一</td><td>提高游泳技术水平，发展主项能力</td><td></td><td>6</td><td></td><td></td><td>6</td></tr>
<tr><td>十二</td><td>提高游泳技术水平，发展主项能力</td><td></td><td>6</td><td></td><td></td><td>6</td></tr>
<tr><td>十三</td><td>水中健身操</td><td>4</td><td>2</td><td></td><td></td><td>6</td></tr>
<tr><td>十四</td><td>水中游戏</td><td>2</td><td>4</td><td></td><td></td><td>6</td></tr>
<tr><td>十五</td><td>游泳竞赛的组织与裁判法</td><td>2</td><td>2</td><td>2</td><td></td><td>6</td></tr>
<tr><td>十六</td><td>技术考核、理论考核</td><td>2</td><td>4</td><td></td><td></td><td>6</td></tr>
<tr><td colspan="2">合 计</td><td>16</td><td>72</td><td>2</td><td>6</td><td>96</td></tr>
</table>

附录 2　50 米标准游泳池场地设施图

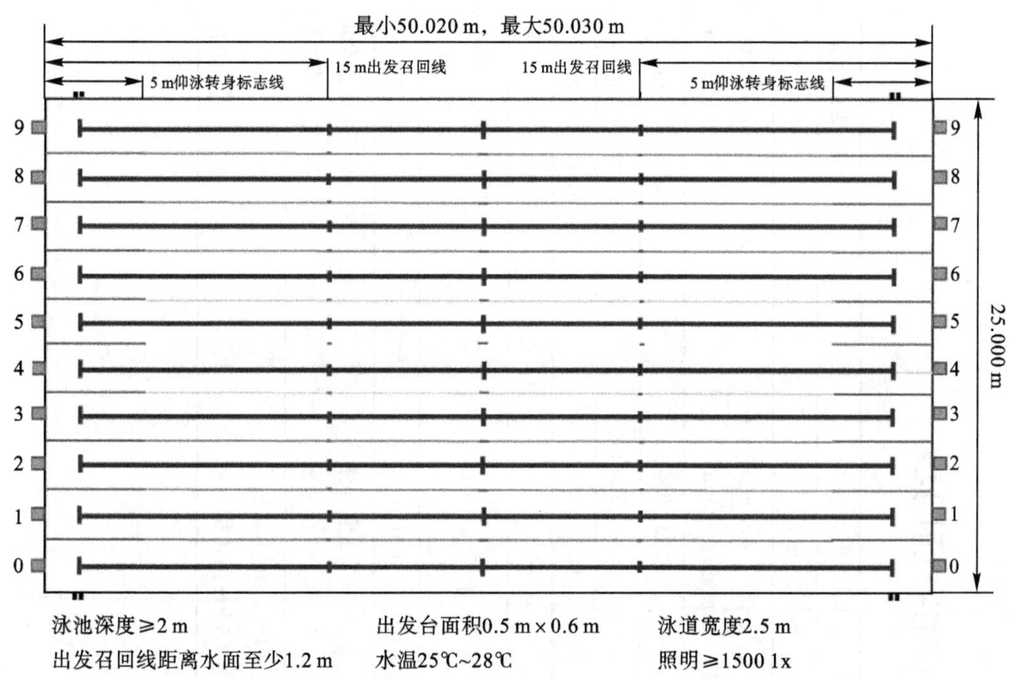

附录 3　游泳竞赛裁判工作岗位示意图

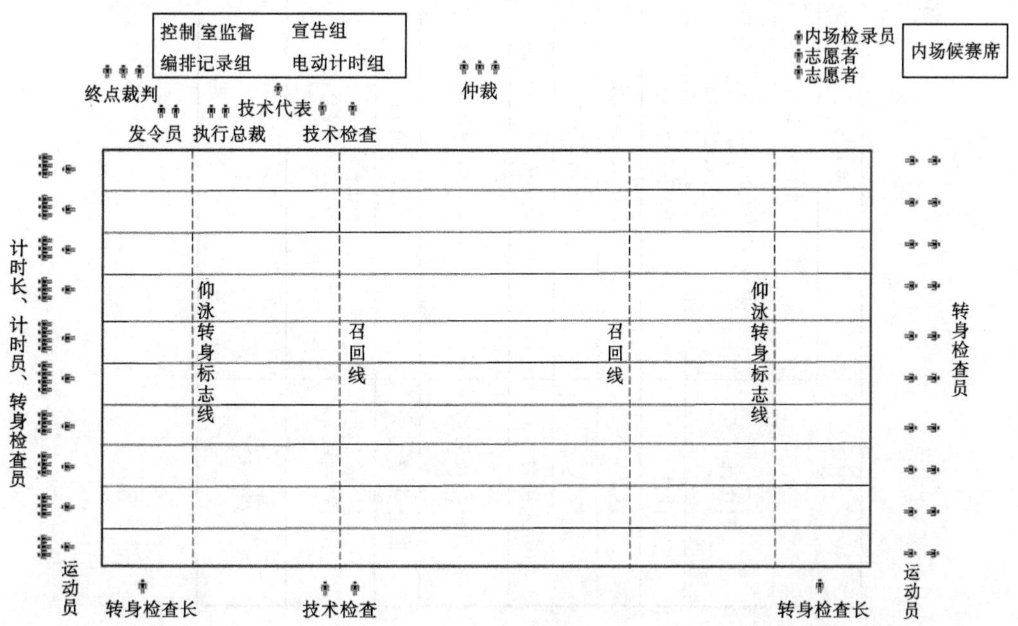

附录 4 游泳比赛项目表

泳 式	奥运会	世界游泳锦标赛	世界短池游泳锦标赛
	50 m 池	50 m 池	25 m 池
自由泳	50 m、100 m、200 m、400 m、800 m、1500 m	50 m、100 m、200 m、400 m、800 m、1500 m	50 m、100 m、200 m、400 m、800 m、1500 m
仰泳	100 m、200 m	50 m、100 m、200 m	50 m、100 m、200 m
蛙泳	100 m、200 m	50 m、100 m、200 m	50 m、100 m、200 m
蝶泳	100 m、200 m	50 m、100 m、200 m	50 m、100 m、200 m
个人混合泳	200 m、400 m	200 m、400 m	100 m、200 m、400 m
自由泳接力	4×100 m、4×200 m	4×100 m、4×200 m	4×50 m、4×100 m、4×200 m
混合泳接力	4×100 m	4×100 m	4×50 m、4×100 m
男女混合接力	4×100 m 混合泳	4×100 m 混合泳 4×100 m 自由泳	4×50 m 混合泳 4×50 m 自由泳
公开水域	10 km	5 km、10 km、25 km、5 km 团体接力赛	

附录5 全国游泳锻炼等级标准(2011)

组别	项目	一级 金海豚	二级 银海豚	三级 粉海豚	四级 绿海豚	五级 蓝海豚
小学生 (6～12岁)	50 m 自由泳	01:30.00	01:50.00	02:10.00	不限泳式， 连续游 50 m	不限泳式， 连续游 25 m
	50 m 蛙泳	01:40.00	02:00.00	02:20.00		
	50 m 仰泳	01:40.00	02:00.00	02:20.00		
	50 m 蝶泳	01:35.00				
中学生 (13～18岁)	50 m 自由泳	01:05.00	01:15.00	01:30.00	不限泳式， 连续游 100 m	不限泳式，连续 游 50 m
	50 m 蛙泳	01:20.00	01:30.00	01:40.00		
	50 m 仰泳	01:20.00	01:30.00	01:40.00		
	50 m 蝶泳	01:18.00				
	200 m 混合泳	04:40.00				
成人女子	50 m 自由泳	00:55.00	01:15.00	01:20.00	01:30.00	不限泳式，在 02:30.00 内 连续游完 50 m
	100 m 自由泳	02:15.00	02:25.00	02:55.00	03:20.00	
	50 m 蛙泳	01:10.00	01:20.00	01:30.00	01:40.00	
	100 m 蛙泳	02:30.00	02:50.00	03:20.00	03:40.00	
	50 m 仰泳	01:10.00	01:20.00	01:30.00	01:40.00	
	100 m 仰泳	02:30.00	02:48.00	03:15.00	03:35.00	
	50 m 蝶泳	01:08.00				
	100 m 蝶泳	02:25.00				
	200 m 混合泳	04:35.00				
成人男子	50 m 自由泳	00:40.00	00:55.00	01:05.00	01:20.00	不限泳式，在 02:10.00 内 连续游完 50 m
	100 m 自由泳	01:40.00	01:58.00	02:20.00	02:50.00	
	50 m 蛙泳	00:50.00	00:58.00	01:10.00	01:30.00	
	100 m 蛙泳	01:50.00	02:05.00	02:26.00	02:58.00	
	50 m 仰泳	00:50.00	00:58.00	01:10.00	01:30.00	
	100 m 仰泳	01:50.00	02:02.00	02:25.00	02:55.00	
	50 m 蝶泳	00:50.00				
	100 m 蝶泳	01:50.00				
	200 m 混合泳	04:20.00				

附录 6　游泳运动员技术等级标准(2021)

男子

项目	国际级运动健将		运动健将		一级运动员		二级运动员		三级运动员	
	50 m 池	25 m 池	50 m 池	25 m 池	50 m 池	25 m 池	50 m 池	25 m 池	50 m 池	25 m 池
50 m 自由泳	21.95	20.95	23.28	22.28	24.50	23.50	27.50	26.50	34.50	33.50
100 m 自由泳	48.39	46.89	51.50	50.00	55.50	54.00	1:05.00	1:03.50	1:22.00	1:20.50
200 m 自由泳	1:46.88	1:43.38	1:51.55	1:48.05	2:03.00	1:59.50	2:23.00	2:19.50	2:56.00	2:52.50
400 m 自由泳	3:47.79	3:40.79	3:58.60	3:51.60	4:21.00	4:14.00	5:06.00	4:59.00	6:16.00	6:11.50
800 m 自由泳	8:00.09	7:46.09	8:24.00	8:10.00	9:02.00	8:48.00	10:32.00	10:18.00	13:12.00	12:58.00
1500 m 自由泳	15:12.08	14:47.08	16:00.30	15:35.30	17:20.00	16:54.00	20:15.00	19:50.00	24:45.00	24:20.00
50 m 仰泳	25.24	24.24	27.43	26.43	30.50	29.50	35.50	34.50	43.00	42.00
100 m 仰泳	53.92	52.92	58.45	57.45	1:04.00	1:03.00	1:14.00	1:13.00	1:30.00	1:29.00
200 m 仰泳	1:57.90	1:55.90	2:06.45	2:04.45	2:18.00	2:16.00	2:41.00	2:39.00	3:16.00	3:13.00
50 m 蛙泳	27.47	26.47	28.75	27.75	32.50	31.50	37.00	36.00	44.00	43.00
100 m 蛙泳	1:00.23	58.23	1:03.80	1:01.80	1:11.00	1:09.00	1:20.00	1:18.00	1:34.00	1:32.00
200 m 蛙泳	2:11.75	2:07.75	2:21.90	2:17.90	2:35.00	2:31.00	2:54.00	2:50.00	3:23.00	3:19.00
50 m 蝶泳	23.51	22.51	24.89	23.89	27.00	26.00	32.50	31.50	41.50	40.50
100 m 蝶泳	51.92	50.42	55.45	53.95	1:00.00	58.50	1:11.00	1:09.50	1:29.00	1:27.50
200 m 蝶泳	1:56.59	1:53.59	2:02.70	1:59.70	2:14.00	2:11.00	2:38.00	2:35.00	3:18.00	3:15.00
200 m 混合泳	1:59.83	1:56.83	2:08.20	2:05.20	2:19.00	2:16.00	2:40.00	2:37.00	3:15.00	3:12.00
400 m 混合泳	4:18.05	4:12.05	4:31.20	4:25.20	4:58.30	4:52.00	5:31.00	5:25.00	6:56.00	6:50.00

女子

项目	国际级运动健将		运动健将		一级运动员		二级运动员		三级运动员	
	50 m 池	25 m 池	50 m 池	25 m 池	50 m 池	25 m 池	50 m 池	25 m 池	50 m 池	25 m 池
50 m 自由泳	24.90	23.90	25.85	24.85	27.20	26.20	31.50	30.50	38.50	37.50
100 m 自由泳	54.35	52.85	56.30	54.80	1:02.50	1:01.00	1:13.00	1:11.00	1:34.00	1:33.00
200 m 自由泳	1:57.84	1:54.34	2:01.20	1:57.70	2:15.00	2:11.50	2:39.00	2:35.50	3:23.00	3:19.50
400 m 自由泳	4:09.17	4:02.17	4:15.80	4:08.80	4:44.00	4:37.00	5:46.00	5:39.00	7:06.00	6:59.00
800 m 自由泳	8:33.95	8:19.95	8:53.40	8:39.40	9:42.00	9:28.00	12:02.00	11:48.00	15:02.00	14:48.00
1500 m 自由泳	16:37.40	16:12.46	17:14.00	16:49.00	18:35.00	18:10.00	23:45.00	23:20.00	27:45.00	27:20.00
50 m 仰泳	28.61	27.61	30.55	29.55	33.00	32.00	38.50	37.50	46.50	45.50
100 m 仰泳	1:00.69	59.69	1:04.30	1:03.30	1:09.00	1:08.00	1:21.00	1:20.00	1:41.00	1:40.00
200 m 仰泳	2:10.10	2:08.10	2:18.30	2:16.30	2:29.50	2:27.00	2:53.00	2:51.00	3:38.50	3:36.50
50 m 蛙泳	31.23	30.23	31.70	30.70	36.00	35.00	41.00	40.00	48.00	47.00
100 m 蛙泳	1:07.41	1:05.41	1:10.75	1:08.75	1:18.00	1:16.00	1:29.00	1:27.00	1:44.00	1:42.00
200 m 蛙泳	2:25.19	2:21.19	2:36.60	2:32.60	2:51.00	2:47.00	3:13.00	3:09.00	3:48.00	3:44.00
50 m 蝶泳	26.47	25.47	27.50	26.50	30.50	29.50	36.50	35.50	45.50	44.50
100 m 蝶泳	58.11	56.61	1:00.50	59.00	1:08.00	1:06.50	1:20.00	1:18.50	1:39.00	1:37.50
200 m 蝶泳	2:08.75	2:05.75	2:14.20	2:11.20	2:25.00	2:22.00	2:54.50	2:51.50	3:38.00	3:35.00
200 m 混合泳	2:12.84	2:09.84	2:18.40	2:15.40	2:30.00	2:27.00	2:58.00	2:55.00	3:48.00	3:45.00
400 m 混合泳	4:41.61	4:35.61	4:56.80	4:50.80	5:18.00	5:12.00	6:21.00	6:15.00	8:06.00	8:00.00

附录 7 世界游泳纪录(截至 2022 年 6 月)

男子(50 m 池)

项 目	成绩	纪录保持者	国籍	日期	地 点	比赛名称
50 m 自由泳	00:20.91	塞萨尔·西埃洛	巴西	2009-12-28	巴西圣保罗	巴西游泳公开赛
100 m 自由泳	00:46.91	塞萨尔·西埃洛	巴西	2009-07-30	意大利罗马	第 13 届世界游泳锦标赛
200 m 自由泳	01:42.00	保罗·比德尔曼	德国	2009-07-28	意大利罗马	第 13 届世界游泳锦标赛
400 m 自由泳	03:40.07	保罗·比德尔曼	德国	2009-07-26	意大利罗马	第 13 届世界游泳锦标赛
800 m 自由泳	07:32.12	张琳	中国	2009-07-29	意大利罗马	第 13 届世界游泳锦标赛
1500 m 自由泳	14:31.02	孙杨	中国	2012-08-04	英国伦敦	第 30 届夏季奥运会
50 m 仰泳	00:23.71	亨特·阿姆斯特朗	美国	2022-04-29	北卡罗来纳州格林斯伯勒	2022 美国游泳锦标赛暨世锦赛选拔赛
100 m 仰泳	00:51.60	托马斯·切孔	意大利	2022-06-21	匈牙利布达佩斯	第 19 届世界游泳锦标赛
200 m 仰泳	01:51.92	阿龙·佩尔索尔	美国	2009-07-31	意大利罗马	第 13 届世界游泳锦标赛
50 m 蛙泳	00:25.95	亚当·皮蒂	英国	2017-07-25	匈牙利布达佩斯	第 17 届世界游泳锦标赛
100 m 蛙泳	00:56.88	亚当·皮蒂	英国	2019-07-21	韩国光州	第 18 届世界游泳锦标赛
200 m 蛙泳	02:05.95	扎克·斯塔布利蒂·库克	澳大利亚	2022-05-19	阿德莱德	澳大利亚游泳锦标赛
50 m 蝶泳	00:22.27	安德列·戈沃洛夫	乌克兰	2018-07-01	意大利罗马	七座山丘公开赛
100 m 蝶泳	00:49.45	凯勒布·德雷塞尔	美国	2021-07-31	日本东京	第 32 届夏季奥运会
200 m 蝶泳	01:50.34	米拉克·克里斯托夫	匈牙利	2022-06-22	匈牙利布达佩斯	第 19 届世界游泳锦标赛
200 m 混合泳	01:54.00	瑞安·罗切特	美国	2011-07-28	中国上海	第 14 届世界游泳锦标赛
400 m 混合泳	04:03.84	迈克尔·菲尔普斯	美国	2008-08-11	中国北京	第 29 届夏季奥运会
4×100 m 自由泳	03:08.24		美国	2008-08-11	中国北京	第 29 届夏季奥运会
4×200 m 自由泳	06:58.55		美国	2009-07-31	意大利罗马	第 13 届世界游泳锦标赛
4×100 m 混合泳	03:26.78		美国	2021-08-01	日本东京	第 32 届夏季奥运会

女子(50 m 池)

项 目	成绩	纪录保持者	国籍	日期	地 点	比赛名称
50 m 自由泳	00:23.67	莎拉·舍斯特伦	瑞典	2017-07-29	匈牙利布达佩斯	第 17 届世界游泳锦标赛
100 m 自由泳	00:51.71	莎拉·舍斯特伦	瑞典	2017-07-23	匈牙利布达佩斯	第 17 届世界游泳锦标赛
200 m 自由泳	01:52.98	费代丽卡·佩莱格里尼	意大利	2009-07-29	意大利罗马	第 13 届世界游泳锦标赛
400 m 自由泳	03:56.40	阿里亚妮·蒂特马斯	澳大利亚	2022-05-22	阿德莱德	澳大利亚游泳锦标赛
800 m 自由泳	08:04.79	凯蒂·莱德基	美国	2016-08-12	巴西里约	第 31 届夏季奥运会
1500 m 自由泳	15:20.48	凯蒂·莱德基	美国	2018-05-16	美国	2018 Indianapolis PSS
50 m 仰泳	00:26.98	刘湘	中国	2018-08-21	印尼雅加达	2018 年亚运会
100 m 仰泳	00:57.45	凯莉·麦基翁	澳大利亚	2021-06-13	澳大利亚阿德莱德	澳大利亚—东京奥运会游泳选拔赛
200 m 仰泳	02:03.35	里根·史密斯	美国	2019-07-26	韩国光州	第 18 届世界游泳锦标赛
50 m 蛙泳	00:29.30	贝妮代塔·皮拉托	意大利	2021-05-24	匈牙利布达佩斯	第 35 届欧洲游泳锦标赛
100 m 蛙泳	01:04.13	莉莉·金	美国	2017-07-25	匈牙利布达佩斯	第 17 届世界游泳锦标赛
200 m 蛙泳	02:18.95	塔季扬娜·舒恩梅克	南非	2021-07-30	日本东京	第 32 届夏季奥运会
50 m 蝶泳	00:24.43	莎拉·舍斯特伦	瑞典	2014-07-05	瑞典	瑞典游泳锦标赛
100 m 蝶泳	00:55.48	莎拉·舍斯特伦	瑞典	2016-08-07	巴西里约	第 31 届夏季奥运会
200 m 蝶泳	02:01.81	刘子歌	中国	2009-10-21	中国济南	中国第十一届全运会
200 m 混合泳	02:06.12	卡汀卡·霍斯祖	匈牙利	2015-08-03	俄罗斯索契	第 16 届世界游泳锦标赛
400 m 混合泳	04:26.36	卡汀卡·霍斯祖	匈牙利	2016-08-06	巴西里约	第 31 届夏季奥运会
4×100 m 自由泳	03:29.69		澳大利亚	2021-07-25	日本东京	第 32 届夏季奥运会
4×200 m 自由泳	07:40.33		中国	2021-07-29	日本东京	第 32 届夏季奥运会
4×100 m 混合泳	03:50.40		美国	2019-07-28	韩国光州	第 18 届世界游泳锦标赛

男女混合(50 m 池)

项 目	成绩	纪录保持者	国籍	日期	地 点	比赛名称
4×100 m 自由泳	03:19.38		澳大利亚	2022-06-24	匈牙利布达佩斯	第 19 届世界游泳锦标赛
4×100 m 混合泳	03:37.58		英国	2021-07-31	日本东京	第 32 届夏季奥运会

附录 8　中国游泳纪录(截至 2022 年 6 月)

男子(50 m 池)

项　目	成绩	纪录保持者	日期	地　点	比赛名称
50 m 自由泳	00:21.68	余贺新	2021-09-26	西安	第十四届全运会
100 m 自由泳	00:47.65	宁泽涛	2014-10-17	黄山	全国游泳锦标赛
200 m 自由泳	01:44.39	孙杨	2017-07-25	布达佩斯	布达佩斯世锦赛
400 m 自由泳	03:40.14	孙杨	2012-07-28	伦敦	伦敦奥运会
800 m 自由泳	07:32.12	张琳	2009-07-29	罗马	罗马世锦赛
1500 m 自由泳	14:31.02	孙杨	2012-08-04	伦敦	伦敦奥运会
50 m 仰泳	00:24.42	徐嘉余	2017-04-16	青岛	2017 全国游泳冠军赛暨第十三届全运会预赛
100 m 仰泳	00:51.86	徐嘉余	2017-04-12	青岛	2017 全国游泳冠军赛暨第十三届全运会预赛
200 m 仰泳	01:53.99	徐嘉余	2018-08-23	雅加达	雅加达亚运会
50 m 蛙泳	00:26.86	闫子贝	2019-07-23	光州	光州世锦赛
100 m 蛙泳	00:58.63	闫子贝	2019-07-21	光州	光州世锦赛
200 m 蛙泳	02:07.35	覃海洋	2017-09-04	天津	第十三届全运会
50 m 蝶泳	00:23.36	李朱濠	2017-04-11	青岛	2017 全国游泳冠军赛暨第十三届全运会预赛
100 m 蝶泳	00:50.96	李朱濠	2017-07-29	布达佩斯	布达佩斯世锦赛
200 m 蝶泳	01:54.35	吴鹏	2008-08-13	北京	北京奥运会
200 m 混合泳	01:55. 00	汪顺	2021-07-30	东京	东京奥运会
400 m 混合泳	04:09.10	汪顺	2013-09-04	沈阳	第十二届全运会
4×100 m 自由泳	03:13.29	杨金潼、曹犄文、孙杨、余贺新	2018-08-22	雅加达	雅加达亚运会
4×200 m 自由泳	07:04.74	季新杰、汪顺、徐嘉余、孙杨	2019-07-26	光州	光州世锦赛
4×100 m 混合泳	03:29.99	徐嘉余、闫子贝、李朱濠、余贺新	2018-08-24	雅加达	雅加达亚运会

女子(50 m 池)

项目	成绩	纪录保持者	日期	地点	比赛名称
50 m 自由泳	00:23.97	刘湘	2021-09-26	西安	第十四届全运会
100 m 自由泳	00:52.90	张雨霏	2021-09-27	青岛	2020 全国游泳冠军赛暨东京奥运会达标赛
200 m 自由泳	01:54.26	汤慕涵	2021-09-22	西安	第十四届全运会
400 m 自由泳	04:01.08	李冰洁	2021-07-26	东京	东京奥运会
800 m 自由泳	08:14.64	王简嘉禾	2019-03-30	青岛	2019 全国游泳冠军赛暨世锦赛选拔赛
1500 m 自由泳	15:41.49	王简嘉禾	2021-07-27	东京	东京奥运会
50 m 仰泳	00:26.98	刘湘	2018-08-21	雅加达	雅加达亚运会
100 m 仰泳	00:58.72	傅园慧	2017-04-13	青岛	2017 全国游泳冠军赛暨第十三届全运会预赛
200 m 仰泳	02:06.46	赵菁	2010-11-14	广州	广州亚运会
50 m 蛙泳	00:30.10	唐钱婷	2022-06-20	匈牙利布达佩斯	第 19 届世界游泳锦标赛
100 m 蛙泳	01:05.32	季丽萍	2009-08-29	北京	2009 年全国游泳锦标赛
200 m 蛙泳	02:21.37	齐晖	2009-10-22	济南	第十一届全运会
50 m 蝶泳	00:25.42	陆滢	2013-08-04	巴塞罗那	巴塞罗那世锦赛
100 m 蝶泳	00:55.62	张雨霏	2020-09-29	青岛	2020 全国游泳冠军赛暨东京奥运会达标赛
200 m 蝶泳	02:01.81	刘子歌	2009-10-21	济南	第十一届全运会
200 m 混合泳	02:07.57	叶诗文	2012-07-31	伦敦	伦敦奥运会
400 m 混合泳	04:28.43	叶诗文	2012-07-28	伦敦	伦敦奥运会
4×100 m 自由泳	03:34.76	程玉洁、朱梦惠、艾衍含、吴卿风	2021-07-25	东京	东京奥运会
4×200 m 自由泳	07:40.33	杨浚瑄、汤慕涵、张雨霏、李冰洁	2021-07-29	东京	东京奥运会
4×100 m 混合泳	03:52.19	赵菁、陈慧佳、焦刘洋、李哲思	2009-08-01	罗马	罗马世锦赛

男女混合(50 m 池)

项　目	成绩	纪录保持者	日期	地　点	比赛名称
4×100 m 自由泳	03:31.40	余贺新、曹犄文、王靖卓、吴卿风	2019-07-27	韩国光州	第 18 届世界游泳锦标赛
4×100 m 混合泳	03:38.41	徐嘉余、闫子贝、张雨霏、杨浚瑄	2021-07-31	青岛	2020 年全国游泳冠军赛暨东京奥运会达标赛

附录 9 游泳专业英语词汇 100 例

汉语	英 语	汉语	英 语
游泳	Swimming	划水频率	stroke rate
蝶泳	Butterfly/dolphin	划步	Pull stride
仰泳	Backstroke	划臂次数	Arm revolution
蛙泳	Breaststroke	夹肘	Clipped elbow
自由泳	Freestyle	高肘划水	High elbow stroke
混合泳	Medley relay	长划臂	Long arm pull
潜泳潜水	underwater swimming(diving)	向后划水	Backwardpulling
接力游泳	Relay	高肘移臂	Recover with high elbow
自由泳接力	Freestyle relay	前交叉	Catch - up stroke
混合泳接力	Medley relay	后交叉	Back cross
侧泳	Side stroke	直臂划水	Pull with straight arm
游泳帽	Swimming cap	屈臂划水	Bent arm pull
游泳裤	Swimming trunks	"S"划水路线	"S"patten pull
脚蹼	Fins	窄划水	Marrow pull
划水掌	Paddles	宽划水	Wide pull
水线	Lane marker	掉肘划水	Off cubits stroke
陆上模仿练习	Land simulator practice	打水	Kick
水中练习	Water practice	脚内旋	Foot inside and spin
划手训练	Rowers training	脚外翻	Thrust outwards
配合游	Whole stroke	蹬腿(蛙泳)	Thrust kick
无氧练习	Anaerobic exercise	并拢	Come together
有氧练习	Aerobic exercise	收腿	Recovery of legs
冲刺	The sprint	大腿带动小腿	Thigh bringing shank along
手形	Hand shape	从大腿发力	Forward thrust of the thigh
手指分开	Fingers separate	脚背打水	Kick from the instep of the foot
对水、抱水	Catch water	交替打水	Kick alternately
拍水	Beating water	向下打水	Down beat
水感	Sense of water	侧踢水	Kick to the side
划水	Pulling	向上踢水	On the upbeat

续表

汉语	英 语	汉语	英 语
入水和对水	Enter and catch	海豚泳打腿	Dolphin kick
入水点	Place of entry	收手又收腿	Recover the arms
划水效果	Efficiency of the pull	呼气	Breathe in /inhale
鞭状推水	Whip push	闭气	Hold one's breath
胸前伸出	Stretch from the chest	憋气	Without breathing
晚呼吸	Late breathing	蹬离池壁	Leave the wall
抬头吸气	Lift head to breathe	预备姿势	Set position
低头呼气	Lower head to breathe	双手同时触壁	Both hand reach the wall
侧面呼吸	Side breathing	出发台出发	Block start
收腹	Abdomen in	仰泳出发器	Backstroke start
中线	Center line	转身壁、池壁	Turning board
对称	Symmetric	终点	Finish
腰部发力	Waist thrust	游泳节奏	Stroking tempo
身体转动	Body rotation	错误动作	Stroke defect
过身体中线	Over the middle line	完整技术	Complete stroke
水面滑行	Gliding on the surface of water	救生	Lifesaving
单臂出水侧游	Northern stroke	直接救生	Direct saving
蹬腿手臂伸直	Drive with arms straight stretching	间接救生	Indirect saving
与肩同宽	As wide as shoulder	拖带	Carry
臂腿配合	Arm and leg relationship	人工呼吸	Artificial breathing
爬泳滚翻	Crawl flip turn	溺水者	Drowner

参 考 文 献

［1］ 国家体育总局职业技能鉴定指导中心，中国救生协会．游泳救生员（游泳池救生）［M］．2 版．北京：高等教育出版社，2020．

［2］ 国家体育总局职业技能鉴定指导中心．游泳（修订版）［M］．北京：高等教育出版社，2011．

［3］ 全国体育院校教材委员会游泳教材小组．游泳运动［M］．北京：人民体育出版社，2020．

［4］ 宋耀伟，肖红．游泳运动数字化教程［M］．北京：北京体育大学出版社，2021．

［5］ 徐国峰．水中训练：掌握游泳姿势、精进技术、突破速度［M］．北京：人民邮电出版社，2016．

［6］ 伊恩・麦克劳德．游泳运动系统训练［M］．朱敬先，译．北京：人民邮电出版社，2018．

［7］ 中国游泳协会有用裁判委员会．游泳竞赛组织与裁判方法［M］．北京：人民体育出版社，2015．

［8］ 吉村丰，高桥雄介．游泳技巧图解［M］．边静，李香，贾朝勃，译．北京：北京体育大学出版社，1999．

［9］ Scott Riewald，Scott Rodeo．游得更快的科学原理：优异运动表现的技术和训练研究进展［M］．温宇红，主译．北京：科学出版社，2021．

［10］ 游泳运动教程编写组．游泳运动教程［M］．北京：北京体育大学出版社，2013．

［11］ 田麦久．刘大庆．运动训练学［M］．北京：人民出版社，2012．

［12］ 温宇红．游泳教学和训练双语教材［M］．北京：北京体育大学出版社，2009．

［13］ Ernest W. Maglischo. Swimming fastest［M］．温宇红，等译．北京：北京体育大学出版社，2014．

［14］ 吴艳艳，江立航．优秀女子短距离仰泳运动员江立航全程性多年训练回顾［J］．运动精品，2020，39(3)：79－80．

［15］ 何新中．我国优秀游泳运动员余贺新多年训练负荷特征研究［D］．北京：北京体育大学，2017．

［16］ 吴青云．国际高水平游泳运动员多年训练过程主要阶段的年龄特征［D］．福州：福建师范大学，2020．

［17］ 彭义．游泳强度等级划分及应用分析［J］．运动，2016(1)：36－37＋97．

［18］ 沈浩然．游泳救生员［M］．北京：高等教育出版社，2010．

参考文献

[1] 国家体育总局职业技能鉴定指导中心，中国救生协会. 游泳救生员(游泳池救生)[M]. 2版. 北京：高等教育出版社，2020.

[2] 国家体育总局职业技能鉴定指导中心. 游泳(修订版)[M]. 北京：高等教育出版社，2011.

[3] 全国体育院校教材委员会游泳教材小组. 游泳运动[M]. 北京：人民体育出版社，2020.

[4] 宋耀伟，肖红. 游泳运动数字化教程[M]. 北京：北京体育大学出版社，2021.

[5] 徐国峰. 水中训练：掌握游泳姿势、精进技术、突破速度[M]. 北京：人民邮电出版社，2016.

[6] 伊恩·麦克劳德. 游泳运动系统训练[M]. 朱敬先，译. 北京：人民邮电出版社，2018.

[7] 中国游泳协会游泳裁判委员会. 游泳竞赛组织与裁判方法[M]. 北京：人民体育出版社，2015.

[8] 吉村丰，高桥雄介. 游泳技巧图解[M]. 边静，李香，贾朝勃，译. 北京：北京体育大学出版社，1999.

[9] Scott Riewald, Scott Rodeo. 游得更快的科学原理：优异运动表现的技术和训练研究进展[M]. 温宇红，主译. 北京：科学出版社，2021.

[10] 游泳运动教程编写组. 游泳运动教程[M]. 北京：北京体育大学出版社，2013.

[11] 田麦久. 刘大庆. 运动训练学[M]. 北京：人民出版社，2012.

[12] 温宇红. 游泳教学和训练双语教材[M]. 北京：北京体育大学出版社，2009.

[13] Ernest W. Maglischo. Swimming fastest[M]. 温宇红，等译. 北京：北京体育大学出版社，2014.

[14] 沈浩然. 游泳救生员[M]. 北京：高等教育出版社，2010.